Schriftenreihe
Öffentliche Dienstleistungen

Heft 57

Herausgeber: Christina Schaefer und Ludwig Theuvsen
im Auftrag des Wissenschaftlichen Beirats
des Bundesverbandes Öffentliche Dienstleistungen

Renaissance öffentlicher Wirtschaft

Bestandsaufnahme – Kontexte – Perspektiven

mit Beiträgen von
Gerold Ambrosius | Thorsten Beckers | Helmut Brede | Dietrich Dickertmann | Peter Eichhorn | Wolf Gottschalk | Mario Hesse | Jan Peter Klatt | Thomas Lenk | Joachim Merk | Holger Mühlenkamp | Ulf Papenfuß | Günter Püttner | Manfred Röber | Oliver Rottmann | Christina Schaefer | Frank Schulz-Nieswandt | Ludwig Theuvsen | Tobias Zimmermann | Ulrike Zschache

Die Deutsche Nationalbibliothek verzeichnet diese Publikation in
der Deutschen Nationalbibliografie; detaillierte bibliografische
Daten sind im Internet über http://dnb.d-nb.de abrufbar.

ISBN 978-3-8329-7292-9

1. Auflage 2012
© Nomos Verlagsgesellschaft, Baden-Baden 2012. Printed in Germany. Alle Rechte,
auch die des Nachdrucks von Auszügen, der fotomechanischen Wiedergabe und
der Übersetzung, vorbehalten. Gedruckt auf alterungsbeständigem Papier.

Inhaltsverzeichnis

Holger Mühlenkamp und Frank Schulz-Nieswandt
Vorwort 7

Christina Schaefer und Ludwig Theuvsen
Renaissance öffentlicher Wirtschaft: Fakt oder Fiktion? 11

Teil A: Öffentliche Wirtschaft: Effizienz – Historie – Wahrnehmung – Präferenzen

Holger Mühlenkamp
Zur relativen (In-)Effizienz öffentlicher (und privater) Unternehmen – Unternehmensziele, Effizienzmaßstäbe und empirische Befunde 21

Ulf Papenfuß
Status Quo der öffentlichen Wirtschaft: Empirische Analyse von Beteiligungsberichten zu Anzahl und Rechtsformen von unmittelbaren Beteiligungen der öffentlichen Hand 49

Gerold Ambrosius
Paradigmen öffentlichen Wirtschaftens in historischer Perspektive 71

Ludwig Theuvsen und Ulrike Zschache
Renaissance öffentlicher Wirtschaft? Eine Medienanalyse 91

Frank Schulz-Nieswandt
Institutionelle Präferenzen der Bürger hinsichtlich der Erstellung kommunaler Daseinsvorsorgegüter – Eine tiefenpsychologische Re-Interpretation quantitativer Befragungsstudien 119

Teil B: Kontexte öffentlicher Wirtschaft im Wandel

Günter Püttner
Renaissance öffentlichen Wirtschaftens – Sicherheit versus Mut zum Risiko 145

Peter Eichhorn und Joachim Merk
Gemeinnützigkeit und öffentliche Wirtschaft 153

Thomas Lenk, Oliver Rottmann und Mario Hesse
Finanzwissenschaftliche Dimension von Rekommunalisierungen
am Beispiel der deutschen Trinkwasserversorgung 163

Manfred Röber
Policy-Netze und Politikarenen in der öffentlichen Wirtschaft 179

Teil C: Perspektiven öffentlicher Wirtschaft

Ulf Papenfuß und Christina Schaefer
Mehr Transparenz bei der öffentlichen Aufgabenerfüllung –
Eine Vollerhebung der Internetseiten aller deutschen Städte
über 30.000 Einwohner zur Beteiligungsberichterstattung 205

Helmut Brede
Gewinn und Gemeinwohl im Konflikt: Organisatorische
Lösungsmöglichkeiten und -chancen 231

Thorsten Beckers, Jan Peter Klatt und Tobias Zimmermann
Interkommunale Zusammenarbeit (IKZ) – Eine (institutionen-)
ökonomische Analyse 245

Wolf Gottschalk
Rekommunalisierung der Energieversorgung 291

Dietrich Dickertmann
„Renaissance öffentlicher Wirtschaft" auf dem Prüfstand:
Erste Zwischenergebnisse 307

Autorenverzeichnis 351

Vorwort

Der Begriff „*öffentliche Wirtschaft*" kann in einem weiten und einem engen Sinne verstanden werden. Im engeren und traditionellen Sinne umfasst er die wirtschaftliche Betätigung der öffentlichen Hand durch öffentliche Unternehmen oder Unternehmensbeteiligungen. Im seltener anzutreffenden, weiteren Sinne kann man unter öffentliche Wirtschaft alle Unternehmen und Organisationen, die im Sprachgebrauch der europäischen Kommission „Dienstleistungen von allgemeinem wirtschaftlichen Interesse" (DAWI) erbringen, subsumieren. Darunter versteht die Kommission „marktbezogene [...] Leistungen, die im Interesse der Allgemeinheit erbracht und von den Behörden mit spezifischen Gemeinwohlverpflichtungen verknüpft werden."[1] Die zweite Definition schließt neben öffentlichen Unternehmen(sbeteiligungen) auch nichtgewinnorientierte (gemeinwirtschaftliche) und private Unternehmen ein, sofern sie auf dem Gebiet der DAWI tätig sind.

Sowohl die öffentliche Wirtschaft i.e.S. als auch die öffentliche Wirtschaft i.w.S. wurden in den letzten zwei bis drei Dekaden – wenigstens von einflussreichen gesellschaftlichen Gruppierungen – tendenziell eher ablehnend gesehen. Der öffentlichen Wirtschaft i.e.S., die in diesem Band im Vordergrund steht, wurde und wird regelmäßig mangelnde Effizienz respektive Wirtschaftlichkeit unterstellt. Private Unternehmen seien effizienter bzw. wirtschaftlicher. Die Kritik an der öffentlichen Wirtschaft i.w.S. richtet sich letztlich auf den (zu weit gefassten) Umfang öffentlicher Aufgaben. Die öffentliche Hand greife (ungerechtfertigterweise) auch in Bereichen ein, in denen gemäß ökonomischer Theorie kein Marktversagen vorliegt, was als „Politikversagen" ebenfalls Effizienzverluste hervorrufen würde. Aus wohl eher als veraltet anzusehender ordnungspolitischer Sicht werden öffentliche Unternehmen(sbeteiligungen) und staatliche Eingriffe ins Wirtschaftsgeschehen ohnehin im Grundsatz abgelehnt oder wenigstens mit äußerster Zurückhaltung beäugt.

Einstellungen der Öffentlichkeit, politische Strömungen und auch wissenschaftlich herrschende Theorien, Erkenntnisse und Meinungen wechseln bzw. schwanken jedoch im Zeitablauf. Die in den letzten Jahrzehnten eingeleitete Privatisierungs- und vermeintliche – denn tatsächlich gingen mit Privatisierungen zumeist umfangreiche Regulierungen einher – Liberalisierungswelle erzeugte ambivalente Wirkungen. Einerseits sind durchaus signifikante Preis-

---

[1] Vgl. Anhang II der Mitteilung der Europäischen Kommission zu Leistungen der Daseinsvorsorge in Europa vom 20.09.2000.

und (Produktions-)Kostensenkungen zu beobachten. Dem stehen auf der anderen Seite jedoch Qualitätsverluste, Transaktions- und Regulierungskosten, regressive Verteilungswirkungen etc. gegenüber. Häufig ist unklar, ob der Gesamt- bzw. Nettoeffekt positiv oder negativ ist bzw. welche Wohlfahrtswirkungen tatsächlich erreicht wurden.

Vor diesem Hintergrund kann es nicht verwundern, wenn Privatisierungen in der Öffentlichkeit und eventuell auch im politischen Raum nunmehr kritischer gesehen werden als vielleicht noch vor einigen Jahren. Auch in den (Wirtschafts-)Wissenschaften sollten fortschreitende und sich ausbreitende institutionenökonomische Erkenntnisse sowie neuere empirische Befunde zu einer differenzierten Betrachtung öffentlicher und privater Lösungen führen. Ob man jetzt angesichts des Öfteren real zu beobachtender Neugründungen öffentlicher Unternehmen oder Rücknahmen von Privatisierungen – insbesondere auf kommunaler Ebene – von einer Renaissance der öffentlichen Wirtschaft, einem Rekommunalisierungstrend o.ä. sprechen kann, ist das Thema der vorliegenden Aufsatzsammlung.

Jedenfalls meint der im Titel dieses Bandes plakativ benutzte Begriff „Renaissance" keine Wiedergeburt im eigentlichen Sinne, da weder öffentliche Unternehmen noch eine weiter verstandene öffentliche Wirtschaft – anders als die Antike im frühen und späten Mittelalter – in Vergessenheit geraten oder gar „tot" waren. Vielmehr standen sie insbesondere durch die seit Ende der 1970er Jahre starken neo-liberalen Strömungen – mit der Ablehnung staatlicher Markteingriffe, aber Befürwortung rigoroser staatlicher Wettbewerbspolitik – unter steigendem Rechtfertigungsdruck und waren in die Defensive geraten.

Es scheint, als ob in der menschlichen Wahrnehmung bei bestehenden institutionellen Arrangements (zur Gewährleistung öffentlicher Aufgaben) eher die Nachteile als die Vorteile und bei nicht benutzten Arrangements eher die Vorteile als die Nachteile gesehen werden. Vielleicht müssen wir uns mit dem Gedanken anfreunden, dass es – natürlich kontextabhängig – kein in jeder Hinsicht überlegenes bzw. perfektes institutionelles Arrangement gibt. Dann haben auch öffentliche Unternehmen bzw. die öffentliche Wirtschaft einen dauerhaften Platz in unserer Wirtschaftsordnung, der manchmal in den vordersten Reihen und manchmal weiter hinten angesiedelt ist. In diesem Sinne mag auch der (Konsens-)Wert des vorliegenden Bandes, auf den sich die Fachdiskussion einigen mag, manchmal höher und manchmal weniger hoch eingeschätzt werden, aber (hoffentlich) in jedem Fall so hoch sein, dass er seine (Erstellungs-)Kosten – die nicht zuletzt im Zeitaufwand und den intellektuellen Anstrengungen der Herausgeber und Autoren sowie des gesamten wissenschaftlichen Beirats des Bundesverbandes öffentliche Dienstleistungen liegen – überwiegt.

Abschließend sei der kurze Hinweis gegeben, dass aufgrund des nahezu zweijährigen, durch einen anregenden und intensiven Austausch geprägten Erstellungsprozesses im vorliegenden Band publizierte empirische Studien auf einen aus heutiger Sicht leicht veralteten Datenbestand rekurrieren – dies ist in keiner Weise den Autoren anzulasten; die gewonnenen Erkenntnisse haben nicht an Relevanz verloren.

Berlin, im Oktober 2011

Holger Mühlenkamp *Frank Schulz-Nieswandt*

Christina Schaefer und Ludwig Theuvsen

Renaissance öffentlicher Wirtschaft: Fakt oder Fiktion?

„Die Rekommunalisierung ist in aller Munde"[1]. Trotz dieser und ähnlicher vollmundiger Aussagen zur Renaissance der öffentlichen Wirtschaft ist allerdings bislang eine genaue Begriffsbestimmung ebenso wenig erfolgt wie eine empirische Absicherung, dass die Rekommunalisierung nicht nur „in aller Munde ist", sondern auch tatsächlich stattfindet. Erschwerend kommt eine zunehmende begriffliche Vielfalt hinzu. Aussagen wie „Immer häufiger kommt es zu Deprivatisierung bzw. Rekommunalisierung von Müllabfuhr, Wasserwerken, Stromnetzen oder Wohnungen"[2] oder „Der neue Begriff dafür [die Rekommunalisierung, Anm. Verfasser] ist das Insourcing"[3] greifen für die Begriffsabgrenzung auf ebenso wenig scharf abgegrenzte Konzepte bzw. Synonyme zurück. Sie tragen nur bedingt zur genauen Abgrenzung des Begriffs der Rekommunalisierung bei, geben ihm damit aber gleichzeitig durchaus unterschiedliche Konnotationen. Da jede empirische Erhebung einer zuvor erfolgten klaren Abgrenzung des Untersuchungsgegenstands bedarf, ist die noch ausstehende eindeutige Begriffsabgrenzung ein Grund für den (bislang) noch fehlenden Nachweis, dass Rekommunalisierung bzw. allgemein die Renaissance öffentlicher Wirtschaft sich nicht nur auf Einzelphänomene bezieht, sondern einen allgemein erkennbaren Prozess darstellt, mithin Fakt und nicht nur Fiktion ist.

Die Diskussion um die tatsächliche oder vermeintliche Renaissance der öffentlichen Wirtschaft reiht sich ein in die seit langem geführte Debatte um die Frage, in welchem Umfang sich der Staat (einschließlich der Kommunen) wirtschaftlich betätigen sollte. Auf diese intensiv erörterte Fragestellung wurden im Zeitablauf höchst unterschiedliche Antworten gegeben, die Ausdruck der sehr kontroversen Debatte sind. Seit der Mitte des 19. Jahrhunderts ist der Umfang staatlicher Tätigkeiten in Deutschland und den meisten anderen Industriestaaten zunächst lange Zeit fast kontinuierlich stark ausgebaut worden.[4] Dieser Trend wurde in den frühen 1990er Jahren unter dem Einfluss des New Public Management und anderer staatskritischer theoretischer Strömun-

---

1 *Frenz (2008)*, S. 74.
2 *Candeias/Rilling/Weise (2008)*, S. 565.
3 *Frenz (2008)*, S. 74.
4 Vgl. *Grunow (1991)*.

gen umgekehrt. In der Folge wurden Privatisierungen forciert und die Vorstellung vom produzierenden Staat wich mehr und mehr der Vorstellung vom wettbewerblich ausgerichteten Gewährleistungsstaat.[5]

In jüngster Zeit wiederum werden zunehmend Indizien erkennbar, die tatsächlich eine Renaissance der öffentlichen Wirtschaft vermuten lassen. So hat unter dem Einfluss der jüngsten Finanz- und Wirtschaftskrise die Bereitschaft der öffentlichen Hand, sich unternehmerisch zu betätigen und beispielsweise Beteiligungen an insolvenzgefährdeten Unternehmen einzugehen, in vielen Ländern stark zugenommen. Beispielhaft sei auf die Beteiligung des Bundes nicht nur an diversen Banken (etwa der Commerzbank), sondern u.a. auch an die Zurverfügungstellung von Geldern aus dem Rettungspaket des Bundes an die Heidelberger Druckmaschinen AG verwiesen. Zudem sind in Deutschland in der jüngeren Vergangenheit einige große Privatisierungsvorhaben teils spektakulär gescheitert, so u.a. die Börsengänge der Deutschen Bahn, der GSW Berlin und der Stadtwerke Leipzig, sowie bereits (teil-)privatisierte Unternehmen wieder in Staatsbesitz überführt worden. Exemplarisch sei auf den Rückkauf der zwischenzeitlich an Électricité de France veräußerten Anteile an der EnBW Energie Baden-Württemberg AG durch das Land Baden-Württemberg verwiesen. Ein weiteres Indiz für die wieder gewachsene Bereitschaft der öffentlichen Hand, sich unternehmerisch zu betätigen, ist der verstärkte Einstieg von Kommunen in neue Tätigkeitsbereiche, etwa die Erzeugung erneuerbarer Energien.[6] Beispielhaft sei die Gründung der Hamburg Energie GmbH als 100%ige Tochter der Hamburg Wasser und damit der Freien und Hansestadt Hamburg genannt. Allerdings muss auch auf Gegenbewegungen, etwa weiterhin in größerer Zahl durchgeführte oder geplante Privatisierungen im Bereich der kommunalen Krankenhäuser, hingewiesen werden.

Soweit Politiker sich für die Renaissance der öffentlichen Wirtschaft stark machen, können sie sich der Zustimmung ihrer Bürger sicher sein. Die Ergebnisse verschiedener empirischer Untersuchungen zeigen, dass sich die Bürger in ihrer großen Mehrheit gegen Privatisierungen aussprechen und vor allem im Bereich der Daseinsvorsorge eine deutliche Präferenz für öffentliche Unternehmen als Leistungsanbieter haben.[7] Eine durch den VKU 2008 in Auftrag gegebenen Befragung von 1.005 Haushaltskunden verdeutlichte dies eindrucksvoll. So assoziierten immerhin 85 % der Befragten mit ihren Stadtwerken die Stromversorgung, 60 % die Gasversorgung und immerhin noch 41 % die Wasserversorgung. 73 % der Befragten befürworteten, dass die Grundver-

---

5 Vgl. *Wissenschaftlicher Beirat der GÖW (2003)*; *Theuvsen (2007)*.
6 Vgl. *Bolay (2009)*.
7 Vgl. *Theuvsen (2009)*; *Schulz-Nieswandt (2011)*.

sorgung z.B. im Bereich der Trinkwasserversorgung durch kommunale Unternehmen garantiert wird, während nur 11 % private Anbieter bevorzugten.[8]

In eine ähnliche Richtung weisen die Ergebnisse einer jüngst durch *Theuvsen* und *Zschache* durchgeführten Analyse des in Qualitätszeitungen geführten Diskurses zur Privatisierung kommunaler Unternehmen.[9] Zwar fiel das Ergebnis angesichts des breiteren Meinungsspektrums, das in den Medien repräsentiert ist, nicht ganz so eindeutig aus wie jenes der Haushaltskundenbefragung des VKU. Allerdings wurde auch in der durchgeführten Medienanalyse deutlich, dass die Ende der 1990er Jahre im Mediendiskurs zu beobachtende Dominanz der Befürworter von Privatisierungen abgelöst wurde durch ein ausgewogenes Meinungsbild, in dem sich privatisierungsfreundliche und -kritische Argumente in etwa die Waage halten (Abbildung 1).

Abbildung 1: Die Privatisierung kommunaler Unternehmen im massenmedialen Diskurs der Jahre 1996 bis 2008[10]

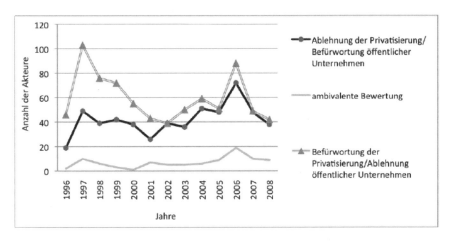

Die bisherige Forschung ist – soweit sie sich überhaupt mit der Renaissance öffentlicher Wirtschaft befasst – durch eine stark disziplinäre Perspektive geprägt, die z.B. die juristischen, die finanzwissenschaftlichen, die betriebswirtschaftlichen, die politikwissenschaftlichen oder gar die medialen Aspekte dieser Entwicklung aufgreift. Eine integrierte, interdisziplinäre Beschäftigung mit der Renaissance öffentlicher Wirtschaft fehlt bislang. Einem interdiszipli-

---

8 Vgl. *Dimap/VKU (2008)*.
9 Vgl. *Theuvsen/Zschache (2011)*.
10 *Theuvsen/Zschache (2011)*.

nären Zugang kommt aber eine besondere Bedeutung zu, da anzunehmen ist, dass die Ursachen der sich andeutenden Entwicklung in verschiedenen Bereichen zu suchen sind und die verschiedenen Entwicklungen sich zudem wechselseitig beeinflussen. Dies kann etwa in dem Sinne geschehen, dass in richterliche Urteile (die dann im Sinne dessen „recht und billig" sind) und politische Entscheidungen auch die öffentliche Meinung einfließt, während letztere umgekehrt auch durch die Rechtsprechung und politische Auseinandersetzungen beeinflusst wird. Ähnliches gilt für den Bereich der Wirkungen einer Renaissance der öffentlichen Wirtschaft. So können beispielsweise Fragen der Effizienz und der Governance öffentlicher Unternehmen nicht unabhängig voneinander analysiert werden, und beide wiederum sind auch unter finanzwissenschaftlichen Aspekten zu betrachten, etwa im Hinblick auf die Abschätzung der Konsequenzen bestimmter (Re-)Privatisierungen für die öffentlichen Haushalte.

Der vorliegende Sammelband hat sich vor diesem Hintergrund zum Ziel gesetzt, einen ersten Grundstein zu legen, damit die noch zu erfolgende vertiefte Auseinandersetzung mit der Renaissance der öffentlichen Wirtschaft auf einem solideren Fundament geführt werden kann. Mitglieder des Wissenschaftlichen Beirats des *Bundesverbandes Öffentliche Dienstleistungen – Deutsche Sektion des CEEP e.V.* (bvöd) und aufgrund ihrer einschlägigen Expertise als Autoren eingeladene Wissenschaftler haben sich dieser Herausforderung angenommen, in Arbeitskreissitzungen Problemstellungen und Desiderata diskutiert und die Ergebnisse in dem vorliegenden Sammelband zusammengetragen. Der Band ist in drei Abschnitte untergliedert.

Im ersten Abschnitt erfolgt eine Bestandsaufnahme der öffentlichen Wirtschaft. *Holger Mühlenkamp* (Lehrstuhl für Öffentliche Betriebswirtschaftslehre, Deutsche Hochschule für Verwaltungswissenschaften Speyer) hinterfragt die regelmäßig aus verschiedenen Richtungen an öffentlichen Unternehmen geübte, als fast selbstverständlich hingenommene – und sodann als Privatisierungsargument in die Diskussion eingebrachte – Kritik, sie seien im Vergleich zu Privatunternehmen ineffizient, indem er die aktuell vorliegenden empirischen Befunde zu dieser Thematik referiert und einordnet und damit einen wissenschaftlich objektivierenden Beitrag zu dieser Diskussion leistet. Die von *Ulf Papenfuß*, tätig an der Professur für Verwaltungswissenschaft, insbesondere Steuerung öffentlicher Organisationen, der Helmut Schmidt Universität in Hamburg, durchgeführte empirische Analyse von Beteiligungsberichten zu Anzahl und Rechtsform unmittelbarer Beteiligungen der öffentlichen Hand liefert einen weiteren, empirischen Beitrag zur Bestandaufnahme der öffentlichen Wirtschaft. *Gerold Ambrosius*, Professor für Wirtschafts- und Sozialgeschichte sowie Didaktik der Geschichte an der Universität Siegen, nimmt sich in seinem Beitrag als notwendige Voraussetzung für die Diskussion einer Renaissance der öffentlichen Wirtschaft der Paradigmen öffentlichen Wirtschaftens in historischer Perspektive an. Ihm gelingt es zu zeigen, dass eine Renaissance der öffentlichen Wirtschaft bzw. des öffentlichen Wirtschaftens nicht bedeuten kann, dass eine ältere Art des öffentlichen Wirtschaftens einfach wiederbelebt wird, um das seit den 1980er Jahren prägende, auf Privatisierung, Liberalisierung, Deregulierung und Kommerzialisierung setzende Paradigma abzulösen. Vielmehr muss jede Renaissance den Wandel von Gesellschaft, Staat und Wirtschaft akzeptieren; die öffentliche Wirtschaft wird daher zukünftig stärker als je zuvor mit der privaten Wirtschaft verklammert sein. Mit den Beiträgen von *Ludwig Theuvsen* und *Ulrike Zschache* (Department für Agrarökonomie und Rurale Entwicklung der Universität Göttingen), die der Frage der Wahrnehmung der öffentlichen Wirtschaft mittels einer Medienanalyse nachgegangen sind, und von *Frank Schulz-Nieswandt* (Seminar für Genossenschaftswesen, Universität zu Köln), der durch eine tiefenpsychologische Re-Interpretation quantitativer Befragungsstudien die institutionellen Präferenzen der Bürger hinsichtlich der Erstellung kommunaler Daseinsvorsorgegüter aufzeigt, wird die Bestandsaufnahme abgeschlossen. Beide Beiträge vermessen weniger die öffentliche Wirtschaft als solche empirisch, sondern spüren den Einstellungen und Präferenzen sowie den im massenmedialen Diskurs ausgetauschten Argumenten nach, die der Auslöser wie auch das Abbild des Rekommunalisierungstrends sein können. Mit dem den ersten Abschnitt des Sammelbandes charakterisierenden Blick auf Effizienz, Historie, Wahrnehmung und Präferenzen ist der Boden für weiterführende wissenschaftliche Analysen bereitet.

Den Kontexten der öffentlichen Wirtschaft im Wandel haben sich im zweiten Teil Wissenschaftler angenommen, die durch das Einnehmen verschiedener Blickwinkel auf den Untersuchungsgegenstand ein weitfassendes Spektrum dieser Thematik abdecken. *Günter Püttner*, ehemals Lehrstuhl für Staats- und Verwaltungsrecht und Öffentliches Wirtschaftsrecht der Universität Tübingen, diskutiert den Wandel der öffentlichen Wirtschaft in dem Kontext Sicherheit versus Mut zum Risiko. Er plädiert dafür, die Kernfrage „Wie viel Risiko darf der Staat den Bürgern zumuten?" neu zu überdenken und danach zu beurteilen, inwieweit sich der Staat auf Gewährleistung zurückziehen darf oder durch Eigenregie den Bürgern Sicherheit bieten sollte. Das Verhältnis von Gemeinnützigkeit und öffentlicher Wirtschaft, insbesondere die keineswegs triviale Frage, wie die staatliche Gemeinnützigkeit durch eine private, auf Freiwilligkeit basierende Gemeinnützigkeit ergänzt werden kann, um gemeinsame Ziele öffentlicher und privater Handlungsträger effektiver und effizienter erreichen zu können, ist Gegenstand des Beitrags von *Peter Eichhorn* (SRH Hochschule

Berlin) und *Joachim Merk* (OPINIO Forschungsinstitut, Mannheim). Am Beispiel der Trinkwasserversorgung untersuchen *Thomas Lenk, Oliver Rottmann* und *Mario Hesse* aus finanzwissenschaftlicher Perspektive, ob ein Trend zu einer Renaissance öffentlicher Leistungserbringung tatsächlich existiert bzw. sich abzeichnet und worin die Gründe für diese Entwicklung liegen. Alle Autoren sind am Institut für Finanzen der Universität Leipzig tätig. Vor dem Hintergrund, dass den Akteuren in den Entscheidungsprozessen über institutionelle Optionen der Daseinsvorsorge vergleichsweise wenig Aufmerksamkeit gewidmet wird, entwickelt *Manfred Röber*, Inhaber des Lehrstuhls für Verwaltungsmanagement/New Public Management der Universität Leipzig, in seinem, diesen Teil des Sammelbandes abschließenden Beitrag mit Hilfe der aus der Policy- und der Implementationsforschung stammenden Konzepte der „Policy-Netze" und der „Politikarenen" einen Bezugsrahmen, mit dessen Hilfe Fragen der Agenda-Gestaltung, der Entscheidungsprozesse, der Konsensbildung und der Konfliktregelung gestellt (und beantwortet) werden können.

Die Perspektiven öffentlicher Wirtschaft, insbesondere zukünftige Problemstellungen und Anforderungen, werden im dritten Teil des vorliegenden Bandes aufgezeigt. *Ulf Papenfuß* und *Christina Schaefer* (Professur für Verwaltungswissenschaft, insbesondere Steuerung öffentlicher Organisationen, Helmut Schmidt Universität Hamburg) überprüfen in einer empirischen Studie, ob die Beteiligungsberichterstattung den durch die veränderten institutionellen Arrangements der öffentlichen Aufgabenwahrnehmung entstandenen Berichtsanforderungen genügt, und zeigen ausgehend vom Status quo Handlungsempfehlungen auf. Die Auswirkungen der geänderten Bedingungen, unter denen öffentliche Unternehmen agieren, auf ihre Führung und die daraus abgeleitete Fragestellung, inwieweit die alten organisatorischen Muster der Führung noch stimmig sind und die immanenten Zielkonflikte zwischen dem Gemeinwohlziel und der Gewinnerzielung lösen können, sind Untersuchungsgegenstände des Beitrags von *Helmut Brede* (ehem. Lehrstuhl für Öffentliche Betriebswirtschaftslehre, Universität Göttingen). Mit der Matrixorganisation greift er ein klassisches organisatorisches Gestaltungsprinzip auf und macht es für die Zwecke der Steuerung öffentlicher Unternehmen im genannten Spannungsfeld nutzbar. *Thorsten Beckers, Jan Peter Klatt* und *Tobias Zimmermann* (Fachgebiet Wirtschafts- und Infrastrukturpolitik der TU Berlin) analysieren aus der Perspektiven der Neuen Institutionenökonomik Bereiche und Modelle interkommunaler Zusammenarbeit, die in dem Bemühen um die Realisierung von Skaleneffekten als wichtige Alternative zur Übertragung von Aufgaben an private Unternehmen betrachtet werden kann. Am Beispiel kommunal bereitgestellter Infrastrukturangebote, etwa der Wasserversorgung und der Hausmüllentsorgung, werden die mit interkommunaler Zusammenarbeit einhergehenden Wirkungen theoriegeleitet untersucht. Im abschließenden Beitrag dieses Teils des Sammelbandes zeigt *Wolf Gottschalk*, Verband kommunaler Unternehmen e.v., Perspektiven für die Rekommunalisierung der Energieversorgung auf, indem er einleitend eine historische Bestandsaufnahme der Phasen der De- und Rekommunalisierung in der Kommunalwirtschaft vornimmt, um sodann Rahmenbedingungen und Entscheidungskriterien für eine Rekommunalisierung aufzuzeigen, Ausprägungen einer Rekommunalisierung darzulegen und abschließend Handlungsoptionen und Verfahrensweisen zu formulieren. Der Sammelband schließt mit einem übergreifenden, die wesentlichen Kernthesen der einzelnen Beiträge zusammenfassenden und in die Thematik der Renaissance öffentlichen Wirtschaftens im Allgemeinen und der öffentlichen Wirtschaft im Besonderen einordnenden Beitrag von *Dietrich Dickertmann*, ehem. Professor für Finanzwissenschaft der Universität Trier.

Die Renaissance der öffentlichen Wirtschaft ist ein – im Einzelnen noch keineswegs immer klar erkennbarer – Trend, der viele Ursachen hat und mannigfaltige Wirkungen zeitigt, in den verschiedenste Akteure eingebunden sind und der sich vor dem Hintergrund eines komplexen Geflechts aus öffentlichen Zielen, den Zielen öffentlicher Unternehmen wie auch den Interessen diverser Anspruchsgruppen vollzieht. Mit dem vorliegenden Sammelband konnte nur ein erster Schritt auf dem Weg zu einem umfassenderen Verständnis der gegenwärtigen Situation getan werden. Zahlreiche weitere Forschungsarbeiten sowohl konzeptioneller als auch empirischer Art werden notwendig sein, um zu einer umfassenden Betrachtung der verschiedenen Problemfacetten zu gelangen.

Literaturverzeichnis

Bolay (2009): Sebastian Bolay, Einführung von Energiemanagement und erneuerbaren Energien. Eine Untersuchung von Erfolgsfaktoren in deutschen Kommunen, Frankfurt/M. u.a.

Candeias/Rilling/Weise (2008): Mario Candeias, Reiner Rilling u. Katharina Weise, Krise der Privatisierung – Rückkehr des Öffentlichen. In: WSI Mitteilungen, 10/2008, S. 563-569.

Dimap/VKU (2008): VKU-Haushaltskundenbefragung 2008. Januar 2008.

Frenz (2008): Walter Frenz, Rekommunalisierung und Europarecht nach dem Vertrag von Lissabon, in: WRP – Wettbewerb in Recht und Praxis, Bd. 54, 1/2008, S. 73-86.

Grunow (1991): Dieter Grunow, Development of the Public Sector: Trends and Issues. In: Franz-Xaver Kaufmann (Hrsg.), The Public Sector – Challenge for Coordination and Learning, Berlin und New York 1991, S. 89-115.

Schulz-Nieswandt (2011): Frank Schulz-Nieswandt, Institutionelle Präferenzen der Bürger hinsichtlich der Erstellung kommunaler Daseinsvorsorgegüter – Eine tiefenpsychologische Re-Interpretation quantitativer Befragungsstudien. In: Schaefer, Christina u. Theuvsen, Ludwig (Hrsg.): Renaissance öffentlicher Wirtschaft, Berlin (in diesem Band).

Theuvsen (2007): Ludwig Theuvsen, Von der Gewährleistungs- zur Initiativfunktion: Neue Handlungsstrategien des Staates am Beispiel des gesundheitlichen Verbraucherschutzes. In: Gesellschaft für öffentliche Wirtschaft (Hrsg.): Die Zukunft der öffentlichen Dienstleistungen, Berlin 2007, S. 40-68.

Theuvsen (2009): Ludwig Theuvsen, Präferenzen der Bevölkerung für öffentliche Wirtschaft: Wissenschaftliche Erkenntnisse und Methoden. In: Bundesverband Öffentliche Dienstleistungen (Hrsg.): Renaissance der Kommunalwirtschaft?, Berlin 2009, S. 18-41.

Wissenschaftlicher Beirat der GÖW (2003): Wandel und Perspektiven der öffentlichen Wirtschaft. Positionspapier Berlin.

Zschache/Theuvsen (2011): Ulrike Zschache u. Ludwig Theuvsen, Die Privatisierung kommunaler Unternehmen im Spiegel massenmedialer Diskurse. In: Zeitschrift für öffentliche und gemeinwirtschaftliche Unternehmen, 34. Jg. (2011), S. 3-24.

Teil A:

Öffentliche Wirtschaft: Effizienz – Historie – Wahrnehmung – Präferenzen

Holger Mühlenkamp

Zur relativen (In-)Effizienz öffentlicher (und privater) Unternehmen – Unternehmensziele, Effizienzmaßstäbe und empirische Befunde

Gliederung

I. Einleitung
II. Ziele und Effizienzmaßstäbe öffentlicher Unternehmen
III. (Mögliche) Ursachen für (mögliche) Effizienzunterschiede zwischen öffentlichen und privaten Unternehmen
IV. Empirische Befunde zur relativen (In-)Effizienz öffentlicher und privater Unternehmen
   1. Kleinere Übersichten
   2. Größere Übersichten
   3. Bewertung der empirischen Ergebnisse
V. Fazit
Literaturverzeichnis

I. Einleitung

Öffentliche Unternehmen sind regelmäßig aus verschiedenen Richtungen kommender Kritik ausgesetzt. Insbesondere wird von mancher Seite nahezu gebetsmühlenartig wiederholt, dass öffentliche Unternehmen im Vergleich zu Privatunternehmen ineffizient seien.[1]

Effizienzurteile erfordern allerdings die Offenlegung der Effizienzkriterien. Diese wiederum müssen sich an den Zielen bzw. Aufgaben öffentlicher Unternehmen orientieren. Aus wohlfahrtsökonomischer Sicht, die diesem Beitrag zugrunde liegt, ist es nicht Aufgabe öffentlicher Unternehmen, sich so

---

[1] Diese Debatte ist im Übrigen keineswegs neu. Seit dem Aufbau der modernen Versorgungswirtschaft im ausgehenden 19. Jahrhundert gab es das Vorurteil, dass öffentliche Unternehmen weniger produktiv und effizient arbeiteten als private (vgl. zu dieser Diskussion z.B. *Gitermann (1927)*, *Kollmann (1913)* und *Most (1925)*. Für diesen Hinweis danke ich dem Kollegen Gerold Ambrosius).

zu verhalten wie gewinnorientierte private Unternehmen. Öffentliche Unternehmen dienen vielmehr der Korrektur von Marktunvollkommenheiten. Dies impliziert z.B. im Falle monopolistischer Preissetzungsspielräume eine völlig andere Preispolitik als die von gewinnmaximierenden Firmen. Eventuell stellen öffentliche Unternehmen auch geeignete Instrumente zur Verfolgung wirtschafts- und sozialpolitischer Ziele dar.

Infolgedessen sind öffentliche Unternehmen an ihren Wohlfahrtswirkungen bzw. an ihrer Effizienz bei der Erzeugung ihres spezifischen Güterbündels, welches sich aus marktgängigen und nichtmarktgängigen Produkten zusammensetzen kann, zu beurteilen. Falls alternativ zu öffentlichen Unternehmen regulierte Privatunternehmen zur Erzeugung desselben Outputs eingesetzt werden, sind diese an den gleichen Kriterien zu messen.

Ziel dieses Beitrags ist es, den derzeit vorliegenden empirischen Befund zur Effizienz öffentlicher und privater Unternehmen zu referieren und einzuordnen. Da es um eine vergleichende Betrachtung öffentlicher und privater Unternehmen geht, und der Unternehmenstyp, der besser (schlechter) abschneidet, relativ effizient (ineffizient) ist, kann man von relativer (In-)Effizienz sprechen. Dazu ist zunächst auf die Zielsetzung und Effizienzmaßstäbe einzugehen. Dies geschieht in Abschnitt 2. Sofern man von Effizienzunterschieden ausgeht, muss es Ursachen dafür geben. Abschnitt 3 liefert theoretische Überlegungen, die aus Platzgründen nur skizzenhaft angelegt sind. Für den Zweck zu zeigen, dass theoretische Überlegungen durchaus differenzierte Ergebnisse liefern, reicht dies allerdings aus. Bei der Vorstellung der empirischen Ergebnisse in Abschnitt 4 greifen wir auf bestehende Übersichten zurück. Den Abschluss des Beitrags bildet das Fazit in Abschnitt 5.

II. Ziele und Effizienzmaßstäbe öffentlicher Unternehmen

Aus normativ-ökonomischer Sicht beziehen öffentliche Unternehmen ihre (potentielle) Legitimation aus sog. Marktversagen (synonym: „Marktunvollkommenheiten").[2] In der einschlägigen Literatur werden öffentliche Unternehmen insbesondere bei zwei Formen statischen Marktversagens, nämlich natürlichen Monopolen und externen Effekten als mögliches Korrektiv angesehen. Auch werden öffentliche Unternehmen zur Korrektur dynamischer Formen

---

2 Zu Marktversagen vgl. z.B. *Fritsch/Wein/Ewers (2007)*.

von Marktversagen in Erwägung gezogen, z.B. falls private Investoren zu kurzsichtig oder zu risikoavers sind.[3]

Das Marktversagens-Paradigma ist an der Allokationseffizienz ausgerichtet. Es abstrahiert regelmäßig von anderen wirtschafts-[4] und verteilungspolitischen sowie sonstigen Zielen.[5] Schließt man sich einem weit gefassten Effizienzverständnis an, welches über statisch-allokative Betrachtungen hinausgeht, könnte man öffentliche Unternehmen ökonomisch dann rechtfertigen, wenn sie das effizienteste Mittel zur Erreichung (legitimer) politischer Ziele darstell(t)en.

Folgt man dem weit gefassten Effizienzbegriff, lassen sich öffentliche Unternehmen als Mehrproduktunternehmen interpretieren, die neben einem oder mehreren marktgängigen Gut/Gütern ein nichtmarktgängiges Gut oder mehrere nichtmarktgängige Güter herstellen. Ließen sich nichtmarktliche Güter quantitativ oder wertmäßig hinreichend genau messen, könnte man die mit ihrer Produktion verbundenen (Opportunitäts-)Kosten[6] ermitteln und eindeutige Effizienzaussagen treffen. Praktisch sind nichtmarktliche Güter regelmäßig nicht oder kaum hinreichend exakt messbar, so dass jede an der Produktion marktlicher Güter gemessene Ineffizienz ohne Beweis- und Gegenbeweismöglichkeit mit Hinweis auf die Produktion von nützlichen „Nebenprodukten" gerechtfertigt bzw. verschleiert werden kann. Zudem ist zu berücksichtigen, dass es möglicherweise effizientere Maßnahmen zur Erreichung wirtschafts- und sozialpolitischer Ziele gibt als öffentliche Unternehmen.

Allokationseffizienz wird durch das Konzept des sozialen Überschusses abgebildet. Der soziale Überschuss setzt sich aus der Konsumentenrente und der Produzentenrente zusammen. Die Konsumentenrente entspricht der (kumulierten) Zahlungsbereitschaft der Nachfrager für eine bestimmte Menge eines Gutes abzüglich des tatsächlich zu zahlenden Betrages. Die Zahlungsbereitschaft ist monetärer Ausdruck des (Brutto-)Nutzens, den die bestimmte Güter-

---

3 Vgl. z.B. *Rees (1984)*, S. 3 und *Vickers/Yarrow (1988)*, S. 45.
4 Der Einsatz öffentlicher Unternehmen als Instrument der Wirtschaftspolitik entspricht der häufig *Thiemeyer (1975, 1990)* zugeschriebenen „Instrumentalthese", die aber wohl letztlich auf *Weisser (1960)* zurückzuführen ist.
5 Häufig neben der Allokationseffizienz genannte Ziele sind Wachstum, Verteilung und Beschäftigungspolitik (vgl. z.B. *Rees (1984)*, S. 12 ff. und *Pestieau/Tulkens (1993)*, S. 295 f.). *Corneo (2009)*, S. 80 weist darauf hin, dass öffentliche Unternehmen auch aus wettbewerbspolitischen Gründen, zu fiskalischen Zwecken und zum Zwecke der Korruptionsbekämpfung eingesetzt wurden.
6 Zu den Wohlfahrtsverlusten infolge erhöhter Produktionskosten vgl. z.B. *Boardman/ Vining (1989)*, S. 9 f.

oder Leistungsmenge bei den Empfängern stiftet.[7] Zieht man davon den zu zahlenden Betrag ab (die Zahlung impliziert einen Nutzenverlust), erhält man den Nettonutzen alias die Konsumentenrente. Die Anbieterseite wird mittels der Produzentenrente abgebildet. Sie entspricht der Differenz aus den Erlösen aus dem Verkauf der bestimmten Gütermenge und den kumulierten Grenzkosten. Die Produzentenrente bringt damit den Betrag zum Ausdruck, den die Unternehmen/Anbieter mehr erhalten, als sie erhalten müssten, um ihr Angebot gerade noch aufrecht zu erhalten.[8]

Im Modell der vollständigen Konkurrenz haben die Marktteilnehmer keine Preissetzungsmacht. Der Wettbewerbsmechanismus sorgt für allokativ effiziente Preise.[9] Verfügen Anbieter dagegen über Preissetzungsmacht, wie im Fall des natürlichen Monopols, werden sie den gewinnmaximalen Preis („Cournot-Preis") setzen. Der gewinnmaximale Preis maximiert jedoch nicht den sozialen Überschuss. Zur Setzung des wohlfahrtsmaximalen bzw. allokativ effizienten Preises ist dann die öffentliche Hand gefordert, indem sie das Monopol entweder in die Hände eines öffentlichen Unternehmens gibt, welches entsprechende Preisvorgaben erhält („interne Regulierung"), oder ein privates Unternehmen durch eine Regulierungsbehörde bzw. einen Vertrag (extern) reguliert.

Der größtmögliche soziale Überschuss setzt neben allokativ effizienten Preisen (gleichbedeutend „Preiseffizienz") geringstmögliche Produktionskosten, bezeichnet als „Kosteneffizienz" (synonym „betriebliche Effizienz" oder „interne Effizienz") voraus. Dies bedeutet, dass jede beliebige Produktionsmenge zu geringstmöglichen Kosten hergestellt oder umgekehrt bei gegebenen Kosten die größtmögliche Menge eines Gutes produziert wird. Voraussetzung für Kosteneffizienz ist Produktionseffizienz (gleichbedeutend: „technische Effizienz"). Produktionseffizienz meint die Herstellung jeder beliebigen Gütermenge mit geringstmöglichem Einsatz an Produktionsfaktoren (Faktoreinsatzmengen) bzw. bei gegebener Faktoreinsatzmenge die Erreichung der größtmöglichen Ausbringungsmenge. Vollständige Konkurrenz zwingt die Anbieter nicht nur zur Preiseffizienz, sondern auch zur Produktions- und Kosteneffizienz.

Im Falle eingeschränkten Wettbewerbs – wie bei natürlichen Monopolen – sind die Effizienzanreize sowohl für öffentliche als auch für private Unter-

---

7 Die Zahlungsbereitschaft bildet auch von den Konsumenten wahrgenommene Qualitätsausprägungen ab.
8 Die Differenz aus Produzentenrente und Fixkosten entspricht dem Unternehmensgewinn.
9 Der allokativ effiziente Preis stimmt grundsätzlich mit den Grenzkosten überein.

nehmen verringert. Gleichwohl ist es aus verschiedenen Gründen möglich, dass sich öffentliche und private Unternehmen hinsichtlich der verschiedenen Effizienzmaße unterscheiden. Es könnte beispielsweise sein, dass öffentliche Unternehmen allokativ effizientere Preise setzen als Privatunternehmen, letztere jedoch einen höheren Grad an Kosteneffizienz erreichen.[10] In diesem Fall liefert das kosteneffizientere institutionelle Arrangement nicht zwangsläufig eine höhere Wohlfahrt.

Betrachten wir zur Verdeutlichung Abbildung 1, welche im natürlichen (Ein-Produkt-)Monopol ein Privatunternehmen mit einem öffentlichen Unternehmen vergleicht.[11] Wir unterstellen dabei, dass das annahmegemäß gewinnmaximierende Privatunternehmen unreguliert ist, während das öffentliche Unternehmen die Vorgabe hat, kostendeckend zu operieren. Unter diesen Annahmen setzt der private Monopolist den gewinnmaximalen Preis (sog. Cournot-Preis) p_{priv}, während der öffentliche Monopolist den Durchschnittskostenpreis $p_{öff}$ setzt.[12] Ferner sei unterstellt (was in der Realität nicht unbedingt der Fall ist[13]), dass das Privatunternehmen geringere Produktionskosten als das öffentliche Unternehmen aufweist und sich dies in geringeren Durchschnitts- und Grenzkosten niederschlägt.

Ein Wohlfahrtsvergleich von öffentlichem und privatem Unternehmen unter der Prämisse, dass die Unternehmen wenigstens kostendeckend operieren, ergibt Folgendes: Im Falle eines unregulierten privaten Gewinnmaximierers entspricht die Konsumentenrente der Fläche d. Der Unternehmensgewinn beläuft sich auf b + c. Ein durchschnittskostendeckender öffentlicher Monopolist realisiert keinen Gewinn und „erzeugt" eine Konsumentenrente in Höhe von a + c + d. Die Differenz zwischen privater und öffentlicher Lösung beträgt somit b − a. Falls a > b gilt, ist das öffentliche Unternehmen vorzuziehen (obwohl es keinen Gewinn abwirft). Im umgekehrten Fall b > a führt die private Lösung zu einer größeren Wohlfahrt.

In der Realität dürfte der Private reguliert werden. Sofern es der Regulierungsbehörde – insbesondere aufgrund von Informationsasymmetrien zwischen

---

10 Vgl. Abschnitt 3.
11 Wir gehen von einer linearen Gesamtkostenfunktion aus, so dass die (fallenden) Durchschnittskosten durchweg über den Grenzkosten liegen. Dies ist im Ein-Produkt-Fall eine hinreichende Voraussetzung für ein natürliches Monopol.
12 Wir abstrahieren hier von der sog. Erstbest-Lösung, nämlich der Setzung von Grenzkostenpreisen, weil diese im natürlichen Monopol einen Verlust implizieren, der einen entsprechenden Subventionsbedarf erforderte. Auch von der eventuellen Möglichkeit sog. nichtlinearer Tarife sehen wir ab.
13 Vgl. Abschnitt 4 dieses Beitrags.

Unternehmen und Regulierungsbehörde – nicht gelingt, den Preis entsprechend den Durchschnittskosten festzusetzen, wird der regulierte Preis zwar unterhalb des Cournot-Preises liegen, aber nicht allokativ effizient sein. Der Grundgedanke gilt weiterhin: Das kosteneffizientere Unternehmen stellt nicht zwangsläufig die wohlfahrtssuperiore Lösung dar.

Das Beispiel veranschaulicht, dass das Ergebnis eines Effizienzvergleichs von den zugrunde gelegten Effizienzmaßen abhängt. Normativ wünschenswert wäre die Messung des sozialen Überschusses. Dazu fehlen regelmäßig die Daten. Zumeist liegen Daten (nur) auf einzelwirtschaftlicher (betrieblicher) Ebene über Gewinne, Kosten, Ausbringungsmengen und Inputmengen vor.

Abbildung 1: Wohlfahrtsvergleich zwischen öffentlichem und privatem natürlichen Monopol

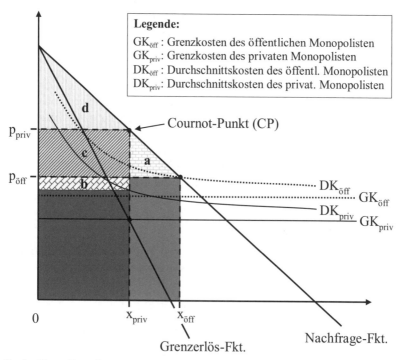

Quelle: Eigene Darstellung.

Da – wie gezeigt – der Unternehmensgewinn in den relevanten Marktversagensbereichen keinen geeigneten Maßstab zur Wohlfahrtsermittlung darstellt, bleiben die Kategorien Kosteneffizienz und Produktionseffizienz. Beide sind, wenn auch nicht hinreichend, jedoch notwendig für eine größtmögliche Wohlfahrt. Der Vorteil der Produktionseffizienz gegenüber der Kosteneffizienz liegt in der geringeren Messfehleranfälligkeit, da zur Ermittlung der Produktionseffizienz auf teilweise nur schwer vergleichbare Daten unterschiedlicher interner Rechnungswesensysteme verzichtet werden kann. Damit ist die Produktionseffizienz unter realistischen Bedingungen der unverzerrteste Indikator.[14]

III. (Mögliche) Ursachen für (mögliche) Effizienzunterschiede zwischen öffentlichen und privaten Unternehmen

Obwohl die (möglichen) Ursachen von (möglichen) Effizienzunterschieden zwischen öffentlichen und privaten Unternehmen in diesem Beitrag nicht im Vordergrund stehen, ist zumindest kurz darauf einzugehen. Ernsthafte Erklärungskandidaten für Effizienzdifferenzen sind unterschiedliche Handlungsanreize und -möglichkeiten sowie unterschiedliche Kenntnisstände (Grade an Informiertheit) der Akteure in öffentlichen und privaten Unternehmen. In diesem Kontext existieren inzwischen eine größere Zahl theoretischer Ansätze und theoretischer Modelle, die hier nur grob skizziert bzw. in begrenzter Zahl erwähnt werden können.[15]

Einen Erklärungsansatz liefert die maßgeblich auf *Alchian* zurückzuführende (ältere) Theorie der Verfügungsrechte.[16] Danach führt die Trennung und „Verdünnung" von Verfügungsrechten zu (betrieblicher) Ineffizienz. Da die Verfügungsrechtestruktur bei öffentlichen Unternehmen grundsätzlich ungünstiger als bei privaten Unternehmen ist (so existiert kein persönliches Gewinnaneignungsrecht bei zugleich über alle Wähler gestreuten Kontrollrechten) und darüber hinaus auch weniger korrigierende Eigentumssurrogate (z.B. kein Eigenkapitalmarkt, geringere Kontrollwirkung des Fremdkapitalmarktes) wirksam sind, impliziert dieser Theoriezweig, dass öffentliche Unternehmen grundsätzlich ineffizienter operieren als Privatunternehmen.

---

14 So argumentieren auch *Pestieau/Tulkens (1993)*. Es existiert kein Effizienzmaß, welches von nicht-allokativen Zielsetzungen unbeeinträchtigt bleibt. So schlagen sich z.B. lohn- oder beschäftigungspolitische Maßnahmen negativ in der Kosten- und Produktionseffizienz nieder.
15 Übersichten über Erklärungsansätze und Modelle finden sich z.B. bei *Shirley/Walsh (2000), Villalonga (2000), Mühlenkamp (2006)* und *Cavaliere/Scabrosetti (2008)*.
16 Vgl. *Alchian (1965)*.

Die Prinzipal-Agent-Theorie liefert einen weiteren Zugang. Beispielsweise stellen *Shapiro* und *Willig* den Fall eines von einem eigennutzorientierten Politiker in der Rolle des Prinzipals überwachten öffentlichen Unternehmens dem Fall eines von einem eigennutzorientierten Regulator überwachten Privatunternehmens gegenüber.[17] In jedem Fall hat das Management in der Rolle des Agenten gegenüber seinem Prinzipal einen Informationsvorsprung. Beim öffentlichen Unternehmen kann der Politiker seine (wohlfahrtsmindernden) Privatinteressen eher durchsetzen als ein Regulator gegenüber dem Privatunternehmen. Dafür „kassiert" das Privatunternehmen anders als das öffentliche Unternehmen eine sog. Informationsrente. Welches institutionelle Arrangement vorzuziehen ist, hängt u. a. davon ab, inwieweit es gelingt, die Privatinteressen von Politikern einzuschränken.

Pint vergleicht öffentliche und private Unternehmen vor dem Hintergrund unterschiedlicher Zielfunktionen der Prinzipale.[18] Die Ergebnisse sind ebenfalls ambivalent. Danach werden öffentliche Unternehmen zu arbeitsintensiv produzieren, aber allokativ bessere Preise setzen, während private Unternehmen eine höhere Kosteneffizienz aufweisen, vorausgesetzt sie werden „gut" reguliert.

Weitere theoretische Ansätze greifen die Idee unvollständiger Verträge auf. So gehen *Laffont* und *Tirole* davon aus, dass das Management spezifische, nicht kontrahierbare Investitionen (Anstrengungen) tätigen muss, um die Produktionskosten des Unternehmens zu senken.[19] Da die Quasi-Rente aus den spezifischen Investitionen des Managements in öffentlichen Unternehmen stärker bedroht ist als in Privatunternehmen, operieren öffentliche Unternehmen kosteninneffizient. Dafür dient das Management regulierter Privatunternehmen zwei Prinzipalen, nämlich den Eigentümern und dem Regulator. Auch dies unterminiert den Arbeitsanreiz für das Management, der als Ergebnis dieses Modells sogar geringer als im öffentlichen Unternehmen ist.

Schmidt geht davon aus, dass der ohne Privatinteressen agierende, wohlfahrtsorientierte Prinzipal im Falle des öffentlichen Unternehmens die tatsächlichen Produktionskosten kennt, weil dies ein originäres Residualrecht des Eigentümers ist.[20] Wird ein Privatunternehmen eingesetzt, kennt der Prinzipal diese Kosten nicht. Die Kostenkenntnis im Falle des öffentlichen Unternehmens bringt den Nachteil mit sich, dass der Prinzipal über kein glaubhaftes Droh-

---

17 Vgl. *Shapiro/Willig (1990)*.
18 Vgl. *Pint (1991)*.
19 Vgl. *Laffont/Tirole (1991)*.
20 Vgl. *Schmidt (1996a, 1996b)*.

potential bei hohen Kosten (Kostenineffizienz) verfügt. Er wird selbst bei hohen Kosten den allokativ effizienten Preis setzen und hat damit keine Sanktionsmöglichkeit gegenüber dem an Outputmengen interessierten Manager. Bei Kostenunkenntnis wird der Prinzipal dagegen auch allokativ ineffiziente Preise in Kauf nehmen, so dass eine disziplinierende „Drohkulisse" gegenüber dem Management des Privatunternehmens aufgebaut werden kann. Im Endeffekt implizieren Schmidts Überlegungen, dass Privatunternehmen kosteneffizienter operieren, während sich öffentliche Firmen preiseffizienter verhalten.

Hart, Shleifer und *Vishny* nehmen an, dass die Qualität der von einem Unternehmen zu erbringenden Leistungen – unabhängig von den Eigentumsverhältnissen – nicht vollständig kontrahierbar ist und zudem bestimmte Kosteneinsparungen zur Qualitätsreduktion führen. Separat davon kann das Management aber auch Maßnahmen zur Qualitätssteigerung ergreifen.[21] Im Ergebnis wird ein privates Unternehmen immer kosteneffizienter als ein öffentliches Unternehmen agieren. Die Qualität kann in Abhängigkeit von der (Parameter-)Konstellation in dem Privatunternehmen höher oder niedriger als im öffentlichen Unternehmen sein. Falls die Qualität im öffentlichen Unternehmen höher ist als in dem Privatunternehmen und der Qualitätsvorteil groß genug ist, kann das öffentliche Unternehmen die insgesamt vorteilhaftere Lösung darstellen.

Zusammenfassend lässt sich ungefähr Folgendes festhalten: Bis auf die ältere Theorie der Verfügungsrechte, die auf eine generelle Überlegenheit privater Unternehmen schließt, kommen die neueren Ansätze/Modelle zu differenzierten Aussagen. Sie identifizieren regelmäßig Umstände bzw. modelltheoretische Parameterkonstellationen, in denen unter wohlfahrtsökonomischen Gesichtspunkten Privatunternehmen öffentlichen Unternehmen vorzuziehen sind, und umgekehrt Konstellationen, in denen öffentliche Unternehmen die bessere Lösung darstellen. Wiederholt ergibt sich das Ergebnis, dass Privatunternehmen geringere Produktionskosten aufweisen, aber allokativ schlechtere Preise erwarten lassen. *Hart, Shleifer* und *Vishny* verdeutlichen die Ambivalenz starker (Leistungs-)Anreize auch in Hinblick auf die Qualität. Die Kosteneinsparungen Privater im Vergleich zu öffentlichen Unternehmen werden u. U. mit noch höheren Qualitätseinbußen erkauft.[22]

---

21 Vgl. *Hart/Shleifer/Vishny (1997)*. Ohne diese Annahme würden öffentliche Unternehmen immer qualitativ bessere Leistungen als Privatfirmen erbringen.
22 Vgl. *Hart/Shleifer/Vishny (1997)*. Die Prinzipal-Agent-Theorie und theoretische Modellierungen unvollständiger Verträge abstrahieren von den Kosten der Anbahnung, des Abschlusses sowie der Überwachung und der Durchsetzung von Verträgen. Diese sog.

IV. Empirische Befunde zur relativen (In-)Effizienz öffentlicher und privater Unternehmen

In den letzten Jahrzehnten wurde eine nahezu unüberschaubare Zahl empirischer Untersuchungen vorgelegt, in denen öffentliche und private Unternehmen mittels konventioneller Effizienzkriterien miteinander verglichen werden.[23] Es überschreitet die Möglichkeiten des Autors, auf alle verfügbaren Einzel- bzw. Primärstudien einzugehen. Daher beziehen sich die folgenden Ausführungen auf Übersichten/Zusammenstellungen („Surveys") von einschlägigen Einzelstudien. Es handelt sich hier im Folgenden also quasi um eine Meta-Übersicht.[24]

Die dem Verfasser bekannten zusammenfassenden Studien zum Thema unterscheiden sich in verschiedener Hinsicht. So variiert die Zahl der einbezogenen Einzeluntersuchungen erheblich. Manche Übersichten betrachten nur einen Sektor/eine Branche wie die Müllabfuhr, andere Zusammenstellungen beinhalten Untersuchungen aus einer größeren Zahl von Sektoren. Ein Teil der Übersichten ist nicht-tabellarisch gestaltet, in anderen Surveys sind die Ergebnisse der Einzeluntersuchungen in Tabellenform dargestellt. Die meisten Übersichten beinhalten Einzelstudien, die verschiedene bzw. mehrere Effizienzmaßstäbe anlegen. Eine Übersicht beschränkt sich auf die Kosteneffizienz. Neben Querschnittsstudien, in denen öffentliche und private Unternehmen mit privaten Unternehmen im gleichen Zeitraum oder zum gleichen Zeitpunkt verglichen werden, werden teilweise auch Längsschnitt- bzw. Zeitrei-

---

Transaktionskosten stehen im Fokus der im Wesentlichen auf *Williamson (1975, 1985)* zurückzuführenden Transaktionskostentheorie. Wenn wir öffentliche und private Unternehmen als konkurrierende institutionelle Arrangements auf regulierungsbedürftigen Märkten ansehen (s. Abschnitt 2), dann sind eventuelle Transaktionskostenunterschiede, die hier durchaus im Gewande von Regulierungskostenunterschieden auftreten können, zu beachten. Entsprechend der Transaktionskostentheorie ist zu erwarten, dass die interne Regulierung mittels öffentlicher Unternehmen grundsätzlich geringere Transaktions- bzw. Regulierungskosten nach sich zieht als die externe Regulierung in vertraglicher Form oder durch eine Regulierungsbehörde.
Transaktionskosten sind aufgrund von Mess- bzw. Ermittlungsproblemen nur selten Gegenstand empirischer Untersuchungen. Wir möchten deshalb an dieser Stelle auf diesen Aspekt nicht näher eingehen, ohne allerdings diesen Gedanken dem Leser vorenthalten zu haben.

23 Nicht näher behandelt werden hier empirische Untersuchungen der Wirkungen von „Contracting out" bzw. „Competitive tendering" (vgl. dazu z.B. *Hodge (2000)*). Hier wären Transaktionskosten von erheblicher Bedeutung.

24 Wir vermeiden hier den Begriff „Meta-Analyse", weil an derartige Analysen methodische Anforderungen zu stellen sind (vgl. z.B. *Hunter/Schmidt/Jackson (1982)*), die die vorliegenden Übersichten regelmäßig nicht erfüllen.

henuntersuchungen zusammengefasst, in denen die Effizienzfolgen von Privatisierungen analysiert werden.

Die vorliegenden Übersichten wurden in zwei Kategorien eingeteilt. In der ersten Kategorie befinden sich Beiträge, die deutlich weniger als 50 Primäruntersuchungen erfassen, die sich zum Teil auf eine Branche beschränken und die großenteils auf eine Zusammenfassung in Tabellenform verzichten („kleinere Übersichten"). Die zweite Gruppe beinhaltet branchenübergreifende Zusammenstellungen von mindestens 50 Primär-Untersuchungen in tabellarischer Darstellung („größere Übersichten").

Nicht näher berücksichtigt werden Surveys, die sich ausschließlich auf Privatisierungswirkungen in Transformations- und Entwicklungsländern konzentrieren. In den sog. Transformationsländern, die sich im Übergang von staatswirtschaftlichen zu marktwirtschaftlichen Systemen befinden, sind Privatisierungen (zwangsläufiger) Ausdruck dieses Systemwandels. Effizienzsteigerungen infolge einer Privatisierung zeigen dann eher Effizienzunterschiede zwischen Wirtschaftssystemen als zwischen Eigentumsformen an. In Entwicklungsländern dürften Privatisierungen ebenfalls regelmäßig Ausdruck von Transformationsprozessen sein. Infolgedessen sind die Ergebnisse entsprechender Privatisierungsstudien im vorliegenden Kontext regelmäßig irrelevant.[25]

---

25 Recht häufig wird auf einen Artikel von *Sheshinski/López-Calva (2003)* verwiesen. Die Autoren greifen einige Privatisierungs-Fallstudien, Längsschnitt-Länderstudien mit mexikanischen, slowenischen und russischen Daten sowie ein paar internationale Längsschnittstudien auf. Sie folgern: „The evidence is robust in the direction of a clearly better performance of the firms after privatization. [...] profitability increases more in regulated (or noncompetitive) industries, whereas operating efficiency increases less in those cases. [...] The evidence supports the idea that there is a certain degree of market power being exploited by those firms" (*Sheshinski/López-Calva (2003)*, S. 445).

Zur Privatisierung in Transformationsländern in Zentral- und Osteuropa (CEE) sowie in den Nachfolgestaaten der ehemaligen Union der Sozialistischen Sowjetrepubliken (UdSSR) (vgl. z.B. *Estrin u. a. (2009)*). Danach zeigt die überwiegende Zahl der Studien, in denen die Entwicklung der Faktorproduktivität untersucht wird, eine deutliche Steigerung derselben in den CEE, insbesondere, wenn die Unternehmen von ausländischen Investoren übernommen wurden und die Privatisierung vergleichsweise spät, d. h. Mitte bis Ende der 1990er Jahre, erfolgte. In den Nachfolgestaaten der UdSSR dagegen wurden durch Übernahmen von inländischen Investoren teilweise sogar negative Effekte ausgelöst. Positive Effekte hatten die Privatisierungen auch auf die Erlöse, aber weniger auf die Profitabilität. „The evidence assembled in this study suggests that privatization and performance are related but that the relationship is more complicated than has been assumed." (*Estrin u. a. (2009)*, S. 722). "Type of private ownership, corporate governance, access to know how and markets, and the legal and

Privatisierungen (in Marktwirtschaften) sind unter der Zielrichtung dieses Beitrags dann beachtenswert, wenn (intern oder extern) regulierte öffentliche Unternehmen ceteris paribus in analog regulierte Privatunternehmen umgewandelt werden.

1. Kleinere Übersichten

De Alessi berichtet vor dem Hintergrund verfügungsrechtlicher Überlegungen über die Ergebnisse von ca. 30 aus den 1960er und 1970er Jahren stammenden empirischen Studien aus verschiedenen Branchen, zumeist aus den USA, in nicht-tabellarischer Form. Er zieht folgenden Schluss: „The evidence regarding the consequences of government ownership is rich and varied."[26] „Although some of the results must be regarded as tentative pending more rigorous tests, the evidence is overwhelming. Differences in the structures of rights to use resources affect behavior systematically and predictably."[27]

Millward präsentiert ebenfalls nicht-tabellarisch empirische Ergebnisse von gut 20 Studien aus verschiedenen Staaten und Branchen ebenfalls aus dem Zeitraum der 1960er und 1970er Jahre. Seine Folgerung lautet: „In summary there seems no general ground for believing managerial efficiency is less in public firms."[28]

Millward und *Parker* liefern eine wiederum nichttabellarische Darstellung von ca. 30 Studien aus verschiedenen Sektoren aus dem Zeitraum von 1970-1980, mit dem Ergebnis „[...] that there is no systematic evidence that public enterprises are less cost effective than private firms."[29]

Boyd stellt tabellarisch 17 Studien aus dem Zeitraum von 1970 bis 1980 gegenüber. Davon kommen vier zu dem Ergebnis einer größeren Effizienz Privater. Vier finden keinen Effizienzunterschied. Eine Untersuchung findet je nach Modellspezifikation keine signifikanten Unterschiede oder eine Überlegenheit öffentlicher Unternehmen. Acht Primär-Analysen konstatieren eine Überlegenheit öffentlicher Unternehmen. „The unbiased observer may well agree with Millward, who concludes from his review of empirical studies of

---

institutional system matter for firm restructuring and performance" (*Estrin u. a. (2009)*, S. 724).
26 *De Alessi (1980)*, S. 41.
27 *De Alessi (1980)*, S. 42.
28 *Millward (1982)*, S. 83.
29 *Millward/Parker (1983)*, S. 258.

the property rights hypothesis that these studies do not provide general grounds for believing managerial efficiency to be less in public firms."[30]

Domberger und *Pigott* extrahieren aus früheren Übersichten insgesamt 13 Einzelstudien aus den Jahren 1965-1981, in denen Privatunternehmen nicht besser abschneiden als öffentliche Unternehmen.[31] In den sechs Fällen mit zuverlässiger Datenbasis waren die öffentlichen Unternehmen dem Wettbewerb ausgesetzt, was die Autoren als Indiz für die Bedeutung des Wettbewerbs ansehen. Darüber hinaus stellen *Domberger* und *Pigott* 12 Studien aus den Jahren 1971-1985 zur Effizienz der beiden größten australischen Fluggesellschaften, von denen sich eine in privater und eine in öffentlicher Hand befand, dar. Danach operierten beide Gesellschaften ineffizienter als vergleichbare nordamerikanische Gesellschaften. In vier Fällen schnitt die private Fluggesellschaft besser ab. Acht Studien fanden keinen Unterschied. „Privatization through asset sale can in some circumstances be worthwhile, yielding a reduction in resource waste in the overall economy. This assessment is consistent with, but not overwhelmingly supported by, the international comparisons of private and public sector performance. [...] Where public enterprises operate in highly protected or regulated environment, deregulation or liberalization of the market may generate a substantial improvement in public sector performance, without ownership transfer. This assessment is strongly supported by the international evidence."[32]

Pestieau/Tulkens konzentrieren ihre Aufmerksamkeit auf 19 im Zeitraum von 1985-1993 erschienene Studien zur Produktionseffizienz, großenteils handelt es sich um Frontier-Ansätze, die aber nicht alle dem originären Ziel dienen, öffentliche und private Unternehmen miteinander zu vergleichen. „On the basis of the work existing to date it appears that firm's performance is quite independent of ownership, for a given competitive and regulatory setting. In particular there is no clear-cut performance differential between public enterprises and privately owned regulated firms. One also observes that introducing competition increases performance regardless of ownership. Furthermore, the effect of deregulation, especially when it is only partial, appears to be rather ambiguous."[33]

Die in den letzten Jahren vielleicht am häufigsten zitierte Arbeit zum Thema, die regelmäßig als Beleg für die Überlegenheit privater Firmen gegenüber

---

30 *Boyd (1986)*, S. 192.
31 Vgl. *Domberger/Pigott (1986)*. Die Mehrzahl der in den Übersichten enthaltenen Studien zeigen, dass Privatfirmen effizienter operieren.
32 *Domberger/Pigott (1986)*, S. 159.
33 *Pestieau/Tulkens (1993)*, S. 319.

öffentlichen Unternehmen herangezogen wird, stammt von *Megginson* und *Netter*. Dort wird u. a. eine Übersicht der Ergebnisse von 10 Publikationen mit Querschnittsdaten aus dem Erscheinungszeitraum von 1989 bis 2001 geliefert. Daraus scheinen die Autoren in der Zusammenfassung ihres Beitrags zu schließen: „Research now supports the proposition that privately owned firms are more efficient and more profitable than otherwise-comparable state-owned firms."[34] Darüber hinaus werden – getrennt nach Nichttransformations- und Transformationsstaaten – insgesamt 22 Studien zur durch verschiedene Umsatz-, Rentabilitäts- und sonstige Kennziffern gemessenen Unternehmensentwicklung nach Privatisierung aufgeführt. „These 22 studies offer at least limited support for the proposition that privatization is associated with improvements in the operating and financial performance of divested firms."[35]

2. Größere Übersichten

Aussagekräftiger als die bisher zitierten Übersichten mit kleiner Fallzahl dürften die auf einer breiteren, teilweise weniger willkürlich ausgewählten Datenbasis beruhenden Übersichten sein. Dem Verfasser liegen insgesamt acht Arbeiten vor, die die o.g. Kriterien erfüllen. Deren Ergebnisse sind in Abbildung 2 zusammengefasst.

In dem ersten bzw. ältesten dem Verfasser bekannten tabellarischen Überblick von *Borcherding, Pommerehne* und *Schneider* mit einer größeren Zahl von Einzelstudien werden die Resultate von 52 Einzelstudien aus 19 verschiedenen Sektoren aus den Jahren 1965 bis 1981 zusammengefasst. Von wenigen Ausnahmen abgesehen wurde eine höhere – zumeist Kosten- und Produktionseffizienz – privater Unternehmen festgestellt. Lediglich in drei Studien, die laut den Autoren erhebliche methodische Schwächen aufweisen, wurde eine höhere Effizienz öffentlicher Unternehmen und in sechs Untersuchungen wurden keine Effizienzunterschiede ermittelt. In den Fällen ohne signifikante Unterschiede wird dies auf einen wirksamen Wettbewerb zwischen öffentlichen und privaten Firmen zurückgeführt. Ineffizienzursache wäre demnach fehlender Wettbewerb. „To sum up the results so far: The literature seems to indicate that (a) private production is cheaper than production in publicly owned and managed firms, and (b) given sufficient competition between public and private producers (and no discriminative regulations and subsidies),

---

34 *Megginson/Netter (2001)*, S. 380.
35 *Megginson/Netter (2001)*, S. 356.

the differences in unit cost turn out to be insignificant."[36] Die Autoren weisen in weiteren Ausführungen („Public choice approach") darauf hin, dass ein einfacher Kostenvergleich irreführend ist, weil zum einen die Transaktionskosten privater Aufgabenwahrnehmung unberücksichtigt bleiben und zum Zweiten politische Ziele verfolgt werden, für die nicht kontrolliert wird. „To conclude our paper: Government ‚waste' is after all a sick consideration, neglecting those sizeable costs of contracting, monitoring and controlling which may arise when private production is preferred over the public one. Also some part of the 'waste' is the result of the political process of redistribution, where public production is used as an efficient means for selecting and discriminating."[37]

Abbildung 2: Zusammenfassung größerer Übersichten zum Vergleich der (In-)Effizienz öffentlicher und privater Unternehmen

Nr.	Übersicht	Zahl der berücksichtigten Untersuchungen	Zeitraum	private Unt. effizienter		kein Unterschied		öffentl. Unt. effizienter	
				absolut	in %	absolut	in %	absolut	in %
1	Borcherding/Pommerehne/Schneider (1982)	52	1965-1981	43	82,69	6	11,54	3	5,77
2	Boardman/Vining (1989)	55	1965-1986	33	60,00	16	29,09	6	10,91
3	Pommerehne (1990)	105	1965-1989	55	52,38	42	40,00	8	7,62
4	Vining/Boardman (1992)	95	1965-1989	68	71,58	20	21,05	7	7,37
5	Martin/Parker (1997)	56	1968-1995	24	42,86	21	37,50	11	19,64
6	Shirley/Walsh (2000)	52	1971-1999	32	61,54	15	28,85	5	9,62
7	Villalonga (2000)	153	1965-1997	104	67,97	35	22,88	14	9,15
8	Willner (2001)	68	1965-1998	21	30,88	26	38,24	21	30,88

Quelle: Eigene Zusammenstellung

Boardman und *Vining* fassen die Ergebnisse von 55 Einzelstudien aus den Jahren 1965 bis 1986 zusammen. Die ausgewählten Unternehmen weisen mindestens eines der drei folgenden Merkmale auf: Es handelt sich um ein natürliches Monopol, um ein reguliertes Duopol oder die Absatzpreise kommen nicht unter Wettbewerbsbedingungen zustande. Sechs (11 %) Studien ergeben, dass öffentliche Unternehmen effizienter als Private operieren, in 16 (29 %) Studien werden keine signifikanten Unterschiede festgestellt. 33 (60 %) Untersuchungen weisen eine höhere Effizienz von Privatunternehmen aus. „A review [...] suggests an ‚edge' for the private sector, but the results vary considerably across sectors. In sectors where there is some evidence of

---

36 *Borcherding/Pommerehne/Schneider (1982)*, S. 136.
37 *Borcherding/Pommerehne/Schneider (1982)*, S. 147.

superior public efficiency (electricity and water), there is limited competition or the private firms are highly regulated."[38]

Ein Überblick von *Pommerehne* umfasst 105 Einzeluntersuchungen aus sieben Sektoren im Zeitraum von 1965 bis 1989. 55 (52 %) der aufgeführten Studien kommen zu dem Ergebnis, dass Privatunternehmen effizienter operieren, 42 (40 %) zu dem Ergebnis, dass kein signifikanter Unterschied zu beobachten ist, und die restlichen acht (8 %) weisen öffentliche Unternehmen als effizienter aus. „Insgesamt kann man also schwerlich von einer *allgemeinen Überlegenheit* [Hervorhebung im Original] der privaten gegenüber der staatlichen Produktion sprechen. Es ist jedoch zu konzedieren, dass die Effizienz beider, öffentlicher und privater Anbieter, in einer Wettbewerbsumwelt höher ausfällt, wobei im Falle, es besteht keine staatliche Regulierung, mit einer vergleichsweise höheren Leistungserbringung der privaten Anbieter zu rechnen ist. Besteht kein Wettbewerb und werden Regulierungsvorschriften auferlegt, dann können umgekehrt, direkt kontrollierte öffentliche Unternehmen sogar relativ besser abschneiden; zumindest müssen sie nicht schlechter abschneiden."[39]

In einer gegenüber *Boardman* und *Vining* um weitere Studien ergänzten Übersicht stellen *Vining* und *Boardman* insgsamt 95 Arbeiten aus den Jahren 1965 bis 1989 gegenüber. Der neue Datensatz ist gegenüber dem ursprünglichen Datensatz heterogener, weil nunmehr auch Unternehmen aus nichtregulierten bzw. wettbewerblichen Märkten Berücksichtigung finden. Die jüngeren Studien schlagen mehr zugunsten der Privaten aus. Insgesamt sieben (7 %) Untersuchungen weisen eine Überlegenheit öffentlicher Unternehmen auf, 20 (21 %) können keinen signifikanten Unterschied feststellen, 68 (72 %) kommen zu dem Schluss, dass private Unternehmen überlegen sind. „Ownership does matter and there is strong evidence of superior PC (private corporate – Anm. d. Verf.) performance. This evidence is stronger than the previous literature suggests."[40]

Martin und *Parker* stellen insgesamt 64 Primärstudien (ohne contracting-out/competitive tendering) aus verschiedenen Staaten und Branchen mit verschiedenen Performance-Maßen im Zeitraum zwischen 1968 bis 1995 zusammen. Beschränkt man sich auf die im vorliegenden Kontext relevanten Querschnittsstudien, bleiben 56 Untersuchungen übrig. Davon ergeben 24 (ca. 43 %) eine Überlegenheit Privater, 21 (37,5 %) Untersuchungen lassen keine

---

38 *Boardman/Vining (1989)*, S. 5.
39 *Pommerehne (1990)*, S. 45.
40 *Vining/Boardman (1992)*, S. 218.

systematischen Differenzen zwischen öffentlichen und privaten Unternehmen erkennen. 11 (knapp 20 %) Untersuchungen ergeben eine bessere Performance öffentlicher Unternehmen. Die Autoren interpretieren die Ergebnisse dahingehend, dass die Ergebnisse in regulierten Sektoren nicht systematisch unterschiedlich sind: „ [...] the balance of evidence may be interpreted as favouring private ownership but only in competitive markets."[41] „On balance it seems that neither private nor public sector production is inherently or necessarily more efficient. In particular, where private sector firms remain state-regulated or protected from competition efficiency may suffer."[42]

Shirley und *Walsh* erstellen einen Datensatz aus früheren Übersichten, ergänzt um einige dort nicht erfasste Primär-Untersuchungen. Insgesamt kommen so 52 Primäruntersuchungen zusammen, wobei nach Autorenangaben Studien mit kleinen Samples nicht berücksichtigt wurden, „unless they were highly cited".[43] Die berücksichtigten Primär-Studien sind sehr unterschiedlicher Natur. Sie verwenden verschiedene Effizienzmaße, es werden sowohl Längs- als auch Querschnittsstudien einbezogen und die Marktstrukturen sowie die Entwicklungsstadien der Volkswirtschaften unterscheiden sich.

Bezogen auf die Gesamtzahl der einbezogen Studien zeigen 32 (knapp 62 %) eine überlegene Effizienz privater Firmen, 15 (knapp 29 %) finden keine Differenzen und fünf (knapp 10 %) weisen öffentliche Unternehmen als effizienter aus. Von den 31 Studien, die öffentliche und private Firmen auf gleichen Märkten vergleichen, weisen 18 (58 %) eine höhere Effizienz Privater aus, acht (26 %) kommen zu keinem eindeutigen Ergebnis und fünf (16 %) finden eine Überlegenheit öffentlicher Unternehmen. Von den 35 Studien, die Unternehmen in industrialisierten Staaten betrachten, kommen 19 (54,29 %) zu einer privaten Überlegenheit, 11 (31,42 %) finden keine eindeutigen Unterschiede und fünf (14,29 %) ermitteln öffentliche Unternehmen als effizienter. Auf wettbewerblichen Märkten weisen 11 (69 %) Studien Privatunternehmen als überlegen aus und fünf (31 %) Untersuchungen können keine Differenzen zeigen. Von den 16 Studien der Übersicht, die monopolistische Märkte untersuchen, konstatieren sechs (37,5 %) eine Überlegenheit privater Firmen, fünf (31,25 %) liefern neutrale Ergebnisse und fünf (31,25 %) befinden öffentliche Unternehmen als überlegen. Die Autoren urteilen: "This body of empirical literature indicates that private or privatized ownership is superior to public ownership in a variety of situations. The balance of studies show that firm performance improves after privatization. Private firms perform better in all

---

41 *Martin/Parker (1997)*, S. 82.
42 *Martin/Parker (1997)*, S. 93.
43 *Shirley/Walsh (2000)*, S. 49.

market structures, although the relative ambiguity of this result in monopolies suggests that private ownership and competition are complements."[44]

Villalonga führt insgesamt 153 Untersuchungen aus dem Zeitraum von 1965 bis 1997 auf. Darunter befinden sich 20 Studien, die sich des Effizienzgrenzenkonzeptes („Efficiency Frontiers") bedienen und nur zwei Privatisierungs-Längsschnittstudien. 104 (68 %) aller Untersuchungen sprechen Privatunternehmen eine höhere Effizienz zu, 35 (23 %) lassen keinen Unterschied erkennen und 14 (9 %) Publikationen weisen eine höhere Effizienz öffentlicher Unternehmen aus. Unter den im Durchschnitt deutlich jüngeren Studien, die das Effizienzgrenzenkonzept verwenden, ergeben neun (45 %) eine höhere Effizienz privater Unternehmen, fünf (25 %) finden keinen signifikanten Unterschied zwischen privaten und öffentlichen Unternehmen und sechs (30 %) weisen öffentliche Unternehmen als effizienter aus. Die Autorin kommentiert dies folgendermaßen: „ [...] although a simple count of results would give a considerable edge to a private ownership [...], the cumulative evidence is not wholly conclusive. Two factors play a significant role in explaining the diversity of results within these tables: the market structure of each of the industries (and countries) to which the firms studied belong, and the way their efficiency is measured."[45] „Still, after accounting for these two factors, the evidence about which form of ownership is associated with a higher level of efficiency remains mixed."[46]

Willner fasst die Resultate von 68 Publikationen in 14 Branchen im Zeitraum von 1965 bis 1998 zur Kosteneffizienz zusammen, wobei er Branchen industrieller Produktion (cement, electric utilities, gas, plastics, steel und water utilities) und Dienstleistungen (airlines, bus services, hospitals und health care, insurances, railways, refuse collection, social care, universities) separat ausweist. 21 (ca. 31 %) aller Arbeiten ergeben eine Überlegenheit Privater, 26 (ca. 38 %) finden keine Unterschiede und 21 (ca. 31 %) weisen öffentliche Unternehmen als überlegen aus. Im Bereich industrieller Produktion liegen in fünf Untersuchungen von 32 Fällen (16 %) Private vorn. 16 Mal (50 %) wird kein Effizienzunterschied festgestellt. In 11 Fällen (34 %) erweist sich die öffentliche Produktion als überlegen. Bei Dienstleistungen sind öffentliche Unternehmen von 36 Fällen 10 Mal (27,77 %) überlegen, 11 (30,56 %) Studien zeigen keinen Unterschied und 15 (41,67 %) Untersuchungen kommen zu dem Ergebnis, dass Privatunternehmen effizienter sind. „With all caveats in mind, these tables are best summarised as suggesting that static cost efficiency

---

44 *Shirley/Walsh (2000)*, S. 51.
45 *Villalonga (2000)*, S. 46.
46 *Villalonga (2000)*, S. 50.

alone is a poor criterion for the choice between private and public ownership. [...] But it seems that state enterprises tended to be more efficient in the West, with successful examples of public ownership in Scandinavia [...] and even the US [...], than in the former socialist countries."[47]

3. Bewertung der empirischen Ergebnisse

Es ist augenfällig, dass die einschlägigen Übersichten deutlich voneinander abweichende prozentuale Anteile von Studien ausweisen, die eine im Vergleich zu öffentlichen Unternehmen höhere Effizienz privater Unternehmen ergeben. In einigen Übersichten erreicht der Anteil der Studien mit signifikanten Effizienzvorteilen privater Unternehmen Größenordnungen von 70 bis 80 %. In anderen Studien erweisen sich Privatunternehmen in nur 30 bis 40 % der untersuchten Fälle als überlegen. Dementsprechend divergieren die Schlussfolgerungen bzw. Interpretationen der Übersichtsverfasser.

Ein offenkundiger Grund für die Ergebnisunterschiede ist die Auswahl bzw. Zusammensetzung der Grundgesamtheit der betrachteten Primäruntersuchungen.[48] Dazu kommt, dass zumindest in Einzelfällen ein und dieselbe Studie von verschiedenen Verfassern unterschiedlich eingeordnet wird.[49]

Die erfassten Primärstudien unterscheiden sich – wie bereits oben dargelegt – hinsichtlich einiger Merkmale. Zum einen verwenden sie unterschiedliche Effizienzkriterien, von denen beispielsweise Gewinnindikatoren im vorliegenden Kontext ohne Bedeutung sind. Zweitens handelt es sich zum Teil um Querschnitts- und zum Teil um Längsschnittstudien, von denen letztere im vorliegenden Kontext ebenfalls nur begrenzt relevant sind. Drittens sind die Untersuchungszeiträume bzw. das Alter der verwendeten Daten verschieden. Es besteht durchaus Anlass zu der Vermutung, dass der Untersuchungszeitraum nicht unerhebliche Auswirkungen auf die Ergebnisse hat, weil sich beispielsweise Privatisierungswirkungen erst mit zeitlicher Verzögerung offen-

---

47 *Willner (2001)*, S. 735.
48 Ein gutes Beispiel liefern die Studien von *Boardman/Vining (1989)* und *Vining/Boardman (1992)*. Im ersten Datensatz sind nach Angaben der Autoren lediglich Unternehmen enthalten, deren Absatzpreise sich nicht oder nur sehr eingeschränkt unter Wettbewerbsbedingungen bilden. Der Datensatz der zweiten Studie entsteht quasi durch „Auffüllung" des ersten Datensatzes mit Studien über Unternehmen auf Wettbewerbsmärkten, die das Gewinnziel verfolgen. Die sich dadurch ergebende Verschiebung zugunsten einer Vorteilhaftigkeit privater Unternehmen kann nicht erstaunen.
49 *Villalonga (2000)*, S. 50 FN 6, weist darauf hin, dass beispielsweise die Studie von *Hirsch (1965)* von einigen Autoren als Beleg für die Überlegenheit Privater, von anderen genau gegenteilig und von wieder anderen als neutral eingeordnet wird.

baren[50] oder öffentliche Unternehmen ihre Effizienz im Zeitablauf infolge zunehmender privater Konkurrenz bzw. einer wenigstens implizit bestehenden Privatisierungsdrohung gesteigert haben.[51] Viertens unterscheiden sich die Analysemethoden: Während in älteren Arbeiten tendenziell einfache Regressionsansätze verwendet wurden, finden in jüngeren Arbeiten eher elaborierte Effizienzgrenzenanalysen („Frontiers") mit besseren Daten Anwendung.[52] Fünftens stammen die zugrundeliegenden Daten aus unterschiedlichen Regionen und sechstens aus unterschiedlich entwickelten Volkswirtschaften. Es scheint, als ob Effizienzunterschiede in hoch entwickelten europäischen Staaten und in Nordamerika – wenn sie überhaupt bestehen – weniger ausgeprägt sind als in anderen Staaten. Siebtens unterscheiden sich die Marktstruk-turen und achtens der Regulierungsgrad der untersuchten Unternehmen.[53]

Darüber hinaus dürften Datenprobleme eine Rolle spielen, die häufig gar nicht thematisiert werden. Hierzu zählt die Tatsache, dass u. U. Daten aus unter-

---

50 So kann *Villalonga (2000)* für Privatisierungen in Spanien zeigen, dass die Rendite in den ersten Jahren nach der Privatisierung sinkt und erst nach sieben oder acht Jahren eine positive Entwicklung nimmt.
51 Vgl. auch *Pommerehne (1990)*. Im vorliegenden Kontext sind Ergebnisse von *Bel/Costas (2006)* interessant, die der Frage nachgehen, inwieweit die Kosten der Abfallbeseitigung davon abhängen, ob die Müllabfuhr von den zuständigen Gemeinden in Eigenregie oder durch die Beauftragung Privater erfolgt. Ältere Studien zeigen demnach eine kostensenkende Wirkung der Aufgabendurchführung durch Private. In jüngeren Untersuchungen lässt sich dieser Zusammenhang nicht mehr bzw. nicht mehr so eindeutig nachweisen. Diese Beobachtung bewegt die Autoren zu der These, dass Kosteneinsparungen durch Privatisierungen im Zeitablauf zurückgehen, weil erstens die Marktkonzentration zu- und damit die Wettbewerbsintensität bei Ausschreibungen abnimmt und zweitens die Privatisierungsdrohung öffentliche Unternehmen zu Effizienzsteigerungen veranlasst.
52 Bei Privatisierungsstudien ist zu beachten, dass sich Verzerrungen durch die (nichtrepräsentative) Auswahl der privatisierten Unternehmen ergeben können (Selektions-/Endogenitätsproblematik). Möglicherweise werden z.B. vornehmlich die Unternehmen privatisiert, die bereits vor der Privatisierung relativ effizient waren. Sofern dies – wie insbesondere in den älteren Studien – methodisch nicht adäquat berücksichtigt wird, erhält man verzerrte Ergebnisse (vgl. auch *Estrin u. a. (2009)*, S. 709 f.). Zudem vergleicht man öffentliche Unternehmen (zwangsläufig) immer nur mit den die Marktselektion überstehenden („überlebenden") Privatfirmen und nicht mit aus dem Markt ausgeschiedenen Privatfirmen („Survival Bias") (vgl. dazu auch *Pommerehne (1990)*).
53 Empirisch durchaus anspruchsvoll ist die Trennung der simultan auftretenden Wirkungen von Eigentumsstruktur, Marktstruktur und Regulierung. *Villalonga (2000)* kann zeigen, dass die messbare Effizienz privatisierter Unternehmen signifikant von politischen und organisatorischen Faktoren – z.B. ob Privatisierungen vor oder nach Einführung von Wettbewerb und/oder Regulierung durchgeführt werden, vom Marktwachstum und von der Unternehmensstrategie des Erwerbers – abhängt.

schiedlichen Rechnungswesensystemen verwendet werden, die nicht ohne weiteres miteinander kompatibel sind. Auch ist der Verdacht zu hegen, dass gemischtwirtschaftliche Unternehmen auf unterschiedliche und wenigsten zum Teil unangemessene Art und Weise der Gruppe der öffentlichen oder privaten Unternehmen zugerechnet werden.[54]

Vor diesem Hintergrund ist es nicht erstaunlich, wenn unterschiedliche Mischungen von Primärstudien zu divergierenden Übersichtsresultaten führen. Konzentriert man sich dagegen auf neuere Querschnittsuntersuchungen, die sich auf die Kosten- und Produktionseffizienz fokussieren und aus entwickelten Volkswirtschaften stammen, ergeben sich recht ausgewogene Ergebnisse. In der Mehrzahl der Untersuchungen sind Privatunternehmen dann nicht effizienter als öffentliche Unternehmen. Bezogen auf die Frage der Allokationseffizienz existieren derzeit nur sehr wenige Untersuchungen. Keine dieser Untersuchungen zeigt eine Überlegenheit von Privatunternehmen.[55]

Ferner sei auf die asymmetrische Rezeption der Studien in der Literatur hingewiesen. So wird die Arbeit von *Meginson* und *Netter* sehr häufig rezipiert, während z.b. die Arbeiten von *Villalonga* und *Willner* vergleichsweise wenig Beachtung finden.[56] Dies ist umso befremdlicher, als die Arbeit von *Megginson* und *Netter* im Vergleich zu anderen Übersichten empirisch wesentlich weniger fundiert ist. Oben wurde bereits darauf hingewiesen, dass Privatisierungseffekte im Kontext der hier untersuchten Fragestellung nur dann relevant sind, wenn regulierte öffentliche Unternehmen durch regulierte Privatunternehmen ersetzt werden. Die bei *Megginson* und *Netter* aufgeführten Privatisierungsstudien beinhalten derartige Fälle bestenfalls zu einem sehr geringen Teil, so dass sich aus dieser Übersicht keine diesbezüglichen Schlussfolgerungen ableiten lassen. Angesichts der Vielzahl von Einzelstudien und Ergebnisübersichten ist es erstaunlich, dass *Megginson* und *Netter* nur 10 Publikationen mit Querschnittsdaten aus den Jahren 1989-2001 aufführen, worunter sich eine mit dem Erfolg staatlich und privat finanzierter Arktisexpeditionen in den Jahren 1819-1909 beschäftigt. Zudem sind die Datensätze von mindestens drei

---

54 Selten werden gemischtwirtschaftliche Unternehmen – wie bei *Vining/Boardman (1992)* – separat behandelt.
55 Keine signifikante Differenz stellen *Atkinson/Halvorsen (1986)* fest. Nach *De Alessi (1974, 1977)* und *Peltzman (1971)* sind öffentliche Unternehmen weniger geneigt, gewinnmaximale Preise zu setzen.
56 Google Scholar (http://scholar.google.de, Abfrage am 22.03.2010) weist für den Beitrag von *Megginson/Netter (2001)* 1.566 Zitationen aus. Die Beiträge von *Villalonga (2000)* und *Willner (2001)* sind dagegen nur 123- respektive 59-mal zitiert worden.

der zitierten Untersuchungen[57] nicht repräsentativ für öffentliche Unternehmen bzw. nicht dazu geeignet, öffentliche Unternehmen mit privaten Unternehmen in regulierungsbedürftigen Märkten zu vergleichen.[58] Interessant wären neben den Ergebnissen auf der Basis konventioneller Effizienzkennziffern fundierte Resultate in Hinblick auf den nichtmarktgängigen Output öffentlicher Unternehmen oder umgekehrt der nichtmarktlichen Wirkungen privater Unternehmen bzw. von Privatisierungen. Die damit verbundenen Datenprobleme dürften der Grund sein, warum kaum Studien existieren, die dieser Frage wenigstens ansatzweise nachgehen. Zu diesem Themenkomplex liegt eine Untersuchung der Wohlfahrtswirkungen der Privatisierungspolitik in Großbritannien von *Florio* vor. Er fasst seine Ergebnisse wie folgt zusammen: "The main conclusion of my study is that privatization had more modest effects on efficiency than the theory of property rights and other orthodox privatization theories may have expected. On the other hand, privatization did have substantial regressive effects on the distribution of incomes and wealth in the United Kingdom."[59]

V. Fazit

Die konventionelle Sicht der Ökonomik sieht Marktversagen als notwendige, aber nicht hinreichende Voraussetzung für die Existenz öffentlicher Unternehmen. Öffentliche Unternehmen dienen gemäß dieses Paradigmas zur Korrektur von Marktversagen und zur Steigerung der Allokationseffizienz. Daneben existiert auch die unter Ökonomen weniger verbreitete Sicht, wonach öffentliche Unternehmen eventuell geeignete Instrumente der Wirtschafts- und Sozialpolitik sein könn(t)en. Die Problematik der letztgenannten Auffassung liegt in der Schwierigkeit, den sog. sozio-politischen Output dieser Politiken zu messen, was Effizienzvergleiche erschwert, wenn nicht gar völlig konterkariert. Der Verweis auf die Produktion nichtmarktlicher Nebenprodukte, die von Privatunternehmen nicht produziert werden, kann dann zur Immunisierung gegen jedwede Kritik im Falle einer ineffizienten Produktion marktgängiger Güter genutzt werden.

---

57 Es handelt sich um die Untersuchungen von *Boardman/Vining (1989)*, *Vining/Boardman (1992)* und *Dewenter/Malatesta (2001)*, in die die weltweit 500 größten Unternehmen außerhalb der USA bzw. in Kanada einbezogen wurden.
58 *Megginson/Netter (2001)*, S. 321, weisen selbst darauf hin, dass ihre Arbeit mit finanzieller Unterstützung der SBF Bourse de Paris sowie der New York Stock Exchange (NYSE) entstand.
59 *Florio (2004)*, S. 341 f.

Selbst die rein allokative Betrachtung öffentlicher Unternehmen bereitet für die empirische Analyse Probleme, weil das hier zugrundeliegende theoretische Konzept des sozialen Überschusses erhebliche Datenanforderungen stellt, die vielfach nicht zu erfüllen sind. Weniger ambitioniert und leichter zu realisieren sind Vergleiche der Kosten- und Produktionseffizienz. Diese beiden einzelwirtschaftlichen Effizienzmaße sind – gemeinsam mit allokativ effizienten Preisen – notwendige, aber nicht hinreichende Voraussetzungen für den größtmöglichen sozialen Überschuss. Ceteris paribus steigt der soziale Überschuss mit der einzelwirtschaftlichen Effizienz. Allerdings weisen produktions- und kosteneffiziente Unternehmen nicht zwangsläufig einen höheren sozialen Überschuss als einzelwirtschaftlich weniger effiziente Unternehmen auf, wenn letztere eine wohlfahrtsökonomisch bessere Preispolitik betreiben.

Wenngleich regelmäßig mehr oder minder ad hoc von einer geringeren einzelwirtschaftlichen Effizienz öffentlicher Unternehmen ausgegangen wird, liefern theoretische Modelle zu diesem Thema zwiespältige Ergebnisse. Lediglich die ältere Theorie der Verfügungsrechte kommt zu dem eindeutigen Schluss, dass öffentliche Unternehmen aufgrund ungünstigerer Verfügungsrechtestrukturen grundsätzlich ineffizienter operieren als Privatunternehmen. Jüngere Modelle, die zumeist auf der Prinzipal-Agent-Theorie basieren oder sich die Idee unvollständiger Verträge zu eigen machen, liefern regelmäßig sowohl (Parameter-)Konstellationen, in denen Privatunternehmen effizienter sind als öffentliche Unternehmen, als auch (Parameter-)Konstellationen für den gegenteiligen Fall.

Die in diesem Beitrag berücksichtigen Ergebnisse empirischer Studien aus einem Zeitraum von dreieinhalb Jahrzehnten sprechen auf den ersten Blick vielfach für einen klaren einzelwirtschaftlichen Effizienzvorsprung privater Unternehmen. Diese Sicht wird insbesondere von vielzitierten Übersichten wie die von *Megginson* und *Netter*[60] befördert. Bei seriöser und fundierter Betrachtung – mit dem damit verbundenen Ausscheiden von für Marktversagen irrelevanten Studien und Konzentration auf die relevanten Effizienzmaße unter Berücksichtigung von Markt- und Regulierungskonstellationen mit modernen quantitativen Methoden – zeigt sich keine generelle Überlegenheit Privater. Sofern – wie es aussieht – öffentliche Unternehmen auf Märkten ohne oder mit lediglich eingeschränktem Preissetzungsspielräumen nach messbaren einzelwirtschaftlichen Kriterien im Mittel nicht ineffizienter arbeiten als Privatunternehmen, könnten sie aus gesellschaftlicher Sicht Privaten signifikant

---

60 *Megginson/Netter (2001).*

überlegen sein, wenn sie allokativ bessere Preise setzen und/oder neben marktlichen Gütern sozio-ökonomischen Output produzieren.

Angesichts der teilweise dubiosen Zusammenstellung und fraglicher Repräsentativität bisheriger Übersichten empirischer Ergebnisse sind Aussagen zur relativen Effizienz öffentlicher und privater Unternehmen jedoch mit Vorsicht aufzunehmen. Um zu soliden Aussagen zu kommen, dürfte eine sorgfältige systematische Neuzusammenstellung der verfügbaren Primärstudien anhand nachvollziehbarer Kriterien angezeigt sein. Da insbesondere in Hinblick auf die Wohlfahrtseffekte bzw. den nichtmarktlichen Output deutliche Erkenntnislücken bestehen, wäre die Durchführung und Berücksichtigung entsprechender Untersuchungen verdienstvoll.

Literaturverzeichnis

Alchian (1965): Armen A. Alchian, Some Economics of Property Rights, in: Politico, 30. Jg. (1965), Nr. 4, S. 816-829.

Atkinson/Halvorsen (1986): Scott E. Atkinson u. Robert Halvorsen, The Relative Efficiency of Public and Private Firms in a Regulated Environment – The Case of US Electric Utilities, in: Journal of Public Economics, 29. Jg. (1986), Nr. 3, S. 281-294.

Bel/Costas (2006): Germà Bel u. Antón Costas, Do Public Sector Reforms get Rusty? – Local Privatization in Spain, in: The Journal of Policy Reform, 9. Jg. (2006), Nr. 1, S. 1-24.

Boardman/Vining (1989): Anthony E. Boardman u. Aidan R. Vining, Ownership and Performance in Competitive Environments – A Comparison of the Performance of Private, Mixed and State-Owned Enterprises, in: Journal of Law and Economics, 32. Jg. (1989), Nr. 1, S. 1-33.

Borcherding/Pommerehne/Schneider (1982): Thomas E. Borcherding, Werner W. Pommerehne u. Friedrich Schneider, Comparing the Efficiency of Private and Public Production – A Survey of the Evidence from Five Federal States, in: Zeitschrift für Nationalökonomie, Supplement 2 (1982), S. 127-156.

Boyd (1986): Colin W. Boyd, The Comparative Efficiency of State-owned Enterprises, in: Anant, R. Negandhi u. a. (Hrsg.), Multinational Corporations and State-owned Enterprises, Greenwich, CON 1986, S. 179-194.

Cavaliere/Scabrosetti (2008): Alberto Cavaliere u. Simona Scabrosetti, Privatization and Efficiency – From Principals and Agents to Political Economy, in: Journal of Economic Surveys, 22. Jg. (2008), Nr. 4, S. 685-710.

Corneo (2009): Giacomo Corneo, Öffentliche Finanzen – Ausgabenpolitik, 3. Aufl., Tübingen 2009.

De Alessi (1974): Louis De Alessi, An Economic Analysis of Government Ownership and Regulation – Theory and Evidence from the Electric Power Industry, in: Public Choice, 19. Jg. (1974), Nr. 1, S. 1-42.

De Alessi (1977): Louis De Alessi, Ownership and Peak-load Pricing in Electric Power Industry, in: Quarterly Review of Economics and Business, 17. Jg. (1977), Nr. 4, S. 7-26.

De Alessi (1980): Louis De Alessi, The Economics of Property Rights – A Review of the Evidence, in: Research in Law and Economics, 2. Jg. (1980), S. 1-47.

Dewenter/Malatesta (2001): Kathryn Dewenter u. Paul H. Malatesta, State-owned and Privately Owned Firms – An Empirical Analysis of Profitability, Leverage, and Labour Intensity, in: American Economic Review, 91. Jg. (2001), Nr. 1, S. 320-334.

Domberger/Pigott (1986): Simon Domberger u. John Pigott, Privatization Policies and Public Enterprise – A Survey, in: The Economic Record, 62. Jg. (1986), Juni, S. 145-162.

Estrin/Hanousek/Kočenda/Svejnar (2009): Saul Estrin, Jan Hanousek, Evžen Kočenda u. Jan Svejnar, The Effects of Privatization and Ownership in Transition Economies, in: Journal of Economic Literature, 47. Jg. (2009), Nr. 3, S. 699-728.

Florio (2004): Massimo Florio, The Great Divesture – Evaluating the Welfare Impact of the British Privatizations 1979-1997, Cambridge, MA und London 2004.

Fritsch/Wein/Ewers (2007): Michael Fritsch, Thomas Wein u. Hans-Jürgen Ewers, Marktversagen und Wirtschaftspolitik, 7. Aufl., München 2007.

Gitermann (1927): Marcus Gitermann, Konzessionierter oder kommunaler Betrieb von monopolistischen Unternehmen öffentlichen Charakters? Leipzig und Zürich 1927.

Hart/Shleifer/Vishny (1997): Oliver Hart, Andrei Shleifer u. Robert W. Vishny, The Proper Scope of Government – Theory and an Application to Prisons, in: Quarterly Journal of Economics, 112. Jg. (1997), Nr. 4, S. 1127-1161.

Hirsch (1965): Werner Z. Hirsch, Cost Functions of an Urban Government Service – Refuse Collection, in: Review of Economics and Statistics, 47. Jg. (1965), Nr. 1, S. 87-92.

Hodge (2000): Graeme A. Hogde, Privatization – An International Review of Performance, Boulder, CO 2000.

Hunter/Schmidt/Jackson (1982): John E. Hunter, Frank L. Schmidt u. Gregg B. Jackson, Meta-Analysis – Cumulating Research Findings Across Studies, Beverly Hills u. a. 1982.

Kollmann (1913): Julius Kollmann, Die Organisation kommunaler Betriebe, Karlsruhe 1913.

Laffont/Tirole (1991): Jean-Jacques Laffont u. Jean Tirole, Privatization and Incentives, in: Journal of Law, Economics and Organization, 7. Jg. (1991), Januar (Special Issue), S. 84-105.

Martin/Parker (1997): Stephen Martin u. David Parker, The Impact of Privatisation – Ownership and Corporate Performance in the U.K., London 1997.

Megginson/Netter (2001): William L. Megginson u. Jeffry M. Netter, From State to Market – A Survey of Empirical Studies on Privatization, in: Journal of Economic Literature, 39. Jg. (2001), Nr. 2, S. 321-389.

Millward (1982): Robert Millward, The Comparative Performance of Public and Private Ownership, in: Roll, Eric (Hrsg.), The Mixed Economy, London 1982, S. 58-93.

Millward/Parker (1983): Robert Millward u. David Parker, Public and Private Enterprise, Comparative Behaviour and Relative Efficiency, in: Robert Millward, David Parker, Leslie Rosenthal, Michael T. Sumner u. Neville Topham (Hrsg.), Public Sector Economics, London und New York 1983, S. 199-274.

Most (1925): Most, Otto, Zur Frage der Kommunalisierung, in: Paul Mitzlaff u. Erwin Stein (Hrsg.), Die Zukunftsaufgaben der deutschen Städte, Berlin-Friedenau 1925, S. 919-933.

Mühlenkamp (2006): Holger Mühlenkamp, Öffentliche Unternehmen aus der Sicht der Neuen Institutionenökonomik, in: Zeitschrift für öffentliche und gemeinwirtschaftliche Unternehmen, 29. Jg. (2006), H. 4, S. 390-417.

Peltzman (1971): Sam Peltzman, Pricing in Public and Private Enterprises and Electric Utilities in the United States, in: Journal of Law and Economics, 14. Jg. (1971), Nr. 1, S. 109-141.

Pestieau/Tulkens (1993): Pierre Pestieau u. Henry Tulkens, Assessing and Explaining the Performance of Public Enterprises, in: Finanzarchiv, 50. Jg. (1993), H. 3, S. 293-323.

Pint (1991): Ellen M. Pint, Nationalization vs. Regulation of Natural Monopolies – The Effects of Ownership on Efficiency, in: Journal of Public Economics, 44. Jg. (1991), H. 2, S. 131-164.

Pommerehne (1990): Werner W. Pommerehne, Genügt bloßes Reprivatisieren? In: Detlef Aufderheide (Hrsg.), Deregulierung und Privatisierung, Stuttgart 1990, S. 27-63.

Rees (1984): Ray Rees, Public Enterprise Economics, 2. Aufl., Oxford 1984.

Schmidt (1996a): Klaus M. Schmidt, The Costs and Benefits of Privatization – An Incomplete Contract Approach, in: Journal of Law, Economics and Organization, 12. Jg. (1996), Nr. 1, S. 1-24.

Schmidt (1996b): Klaus M. Schmidt, Incomplete Contracts and Privatization, in: European Economic Review, 40. Jg. (1996), Nr. 3, S. 569-579.

Shapiro/Willig (1990): Carl Shapiro u. Robert D. Willig, Economic Rationales for the Scope of Privatization, in: Ezra N. Suleiman u. John Waterbury (Hrsg.), The Political Economy of Public Sector Reform and Privatization, Boulder, CO 1990, S. 55-87.

Sheshinski/López-Calva (2003): Eytan Sheshinski u. Luis F. López-Calva, Privatization and its Benefits – Theory and Evidence, CESifo Economic Studies, 49. Jg. (2003), Nr. 3, S. 429-459.

Shirley/Walsh (2000): Mary Shirley u. Patrick Walsh, Public versus Private Ownership – The Current State of the Debate, Policy Research Working Paper 2420, World Bank, Washington, DC 2000.

Thiemeyer (1975): Theo Thiemeyer, Wirtschaftslehre öffentlicher Betriebe, Reinbek b. Hamburg 1975.

Thiemeyer (1990): Theo Thiemeyer (Hrsg.), Instrumentalfunktion öffentlicher Unternehmen, Baden-Baden 1990.

Vickers/Yarrow (1988): John Vickers u. George Yarrow, Privatization – An Economic Analysis, Cambridge, MA und London 1988.

Villalonga (2000): Belén Villalonga, Privatization and Efficiency – Differentiating Ownership Effects from Political, Organizational, and Dynamic Effects, in: Journal of Economic Behaviour and Organization, 42. Jg. (2000), Nr. 1, S. 47-49.

Vining/Boardman (1992): Aidan R. Vining u. Anthony E. Boardman, Ownership versus Competition – Efficiency in Public Enterprises, in: Public Choice, 73. Jg. (1992), Nr. 2, S. 205-239.

Weisser (1960): Gerhard Weisser, Morphologie der Betriebe, in: Hans Seischab u. Karl Schwantag (Hrsg.): Handwörterbuch der Betriebswirtschaft, 3. Aufl., Bd. 3, Stuttgart 1960, Sp. 4036-4044.

Williamson (1975): Oliver E. Williamson, Markets and Hierarchies, New York und London 1975.

Williamson (1985): Oliver E. Williamson, The Economic Institutions of Capitalism, New York 1985.

Willner (2001): Johan Willner, Ownership, Efficiency, and Political Interference, in: European Journal of Political Economy, 17. Jg. (2001), Nr. 4, S. 723-748.

Ulf Papenfuß

Status quo der öffentlichen Wirtschaft: Empirische Analyse von Beteiligungsberichten zu Anzahl und Rechtsformen von unmittelbaren Beteiligungen der öffentlichen Hand

Gliederung

I. Einführung
II. Motivation der Studie und Forschungsansätze vorliegender Untersuchungen
III. Vorgehensweise der Untersuchung
   1. Potenziale und Grenzen des Studiendesigns
   2. Vorgehensweise der Untersuchung und Datenbasis
IV. Darstellung der empirischen Befunde
   1. Unmittelbare Beteiligungen der Städte
   2. Unmittelbare Beteiligungen der Landeshauptstädte
   3. Unmittelbare Beteiligungen der Bundesländer auf Landesebene
V. Ausblick
Literaturverzeichnis

I. Einführung

Im Rahmen der Diskussion um eine Renaissance öffentlichen Wirtschaftens ist es von großer Relevanz, sich einen empirisch fundierten Überblick über den Status quo der gewachsenen Ausgliederungs- bzw. Beteiligungsstrukturen zu verschaffen, in denen politisch als öffentlich angesehene Aufgaben von Städten und Bundesländern wahrgenommen werden. Öffentlichen Unternehmen bzw. öffentlichen Beteiligungen[1] wird sowohl für die – kontrovers disku-

---

1 Ein Unternehmen wird als „öffentlich" eingestuft, wenn dessen mehrheitlicher Träger die öffentliche Hand ist bzw. eine Beherrschung durch diese vorliegt (stellvertretend *Püttner (1984)*, S. 25 ff.) Ist bei einem öffentlichen Unternehmen nach verbreitetem Verständnis ein beherrschender Einfluss erforderlich (*Dittmer (2007)*, S. 29), kann unter einer öffentlichen Beteiligung jede kapitalmäßige, mitgliedschaftliche und ähnliche Beteiligung der öffentlichen Hand verstanden werden, die eine Dauerbeziehung zu dem

tierte – öffentliche Daseinsvorsorge und die strukturpolitische Handlungsfähigkeit, als auch in Finanzperspektive sehr erhebliche Bedeutung beigemessen.[2]

Hingegen liegen in der Literatur keine aktuellen empirischen Studien vor, die auf großen Fallzahlen basieren und Aussagen zu konkreter Anzahl sowie gewählten Rechtsformen klassifiziert nach Größenklassen und Bundesländern liefern. Für einen Beitrag zur Schließung dieser Forschungslücke wurde eine Internetstudie als Vollerhebung unter allen deutschen Städten mit mehr als 30.000 Einwohnern durchgeführt. In einem ersten Analyseschritt sind dabei insbesondere unmittelbare Beteiligungen der öffentlichen Hand von vorrangigem Interesse, welche hier daher im Fokus stehen. Eine vergleichende Darstellung veranschaulicht über eine Auswertung von 153 Beteiligungsberichten von Städten sowie der Beteiligungsberichte aller Bundesländer erkenntnisreiche Gemeinsamkeiten und Unterschiede auf deutlich erweiterter Empiriebasis.

Ziel des Beitrages ist, für diesen Band eine tabellarische Aufbereitung der Ausgliederungs- und Beteiligungsstrukturen im Hinblick auf unmittelbare Beteiligungen zu liefern. U.a. soll veranschaulicht werden, wie viele Beteiligungen die Städte und Bundesländer in welcher Größenklasse halten, wie oft die relevantesten Rechtsformen vertreten sind und welchen prozentualen Anteil die privatrechtlichen und öffentlich-rechtlichen Rechtsformen in vergleichender Betrachtung besitzen.

Nach einer charakterisierenden Einordnung zu vorliegenden Studien in Kapitel 2 erläutert Kapitel 3 die Vorgehensweise der Untersuchung. Es folgen die Ergebnisdarstellungen in Kapitel 4, in dem die empirischen Befunde für diesen Beitrag neben exemplarischen Hervorhebungen sowie Erläuterungen zur Dateninterpretation nur tabellarisch veranschaulicht werden sollen.

II. Motivation der Studie und Forschungsansätze vorliegender Untersuchungen

Zur Analyse der Ausgliederungsstrukturen und Organisationsformen von Städten[3] und Bundesländern liegen in der Literatur keine aktuellen Studienergebnisse mit breit aufbereiteter Datenbasis u.a. zu Anzahl, gewählten Rechts-

---

Unternehmen begründen soll. Ein Mindestanteil ist hierfür nicht Voraussetzung (u.a. Public Corporate Governance Kodex des Bundes, 1.3, S. 4).
2 Vgl. u.a. *Junkernheinrich/Micosatt (2008)*, S. 81 ff.
3 Unter die Bezeichnung „Städte" werden hier Städte, Gemeinden, Kommunen bzw. sonstige vergleichbare Berichtseinheiten gefasst.

formen und Verhältnisquoten von öffentlich-rechtlichen und privatrechtlichen Rechtsformen von öffentlichen Beteiligungen in vergleichender Gegenüberstellung für verschiedene Größenklassen und Bundesländer vor.

Zur Einordnung dieses Beitrages soll eine sehr knappe formale Kategorisierung einiger vorliegender Studien vorgenommen werden. Der Band von *Killian, Richter* und *Trapp* aus dem Jahr 2006 beinhaltet zu den in diesem Beitrag betrachteten Aspekte einige empirisch gestützte Darstellungen, die sich im Unterschied zu dieser Studie erhebungsmethodisch jedoch auf Umfragen stützen. Zudem beruhen sie mit Blick auf die sich vollziehenden Entwicklungen mittlerweile auf älteren Daten.[4] Im Hinblick auf Beteiligungsberichte liefern *Trapp* und *Bolay* eine Auswertung von Beteiligungsberichten von 2001 und 2002, welche indessen neben der alten Datenbasis nur auf 36 Beteiligungsberichten und damit im Vergleich zu dieser Studie mit 153 Beteiligungsberichten auf erheblich kleinerer Datengrundlage basiert.[5]

Die im Zuge eines Lehrforschungsprojektes für alle Städte über 50.000 Einwohner vorgelegte Studie von *Edeling* et al. beruht auf mittlerweile älteren Daten von 2004 und wählt mit Fragebögen ebenfalls eine andere Datenerhebungsmethodik und Untersuchungsperspektiven.[6] Eine weitere wiederum über Fragebögen gestützte Studie zum kommunalen Beteiligungscontrolling liefern *Günther* und *Niepel* aus dem Jahr 2006, die aber im Schwerpunkt den Einsatz von Steuerungsinstrumenten betrachtet und nur sehr kurz und aggregiert über die hier betrachteten Aspekte informiert.[7] *Schneyer* betrachtet auf Basis der Studie der Commerzbank „Wer gehört zu Wem" die Beteiligungen von Bund, Ländern und kommunalen Gebietskörperschaften auf Datengrundlage von 2004, aber nur für Beteiligungen mit mehr als 0,5 Millionen Euro Nominalkapital, und nicht wie in dieser Studie für alle unmittelbare Beteiligungen.[8] Schließlich lässt sich auf die Studie des Kommunalwissenschaftlichen Instituts von *Linhos* zum „Konzern Stadt" verweisen, die aber ebenfalls nur auf einer Grundgesamtsamt von 36 Teilnehmern basiert und von 2004 stammt.[9]

Vorteilhaft ist bei dem in Abschnitt 3.2 veranschaulichten Design für eine strukturelle Bestandsaufnahme neben der – aufgrund voranschreitenden Ausgliederungsentwicklungen – erforderlichen Datenaktualität darüber hinaus, dass in dieser Studie alle Beteiligungen von allen Städten mit verfügbaren

---

4 Vgl. *Killian u.a. (2006).*
5 Vgl. *Trapp/Bolay (2003).*
6 Vgl. *Edeling u.a. (2004).*
7 Vgl. *Günther/Niepel (2006)*, S. 329.
8 Vgl. *Schneyer (2005).*
9 Vgl. *Linhos (2006).*

Beteiligungsberichten einbezogen werden. Es werden wiederholt aufschlussreiche Studien u.a. von Verbänden wie beispielsweise dem Verband Kommunaler Unternehmen (VKU) geliefert,[10] die aber üblicherweise nur Mitgliedsunternehmen und damit bei weitem nicht alle unmittelbaren Beteiligungen bzw. Städte als Grundgesamtheit einbeziehen.

Es finden sich in der Literatur einige weitere Studien mit diesen Kontext berührenden Fragestellungen, welche hier nicht alle aufgeführt werden können. Die im folgenden Abschnitt herausgestellten Punkte sollen jedoch noch einmal in einem ergänzenden Überblick verdeutlichen, welche zusätzlichen Einblicke bzw. Potenziale die hier vorgelegte Studie bieten könnte.

III. Vorgehensweise der Untersuchung

1. Potenziale und Grenzen des Studiendesigns

Vorteile bzw. zusätzliche Befunde bietet der hier vorgenommene Untersuchungsansatz u.a. im Hinblick auf folgende Aspekte:

- Bisher in diesem Feld über Beteiligungsberichte durchgeführte Studien basieren auf erheblich geringeren Fallzahlen von ausgewerteten Beteiligungsberichten.
- Dieser Beitrag liefert für Städte verschiedener Größenklassen und Bundesländer umfangreichere und differenzierte Einblicke in die Ausgliederungsstrukturen mit absoluten Zahlen wie Verhältnisquoten. Dies erlaubt weiterreichende Erkenntnisse über Entscheidungen von Politik und Verwaltung, in welchen Formen öffentliche Aufgaben im Vergleich erfüllt werden. Für Beteiligungsstrukturen der Bundesländer auf Landesebene sowie die Landeshauptstädte liegen im direkten Vergleich keine aktuellen Darstellungen vor.
- Im Vergleich zu fragebogenbasierten Studien bietet dieser Ansatz für die Fragestellungen den Vorteil, dass belastbarere Informationsgrundlagen als Beteiligungsberichte über öffentliche Beteiligungen in Deutschland derzeit nicht existieren. Die Beteiligungsberichte dienen u.a. der Information von Parlamenten/Räten sowie der Öffentlichkeit und müssen entsprechend belastbare Daten enthalten. Damit sind die Angaben in den Beteiligungsberichten im Durchschnitt mit hoher Wahrscheinlichkeit stärker fundiert als z.B. Fragebogenangaben zu Anzahl und Rechtsformen von einzelnen Per-

---

10 Vgl. bspw. www.vku.de/de/Presse/Zahlen_Daten_Fakten/Faltblatt_2009_homepage.pdf, Abruf 20.10.2009.

sonen auf der Grundlage von internen Dokumenten. Insbesondere kann eine Auswertung mit Einstufungsnotwendigkeiten – z.B. ob eine von einer Beteiligungsgesellschaft der Stadt gehaltene Beteiligung noch als unmittelbare Beteiligung gilt oder nicht – städte- und bundeslandübergreifend nur auf Basis von einheitlichen und transparenten Kriterien erfolgen, die in Fragebögen teilweise nur sehr schwer alle erläutert bzw. in der Erhebungsumsetzung gewährleistet werden können.

- Standardisierte und langfristig einheitlich angewandte Kriterien erweisen sich vor allem für über die Jahre vergleichbare Längsschnittbetrachtungen als sehr wichtig. In diesem Sinne erlaubt das Studiendesign dieses Projektes langfristige Vergleiche, in bzw. zu welchen Organisationsstrukturen sich staatliches Handeln im Zuge der öffentlichen Aufgabenerfüllung in den nächsten Jahren und Jahrzehnten entwickeln wird, mit hoher Wahrscheinlichkeit besser als eine über Fragebogen oder Interviewstudien erhobene Datenbasis.
- Daneben werden im Zuge der aktuellen Diskussionen zukünftig noch mehr bzw. alle Städte Beteiligungsberichte im Internet zur Verfügung stellen und auch inhaltlich weiter verbessern müssen. Hierdurch treten für zukünftige Erhebungen keine eventuellen Verzerrungen durch geringe Fragebogenrücklaufquoten oder Interviewbereitschaft von Betroffenen auf.
- Bei vergleichender Betrachtung mit Studien von Verbänden erweist sich der Ansatz über Beteiligungsberichte als vorteilhaft, da für eine strukturell vergleichende Bestandsaufnahme der Ausgliederungsstrukturen alle unmittelbaren Beteiligungen bzw. sämtliche Städte und Bundesländer erfasst werden müssen. Hingegen können die Studien von Verbänden üblicherweise nur Mitgliedsunternehmen betrachten.
- Schließlich erfordern die Entwicklungen bei den Entscheidungen für Ausgliederungen bzw. „Rekommunalisierungen" so aktuelle Daten wie möglich, wobei die vorliegenden Studien auf mittlerweile relativ alten Daten basieren. Zudem erlaubt dieser Ansatz im Vergleich zu Fragebogenstudien wahrscheinlich eher eine weitere kontinuierliche Datenaktualisierung auf einheitlicher Basis.

2. Vorgehensweise der Untersuchung und Datenbasis

Für eine Analyse der Ausgliederungsstrukturen auf möglichst breiter Datenbasis wurde im Zeitraum von Januar bis April 2009 eine deutschlandweite Internetstudie als Vollerhebung unter allen Städten mit mehr als 30.000 Einwohnern sowie allen Bundesländern durchgeführt. Untersucht wurde auf insgesamt 430 Internetseiten, ob die jeweiligen Städte und Bundesländer einen

Beteiligungsbericht über die jeweiligen Beteiligungen zur Information der Öffentlichkeit im Internet bereitstellen.

Bei überprüften 414 Internetportalen von Städten war im Erhebungszeitraum bei 143 Städten ein Beteiligungsbericht verfügbar, was 34,5 % entspricht. Im Zuge von anderen Forschungsaktivitäten wurden 10 weitere Beteiligungsberichte erhoben, die zu einer zusätzlichen Verbreiterung der Datenbasis in diese Auswertung mit einbezogen wurden. Damit basiert diese Auswertung auf insgesamt 153 Beteiligungsberichten von Städten sowie den 16 Beteiligungsberichten der Bundesländer.

Für diese Studie wurden die im Erhebungszeitraum aktuellsten im Internet verfügbaren Beteiligungsberichte ausgewertet, welche in den allermeisten Fällen auf dem Geschäftsjahr 2007 basieren. Ein absolut einheitliches Basisjahr ist als Auswertungsgrundlage nicht zu realisieren, da der Berichtszeitraum und die Berichtshäufigkeit im Städtevergleich sehr unterschiedlich ausgeprägt sind. Viele Städte informieren jährlich in einem Beteiligungsbericht, manche Städte erstellen diesen nur alle 2 Jahre. Auch der Veröffentlichungszeitpunkt divergiert erheblich. Einige Städte können eine Veröffentlichung mittlerweile zeitnäher zum Geschäftsjahr realisieren; in vielen Fällen werden Beteiligungsberichte für ein Geschäftsjahr aber nach wie vor erst ca. 10-12 Monate nach dessen Abschluss veröffentlicht.

Wo es die Beteiligungsberichte erlaubten, wurden die enthaltenen Organigramme ausgewertet. Häufiger waren hier jedoch für die Studie wichtige Informationen wie Beteiligungsquoten und Rechtsformen nicht aufgeführt. In diesen Fällen wurden die Daten durch Analyse der Einzeldarstellung der Beteiligungen in den hinteren Teilen der Berichte erlangt, sofern diese dort genannt waren.

Als unmittelbar wurden alle Beteiligungen gewertet, die direkt von einer Stadt gehalten werden. Für eine möglichst gute Vergleichbarkeit der Strukturen wurden Beteiligungen ebenfalls als unmittelbar eingestuft, wenn diese organisatorisch direkt von einer speziell für die Steuerung und Verwaltung von öffentlichen Beteiligungen zuständigen Beteiligungsgesellschaft oder Holding gesteuert werden, die sich zu 100 % im Besitz einer Stadt befindet. Hierdurch sollten durch unterschiedliche institutionelle Ansätze ansonsten verzerrte Zahlen im Städtevergleich so gut wie möglich vermieden werden.

Ohne Zweifel besitzt der Untersuchungsansatz über Beteiligungsberichte jedoch auch Problemfelder und Grenzen. Derzeit stellen wie ausgeführt nicht alle Städte Beteiligungsberichte im Internet zur Verfügung, was in den Abbildungen mit veranschaulicht wird. Für die in IV.2 und IV.3 betrachteten Beteiligungen der Landeshauptstädte und den Beteiligungen der Bundesländer auf

Landesebene liegen aufgrund aller verfügbaren Berichte hingegen bereits Vollerhebungen vor. Eine weitere Schwierigkeit besteht darin, dass bei einzelnen Berichten weder in den Organigrammen noch bei den Einzelinformationen sämtliche Beteiligungsquoten identifizierbar sind. Unklare Fälle von Beteiligungen wurden dann nicht mit in die Datenbasis aufgenommen. Einzelne Beteiligungsberichte führen schließlich nur Beteiligungen auf, an denen z.B. über 10 % oder 20 % der Anteile gehalten werden. Auf weitere aus der Datenlage resultierende Schwierigkeiten wird bei der Datenveranschaulichung eingegangen, um bei der Interpretation zu berücksichtigende Faktoren im direkten Zusammenhang mit den Ergebnissen zu liefern.

Insgesamt liefern die für diesen Beitrag bereits ermittelbaren und aufbereiteten Daten jedoch einen sehr fundierten und über den aktuellen Literaturstand deutlich hinausgehenden empirischen Einblick in die aktuellen Ausgliederungsstrukturen im Hinblick auf unmittelbare Beteiligungen.

IV. Darstellung der empirische Befunde

1. Unmittelbare Beteiligungen der Städte

In Abbildung 1 soll zunächst ein aggregierter Gesamtüberblick geliefert werden, an wie vielen unmittelbaren Beteiligungen[11] die Städte beteiligt sind. Zur Berücksichtigung von größenspezifischen Besonderheiten wurde eine Kategorisierung vorgenommen. Diese orientiert sich an der gängigen Klassifizierung der Größenklassen (GK) I (30.000-50.000), II (50.000-100.000), III (100.000-200.000), IV (200.000-400.000) und V (über 400.000).

Die erste Zeile gibt wider, wie viele unmittelbare Beteiligungen in den Beteiligungsberichten insgesamt aufgeführt wurden. Die zweite Zeile benennt die Anzahl der in der Größenklasse auswertbaren Beteiligungsberichte. Die dritte Zeile veranschaulicht mit der ersten Ziffer die absolute Anzahl der privatrechtlichen Beteiligungen, mit der zweiten Ziffer deren Anteil an den aufgeführten Gesamtbeteiligungen und mit der dritten Ziffer die durchschnittliche Anzahl privatrechtlicher Beteiligungen pro Stadt in der jeweiligen Größenklasse. In der vierten Zeile werden die gleichen Daten analog für die unmittelbaren Beteiligungen in öffentlich-rechtlicher Rechtsform dargestellt.

---

11 In diesem Beitrag wird im Weiteren aus Darstellungsgründen immer der Begriff „öffentliche Beteiligung(en)" verwandt, was „öffentliche Unternehmen" einschließen soll. Nur wenn explizit auf öffentlichen Unternehmen nach der dargelegten Definition abgestellt wird, findet dieser Terminus gezielt Verwendung.

Abbildung 1: Gesamtübersicht zur Anzahl unmittelbarer Beteiligungen nach Größenklassen

Unmittelbare Beteiligungen	30.000-50.000	50.000-100.000	100.000-200.000	200.000-400.000	Über 400.000
Unmittelbare Beteiligungen	382	773	564	408	446
Ausgewertete Berichte	48	48	27	17	13
Privatrechtliche Beteiligungen	297/78%/6,2	582/76%/12,1	424/76%/15,7	302/74%/17,8	383/86%/29,5
Öffentl.-rechtl. Beteiligungen	85/22%/1,8	182/24%/3,8	133/24%/4,9	106/26%/6,2	63/14%/4,8

In der GK I halten die Städte über alle Bundesländer und Stadtstaaten hinweg im Durchschnitt 6,2 unmittelbare Beteiligungen in privatrechtlicher Rechtsform. Mit wachsender Städtegröße steigt die durchschnittliche Anzahl von 12,1 in der GK II über 15,7 in GK III und 17,8 in GK IV bis 29,5 in GK V.

Die absoluten Zahlen der privatrechtlichen Rechtsformen basieren auf einer in den Beteiligungsberichten vergleichsweise einheitlichen Informationsdarstellung, da viele Städte sämtliche unmittelbaren Beteiligungen in privatrechtlicher Rechtsform auch bei geringen Kapitalanteilen ausweisen. Zu berücksichtigen ist bei der Ergebnisinterpretation hier lediglich, dass einige Städte von ihnen als geringfügig eingestufte privatrechtliche Beteiligungen mit einem Anteil von weniger als beispielsweise 5 % oder 10 % teilweise nicht in den Beteiligungsberichten anführen. Würden die Beteiligungsberichte in allen Fällen auch über geringfügige Beteiligungen in privatrechtlicher Rechtsform informieren, ist von einem geringen Anstieg der absoluten und durchschnittlichen Zahlen zu privatrechtlichen Rechtsformen auszugehen.[12] Ähnliche Schwierigkeiten stellen sich für geringfügige Beteiligungen jedoch immer

---

12 Im Zuge der sich weiter vollziehenden Qualitätsverbesserung der Beteiligungsberichte sollten in den nächsten Jahren – wie auch schon vielfach sehr gut praktiziert – in allen Städten sämtliche unmittelbaren Beteiligungen auch bei nur geringen Kapitalanteilen der jeweiligen Stadt zumindest in einer Übersichtsliste zu geringfügigen Beteiligungen oder einem Organigramm mit aufgeführt werden. Auch über geringfügige Kapitalbeteiligungen der öffentlichen Hand müssen Informationen mit Blick auf die Verwendung öffentlicher Gelder, die gesetzlich vorgeschriebene kontinuierliche Überprüfung des öffentlichen Zweckes für das Halten einer Beteiligung nach § 65 Bundeshaushaltsordnung/Landeshaushaltsordnung bzw. den jeweiligen Gemeindeordnungen ohnehin zur Verfügung stehen.

ebenso bzw. sogar noch deutlich stärker bei diesbezüglichen empirischen Erhebungen über Fragebögen oder Interviews. Auch für diese ist nicht immer zu erfassen, ob und ab welcher Beteiligungsquote die Befragten die geringfügigen Beteiligungen systematisch mit benennen (können) oder mit Blick auf die ihnen vorliegenden Unterlagen nicht angeben.

Zudem ist bei den absoluten Zahlen zu öffentlich-rechtlichen Rechtsformen und mit diesen gebildeten Verhältniszahlen zu privatrechtlichen Rechtsformen wichtig zu berücksichtigen, dass die Daten dieses Beitrages nur auf den enthaltenen Informationen der 153 ausgewerteten Beteiligungsberichte basieren. Häufig führen die Beteiligungsberichte auch öffentlich-rechtliche Rechtsformen wie AöRs und Eigenbetriebe zumindest in einer Übersicht mit auf. Des Öfteren scheinen AöRs und Eigenbetriebe aber ebenso nicht benannt zu werden, auch wenn diese Rechtsformen in den städtischen Strukturen vorhanden sind. Dieses kann bei den absoluten Zahlen zu öffentlich-rechtlichen Rechtsformen und diesbezüglichen Verhältnisberechnungen zu privatrechtlichen Rechtsformen zu einem zu gering ausgewiesenen Anteil von öffentlich-rechtlichen Rechtsformen führen. Für die Daten zu privatrechtlichen Rechtsformen gelten diese Einschränkungen nicht, da über diese in den Beteiligungsberichten wie ausgeführt vergleichsweise umfassend informiert wird. Für die Städte, welche über AöRs und/oder Eigenbetriebe in den Beteiligungsberichten nicht informieren, müssen diesbezügliche Informationen im Zuge von laufenden Forschungsvorhaben gesondert erhoben werden.

Bezüglich dieser Feststellungen erscheint es für die Zukunft aufgrund der Bedeutung der Ausgliederungen für eine konzeptionell geschlossene und übersichtliche Information von Öffentlichkeit, Politik und Verwaltung angemessen, dass in den Beteiligungsberichten stets auch über die Eigenbetriebe und AöRs informiert wird.[13] Dieses sollte neben einer Aufnahme von öffentlich-rechtlichen Ausgliederungsformen in die Organigramme der Beteiligungsberichte für eine bestmögliche Übersicht auch durch tabellarische Gesamtlisten realisiert werden. Falls eine Informationsbereitstellung über Ausgliederungen in öffentlich-rechtlicher Rechtsform in den Beteiligungsberichten als nicht zweckmäßig eingestuft wird, sollte in den Beteiligungsberichten zumindest ein gezielter Hinweis aufgenommen werden, an welcher anderen Stelle u.a. Öffentlichkeit und Politik eine Übersicht über die übrigen Ausgliederungen erhalten können. Einige Städte stellen hierfür neben einem Beteiligungsbericht

---

13 Viele Städte leisten dies bereits sehr gut. Jedoch zeigt die vergleichende empirische Analyse, dass hier vielfach auch noch Handlungsbedarf besteht.

über privatrechtliche Beteiligungen beispielsweise ebenso einen Bericht über Eigenbetriebe transparent ins Internet.[14]

Aufschlussreiche Erkenntnisse sowie gezielte Ansatzmöglichkeiten für weitere Analysen liefert insbesondere auch ein Vergleich der Städte zwischen den Bundesländern in den einzelnen Größenklassen sowie eine Betrachtung der Städte der einzelnen Größenklassen innerhalb eines Bundeslandes. Die hierfür erhobenen Daten werden folgend in Abbildung 2 im Detail herausgestellt, um jeweils präzise Einblicke in die einzelnen Bereiche zu ermöglichen.

Die Zeilen und Ziffern entsprechen dabei den Erläuterungen für Abbildung 1. „XX" bedeutet in Abbildung 2, dass keine Städte in der Größenklasse vorhanden sind; X stellt dar, dass in einer Größenklasse keine Beteiligungsberichte im Internet verfügbar waren.

In der GK I liegen z.B. in Baden-Württemberg und Nordrhein-Westfalen mit 7,4 bzw. 7,6 im Durchschnitt mehr unmittelbare Beteiligungen in privatrechtlicher Rechtsform vor als beispielsweise in Hessen und Niedersachsen mit 5,6 und 5,9. In GK II fällt u.a. auf, dass in Hessen mit 17,7 und Niedersachen 16,6 erheblich mehr privatrechtliche Beteiligungen gehalten werden als in anderen Bundesländern wie z.B. Bayern mit 10,6 oder Nordrhein-Westfalen mit 9,7.

Bei Betrachtung innerhalb des Bundeslandes Nordrhein-Westfalen sticht im Vergleich hervor, dass sich die Strukturen in den Städten der GK III und IV mit 16,3 und 15,8 privatrechtlichen Beteiligungen sehr ähneln, wogegen in der Größenklasse V ein Sprung auf durchschnittlich 28,4 privatrechtliche Beteiligungen erfolgt.

Innerhalb einer GK differiert das Verhältnis von öffentlich-rechtlichen zu privatrechtlichen Rechtsformen über die Bundesländer hinweg erheblich. So liegt der Anteil von privatrechtlichen Rechtsformen der GK I in Niedersachsen und Nordrhein-Westfalen mit 90,7 % bzw. 86,7 % deutlich höher als in Hessen und Baden-Württemberg mit 73,7 bzw. 52 %.

Zu beachten gilt es bei den Analysen der Abbildungen 2, 3 und 4, dass die durchschnittliche Anzahl von Beteiligungen und Verhältnisquoten in einer Größenklasse bei einer nur geringen Anzahl von verfügbaren Beteiligungsberichten durch spezifische Einzelfälle verzerrt werden können. Insbesondere wo – wie daher in den Abbildungen stets mit dargestellt – relativ viele auswertbare Berichte zur Verfügung standen, erlaubt der Vergleich von Durch-

---

14 Vgl. für die Stadt Bremen www.finanzen.bremen.de/info/eigenbetriebe, Abruf am 26.11.2009.

schnitten und Verhältniszahlen zwischen Größenklassen und Bundesländern jedoch adäquate Aussagen.

Abbildung 2: Einzeldarstellung zur Anzahl unmittelbarer Beteiligungen der Städte nach Größenklassen und Bundesländern

Anzahl unmittelbare Beteiligungen der Städte	30.000-50.000	50.000-100.000	100.000-200.000	200.000-400.000	Über 400.000
Baden-Württemberg					
Unmittelbare Bet. gesamt / ausgewertete Berichte	71/5	158/9	106/5	29/1	23/1
Privatrechtliche Bet. (Gesamt/%/Schnitt)	37/52 %/7,4	95/60 %/10,6	72/58 %/14,4	15/52 %/15	17/74 %/17
Öffentlich-rechtliche Bet. (Gesamt/%/Schnitt)	34/48 %/6,8	63/40 %/7	34/42 %/6,8	14/48 %/14	6/26 %/6
Bayern					
Unmittelbare Bet. gesamt / ausgewertete Berichte	22/3	33/2	59/5	38/1	53/2
Privatrechtliche Bet.	14/ 64 %/4,7	16/48 %/8	44/75 %/8,8	20/53 %/20	53/100 %/26,5
Öffentlich-rechtliche Bet.	8/ 36%/2,7	17/52 %/8,5	15/25 %/3	18/47 %/18	0/0 %/0
Berlin					
Unmittelbare Bet. gesamt / ausgewertete Berichte	xx	xx	xx	xx	62/1
Privatrechtliche Bet.					54/87 %/54
Öffentlich-rechtliche Bet.					8 /13 %/ 8
Brandenburg					
Unmittelbare Bet. gesamt / ausgewertete Berichte	5/1	xx	37/2	xx	xx
Privatrechtliche Bet.	5/100 %/5		30/81 %/15		
Öffentlich-rechtliche Bet.	0/0 %/0		7 /19 %/3,5		
Freie Hansestadt Bremen					
Unmittelbare Bet. gesamt / ausgewertete Berichte	xx	xx	xx	xx	40/1
Privatrechtliche Bet.					40/100 %/40
Öffentlich-rechtliche Bet.					0/0 %/ 0
Freie und Hansestadt Hamburg					
Unmittelbare Bet. gesamt / ausgewertete Berichte	xx	xx	xx	xx	35/1
Privatrechtliche Bet.					28/80 %/28
Öffentlich-rechtliche Bet.					7/20 %/ 7
Hessen					
Unmittelbare Bet. gesamt / ausgewertete Berichte	38/5	135/6	11/1	21/1	51/1
Privatrechtliche Bet.	28/73,7 %/5,6	106/79%/17,7	11/100 %/11	21/100 %/21	45/88 %/45
öffentlich-rechtliche Bet.	10/26,3 %/2	29 /21 %/ 4,8	0/ 0%/ 0	0/ 0%/ 0	6/12 %/6

Anzahl unmittelbare Beteiligungen der Städte	30.000-50.000	50.000-100.000	100.000-200.000	200.000-400.000	Über 400.000
Mecklenburg-Vorpommern					
Unmittelbare Bet. gesamt / ausgewertete Berichte	X	42/1	X	XX	XX
Privatrechtliche Bet.		35/83 %/35			
Öffentlich-rechtliche Bet.		7 /17 %/7			
Niedersachsen					
Unmittelbare Bet. gesamt / ausgewertete Berichte	65/10	90/4	69/4	17/1	14/1
Privatrechtliche Bet.	59/90,7 %/5,9	65/72 %/16,3	49/71 %/12,3	17/100 %/17	11/79 %/11
Öffentlich-rechtliche Bet.	6/9,3 %/0,6	15/28 %/ 3,8	20/29 %/ 5	0/ 0 %/ 0	3/21 %/ 3
Nordrhein-Westfalen					
Unmittelbare Bet. gesamt / ausgewertete Berichte	143/17	254/23	208/10	202/10	130/4
Privatrechtliche Bet.	124/86,7 %/7,3	224/88 %/9,7	163/78 %/16,3	158/78 %/15,8	114/88 %/28,4
Öffentlich-rechtliche Bet.	19/13,3 %/1,1	31/12 %/1,3	38/22 %/ 3,8	44/22 %/ 4,4	16/12 % /4
Rheinland-Pfalz					
Unmittelbare Bet. gesamt / ausgewertete Berichte	7/2	29/2	X	XX	XX
Privatrechtliche Bet.	4/57 %/2	24/83 %/12			
Öffentlich-rechtliche Bet.	3/43 %/1,5	5/17 %/2,5			
Saarland					
Unmittelbare Bet. gesamt / ausgewertete Berichte	2/1	XX	X	XX	XX
Privatrechtliche Bet.	2/100 %/2				
Öffentlich-rechtliche Bet.	0/ 0 % /0				
Sachsen					
Unmittelbare Bet. gesamt / ausgewertete Berichte	8/1	24/1	XX	X	38/1
Privatrechtliche Bet.	7/ 87,5 %/7	11/46 %/11			21/55 %/21
Öffentlich-rechtliche Bet.	1/ 12,5 %/1	13/54 %/13			17/45 %/17
Sachsen-Anhalt					
Unmittelbare Bet. gesamt / ausgewertete Berichte	3/1	X	XX	34/1	XX
Privatrechtliche Bet.	3/100 %/3			25/74 %/25	
Öffentlich-rechtliche Bet.	0/0 %/0			9/26 %/9	
Schleswig-Holstein					
Unmittelbare Bet. gesamt / ausgewertete Berichte	X	X	XX	47/1	XX
Privatrechtliche Bet.				37/79 %/37	
Öffentlich-rechtliche Bet.				10/21 %/10	
Thüringen					
Unmittelbare Bet. gesamt / ausgewertete Berichte	18/2	X	X	20/1	XX
Privatrechtliche Bet.	14/78 %/7			9 /45 %/9	
Öffentlich-rechtliche Bet.	4/22 %/2			11/55 %/11	

Um über diese Daten hinaus einen Einblick in die gewählten Rechtsformen der institutionellen Arrangements zu erhalten, stellt Abbildung 3 relevante Rechtsformen in den Städten aufgeschlüsselt nach Größenklassen und Bundesländern heraus.

Abbildung 3: Gesamtdarstellung zur Anzahl ausgewählter Rechtsformen der Städte nach Größenklassen

Rechtsformen	30.000- 50.000	50.000- 100.000	100.000- 200.000	200.000- 400.000	Über 400.000
Unmittelbare Bet.	382	773	564	408	446
ausgew. Berichte	48	48	27	17	13
AöR	5/1 %/0,1	30/4 %/0,6	13/2,3 %/0,5	9/2 %/0,5	16/4 %/1,2
GmbH	224/59 %/4,7	460/60 %/9,6	390/69 %/14,4	257/63 %/ 15,1	318/ 71 %/ 24,5
AG	13/3 %/0,3	24/3 %/0,5	26/5 %/0,96	25/6 %/1,5	31/7%/2,4

Die durchschnittliche Anzahl von unmittelbaren Beteiligungen in der Rechtsform einer GmbH steigt über die einzelnen Größenklassen kontinuierlich von 4,7 in GK I über 14,4 in GK III bis auf 24,5 in GK V. Erscheint der Anstieg in den Größenklassen I bis IV relativ kontinuierlich, ist der große Sprung von 15,1 in Größenklasse IV auf 24,5 in Größenklasse V vergleichsweise hoch. Lohnend ist für differenzierte Einblicke zu gewählten Rechtsformen erneut, die Städte einer Größenklasse zwischen verschiedenen Bundesländern sowie verschiedene Größenklassen innerhalb eines Bundeslandes zu vergleichen. Dieses ermöglichen die Einzeldarstellungen in Abbildung 4:

Abbildung 4: Einzeldarstellung zur Anzahl ausgewählter Rechtsformen der Städte nach Bundesländern und Größenklassen

Relevante Rechtsformen in den Bundesländern	30.000-50.000	50.000-100.000	100.000-200.000	200.000-400.000	Über 400.000
Baden-Württemberg					
Unmittelbare Bet. gesamt / ausgewertete Berichte	71/5	158/9	106/5	29/1	23/1
AöR	0/0 %/0	19/12 %/2,1	0/0 %/0	0/0 %/0	0/0 %/0
GmbH	26/37 %/5,2	77/49 %/8,6	62/58 %/12,4	11/38 %/11	13/57 %/13
AG	0/0 %/0	1/0,6 %/0,1	0/0 %/0	1/3 %/1	1/4 %/1
Bayern					
Unmittelbare Bet. gesamt / ausgewertete Berichte	22/3	33/2	59/5	38/1	53/2
AöR	1/5 %/0,33	7/21 %/3,5	4/7 %/0,8	4/11 %/4	0/0 %/0
GmbH	12/55 %/4	14/42 % /7	37/63 %/7,4	19/50 %/19	48/91 %/24
AG.	1/5 %/0,33	0/0 %/0	4/7 %/0,8	0/0 %/0	2/4 %/1
Berlin					
Unmittelbare Bet. gesamt / ausgewertete Berichte	XX	XX	XX	XX	62 /1
AöR					8/13 %/8
GmbH					44/71 %/44
AG					6/10 %/6
Brandenburg					
Unmittelbare Bet. gesamt / ausgewertete Berichte	5/1	X	37/2	XX	XX
AöR	0/0 %/0		0/0 %/0		
GmbH	5/100 %/5		27/73 %/13,5		
AG	0/0 %/0		0/0 %/0		
Freie Hansestadt Bremen					
Unmittelbare Bet. gesamt / ausgewertete Berichte	XX	XX	XX	XX	40/1
AöR					0/0 %/0
GmbH					32/80 %/32
AG					2/5 %/2
Freie und Hansestadt Hamburg					
Unmittelbare Bet. gesamt / ausgewertete Berichte	XX	XX	XX	XX	35/1
AöR					7/20 %/7
GmbH					22/63 %/22
AG					3/9 %/7 3
Hessen					
Unmittelbare Bet. gesamt / ausgewertete Berichte	38/5	135/6	11/1	21/1	51/1
AöR	2/5 %/0,4	1/0,7 %/0,2	0/0 %/0	0/0 %/0	0/0 %/0
GmbH	20/53 %/4	76/56 %/12,7	10/91 %/10	19/90 %/19	42/82 %/42
AG	1/2,5 %/0,2	3/2 %/0,5	0/0 %/0	0/0 %/0	1/2 %/1

Relevante Rechtsformen in den Bundesländern	30.000-50.000	50.000-100.000	100.000-200.000	200.000-400.000	Über 400.000
Mecklenburg-Vorpommern					
Unmittelbare Bet. gesamt / ausgewertete Berichte		42/1			
AöR	X	0/0 %/0	X	XX	XX
GmbH		23/55 %/23			
AG		0/0 %/0			
Niedersachsen					
Unmittelbare Bet. gesamt / ausgewertete Berichte	65/10	90/4	69/4	17/1	14/1
AöR	0/0 %/0	0/0 %/0	2/3 %/0,5	0/0 %/0	0/0 %/0
GmbH	41/63 % /4,1	63/70 %/15,8	59/86 %/14,8	15/88 %/15	9/64 %/9
AG	5/8 %/0,5	3/3%/0,8	6/9 %/1,5	2/12 %/2	1/8 %/1
Nordrhein-Westfalen					
Unmittelbare Bet. gesamt / ausgewertete Berichte	143/17	254/23	208/10	202/10	130/4
AöR	2/1 %/0,1	3/1 %/0,1	6/3 %/0,6	3/1 %/0,3	1/0,8 %/0,25
GmbH	92/64 % /5,4	169/67 %/7,3	141/68 %/14,1	128/63 %/12,8	90/69 %/22,5
AG	5/3 %/0,3	15/6 %/0,7	13/6 %/1,3	20/10 %/2	18/14 %/4,5
Rheinland-Pfalz					
Unmittelbare Bet. gesamt / ausgewertete Berichte	7/2	29/2			
AöR	0/0 %/0	0/0 %/0	X	XX	XX
GmbH	3/43 % /1,5	21/72 %/10,5			
AG	0/0 %/0	2/7%/1			
Saarland					
Unmittelbare Bet. gesamt / ausgewertete Berichte	2/1				
AöR	0/0 %/0	XX	X	XX	XX
GmbH	2/100 %/ 2				
AG	0/0 %/0				
Sachsen					
Unmittelbare Bet. gesamt / ausgewertete Berichte	8/1	24/1			38/1
AöR	0/0 %/0	0/0 %/0	XX	X	0/0 %/0
GmbH	7/87,5 %/7	11/46 % /11			18/48 %/18
AG	0/0 %/0	0/0 %/0			1/3 %/1
Sachsen-Anhalt					
Unmittelbare Bet. gesamt / ausgewertete Berichte	3/1			34/1	
AöR	0/0 %/0	X	XX	0/0 %/0	XX
GmbH	3/100 %/3			23/68 %/23	
AG	0/0 %/0			0/0 %/0	
Schleswig-Holstein					
Unmittelbare Bet. gesamt / ausgewertete Berichte				47/1	
AöR	X	X	XX	1/2 %/1	XX
GmbH				34/72 %/34	
AG				1/2 %/1	

Relevante Rechtsformen in den Bundesländern	30.000-50.000	50.000-100.000	100.000-200.000	200.000-400.000	Über 400.000
Thüringen					
Unmittelbare Bet. gesamt / ausgewertete Berichte	18/2			20/1	
AöR	0/0 %/0	X	X	1/5 %/1	XX
GmbH	13/ 72 %/6,5			8/40 %/8	
AG	1/ 6 %/0,5			1/5 %/1	

Wiederum exemplarisch lässt sich für diesen Beitrag hervorheben, dass bezüglich der GmbHs zwischen den einzelnen Bundesländern in einer Größenklasse sehr interessante Unterschiede vorliegen. Halten die Städte der GK I in Nordrhein-Westfalen und Baden-Württemberg 5,4 bzw. 5,1, sind es in Hessen und Niedersachen nur 4,1 bzw. 4,0. In der GK II halten die Städte in Niedersachen mit 15,8 die meisten GmbHs, gefolgt von Hessen (12,7), Baden-Württemberg (8,6) und Nordrhein-Westfalen (7,3). Innerhalb der Bundesländer bleibt die durchschnittliche Anzahl in GK I bis III in Bayern mit 4,7 und 7,4 vergleichsweise konstant. In Baden-Württemberg (5,2/8,6/12,4) und vor allem auch Niedersachsen (4,1/15,8/14,8) steigt die durchschnittliche Anzahl dagegen über die Größenklassen wesentlich stärker an.

2. Unmittelbare Beteiligungen der Landeshauptstädte

Über die aggregierten Darstellungen für die einzelnen Bundesländer und Größenklassen hinaus ist es weiterhin aufschlussreich, die Beteiligungsstrukturen von Städten im konkreten Einzelfall zu betrachten. Dieses kann mit Blick auf deren Bedeutung insbesondere auch bei den Landeshauptstädten weiterführende wie differenzierte Einblicke liefern, weshalb die erforderliche Auswahlentscheidung hier für diese getroffen wurde. Die Daten über die Ausgliederungsstrukturen der Hauptstädte der Bundesländer werden daher in Abbildung 5 veranschaulicht.

Die Tabelle soll am Beispiel der stellvertretend betrachteten Stadt München für die Spalten von links nach rechts erläutert werden. Nach Auswertung der Berichte liegen insgesamt 40 unmittelbare Beteiligungen, 34 in privatrechtlicher und 6 in öffentlich-rechtlicher Rechtsform in den städtischen Strukturen vor.[15] Zudem hat die Stadt mit 5 Eigenbetrieben und einer AöR insgesamt 6 Beteiligungen in öffentlich-rechtlicher Rechtsform angeführt.

---

15 Zur Gesamtzahl der privatrechtlichen Rechtsformen ist zu ergänzen, dass hier alle im Beteiligungsbericht aufgeführten Unternehmen eingerechnet wurden sind, auch wenn in der Tabelle gesondert nur die Rechtsformen GmbH, GmbH & Co. KG und AG aufge-

Die Anzahl der unmittelbaren Beteiligungen in der Rechtsform einer GmbH beläuft sich auf 30, davon 14 mit einer Beteiligungsquote von 100 %, woraus ein Anteil der 100 %-Beteiligungen an allen unmittelbaren GmbH-Beteiligungen von 47 % resultiert. Weiter liegen jeweils 6 GmbHs mit einem Anteil zwischen 50-100 % und 25-50 % sowie 4 mit einem Anteil unter 25 % vor. Die Rechtsformen GmbH & Co. KG und AG sind jeweils zweimal vertreten.

Darüber hinaus erscheint es zur weiteren Analyse der Ausgliederungsstrukturen lohnend, die Relationen zwischen öffentlich-rechtlichen Rechtsformen und privatrechtlichen Rechtsformen insgesamt sowie die jeweiligen Anteile der Rechtsformen GmbH, Eigenbetrieb und AöR zu betrachten. Mit 34 von 40 liegt der Anteil der privatrechtlichen Rechtsformen an den gesamten unmittelbaren Beteiligungen bei 85 %. Die AöR ist einmal ausgewiesen, was 2,5 % entspricht; Eigenbetriebe liegen 5mal bzw. mit einem Anteil von 12,5 % vor. Die Anzahl von 30 GmbHs bedeuten für die Stadt München, dass 75 % der unmittelbaren Beteiligungen in der Rechtsform GmbH vorliegen.

Insgesamt ist zu betonen, dass in die dargestellten Strukturen nur die Daten der in den Beteiligungsberichten klar ausgewiesenen Informationen einfließen konnten. Beispielsweise sind für Berlin und Hamburg in den Berichten keine Informationen über Eigenbetriebe vorhanden.[16] Düsseldorf hat 17 Betriebe gewerblicher Art aufgeführt, wobei nicht klar zu erkennen ist, ob es sich hierbei jeweils um Eigenbetriebe oder Regiebetriebe handelt. Für Dresden sind 10 öffentlich-rechtliche Rechtsformen als Zweckverband oder AöR zusammen benannt, weshalb AöR nach dem Bericht nicht klar identifiziert werden können. Alle nach der Auswertung der Beteiligungsberichte in diesem Forschungsstadium noch unklaren Fälle wurden hier zunächst mit „ne" für noch nicht ermittelbar gewertet. Diese Ermittlung ist Gegenstand laufender Vorhaben. Für einen Einblick in zukünftig noch weitergehende Vergleichsmöglichkeiten sollte diese Auswertungskategorie hier jedoch bereits gezielt mit aufgenommen werden.

---

nommen sind. Beispielsweise ist Dresden u.a. noch an dem UNESCO-Welterbestätten Deutschland e.V. beteiligt, Mainz an der Gesellschaft bürgerlichen Rechts Region Rhein-Main oder Magdeburg an 4 Stiftungen.

16 Die Stadt Bremen hat auf ihrem Internetauftritt im direkten Zusammenhang mit dem Beteiligungsbericht einen gesonderten Bericht über die Eigenbetriebe eingestellt, weshalb die Eigenbetriebe hier mit einbezogen und dargestellt werden.

Abbildung 5: Unmittelbare Beteiligungen der Hauptstädte der Bundesländer und Stadtstaaten (ne= nicht ermittelbar)

Hauptstadt und Stadtstaaten	Unmittelbare Beteiligungen gesamt (privatr.+ öff-r.)	Privat-rechtliche gesamt	Unmittelbare öffentlich-rechtliche Beteiligungen			GmbH Anzahl/ Anteil gesamt	GmbH Anteil Kleiner als 25 %	GmbH Anteil 25 % - 50 %	GmbH Anteil Größer als 50 %	GmbH Anteil Genau 100 %	GmbH & Co. KG	AG
			gesamt	AöR	Eigenb./ Landesb.							
Berlin	59 (ohne Eig.)	51/86 %	ne	8/14 %	ne	42/71 %	10	7	5	20/48 %	4	5
Bremen	52	40/77 %	12/23 %	3/8 %	9/17 %	32/62 %	5	5	4	18/56 %	4	2
Dresden	38	21/55 %	17/45 %	ne	7/18 %	18/47 %	1	3	3	11/61 %	1	1
Düsseldorf	46 (mit Reg.)	29/63 %	17/37 %	ne	4/20 %	21/46 %	5	5	4	7/33 %	2	6
Erfurt	20	11/55 %	10/50 %	0	ne	9/45 %	3	0	1	5/56 %	1	1
Hamburg	50 (ohne Eig.)	43/86 %	ne	7/14 %	Ne	34/68 %	2	5	3	24/71 %	2	3
Hannover	14	11/79 %	3/21 %	0	3/21 %	9/64 %	1	5	2	1/11 %	0	1
Kiel	26	22/85 %	4/15 %	1/4 %	3/12 %	19/73 %	3	4	6	6/32 %	2	1
Magdeburg	34	25/74 %	12/35 %	0	8/24 %	23/68 %	1	2	12	8/35 %	2	0
Mainz	29	23/79 %	6/21 %	2/7 %	4/14 %	20/69 %	8	7	1	4/20 %	1	1
München	40	34/85 %	6/15 %	1/2,5 %	5/12,5 %	30/75 %	4	6	6	14/47 %	2	2
Potsdam	23	19/83 %	4/17 %	0	2/9 %	17/74 %	4	2	2	9/53 %	1	1
Saarbrücken	27	16/59 %	11/41 %	0	7/26 %	12/67 %	0	5	3	4/33 %	2	2
Schwerin	18	15/83 %	3/17 %	0	3/17 %	15/83 %	6	1	4	4/27 %	0	0
Stuttgart	26	20/77 %	6/23 %	0	6/23 %	16/62 %	3	5	0	8/50 %	3	1
Wiesbaden	21	19/90 %	2/10 %	0	2/10 %	19/90 %	11	2	2	4/21 %	0	0

Insgesamt erweitern diese Ergebnisse trotz der zu berücksichtigenden Einschränkungen gerade auch für die Hauptstädte der Bundesländer den in der Literatur vorliegenden Empiriestand. Aus den Daten lassen sich für die aktuellen Diskussionen bereits in diesem Forschungsstadium interessante Erkenntnisse ableiten und weiterführende Fragestellungen aufwerfen. In diesem Beitrag soll eine Veranschaulichung neben den Erläuterungen jedoch nur durch die Tabelle erfolgen.

Über die Ausgliederungsstrukturen der Städte hinaus sind auch die unmittelbaren Beteiligungsportfolios der Bundesländer von großem Interesse für eine Diskussion über die öffentliche Wirtschaft, die daher im nächsten Abschnitt illustriert werden.

3. Unmittelbare Beteiligungen der Bundesländer auf Landesebene

Für die Bundesländer stellt Abbildung 6 die Strukturen für unmittelbare Beteiligungen heraus. Bedingt durch die Gestaltung der Beteiligungsberichte konnten Daten für die öffentlich-rechtlichen Rechtsformen hier bisher nur für Bayern, Bremen und Sachsen-Anhalt ermittelt werden.[17] Deshalb sind Verhältniszahlen in der Tabelle nur für diese drei Bundesländer berechnet worden. Zur Andeutung von weiterem Analysepotenzial sollte diese Auswertungskategorie aber bereits auch hier mit veranschaulicht werden.

Die absoluten Zahlen bei den unmittelbaren Beteiligungen in privatrechtlicher Rechtsform werden in den Beteiligungsberichten flächendeckend in sehr ähnlicher Form ausgewiesen, weshalb hier – insbesondere auch im Vergleich – auf dieser Datenbasis noch aufschlussreichere Einblicke möglich sind.

---

17 Die Beteiligungsberichte informieren auch auf Ebene der Bundesländer nicht in allen Fällen über insbesondere die Eigenbetriebe bzw. hier Landesbetriebe. Diesbezügliche Informationen sind häufig nur mit weiterem sehr hohem Rechercheaufwand zu erhalten.

Abbildung 6: Unmittelbare Beteiligungen der Bundesländer im Vergleich (ne= nicht ermittelbar)

Bundesländer	Unmittelbare Beteiligungen gesamt (privatr.+ öff-r.)	Privat-rechtliche gesamt	Unmittelbare öffentlich-rechtliche Beteiligungen			GmbH Anzahl/ Anteil gesamt	GmbH Anteil kleiner als 25 %	GmbH Anteil 25 % - 50 %	GmbH Anteil größer als 50 %	Genau 100%/ Anteil GmbH Gesamt	Gmb H & Co. KG	AG
			gesamt	AöR	Landes-betriebe							
Baden-Württemberg	75	51/68 %	ne	23	ne	41	10	11	5	15/37 %	3	5
Bayern	71 (mit 17 LaB)	55/77 %	17/24 %	3/4 %	14/20 %	49/69 %	12	11	18	8/16 %	1	5
Berlin	59	51/86 %	ne	8	ne	42	10	7	5	20/48 %	4	5
Brandenburg	30	22/73 %	ne	8	ne	20	8	5	3	4/20 %	0	0
Bremen	52 (mit Eig./Lab)	40/77 %	12/23 %	3/8 %	9/17 %	32/62 %	5	5	4	18/56 %	4	2
Hamburg	50	43/86 %	ne	7	ne	34	2	5	3	24/71 %	2	3
Hessen	47	44/94 %	ne	3	ne	41	14	14	6	7/17 %	2	1
Mecklenburg-Vorpommern	29	24/83 %	ne	5	ne	23	9	4	5	5/22 %	0	0
Niedersachsen	45	42/93 %	ne	3	ne	37	14	3	6	14/38 %	2	3
Nordrhein-Westfalen	45	43/95 %	ne	2	ne	39	15	10	5	9/23 %	0	3
Rheinland-Pfalz	66	48/72 %	ne	5	ne	42	10	7	18	7/17 %	1	0
Saarland	39	35/90 %	ne	3	ne	32	12	6	6	8/25 %	0	2
Sachsen	36	32/89 %	ne	4	ne	29	8	5	4	12/41 %	1	2
Sachsen-Anhalt	43 (mit 17 LaB)	26/60 %	17/40 %	3/7 %	14/33 %	25/58 %	9	3	2	11/44 %	0	1
Schleswig-Holstein	29	21/72 %	ne	8	ne	19	9	5	4	1/5 %	0	2
Thüringen	33	25/80 %	ne	8	ne	21	8	1	5	7/33 %	2	2

V. Ausblick

Die Veranschaulichungen des Beitrages ermöglichen für die Diskussion um eine Renaissance öffentlichen Wirtschaftens vielschichtige über den vorliegenden Literaturstand hinausgehende Erkenntnisse. Über die absoluten Zahlen und Verhältnisquoten lassen sich für Städte verschiedener Größenklassen und Bundesländer differenzierte Überblicke bezüglich der Entscheidungen von Politik und Verwaltung gewinnen, in welchen Beteiligungs- bzw. Ausgliederungsstrukturen politisch als öffentlich angesehene Aufgaben im konkreten Vergleich erfüllt werden sollen. Diesbezügliche komparatistische Analysen scheinen gesellschaftspolitisch und wissenschaftlich sehr relevant und die dargestellten Daten geben Gelegenheit für weiterführende Einblicke.

Obgleich lassen sich über die illustrierten Zahlen u.a. aufgrund des Berichtswesens und nicht flächendeckend vorliegender Daten ohne Zweifel noch nicht alle in diesem Kontext wichtigen Fragen hinreichend umfassend beantworten. Hier möchte der Beitrag jedoch konkrete Ausgangspunkte für weitere Datenerhebungs- und Analyseerfordernisse liefern. An den verschiedenen Stellen wurde diesbezüglich formuliert, wo wichtige Informationslücken bei der Dateninterpretation vorliegen, die in weiteren Forschungsvorhaben zu schließen wären. Derzeit ist mit Blick auf die Datenlage keine adäquate Aussage bezüglich einer eventuellen Renaissance öffentlichen Wirtschaftens möglich, da insbesondere belastbare Vergleichswerte aus der Vergangenheit fehlen. Insgesamt ist der Studienansatz jedoch als Längsschnittanalyse angelegt und erlaubt zukünftig empirisch noch fundiertere Aussagen, in bzw. zu welchen Organisationsstrukturen sich staatliches Handeln im Zuge der öffentlichen Aufgabenerfüllung in den nächsten Jahren bzw. Jahrzehnten entwickelt. Sofern Beteiligungsberichte bei Städten im Internet weiterhin nicht – oder nicht mit allen erforderlichen Informationen – vorliegen, soll eine flächendeckende Zusendung durch die verantwortlichen Stellen erbeten werden. Darüber hinaus ist zur vergleichenden Betrachtung der Gesamtstrukturen eine Analyseausweitung auf mittelbare Beteiligungen angelaufen. Ebenfalls könnte die Studie zukünftig auch auf Basis von Beteiligungsberichten Aussagen zur Verteilung von öffentlichen Unternehmen bzw. öffentlichen Beteiligungen auf die verschiedenen Branchen erlauben.

Weiterhin könnten verdichtete Kennzahlenvergleiche weitere lohnende Erkenntnisse erbringen, wenn z.B. die Anzahl der privatrechtlichen und öffentlich-rechtlichen Beteiligungen u.a. mit den Einwohnerzahlen in Bezug gesetzt würden. In diesem Sinne könnte für jede Stadt bzw. jedes Bundesland ein „privatrechtlicher und öffentlich-rechtlicher Ausgliederungsindex" in verschiedenen Kategorien ermittelt werden, der für Politik, Verwaltung und Wissenschaft sehr aufschlussreich wäre. Diesbezügliche Kennziffern bedürfen mit

Blick auf die sehr unterschiedlichen Rahmenbedingungen zweifellos ausgewogener Interpretationen. Dennoch könnten diese zusätzliche Befunde für tiefer gehende Untersuchungen bzw. zumindest die Grundlage für die richtigen Analysefragen liefern.

Die Diskussion um eine effektive wie effiziente Wahrnehmung von politisch als öffentlich bzw. gesellschaftlich bedeutend eingestuften Aufgaben durch eher marktorientierte und/oder staatlich orientierte Organisationsformen wird eine gesellschaftspolitische Kernfrage der nächsten Jahre und Jahrzehnte sein. Auch vor diesem Hintergrund scheint eine weiter zu verbessernde Aufarbeitung für fundierte Vergleiche bedeutsam, wie sich privatrechtliche und öffentlich-rechtliche Beteiligungs- und Ausgliederungsstrukturen im Verhältnis untereinander sowie in Bezug zur Kernverwaltung entwickeln.

Literaturverzeichnis

Dittmer (2007): Nora Dittmer, Öffentliche Unternehmen und der Begriff des öffentlichen Auftraggebers, Berlin 2007.

Edeling u.a. (2004): Thomas Edeling, Christoph Reichard, Peter Richter u. Steven Brandt, Kommunale Betriebe in Deutschland. Ergebnisse einer empirischen Analyse der Beteiligungen deutscher Städte der GK1-4, KGSt-Materialien 2/2004, Köln.

Günther/Niepel (2006): Thomas Günther u. Mirko Niepel, Kommunales Beteiligungscontrolling – Ergebnisse einer empirischen Studie, in: Zeitschrift für Planung und Unternehmenssteuerung, Volume 17, Nr. 3/2006, S. 323-343.

Junkernheinrich/Micosatt (2008): Martin Junkernheinrich u. Gerhard Micosatt, Kommunaler Schuldenreport Deutschland, Bertelsmann Stiftung, Gütersloh 2008.

Killian u.a (2006): Werner Killian, Peter Richter u. Jan Hendrik Trapp, (2006), Ausgliederung und Privatisierung in Kommunen. Empirische Befunde zur Struktur kommunaler Aufgabenwahrnehmung, Berlin 2006.

Linhos (2006): Ramon Linhos, Der Konzern Stadt. Zum veränderten Bild der Kommunen und ihrer Beteiligungen, Kommunalwissenschaftliches Institut Arbeitshefte 11, Potsdam 2006.

Püttner (1984): Günter Püttner, Die öffentlichen Unternehmen, Tübingen 1984.

Schneyer (2005): Frank Schneyer, Beteiligungen des Bundes, der Länder und der kommunalen Gebietskörperschaften an Unternehmen mit mehr als 0,5 Mio € Nominalkapital – Stand und Entwicklungstendenzen, hrsg. von Arnim Goldbach et al: Entwicklungslinien und Problemschwerpunkte der Öffentlichen Betriebswirtschaftslehre, Festschrift Brede, Frankfurt 2005, S. 77-99.

Trapp/Bolay (2003): Jan Hendrik Trapp u. Sebastian Bolay, Privatisierung in Kommunen – eine Auswertung kommunaler Beteiligungsberichte, Difu, Berlin 2003.

Gerold Ambrosius

Paradigmen öffentlichen Wirtschaftens in historischer Perspektive

I. Einführung
II. Öffentliches Wirtschaften als komplementäres Korrektiv privaten Wirtschaftens – das ältere Paradigma
  1. Gesellschaftliche Dimensionen
  2. Staatliche Dimensionen
  3. Gemeinwirtschaftliche Dimensionen
  4. Ordnungspolitische Dimensionen
  5. Regulative Dimensionen
  6. Betriebliche Dimensionen
III. „Wiedergeburt" eines neuen Paradigmas oder Rückkehr zum älteren?
Literaturverzeichnis

I. Einführung

Wenn man von der Annahme ausgeht, dass sich zurzeit eine Renaissance des „öffentlichen Wirtschaftens" andeutet, ist damit automatisch gemeint, dass eine ältere Art des öffentlichen Wirtschaftens wiederbelebt werden soll, denn öffentlich gewirtschaftet wird auch in der Gegenwart. Damit stellen sich unmittelbar folgende Fragen: Auf welche ältere Art des öffentlichen Wirtschaftens bezieht sich die Wiedergeburt? Soll diese originalgetreu nachgebildet oder in modifizierter Form aktualisiert werden? Wie unterscheidet sie sich von der in der Gegenwart praktizierten jüngeren Art? Diese Fragen können sich sowohl auf die Realität des öffentlichen Wirtschaftens beziehen als auch auf das Paradigma, um das es hier vornehmlich gehen soll. Ein Paradigma ist ein vorherrschendes, übergreifendes Denk- oder Deutungsmuster in einer bestimmten Zeit.[1] Es spiegelt einen allgemein anerkannten Konsens über Annahmen und Vorstellungen hinsichtlich eines bestimmten Sachverhaltes wider. Ohne auf das Verhältnis von Sein und Bewusstsein näher einzugehen, soll davon

---

1 *Kuhn (1962); Peine (2006).*

ausgegangen werden, dass Paradigma und Realität sich gegenseitig beeinflussen und sich damit in realen Tatbeständen paradigmatische Vorstellungen wiederfinden. Es werden daher im Folgenden zumindest einige realpolitische und realwirtschaftliche Entwicklungen aufgezeigt, die für die Herausbildung eines übergreifenden Deutungsmusters von Bedeutung waren oder in denen sich dieses ausdrückte. Die methodischen Probleme bei der Abbildung eines Paradigmas sind ausgesprochen vielschichtig. Es geht dabei um die idealtypische Verkürzung, die Definitionsmacht bestimmter Diskursteilnehmer und die Repräsentanz, die Vermischung von Norm und Praxis, den Wandel im Laufe der Zeit und vieles mehr. Es müssten also auch die vielfältigen diskursanalytischen Aspekte berücksichtigt werden, um ein übergreifendes Denk- und Deutungsmuster adäquat zu erfassen. Dies kann hier nicht geleistet werden. Es soll daher ausdrücklich darauf hingewiesen werden, dass ein generelles Deutungsmuster öffentlichen Wirtschaftens, das zwar in seiner Grundausrichtung über viele Jahrzehnte gültig blieb, das aber Modifizierungen erlebte und in verschiedene Richtungen ausgelegt wurde, hier nur in sehr rudimentärer und plakativer Form präsentiert werden kann. Letztlich ist seine Darstellung ein eklektisches Konstrukt. Wie prägend das ältere Paradigma allerdings auch gegenwärtig noch oder wieder ist, zeigt eine aktuelle Medienanalyse, die in diesem Band veröffentlicht wird.[2] Im Übrigen wurde es in der Vergangenheit von den meisten Diskursteilnehmern in dem Sinne normativ aufgeladen, als sie nicht nur distanziert das Sein interpretierten, sondern engagiert das Sollen formulierten.

Auch wenn nicht näher auf diskursanalytische Fragen eingegangen wird, soll doch zumindest auf verschiedene Wahrnehmungsprobleme aufmerksam gemacht werden, die mit der Renaissance eines älteren Paradigmas des öffentlichen Wirtschaftens verbunden sind. Die Öffentlichkeit, die zu ihm in irgendeiner Form zurückkehren möchte, nimmt die gegenwärtigen Verhältnisse wahr, mit denen sie offensichtlich nicht zufrieden ist. Dabei handelt es sich zunächst um die subjektiven Wahrnehmungen des Einzelnen, die sich dann in einem komplexen diskursiven Prozess zu kollektiven bündeln. Gleichzeitig wird aber auch die Vergangenheit wahrgenommen. Da es für Menschen keine objektive Vergangenheit geben kann, wird sie in subjektiven Bildern rekonstruiert, in die rezeptionsgeschichtlich – wenn sie „wiedergeboren" werden soll – sicherlich Wunschvorstellungen einfließen. Diejenigen, die die Vergangenheit selbst erlebt haben, können auf eigene Erfahrungen zurückgreifen. Diejenigen, die sie nicht erlebt haben, orientieren sich an damaligen Deu-

---

2   Siehe den Aufsatz von *Theuvsen/Zschache* in diesem Band.

tungsmustern. Es ergibt sich also ein weiteres Wahrnehmungsproblem, da die damaligen Akteure ja ebenfalls nur Interpretationen der Verhältnisse boten, in denen sie lebten. Für den Historiker stellen sich bei der Rekonstruktion des vergangenen Paradigmas zudem all die diskursanalytischen Probleme, die auch bei der des gegenwärtigen auftreten. Daraus ergibt sich für ihn ebenfalls ein Wahrnehmungs- oder besser Interpretationsproblem, da aus einer meist disparaten Überlieferung ein mehr oder weniger konsistentes Paradigma herausgefiltert werden soll, von dem man annehmen kann, das es den damaligen Zeitgeist widerspiegelt.

Unter ‚öffentlichem Wirtschaften' wird zunächst einzelwirtschaftliches Handeln verstanden. Institutionell bedeutet es, dass politische Körperschaften mit eigenen Unternehmen insbesondere Dienstleistungen bereitstellen. Mit Unternehmen sind alle denkbaren einzelwirtschaftliche Organisations- und Rechtsformen gemeint – vom Regiebetrieb über den Eigenbetrieb bis zur Aktiengesellschaft. Funktionell bedeutet es, dass politische Gebietskörperschaften das Angebot von öffentlichen Dienstleistungen sichern. Diese können durch öffentliche oder private Unternehmen bereitgestellt werden. Im ersten Fall produzieren die politischen Gebietskörperschaften das Angebot selbst. Im zweiten Fall gewährleisten sie es lediglich. Im Folgenden wird auf sechs Dimensionen des öffentlichen Wirtschaftens eingegangen: auf gesellschaftliche, staatliche, gemeinwirtschaftliche, ordnungspolitische, regulative und betriebliche. Diese Auswahl erfolgt mehr oder weniger willkürlich; sie dürfte aber ein weites Spektrum öffentlichen Wirtschaftens erfassen.

Man könnte die historische Perspektive auf die 1960/70er Jahre beschränken, als noch das ältere Paradigma dominant war, das erst seit den 1980er Jahren im Zuge der liberalen Renaissance von dem jüngeren abgelöst wurde, das auch gegenwärtig noch den Diskurs um das öffentliche Wirtschaften bestimmt. Es soll aber gerade gezeigt werden, welche lange Tradition dieses ältere Paradigma besitzt, auf das bei einer Wiedergeburt zumindest tendenziell zurückgegriffen werden würde. Es bildete sich bereits seit dem ausgehenden 19. Jahrhundert heraus, erlebte, wie gesagt, gewisse Modifikationen, war aber letztlich für fast ein Jahrhundert prägend.

II. Öffentliches Wirtschaften als komplementäres Korrektiv privaten Wirtschaftens – das ältere Paradigma

Da es sich bei Paradigmen um Deutungsmuster handelt, die zumeist normativ aufgeladen sind, müsste eigentlich durchgehend der Konjunktiv benutzt werden; aus sprachlichen Gründen wird allerdings der Indikativ verwendet. Dabei ist insofern Vorsicht geboten, als gleichzeitig realwirtschaftliche und realpolitische Entwicklungen aufgezeigt werden, bei denen es sich nicht um „subjektive" Interpretationen der Wirklichkeit handelt, sondern um „objektive" Tatsachen. Um die Unterschiede zum gegenwärtig dominierenden jüngeren Paradigma besser herausarbeiten zu können, wird in den folgenden Unterabschnitten zunächst ganz knapp auf dieses eingegangen, um dann etwas ausführlicher das ältere Deutungsmuster darzulegen.[3]

Im Hinblick auf die Repräsentanz des älteren Paradigmas wird davon ausgegangen, dass es vom überwiegenden Teil der Bevölkerung geteilt wurde. Dies ist eine heroische Annahme, wenn man daran denkt, dass selbst in der heutigen Zeit mit ihren Möglichkeiten „repräsentativer" Umfragen es nicht einfach ist, die unterschiedlichen Meinungen zum öffentlichen Wirtschaften in einem gemeinsamen Paradigma zu bündeln. Wenn man gar einen Zeitraum von etwa 100 Jahren überschaut, gab es eben nicht nur Modifizierungen des dominanten Deutungsmusters, sondern durchweg Alternativen. Was man aber wohl festhalten kann, ist die die Tatsache, dass anders als heute auch ausgesprochen liberal eingestellte Gruppierungen – von Wirtschafts- bzw. Arbeitgeberverbänden über liberale Parteien bis zur liberalen Wirtschaftswissenschaft – das bestehende Wirtschaftssystem im Sinne eines dualen akzeptierten, d.h. das komplementäre Nebeneinander von privater und öffentlicher Wirtschaft. Das hier beschriebene Paradigma wurde mehrheitlich von folgenden Akteuren vertreten: von Gewerkschaften, der Sozialdemokratischen Partei, aber auch liberalen und konservativen Parteien und damit von den Parlamenten der verschiedenen gebietskörperschaftlichen Ebenen und von einem großen Teil der Wissenschaft.

1. Gesellschaftliche Dimensionen

Jüngeres Paradigma: Das jüngere Paradigma interpretiert öffentliches Wirtschaften in seiner älteren Form als Ausdruck einer Gesellschaftskonzeption, die nicht mehr postindustriellen Verhältnissen entspricht. Im Vergleich zur traditionellen Moderne sind die gegenwärtigen Produktions-, Arbeits- und Lebensverhältnisse fragmentierter, individualisierter und flexibler, haben sich Vorstellungen von kollektiver Wohlfahrt aufgelöst und paternalistische Steuerungsformen des zentralistischen Wohlfahrtsstaates überlebt. Wettbewerbliche

---

3 Aus wissenschaftlicher Perspektive siehe die Veröffentlichungen des Wissenschaftlichen Beirates der Gesellschaft für öffentliche Wirtschaft.

Leistungsbeziehungen sind an die Stelle kooperativer Solidarbeziehungen getreten. Individualisierung und Liberalisierung lassen sich jedenfalls nur noch schwer mit einem gesamtgesellschaftlichen Gemeinwohlkonzept vereinbaren. Der Einzelne muss sich stärker als bisher individuell gegen die vielfältigen Lebensrisiken absichern. Die Gesellschaft kann nur noch eine bestimmte Grundversorgung gewährleisten. Netzwerke auf der Grundlage kommunitaristischer Beziehungen sollen die hierarchisch-bürokratisch organisierten Sicherungssysteme zumindest teilweise ersetzen. Dabei kommt dem ‚Dritten Sektor' eine besondere Bedeutung zu.[4]

Älteres Paradigma: Öffentliches Wirtschaften wurde seit dem ausgehenden 19. Jahrhundert als Ausdruck einer Gesellschaft mit massenzivilisatorischen, urbanen und industrialisierten Produktions-, Arbeits- und Lebensverhältnissen angesehen. Das wirtschaftliche Marktprinzip stellte kein ausreichendes gesellschaftliches Organisationsprinzip mehr dar und musste deshalb durch das Solidarprinzip ergänzt werden. Deutschland (Europa) war in dieser Zeit auf der Suche nach einem gesellschaftlichen Entwicklungsmodell, das jenseits von extremem Liberalismus und radikalem Sozialismus gleichzeitig eigenwirtschaftliche Effizienz und gemeinwirtschaftliche Solidarität sichern sollte.[5] Der Einzelne war nur noch innerhalb der Gemeinschaft lebensfähig, die ihm eine Mindestversorgung bei den Gütern gewähren sollte, die für die Teilnahme am gesellschaftlichen Leben als notwendig erachtet wurde. Dabei sollte der Staat die Aufgabe übernehmen, daseinsvorsorgende Leistungen für alle zu erbringen.[6] Die Vorstellung von der Solidargemeinschaft war durchweg mit der einer kollektiven Wohlfahrtsfunktion verbunden. Herrschte anfangs, d.h. im ausgehenden 19. Jahrhundert, die Auffassung, dass mit der öffentlichen Bereitstellung von materieller und immaterieller Infrastruktur die urbane Modernisierung vorangetrieben werden sollte, ging es später – vielleicht schon vor, in jedem Fall aber nach dem Ersten Weltkrieg – darum, durch daseinsvorsorgende Leistungen die individuelle Chancengleichheit zu gewährleisten und die Bürger in die Lage zu versetzen, ihre Freiheitsrechte in einer demokratischen Gesellschaft wirklich wahrnehmen zu können. Bei öffentlichen Leistungen spielte sowohl die ‚Fürsorge' als auch die 'Vorsorge' eine Rolle. Sie waren einerseits mit einer paternalistischen, andererseits mit einer emanzipatorischen Perspektive verbunden. Vor allem sollten sie der wirtschaftlichen und sozialen, letztlich der gesellschaftlichen Kohäsion dienen.

---

4 *Ambrosius (2000a).*
5 *CEEP (1986); Ambrosius (2006).*
6 *Hellermann (2000); Forsthoff (1938).*

Schon im 19. Jahrhundert entwickelten sich verschiedene Subparadigmen, die auch im 20. Jahrhundert noch lange Zeit prägend waren. Ein sozialkonservativer Paternalismus verteidigte zwar das liberal-kapitalistische System und die traditionelle Gesellschaft, wollte aber ihre offensichtlichen Missstände mit sozialstaatlichem Engagement begegnen, zu dem auch öffentliche Dienstleistungen gehörten.[7] Ein sozialistischer Revisionismus versuchte anfangs mit staatlicher Eigenproduktion, d.h. öffentlichen Unternehmen, antikapitalistische Ordnungselemente im bestehenden Gesellschafts- und Wirtschaftssystem zu verankern, mutierte aber zunehmend zu einem sozialdemokratischen Reformismus, der in öffentlichen Unternehmen nur noch ein Korrektiv der grundsätzlich akzeptierten Marktwirtschaft sah.[8] Ein interventionistischer Modernismus definierte gesellschaftliche als öffentliche Interessen, die wiederum von staatlichen Instanzen interpretiert und durchgesetzt werden sollten. Zur vollen staatlichen Souveränität – gemeint war die aller politischen Gebietskörperschaften – gehörte nach dieser Auffassung die Selbstbestimmung öffentlicher Aufgaben und die Art und Weise ihrer Erfüllung. Dies bezog sich auch auf die Bereitstellung öffentlicher Dienstleistungen. Volle bürgerliche Souveränität beinhaltete die demokratische Mitbestimmung bei der Formulierung dieser Aufgaben und die Kontrolle der staatlichen Instanzen bei der Duchsetzung.[9] Eine privatwirtschaftlich organisierte Erbringung von Leistungen, die in einem demokratischen Willensbildungs- und Entscheidungsprozess definiert wurden, kam jedenfalls nicht infrage. Nur öffentliche Betriebe unterlagen einer bürgerschaftlichen Kontrolle. Je stärker diese aber privatrechtlich organisiert waren, umso mehr wurde kritisiert, dass sie sich von den politischen Vertretungskörperschaften entfernten und damit einer demokratischen Überwachung entzogen.[10]

2. Staatliche Dimensionen

Jüngeres Paradigma: Öffentliches Wirtschaften gehört nicht zum eigentlichen Aufgabenbereich eines Staates, der sich auf seine hoheitlichen Kernaufgaben beschränken soll. Es gehört zur traditionellen Leistungsverwaltung und damit zum überkommenen Interventionsstaat, der nicht mehr zeitgemäß ist.[11] Bei öffentlichen Dienstleistungen begegnen sich Staat und Bürger heute nicht

---

7 *Thiemeyer (1970); Krabbe (1990).*
8 *Von Loesch (1977).*
9 *Ambrosius (1984b).*
10 *Ambrosius (1984a).*
11 *Schuppert (1998).*

mehr in einem staatsbürgerlichen, sondern in einem marktwirtschaftlichen Verhältnis. Auf der Nachfrageseite steht nicht mehr der Bürger, sondern der Kunde. Auf der Angebotsseite steht nicht mehr der eigenproduzierende, sondern der gewährleistende Staat. Er soll Dienstleistungen nicht selbst produzieren, sondern private Kräfte und Ressourcen mobilisieren, die diese Aufgaben übernehmen. Auf allen gebietskörperschaftlichen Ebenen, insbesondere aber auf der kommunalen Ebene setzt sich nach dieser Auffassung die moderierende Kooperationsverwaltung durch und drängt das hierarchisch-administrative Prinzip staatlicher Steuerung in den Hintergrund. Auch wenn neue Steuerungsmodelle wie das New Public Management den Forderungen nach Flexibilität und Effizienz stärker Rechnungen tragen, wird es nur als konsequent angesehen, wenn die Produktion öffentlicher Dienstleistungen materiell privatisiert wird, zumindest aber die öffentliche Hand ihre Unternehmen formell privatisiert und mit der privaten Wirtschaft öffentlich-private Kooperationen eingeht.

Älteres Paradigma: Öffentliches Wirtschaften wurde am Ende des 19. Jahrhunderts als Teil der sich entwickelnden Leistungsverwaltung angesehen. Es stellte ein wichtiges Instrument staatlicher Politik dar, das anders als hoheitliche Eingriffe marktnah und flexibel eingesetzt werden konnte. Bei (hoheitlichen) Aufgaben wie der inneren Sicherheit, Bildung, Gesundheit oder sozialen Sicherung war es selbstverständlich, dass sie in den Kompetenzbereich des Staates gehörten und von diesem erledigt wurden. Bei (öffentlichen) Dienstleistungen wie Verkehr, Energieversorgung, Posttransport oder Telekommunikation war dies nicht selbstverständlich, wurde aber bevorzugt.[12] Die Vorstellung vom eigenproduzierenden Staat prägte das ältere Paradigma, ohne dass die vom gewährleistenden Staat, der fremde Leistungen einkaufte, völlig abgelehnt wurde. Auf allen gebietskörperschaftlichen Ebenen sollten öffentliche Unternehmen zudem politische Souveränität sichern.[13] Materielle Privatisierungen, die selten vorkamen, wurden als Verlust staatlicher Handlungsfähigkeit angesehen. Diese Auffassung wurde vor dem Ersten Weltkrieg entwickelt, aber auch noch nach dem Zweiten Weltkrieg bis in die Gegenwart vertreten. Öffentliche Wertschöpfung war lange Zeit geradezu ein Synonym gebietskörperschaftlicher Eigenständigkeit. Öffentliches Wirtschaften wurde insofern auch als eine Stärkung des politischen Mehrebenensystems in Deutschland angesehen; es war Ausdruck eines „materiellen Föderalismus". Insbesondere für die unteren Gebietskörperschaften spielte die öffentliche

---

12 *Wehler (1995).*
13 *Staudinger (1932).*

Wirtschaftstätigkeit eine besondere Rolle.[14] Man glaubt, dass Kommunen nur mit eigenen Unternehmen wirklich in der Lage waren, unabhängig und selbstbestimmt infrastrukturelle bzw. daseinsvorsorgende und sonstige Leistungen zu erbringen und so dem kommunalen Gemeinwohl zu dienen.[15] Betriebliches Kapital wurde aber nicht nur in dieser Hinsicht als politisches Kapital angesehen. Insbesondere auf kommunaler Ebene standen öffentliche Unternehmen, wie erwähnt, für demokratische Selbstbestimmung und Bürgersouveränität.[16] Unternehmen, die eine Grundversorgung sicherten, sollten demokratisch legitimiert und kontrolliert werden. Insofern war öffentliches, in diesem Fall kommunales Wirtschaften zugleich Ausdruck einer „materiellen Demokratie". Schließlich war die Vorstellung vom ‚Unternehmerstaat', der zwar keine wirkliche Alternative zum ‚Steuerstaat' darstellen sollte, aber doch eine Ergänzung, bis zum Zweiten Weltkrieg ein wichtiger Aspekt des Paradigmas öffentlichen Wirtschaftens.[17] Es war eigentlich nicht ernsthaft umstritten, dass öffentliche Unternehmen dort, wo dies möglich war, sowohl gemeinnützig als auch erwerbswirtschaftlich ausgerichtet sein sollten.[18]

3. Gemeinwirtschaftliche Dimensionen

Jüngeres Paradigma: Es ist nicht mehr die genuine Aufgabe öffentlichen Wirtschaftens, gemeinwirtschaftliche Leistungen zu erbringen. Diese sind, wie bereits erwähnt, letztlich Ausdruck eines veralteten Konzepts paternalistischer Daseinsvorsorge und passen nicht mehr in eine Zeit, in der die meisten solcher Leistungen im Rahmen marktwirtschaftlicher Beziehungen zwischen Produzenten und Konsumenten erbracht werden können. Aufgrund der Überlegenheit privaten Wirtschaftens spricht nach dieser Auffassung sogar einiges dafür, dass private Unternehmen solche Leistungen in besserer Qualität und zu günstigeren Preisen anbieten, erst recht wenn sie dabei dem Wettbewerb ausgesetzt sind. Auf monopolistischen Märkten besteht kein Unterschied zwischen der „Ausbeutung" der Verbraucher durch profitorientierte private Unternehmen oder durch fiskalisch orientierte öffentliche Unternehmen. Der Unterschied verwischt sich auch deshalb, weil klar zwischen Eigen- und Gemeinwirtschaftlichkeit unterschieden werden soll. Wenn gemeinwirtschaftliche Leistungen buchhalterisch eindeutig ausgewiesen werden, können sie auch von

---

14 *Gröttrup (1973); Krabbe (1985); Stern/Püttner (1965).*
15 *Fuchs (1910).*
16 *Mombert (1908); Lindemann (1922).*
17 *Ambrosius (1984a).*
18 *Kwack (1990).*

privaten Unternehmen erbracht werden, die dann entsprechende Ausgleichszahlungen erhalten. Letztlich kann jedes gemeinwirtschaftliche Sachziel von privaten Unternehmen effizienter und damit kostengünstiger erfüllt werden.

Älteres Paradigma: Seit dem 19. Jahrhundert stand im Zentrum des Paradigmas öffentlichen Wirtschaftens die gemeinwohlbezogene Leistungserbringung.[19] Einerseits herrschte weitgehend Konsens, dass private Unternehmen nicht ohne wirtschafts- und sozialpolitische Zielsetzung verstaatlicht oder kommunalisiert werden sollten.[20] Andererseits war klar, dass die Bereitstellung bestimmter Güter und Dienste nicht oder nicht ausschließlich den Gesetzen des Marktes unterliegen sollten. Vielmehr sollte der Staat bzw. die Stadt nicht nur reaktiv eingreifen, wenn Marktversagen drohte, sondern proaktiv mit dem Ziel des gesellschaftlichen Interessenausgleichs. Das Spektrum der diskutierten Instrumentalfunktionen reichte – wenn man es systematisiert und neuerer Begrifflichkeit anpasst – von Aufgaben der Modernisierung durch Beschleunigung des technischen und gesellschaftlichen Fortschritts (Anreiz-, Innovations-, Pionier-, Schrittmacherfunktionen) über Aufgaben der Kontrolle mittels Selbstbeschränkung in Bezug auf Preise oder Konzentration (Ordnungs-, Ausgleichs-, Korrektiv- oder Regulierungsfunktionen) bis zu Aufgaben der Ergänzung in Bereichen, in denen andere nicht oder nicht in ausreichendem Maße aktiv wurden (Ersatz-, Lückenbüßer- oder Komplementierungsfunktionen). Zugleich war das spezielle Paradigma des öffentlichen Wirtschaftens eingelagert in das allgemeine der gesamtgesellschaftlichen Wohlfahrt.[21] Bei öffentlichen Dienstleistungen bedeutete dies schon damals nach allgemeiner Auffassung diskriminierungsfreier Zugang, Gleichbehandlung, einheitliche Tarifierung im Raum, Kontinuität und Qualität der Leistungen oder soziale Preisgestaltung. In der Hochphase des Keynesianismus nach dem Zweiten Weltkrieg sollten öffentliche Unternehmen in die makroökonomischen Steuerungsversuche eingebaut werden, während die sozialen Funktionen in der allgemeinen Wahrnehmung angesichts des ausgebauten Wohlfahrtsstaates an Bedeutung verloren.[22] In jüngster Zeit sollten sie einen besonderen Beitrag zum Umweltschutz leisten. In jedem Fall herrschte Konsens darüber, dass profitorientierte private Unternehmen kaum mit gemeinwirtschaftlicher Leistungserbringung betraut werden konnten. Die Erfahrungen mit konzessionierten privaten Unternehmen und selbst mit öffentlich-privaten Kooperationen

---

19 *Ambrosius (2006).*
20 *Landmann (1932); Brunckhorst (1978); Ambrosius (1994).*
21 *Brown (1987); Hietala (1987); Reulecke (1995).*
22 *Wissenschaftlicher Beirat (1977).*

wurden in dieser Hinsicht skeptisch beurteilt.[23] Generell wurde nicht scharf zwischen Eigen- und Gemeinwirtschaftlichkeit unterschieden. Im Gegenteil, mit der Alimentierung defizitärer Betriebe durch die öffentlichen Haushalte und der Quersubventionierung innerhalb von Mehrspartenbetrieben sollten den öffentlichen Unternehmen bei der Verfolgung gemeinwirtschaftlicher Ziele zusätzliche Handlungsspielräume eröffnet werden. Angesichts der Tatsache, dass öffentliche Unternehmen in den wichtigsten infrastrukturellen Sparten lange Zeit hohe Erträge erwirtschafteten, war das Bewusstsein dafür, dass die gemeinwirtschaftliche Instrumentalisierung und die erwerbswirtschaftliche Ausrichtung in einem Spannungsverhältnis stehen konnten, wenig ausgeprägt.

4. Ordnungspolitische Dimensionen

Jüngeres Paradigma: Öffentliche Unternehmen auf monopolistischen Märkten sind Fremdkörper in einem Wirtschaftssystem, dessen zentrale Ordnungselemente das private Eigentum und der wettbewerbliche Markt sind. Da bei öffentlichen Unternehmen die Exklusivität der Eigentumsrechte nicht gegeben ist und ihre Organisationsformen hohe Transaktionskosten verursachen, sind sie weniger effizient und arbeiten weniger kostengünstig als private Unternehmen. Sie sind weniger innovativ und anpassungsfähig, verfolgen widersprüchliche Ziele und werden von ihren öffentlichen Eigentümern für politische Zwecke missbraucht. Die Vermischung von Eigen- und Gemeinwirtschaftlichkeit ist ebenfalls ordnungswidrig und führt zu unwirtschaftlichem Verhalten. Das liberale Wirtschaftssystem ist einer strikten Marktrationalität verpflichtet, die nur im Wettbewerb verwirklicht werden kann. Dort, wo es der technische Fortschritt erlaubt, sollen daher die infrastrukturellen Märkte dem Wettbewerb geöffnet werden. Dort, wo dies nicht möglich ist, soll Wettbewerb als Ersatz für die nichtvorhandenen kompetitiven Strukturen simuliert werden.

Älteres Paradigma: Öffentlich-monopolistisches Wirtschaften wurde als ein konstitutives Element eines dominant privat-wettbewerblichen Systems angesehen.[24] Diese Art des Wirtschaftens war nicht nur nicht ordnungswidrig, sondern ausdrücklich ordnungskonform. Es zeichnete sich durch hohe Allokationseffizienz aus und ermöglichte ein verteilungsgerechtes Angebot. Das ältere Paradigma war durch eigentumsrechtlichen Pluralismus gekennzeichnet,

---

23 *Elsas (1925)*; *Most (1927)*; *Ambrosius (2000b)*.
24 *Bruche (1977)*.

selbst wenn sich der überwiegende Teil daseinsvorsorgender Dienstleistungsunternehmen schon am Anfang des 20. Jahrhunderts in öffentlicher Hand befand. Das Nebeneinander von öffentlichen, privaten, gemischtwirtschaftlichen, genossenschaftlichen oder freigemeinnützigen Unternehmen sollte nach vorherrschender Auffassung ein wichtiges Element der Wettbewerbsordnung bilden – in diesem Fall des institutionellen Wettbewerbs unterschiedlicher Eigentumsformen. In diesem Sinne wurde in öffentlichen Unternehmen nicht nur ein dem politischen Machtstreben von Politikern und Bürokraten geschuldetes Übel gesehen. Es entwickelte sich sehr bald eine Vorstellung von „Volksvermögen" – auch von „Gemeindevermögen" –, das eigentlich nicht zur Disposition stand.[25] Öffentliche Unternehmen waren öffentliches Eigentum und sollten nicht verkauft werden. Privatisierungen kamen denn auch bis in die 1980er Jahre nur selten vor. Letztlich beurteilte man das Verhältnis von privatem und öffentlichem Eigentum recht undogmatisch. Das galt für die gemeinwirtschaftlichen Klassiker des 19. Jahrhunderts ebenso wie für die Neoliberalen in der Zwischenkriegszeit und die Vordenker der modernen Marktwirtschaft nach dem Zweiten Weltkrieg.[26] Auch Letztere zogen öffentliches Eigentum dort vor, wo trotz staatlicher Kontrolle der Missbrauch natürlicher Monopole durch Private drohte.[27] Öffentliche Unternehmen wurden durch die mit ihnen verbundenen gemeinwirtschaftlichen Ziele legitimiert – zu denen auch die Verhinderung des privaten Machtmissbrauchs gehörte.

Die Tatsache, dass sich in den wichtigen Dienstleistungssektoren horizontal und vertikal integrierte Gebietsmonopole herausbildeten, bedeutet nicht, dass das Paradigma des öffentlichen Wirtschaftens auf diese Marktform fixiert war.[28] Auch hinsichtlich des zweiten zentralen Ordnungselementes war die vorherrschende Meinung pluralistisch ausgerichtet. Allerdings sah man in netzgebundenen Diensten seit dem ausgehenden 19. Jahrhundert ‚natürliche Monopole', die durchaus positiv eingeschätzt wurden. Dahinter stand eine generelle Faszination von Planung und Lenkung, von organisatorischer Rationalität, von großtechnischen Systemen, deren Strukturen es nach dieser Auffassung ermöglichten, nicht nur die wirtschaftlichste Form der Erzeugung zu erreichen, sondern auch die sozialste Form der Verteilung.[29] Ihre Akzeptanz darf also nicht auf das Argument des natürlichen Monopols bzw. des Marktversagens reduziert werden. Die Einführung von wettbewerblichen Strukturen

---

25 *Ambrosius (1984b)*.
26 *Sax (1887)*; *Wagner (1892)*.
27 *Böhm (1937)*; *Haussmann (1954)*.
28 *Ambrosius (2008)*.
29 *Stier (1994)*.

stand auf den meisten Versorgungsmärkten eigentlich nie ernsthaft zur Debatte. Eine Marktform besaß keinen Wert an sich, sondern erfüllte eine gesellschaftlich bzw. politisch zu definierende Aufgabe und es wurde eben die gewählt, von der man annehmen konnte, dass sie diese unter den gegebenen Bedingungen am besten erfüllen würde.

5. Regulative Dimensionen

Jüngeres Paradigma: Öffentliche Unternehmen sollen privatisiert und die Märkte öffentlicher Dienstleistungen liberalisiert werden, weil sich neue Formen der wettbewerblichen Strukturregulierung durchsetzen. Dadurch wird es möglich, monopolistische Märkte zu öffnen, den Zugang und damit den Wettbewerb zu sichern und die notwendige Kontrolle auszuüben, um die gemeinwirtschaftlichen Verpflichtungen zu gewährleisten. Öffentliche Aufträge und Dienstleistungskonzessionen sollen konsequent ausgeschrieben werden. Bei Letzteren geht es also nicht um Wettbewerb im Markt, sondern um den Markt. Leitungsgebundene Netze als natürliche Monopole sollen von allen Marktteilnehmern genutzt werden können, wobei die Netzbetreiber durch eine anreizorientierte Preis- bzw. Erlösregulierung und eine effizienzorientierte Kostenregulierung zu wettbewerblichem Verhalten angeregt werden sollen. Im Vordergrund steht also die wettbewerbliche Strukturregulierung und auch die Verhaltensregulierung – vornehmlich dort, wo kein direkter Wettbewerb möglich ist – soll Wettbewerbssurrogate nutzen.

Älteres Paradigma: Die horizontal und vertikal integrierten Gebietsmonopole, die sich seit dem 19. Jahrhundert auf den Märkten für öffentliche Dienstleistungen ausbreiteten, wurden nicht nur hingenommen, sondern – insbesondere durch die Branchengesetze der 1930er Jahre und das Gesetz gegen Wettbewerbsbeschränkung von 1957 – ausdrücklich bestätigt. Dahinter stand die bereits erwähnte Affinität für gebietsmonopolistische Marktstrukturen, die auch nach dem Zweiten Weltkrieg die öffentlichen Dienstleistungsnetze für wettbewerbliche Ausnahmebereiche erklärte.[30] Wenn man an den Übergang von der „privatrechtlichen" Steuerung durch den Konzessionsvertrag zur „öffentlichrechtlichen" Regulierung durch die Branchengesetze der 1930er Jahre denkt, stand dahinter auch die Affinität für hoheitliche Eingriffe.[31] Die kombinierte Preis- und Fachaufsicht und später auch die Kartellaufsicht dieses Regulierungsregimes spiegeln diese Vorliebe für gesetzliche und administra-

---

30 *Stier (1999).*
31 *Ambrosius (1995).*

tive Steuerung wider. Mit den sogenannten Pflichten- und Leistungskatalogen wurde zugleich die aktive Verhaltensregulierung in der Tradition der direkten Führung durch den Träger der öffentlichen Unternehmen und der indirekten durch den Sachziele formulierenden Konzessionsvertrag fortgesetzt. Die Auffassung, dass unmittelbar in die Unternehmenspolitik eingegriffen werden sollte, drückte sich auch darin aus, dass es nicht primär um eine eher indirekte Erlös- und Effizienzregulierung ging, sondern um eine direkte Beeinflussung der Angebotspolitik und der Investitionsentscheidungen. Die öffentlichrechtliche Branchenregulierung von daseinsvorsorgenden Dienstleistungsmärkten entsprach der Vorstellung vom zentralistischen Interventionsstaat, die sich seit dem Ersten Weltkrieg immer mehr durchsetzte. Sie war außerdem ein branchenspezifisches Pendant zum übergreifenden Paradigma des Sozialstaates.[32] Durch die Verhaltensregulierung sollte das Gemeinwohl nicht über den preiswettbewerblichen Markt gesichert werden, sondern über die normsetzende Politik. Die Frage, inwieweit dies in der Realität umgesetzt wurde, wird damit nicht beantwortet. Diese Einstellung bedeutete nicht, dass das Paradigma von der dezentralen und – wenn man so will – „liberalen" Form öffentlichen Wirtschaftens von einem solchen abgelöst wurde, das zentralistisch und staatsfixiert war. Gleichzeitig fand nämlich eine Entwicklung vom Regiebetrieb, der in die Verwaltung integriert war und von dieser gesteuert wurde, zum Eigenbetrieb und zur Gesellschaft mit beschränkter Haftung und Aktiengesellschaft statt. Dies wurde zwar teilweise kritisiert, weil, wie erwähnt, befürchtet wurde, dass sich öffentliche Unternehmen dadurch zu sehr der politisch-demokratischen Kontrolle entzogen. Letztlich gehörte aber zum übergreifenden Paradigma die Überzeugung, dass auf daseinsvorsorgenden Dienstleistungsmärkten mehr „Staat" durchaus mit mehr „Markt" vereinbar war. Auch in dieser Hinsicht war es pluralistisch angelegt.

6. Betriebliche Dimensionen

Jüngeres Paradigma: Öffentliche Unternehmen arbeiten grundsätzlich weniger produktiv, effizient und rentabel als private. Sie sind stärker bürokratisiert und politisiert. Sie sind insgesamt unflexibler, passen sich veränderten Marktsituationen nur schwerfällig an, haben die Last des öffentlichen Dienstrechtes zu tragen und sind ganz allgemein dem Druck der Kostenminimierung nicht so stark ausgesetzt wie private Unternehmen. Privatisierung und Liberalisierung führen somit konsequenterweise zu höherer Effizienz, zu niedrigeren Preisen

---

32 *Ambrosius (1984b)*.

und zu verbesserter Kundenorientierung. Die Nachteile öffentlicher Unternehmen ergeben sich nach dieser Auffassung auf einer theoretischen Ebene aus der mangelnden Exklusivität der Eigentumsrechte, auf einer politischen Ebene aus der personellen und bürokratischen Anbindung an den öffentlichen Träger und auf einer betriebswirtschaftlichen aus der spezifischen Public Corporate Governance, der externen und internen Querfinanzierung und der wenig klaren Abgrenzung von Eigen- und Gemeinwirtschaftlichkeit.

Älteres Paradigma: Der Vorwurf der Unwirtschaftlichkeit und der politischen Abhängigkeit wird erhoben, seit es öffentliche Unternehmen gibt. Seither wurde versucht, ihn zu entschärfen. In die Verwaltung integrierte oder eng an sie angelehnte Regiebetriebe (Bruttobetriebe) wurden in „verbesserte Regiebetriebe" bzw. selbstständige Eigenbetriebe (Nettobetriebe) umgewandelt. Damit verbunden war die Übernahme von Elementen der privatwirtschaftlichen Unternehmensführung einschließlich der kaufmännischen Rechnungslegung.[33] Öffentliche Unternehmen wurden formell privatisiert, d.h. in die Rechtsformen der Gesellschaft mit beschränkter Haftung oder Aktiengesellschaft überführt. Sie gingen öffentlich-private Kooperationen ein.[34] Die Veränderungen der jüngsten Zeit setzen insofern nur eine lang anhaltende Entwicklung fort, die darauf abzielte, die Aufbau- und Ablauforganisation von öffentlichen Unternehmen denen von privaten anzupassen. Die Tatsache, dass eigentlich seit Beginn des öffentlichen Wirtschaftens mittels öffentlicher Unternehmen versucht wurde, privatwirtschaftliche Steuerungsformen zu adaptieren, zeigt, dass auch diejenigen von der relativen Unwirtschaftlichkeit öffentlicher Unternehmen überzeugt waren, die die öffentliche Wirtschaftstätigkeit grundsätzlich befürworteten. Allerdings hielten sie diese nicht für systemimmanent, sondern für ein Problem, das man lösen konnte. Gleichzeitig wurde das ältere Paradigma durch ein erhebliches Misstrauen gegen die Option geprägt, öffentliche Aufgaben von privaten Unternehmen in der Hoffnung erfüllen zu lassen, dass deren überlegene Produktivität dazu führen würde, die Leistungen im bisherigen Umfang, mit gleicher oder höherer Qualität und niedrigeren Preisen anbieten zu können. Insgesamt bleibt festzuhalten, dass nicht nur zum jüngeren, sondern auch zum älteren Paradigma des öffentlichen Wirtschaftens ein erhebliches Misstrauen gegenüber öffentlichen Unternehmen hinsichtlich ihrer Fähigkeit, produktiv und effizient zu wirtschaften, gehörte.

---

33 *Ambrosius (1987)*.
34 *Ambrosius (2000b)*.

III. „Wiedergeburt" eines neuen Paradigmas oder Rückkehr zum älteren?

Auf die Frage, inwieweit gegenwärtig ein „neues" Paradigma in dem Sinne „wiedergeboren" wird, dass man alte Vorstellungen aufgreift und sie den veränderten Verhältnissen anpasst, kann es noch keine endgültige Antwort geben. Man kann allerdings davon ausgehen, dass das ältere Paradigma nicht originalgetreu wiederbelebt wird. Selbst ein hartnäckiger Nostalgiker muss akzeptieren, dass sich Gesellschaft, Staat und Wirtschaft wandeln und öffentliches Wirtschaften im hier definierten Sinne zukünftig stärker als jemals zuvor mit privatem Wirtschaften verklammert sein wird. Allerdings hat die jüngste Vergangenheit auch gezeigt, wie schnell sich der Zeitgeist ändern kann. Entsprechende Umfragen in der Bevölkerung und deren Reaktionen auf Privatisierungsvorhaben machen dies deutlich:[35] (1) Die Eigentumsverhältnisse sind – entgegen der Auffassung nicht weniger Ökonomen – immer noch von Bedeutung sind. Immer noch gibt es so etwas wie ein Gefühl für Volksvermögen, das nicht verkauft werden soll. Selbst der schon für tot erklärte Regie- oder Eigenbetrieb könnte angesichts der anhaltenden Diskussion im europäischen Gemeinschaftsrecht um Ausschreibungsverfahren und Inhouse-Alternativen eine neue Chance bekommen. (2) Die Mehrheit möchte deshalb nicht von privaten, sondern von öffentlichen Unternehmen versorgt werden, weil sie glaubt, dass bei ihnen das Gemeinwohl stärkere Berücksichtigung findet. (3) Die Umfragen zeigen außerdem, dass markt- bzw. wettbewerbsradikale Positionen nur bedingt auf Verständnis stoßen. Wettbewerb wird durchaus als etwas Positives angesehen, aber nur als Mittel zum Zweck und nicht als Wert an sich. (4) Zudem wird deutlich, dass die Menschen bei öffentlichen Dienstleistungen eben doch nicht nur Kunden im Rahmen marktwirtschaftlicher Beziehungen sein wollen, sondern sich als Bürger verstehen, die Einfluss auf ihre Ausgestaltung nehmen wollen. (5) Zugleich wird die Kritik an der vermeintlich mangelnden Produktivität und Effizienz weiter entwickelt.

Vieles ist im Fluss und für manches, von dem viele glaubten, dass es sich endgültig überlebt habe, eröffnen sich neue Perspektiven. Erstaunlich ist, wie wenig sich die Einschätzung der Vor- und Nachteile des öffentlichen Wirtschaftens im Rahmen des älteren Paradigmas im Laufe der Jahrzehnte geändert hat. Viele Menschen sind nach wie vor der Auffassung, dass die Wirtschaft hinsichtlich ihrer Eigentums- und Marktformen gesellschaftlich konstituiert und verfasst ist, dass es weniger auf die Struktur und mehr auf das Ver-

---

35 *Theuvsen (2009)*; *Müller (2009)*.

halten ankommt. Im Hinblick auf die Versorgung mit gemeinwohlbezogenen Dienstleistungen bedeutet dies, dass sie weiterhin öffentlichen Unternehmen größeres Vertrauen entgegen bringen als privaten, egal wie wettbewerblich oder monopolistisch die Märkte organisiert sind. Es spricht einiges dafür, dass das jüngere Paradigma, das seit den 1980er Jahren für ein Vierteljahrhundert prägend war, revidiert werden wird und sich das neu herausbildende auf das ältere zurückgreifen bzw. in seiner Kontinuität stehen wird.

Literaturverzeichnis

Ambrosius (1984a): Gerold Ambrosius, Die öffentliche Wirtschaft in der Weimarer Republik. Kommunale Versorgungsunternehmen als Instrumente der Wirtschaftspolitik, Baden-Baden 1984.

Ambrosius (1984b): Gerold Ambrosius, Der Staat als Unternehmer. Öffentliche Wirtschaft und Kapitalismus seit dem 19. Jahrhundert, Göttingen 1984.

Ambrosius (1987): Gerold Ambrosius, Die wirtschaftliche Entwicklung von Gas-, Wasser- und Elektrizitätswerken seit dem 19. Jahrhundert bis zur Gegenwart, in: Hans Pohl (Hrsg.), Kommunale Unternehmen. Geschichte und Gegenwart, Wiesbaden 1987, S. 125-153.

Ambrosius (1994): Gerold Ambrosius, Die historisch wirksamen Kräfte bei der Entwicklung öffentlicher Unternehmen: Deutschland im internationalen Vergleich, in: Werner Wilhelm Engelhardt u. Peter Eichhorn (Hrsg.), Standortbestimmung der öffentlichen Wirtschaft in der Sozialen Marktwirtschaft. Gedenkschrift für Theo Thiemeyer, Baden-Baden 1994, S. 199-216.

Ambrosius (1995): Gerold Ambrosius, Kommunalwirtschaft im Spannungsfeld von Autonomisierung/ Privatisierung und Bindung/Regulierung (vom 19. Jahrhundert bis zu den 1930er Jahren), in: Josef Wysocki (Hrsg.), Kommunalisierung im Spannungsfeld von Regulierung und Deregulierung im 19. und 20. Jahrhundert, Berlin 1995, S. 141-163.

Ambrosius (2000a): Gerold Ambrosius, Negativurteile über öffentliche Dienstleistungssysteme im gesellschaftlichen Wandel, in: Zeitschrift für öffentliche und gemeinwirtschaftliche Unternehmen, 23. Jg. (2000), S. 224-231.

Ambrosius (2000b): Gerold Ambrosius, Public Private Partnership und Gemischtwirtschaftlichkeit - neue Formen öffentlich-privater Kooperation in historischer Perspektive, in: Matthias Frese u. Bernd Zeppenfeld (Hrsg.), Kommunen und Unternehmen im 20. Jahrhundert. Wechselwirkungen zwischen öffentlicher und privater Wirtschaft, Essen 2000, S. 199-214.

Ambrosius (2006): Gerold Ambrosius, Öffentliche Dienstleistungen und Gemeinwohl in der europäischen Vorsorgepolitik, in: Gerold Ambrosius u. Peter Schmitt-Egner (Hrsg), Europäisches Gemeinwohl – Historische Dimension und aktuelle Bedeutung, Baden-Baden 2006, S. 183-203.

Ambrosius (2008): Gerold Ambrosius, Regulierung öffentlicher Dienstleistungen in historischer Perspektive, in: Zeitschrift für öffentliche und gemeinwirtschaftliche Unternehmen 31. Jg. (2008), S. 345-360.

Böhm (1937): Franz Böhm, Die Ordnung der Wirtschaft als geschichtliche Aufgabe und rechtsschöpferische Leistung, Stuttgart, Berlin 1937.

Brown (1987): James C. Brown, Reforming the Urban Enviroment: Sanitation, Housing, and Government Intervention in Germany, 1870 - 1910, Michigan 1987.

Bruche (1977): Gert Bruche, Elektrizitätsversorgung und Staatsfunktion. Das Regulierungssystem der öffentlichen Elektrizitätsversorgung in der Bundesrepublik Deutschland, Frankfurt, New York 1977.

Brunckhorst (1978): Hans-Dieter Brunckhorst, Kommunalisierung im 19. Jahrhundert – dargestellt am Beispiel der Gaswirtschaft in Deutschland, München 1978.

CEEP (1986): CEEP – Europäischer Zentralverband der öffentlichen Wirtschaft. Deutsche Sektion (Hrsg.), Europa, Wettbewerb und öffentliche Dienstleistungen, Berlin 1986.

Elsas (1925): Fritz Elsas, Die gemischtwirtschaftlichen Unternehmen, in: Paul Mitzlaff u. Erwin Stein (Hrsg.), Die Zukunftsaufgaben der deutschen Städte, Berlin-Friedenau 1925, S. 933-955.

Forsthoff (1938): Ernst Forsthoff, Die Verwaltung als Leistungsträger, Stuttgart, Berlin 1938.

Fuchs (1910): Carl J. Fuchs (Hrsg.), Gemeindebetriebe. Neuere Versuche und Erfahrungen über die Ausdehnung der kommunalen Tätigkeit in Deutschland und im Ausland, 3. Bd., Leipzig 1910.

Gröttrup (1973): Henrik Gröttrup, Die kommunale Leistungsverwaltung, Grundlagen der gemeindlichen Daseinsvorsorge, Stuttgart u.a. 1973.

Haussmann (1954): Frederick Haussmann, Die öffentliche Hand in der Wirtschaft. Eine allgemeine Betrachtung unter besonderer Berücksichtigung der deutschen Wirtschaft, München, Berlin 1954.

Hellermann (2000): Johannes Hellermann, Örtliche Daseinsvorsorge und gemeindliche Selbstverwaltung, Tübingen 2000.

Hietala (1987): Marjatta Hietala, Beziehungen zwischen Urbanisierung und Dienstleistungen an Beispielen deutscher Gross-Städte 1890–1910, in: Heinz Heineberg (Hrsg.), Innerstädtische Differenzierung und Prozesse im 19. und 20. Jahrhundert. Geographische und historische Aspekte, Köln, Wien 1987, S. 331-351.

Krabbe (1985): Wolfgang R. Krabbe, Kommunalpolitik und Industrialisierung. Die Entfaltung der städtischen Leistungsverwaltung im 19. und frühen 20. Jahrhundert. Fallstudien zu Dortmund und Münster, Stuttgart 1985.

Krabbe (1990): Wolfgang R. Krabbe, Städtische Wirtschaftsbetriebe im Zeichen des "Munizipalsozialismus". Die Anfänge des Gas- und Elektrizitätswerke im 19. und frühen 20.Jahrhundert, in: Hans-Heinrich Blotevogel (Hrsg.), Kommunale Leistungsverwaltung und Stadtentwicklung vom Vormärz bis zur Weimarer Republik, Köln, Wien 1990, S. 117-139.

Kuhn (1962): Thomas Kuhn, The Structure of Scientific Revolution, Chicago 1962.

Kwack (1990): Tae Yel Kwack, Die Entwicklung der Kommunalunternehmen in Deutschland im 19. und frühen 20.Jahrhundert - unter besonderer Berücksichtigung finanz- und sozialpolitischer Aspekte, Diss., Münster 1990.

Landmann (1932): Carl Landmann (Hrsg.), Moderne Organisationsformen der öffentlichen Unternehmen, 1. Teil: Die Aufgaben der öffentlichen Unternehmen und ihre Organisationsformen, München, Leipzig 1932.

Lindemann (1922): Hugo Lindemann, Kommunalisierung und Entkommunalisierung, in: Hans Luther u. Erwin Stein (Hrsg.), Die Zukunftsaufgaben deutscher Städte, Berlin-Friedenau 1922, S. 899-918.

Mombert (1908): Die Gemeindebetriebe in Deutschland, in: Carl J. Fuchs (Hrsg.), Gemeindebetriebe. Neuere Versuche und Erfahrungen über die Ausdehnung der kommunalen Tätigkeit in Deutschland und im Ausland, 1. Bd., Leipzig 1910, S. 1-77.

Most (1927): Otto Most, Gemischte wirtschaftliche Betriebe, in: Handwörterbuch der Kommunalwissenschaften, Jena 1927, S. 648-688.

Müller (2009): Herbert Müller, Europa kommunal. Präsentation neuer Umfrageergebnisse zur Einstellung der Bevölkerung zur kommunalen Wirtschaft, in: Bundesverband Öffentliche Dienstleistungen (Hrsg.), Renaissance der Kommunalwirtschaft?, Berlin 2009, S. 5-10.

Peine (2006): Alexander Peine, Innovation und Paradigma, Bielefeld 2006.

Reulecke (1995): Jürgen Reulecke (Hrsg.), Die Stadt als Dienstleistungszentrum. Beiträge zur Geschichte der "Sozialstadt" in Deutschland im 19. und frühen 20. Jahrhundert, St. Katharinen 1995.

Sax (1887): Emil Sax, Grundlegung der theoretischen Staatswirtschaft, Wien 1887.

Schuppert (1998): Gunnar Folke Schuppert, Geändertes Staatsverständnis als Grundlage des Organisationswandels öffentlicher Aufgabenwahrnehmung, in: Dietrich Budäus (Hrsg.), Organisationswandel öffentlicher Aufgabenwahrnehmung, Baden-Baden 1998, S. 19-59.

Staudinger (1932): Hans Staudinger, Der Staat als Unternehmer, Berlin 1932.

Stern/Püttner (1965): Klaus Stern u. Günter Püttner, Die Gemeindewirtschaft. Recht und Realität, Stuttgart 1965.

Stier (1994): Bernhard Stier, Politische Steuerung großtechnischer Systeme. Elektrizität und Energiepolitik in Baden 1890 - 1935, in: Zeitschrift für die Geschichte des Oberrheins, 142. Jg. (1994), S. 249-266.

Stier (1999): Bernhard Stier, Staat und Strom. Die politische Steuerung des Elektrizitätssystems in Deutschland 1890-1950, Ubstadt-Weiher 1999.

Theuvsen (2009): Ludwig Theuvsen, Präferenzen der Bevölkerung für öffentliche Wirtschaft: Wissenschaftliche Erkenntnisse und Methoden, in: Bundesverband Öffentliche Dienstleistungen (Hrsg.), Renaissance der Kommunalwirtschaft?, Berlin 2009, S. 18-41.

Thiemeyer (1970): Theo Thiemeyer, Gemeinwirtschaftlichkeit als Ordnungsprinzip. Grundlegung einer Theorie gemeinnütziger Unternehmen, Berlin 1970.

Von Loesch (1977): Achim von Loesch, Die gemeinwirtschaftliche Unternehmung. Vom antikapitalistischen Ordnungsprinzip zum marktwirtschaftlichen Regulativ, Köln 1977.

Wagner (1892): Adolph Wagner, Grundlagen der Volkswirtschaft, Grundlegung der politischen Ökonomie, Leipzig 1892.

Wehler (1995): Hans-Ulrich Wehler, Deutsche Gesellschaftsgeschichte, Dritter Band: Von der „Deutschen Doppelrevolution" bis zum Beginn des Ersten Weltkrieges 1849-1914, München 1995.

Wissenschaftlicher Beirat (1977): Wissenschaftlicher Beirat der Gesellschaft für öffentliche Wirtschaft, Öffentliche Unternehmen in Rezession und Aufschwung. Eine Diskussion, Berlin 1977.

Ludwig Theuvsen und Ulrike Zschache

Renaissance öffentlicher Wirtschaft? Eine Medienanalyse

Gliederung

I. Einleitung
II. Methodik und Datengrundlage
III. Ergebnisse
   1. Deutungsmuster im Mediendiskurs
   2. Veränderungen des Mediendiskurses im Zeitablauf
IV. Zusammenfassung und Diskussion
Literaturverzeichnis

I. Einleitung

In welchem Umfang sich der Staat (einschließlich Kommunen) wirtschaftlich betätigen soll, ist eine seit langem in hohem Maße umstrittene Frage. Das Spektrum der wissenschaftlichen Meinungen ist entsprechend breit. Es wird auf der einen Seite begrenzt durch die vorrangig in der Volkswirtschaftslehre beheimateten „Minimalisten"[1], die das Tätigkeitsspektrum des Staates so weit wie nur eben möglich begrenzen wollen und dabei neben Effizienzargumenten vor allem auch gesellschaftstheoretische Überlegungen anführen.[2] Dem „Nachtwächterstaat" werden dann im Wesentlichen nur die folgenden Aufgaben zugestanden: der Schutz vor äußeren und inneren Feinden, die Schaffung juristischer und administrativer Rahmenbedingungen, die Berechenbarkeit für die Wirtschaftssubjekte schaffen, sowie die Bereitstellung einiger weniger öffentlicher Güter und Institutionen, die die wirtschaftlichen Aktivitäten, etwa private Property Rights, schützen sowie sozialen und ökonomischen Konflikten vorbeugen.[3] Das andere Ende des Kontinuums bilden – sieht man von staatssozialistischen Ansätzen ab – Vertreter der öffentlichen

---

1 *Gretschmann (1991)*, S. 49.
2 Vgl. z.B. *Buchanan (1975)*; *Pies/Engel (1998)*.
3 *Gretschmann (1991)*, S. 49.

Betriebswirtschaftslehre, die öffentliche Unternehmen als Instrumente ihrer Träger und damit als legitime Gestaltungsmittel des Staates und der öffentlichen Verwaltung betrachten (sog. Instrumentalthese[4]). Die wirtschaftliche Betätigung des Staates und die Existenz öffentlicher Unternehmen müssen nach dieser Lesart durch öffentliche Interessen, die ihrerseits in politische Ziele und öffentliche Aufgaben übersetzt werden, legitimiert sein.[5] Da die öffentlichen Interessen jedoch vielgestaltig sein können, ist das Spektrum öffentlicher Aufgaben potentiell breit und reicht buchstäblich von A wie Abfallentsorgung bis Z wie Zollfahndung und deckt alle Lebensabschnitte und -bereiche der Bürger ab.[6]

Einen fest umrissenen Bestand öffentlicher Aufgaben gibt es vor diesem Hintergrund nicht;[7] sie sind ebenso wenig allgemein und abschließend zu definieren wie die ihnen übergeordneten politischen Zielen und öffentlichen Interessen. Der Bestand öffentlicher Aufgaben und mit ihm der Umfang staatlicher und kommunaler Aufgabenwahrnehmung muss vielmehr als variabel und in hohem Maße historisch bedingt betrachtet werden.[8] Gleichwohl kannte die Entwicklung des öffentlichen Sektors in allen Industriestaaten seit der Mitte des 19. Jahrhunderts ungeachtet (kleinerer) interkultureller Unterschiede und (kurzzeitiger) Umkehrungen von Trends im Grunde nur eine Richtung: aufwärts. Gleichgültig, ob man den Umfang staatlicher Ausgaben, die Beschäftigung im öffentlichen Sektor oder andere Kennzahlen zugrunde legte, stets ließ sich ein nahezu ungebrochener, vor allem nach dem Zweiten Weltkrieg stark beschleunigter Bedeutungszuwachs des Staates erkennen.[9] Noch 1991 konnte ohne jede Einschränkung konstatiert werden: „*... during the last 100 years a quantitative expansion and a qualitative diversification of ‚the state' have taken place*"[10]. Diese Entwicklung geriet in den frühen 1990er Jahren ins Stocken, als unter Schlagworten wie New Public Management oder Neues Steuerungsmodell zunehmend Reformkonzepte Einzug in die Diskussion (und den öffentlichen Sektor) hielten, die die Leistungsfähigkeit der öffentlichen Hand kritisch einschätzten, eine am betriebswirtschaftlichen Paradigma orientierte Umgestaltung öffentlicher Unternehmen und Verwaltungen propagierten und von mehr oder minder umfassenden Privatisierungs- und Deregulierungs-

---

4 *Thiemeyer (1975)*, S. 28.
5 *Eichhorn (1983)*, S. 9.
6 *Eichhorn (2005)*, S. 135 f.
7 *Erhardt (1989)*, Sp. 1007.
8 *Theuvsen (2001a)*, S. 219 f.
9 *Grunow (1991)*, S. 91 ff.
10 *Grunow (1991)*, S. 93.

programmen begleitet wurden.[11] In der Bundesrepublik Deutschland beispielsweise sank daraufhin die Staatsquote, d.h. der Anteil der Staatsausgaben am Bruttoinlandsprodukt, im Zeitraum von 1996 bis 2008 von 49,3 % auf 43,9 %.[12] Mehr und mehr war im Zuge dieser Entwicklung die „Vorstellung vom ‚produzierenden Staat' ... dem Bild eines im Grundsatz wettbewerblich ausgerichteten ‚Gewährleistungsstaates' gewichen"[13], der sich bei der Finanzierung und Durchführung öffentlicher Aufgaben eines vielgestaltigen Bündels institutioneller Arrangements zwischen öffentlicher und privater Trägerschaft bedient und sich in Einzelfällen sogar partiell aus der Gewährleistungsverantwortung zurückzieht.[14]

In jüngster Zeit werden allerdings zunehmend Indizien dafür erkennbar, dass der Staat und die staatliche Wirtschaftstätigkeit die Defensivposition, in der sie sich seit rund zwei Jahrzehnten befanden, verlassen haben und eine Renaissance öffentlichen Wirtschaftens bevorsteht bzw. bereits im Gange ist. So hat unter dem Einfluss der 2008 ausgebrochenen weltweiten Finanz- und Wirtschaftskrise die Bereitschaft der öffentlichen Hand, sich unternehmerisch zu betätigen, in vielen, gerade auch angelsächsischen Ländern rapide zugenommen. Darüber hinaus sind in Deutschland zuletzt einige große Privatisierungsvorhaben gescheitert, so etwa die Teilprivatisierung der Deutsche Bahn AG oder die durch ein Bürgerbegehren gestoppte Teilveräußerung der Stadtwerke Leipzig.[15] Auch die Entwicklung in vielen Städten und Gemeinden deutet darauf hin, dass der Privatisierungstrend gebrochen ist;[16] vermehrt wird ein Rekommunalisierungstrend ausgemacht[17] und – vor allem von Vertretern des linken politischen Spektrums – eine Rückkehr der öffentlichen Sphäre beschworen.[18] Entsprechend wird das unternehmerische Engagement der Kommunen erheblich ausgebaut; in der Stromerzeugung beispielsweise wollen die Kommunen ihren Anteil bis 2020 auf 20 % verdoppeln. Die Übernahme der Stadtwerke-Holding Thüga von E.ON durch eine Gruppe kooperierender kommunaler Unternehmen sowie der sich abzeichnende Trend, die anstehenden Neuausschreibungen von Konzessionsverträgen zur Stärkung der kommunalen Energieversorgung zu nutzen,[19] sind deutliche Anzeichen dafür, dass die

---

11 *Naschold (1995); Theuvsen (2001a)*, S. 155 ff.
12 *o.V. (2009a).*
13 *Wissenschaftlicher Beirat der GÖW (2003).*
14 *Theuvsen (2007); Theuvsen (2008).*
15 *Lenk/Rottmann (2007).*
16 *Reck (2009).*
17 *Mihm (2009).*
18 *Candeias u.a. (2008).*
19 *o.V. (2009b).*

Kommunen das Vertrauen in marktliche institutionelle Arrangements verloren haben.[20] Die geschilderten Entwicklungen tragen mit zu dem für Deutschland prognostizierten schnellen Anstieg der Staatsquote von 43,9 % im Jahr 2008 auf voraussichtlich rund 49 % im Jahr 2010 bei.[21]

Weitere Anzeichen für einen Meinungsumschwung liefern die Ergebnisse verschiedener Umfragen im In- und Ausland. Sie zeigen, dass die Bürger sich überwiegend gegen Privatisierungen aussprechen. Eine deutliche Präferenz für die öffentliche Hand als Leistungsanbieter legen die Bürger namentlich im Bereich der Hoheitsverwaltung (Polizei, Gerichtswesen, Finanzverwaltung usw.), der Grundversorgung, etwa der Versorgung mit Trinkwasser, sowie der Bereitstellung von Gütern mit ausgeprägten Vertrauenseigenschaften (etwa schulischer Ausbildung) an den Tag.[22] Die Befragungsergebnisse lassen vermuten, dass der Staat in Zeiten tiefer, z.B. aus der Globalisierung resultierender Verunsicherung vieler Bürger als Stabilitätsanker und Garant für soziale Gerechtigkeit wahrgenommen wird.[23] Die Sichtweise der Bürger findet ihre Entsprechung in Auffassungen von Politikern, die als entscheidende Vorteile kommunaler Unternehmen ihre Orientierung an den Bedürfnissen der Bürgerschaft und dem Gemeinwohl, ihren Beitrag zur Mehrung kommunalen Vermögens sowie ihre Kontrolle durch demokratisch legitimierte Organe vor Ort benennen. Mit diesen Auffassungen in Einklang steht, dass zwischen 2001 und 2005 die Zahl der kommunalen Unternehmen in Deutschland um 11 % von 11.204 auf 12.432 zugenommen hat.[24]

Sind dies nur Einzelbeobachtungen und Momentaufnahmen, oder lässt sich tatsächlich mit Recht eine Renaissance öffentlichen Wirtschaftens (und vor allem öffentlicher Wirtschaft) konstatieren? Ziel dieses Beitrags ist es, eine Antwort auf die aufgeworfene Fragestellung zu finden. Dies geschieht im Wege einer sich auf zwei ausgewählte Qualitätszeitungen erstreckenden Medienanalyse. Anders als beispielsweise amtliche oder Verbandsstatistiken, die nicht immer zeitnah genug erstellt werden, um aktuelle Entwicklungen zuverlässig abzubilden,[25] lassen sich in den Massenmedien ausgetragene Diskurse als Indikatoren für das vorherrschende Meinungsbild in der Gesellschaft verstehen. Sie dienen nicht nur der Selbstbeobachtung der Gesellschaft,[26] son-

---

20 *Simon (2009).*
21 *o.V. (2009a).*
22 *Theuvsen (2009).*
23 *Emnid/ZEIT (2007).*
24 *Schäfer (2008).*
25 *Birnstiel (2001)*, passim.
26 *Luhmann (1996)*, S. 187.

dern erbringen gleichzeitig eine Vermittlungsleistung zwischen den politischen Entscheidungsträgern einerseits und den Bürgern und verschiedenen gesellschaftlichen Teilbereichen andererseits, indem sie politische Vorhaben und Entscheidungen sowie darauf bezogene Meinungen öffentlich zugänglich und aushandelbar machen.[27] Darüber hinaus können massenmediale Diskurse die politische Themenagenda und Prioritätensetzung wesentlich beeinflussen, insofern als politische Entscheidungsträger sich bei ihrer Politikgestaltung maßgeblich an öffentlichen Diskursen und dem Meinungsklima in führenden Massenmedien orientieren.[28] Da Politiker in demokratischen Systemen sich typischerweise responsiv gegenüber dem Willen der Bürger verhalten, lassen sich öffentliche Diskurse als Vorzeichen für zukünftige politische Entscheidungen und Handlungen interpretieren. Aufgrund ihrer herausgehobenen Relevanz für den Politikprozess sind massenmediale Diskurse in besonderer Weise geeignet, der Frage nachzugehen, inwieweit die verschiedenen Einzelbeobachtungen tatsächlich Boten einer Renaissance der öffentlichen Wirtschaft sind.

Für die Untersuchung des massenmedialen Diskurses über öffentliche(s) Wirtschaft(en) sind insbesondere drei Fragen forschungsrelevant. Aufgrund der Einflusskraft öffentlicher Diskurse sind verschiedene gesellschaftliche Akteure daran interessiert, sich aktiv an der Diskussion in den Massenmedien zu beteiligen und die Debatte ihren eigenen Zielsetzungen gemäß zu prägen. Neben diesem extramedialen Agenda-Building wird der Mediendiskurs gleichzeitig durch die Journalisten selbst beeinflusst, da sie als Gatekeeper eingehende Informationen nach eigenen Rationalitätskriterien behandeln. Entsprechend richtet sich die erste Forschungsfrage auf die Akteure, die aktiv im massenmedialen Diskurs über öffentliches Wirtschaften zu Wort kommen. Zum zweiten ist es wichtig danach zu fragen, wie sich diese Akteure gegenüber der wirtschaftlichen Betätigung der öffentlichen Hand positionieren, ob sie also eine stärkere Privatisierung öffentlicher Unternehmen befürworten und öffentliches Wirtschaften gänzlich bzw. im bestehenden Ausmaß ablehnen oder umgekehrt einer Renaissance öffentlicher Wirtschaft das Wort reden. An die Frage nach der Bewertung öffentlichen Wirtschaftens schließt sich drittens die Frage an, mit welchen Deutungsmustern das Thema interpretiert wird, um die geäußerte Position plausibel und möglichst überzeugend zu untermauern. Bei diesem sog. Framing der Debatte geht es zum einen um die verschiedenen

---

27 *Gerhards/Neidhardt (1991)*; *van den Daele/Neidhardt (1996)*, S. 10.
28 Vgl. z.B. *Linsky (1986)*; *Rogers u.a. (1991)*.

Deutungsmuster an sich, die die Akteure benutzen.[29] Zum anderen soll danach gefragt werden, welche dieser Deutungsmuster in der Debatte einen herausgehobenen Stellenwert erreichen und damit als diskursprägend gelten können. Auf dieser Grundlage sollen das öffentliche Stimmungsbild zum Thema öffentliches Wirtschaften und seine Entwicklung innerhalb der letzten Jahre nachgezeichnet werden.

II. Methodik und Datengrundlage

Für die Untersuchung massenmedialer Diskurse hat es sich in den letzten Jahren als fruchtbar erwiesen, qualitative und quantitative Analysemethoden miteinander zu verbinden und auf diese Weise die Vorteile beider Vorgehensweisen zu nutzen.[30] Eine vorangestellte qualitative Inhaltsanalyse erlaubt es, induktiv das Framing des Diskurses zu erschließen und damit einzelfallbezogen Sinnstrukturen in ihrer gesamten Komplexität zu erfassen.[31] Die hierbei explorierten Argumentations- und Deutungsmuster bilden eine wesentliche Grundlage im Kategoriensystem der anschließenden systematischen, statistischen Inhaltsanalyse, mit der die Strukturmerkmale des Diskurses bezüglich Akteurskonstellation, Bewertung und Deutung des Themas aus einer makroanalytischen Perspektive quantifizierend beschrieben und repräsentative Aussagen getroffen werden können.[32]

Grundlage dieser Untersuchung bilden die „Süddeutsche Zeitung" und die „Frankfurter Allgemeine Zeitung", die als die auflagenstärksten überregio-

---

29 Deutungsmuster und Frames werden hier synonym gebraucht und als sozial geteilte, grundlegende Wahrnehmungs- und Interpretationsmuster verstanden, die der Einordnung von neuen Informationen und Ereignissen in Sinnzusammenhänge dienen und gesellschaftliches Handeln anleiten (*Goffman (1974)*, S. 21). Diese Deutungsmuster enthalten an sich noch kein Urteil und können grundsätzlich in positiven und negativen Interpretationskontexten verwendet werden. Indem sie ein Thema selektiv unter einer ganz bestimmten Perspektive lancieren und dabei gleichzeitig Problemdefinitionen, Ursachendiagnosen sowie Lösungsansätze und Handlungsempfehlungen unterbreiten, legen sie allerdings implizit die Unterstützung für eine der Positionen bzw. Policy-Optionen nahe und können damit Entscheidungen beeinflussen (z.B. *Gamson/Modigliani (1987)*, S. 143; *Gerhards (1992)*). Für einen ausführlichen Überblick über Deutungsmuster und Frames vgl. *Benford/Snow (2000); Scheufele (2003); Dahinden (2006)*.
30 Vgl. z.B. *Gerhards u.a. (1998); Ferree u.a. (2002); Kohring/Matthes (2002); Gerhards/Schäfer (2006); Schäfer (2007); Zschache (2008)*.
31 *Mayring (1993)*, S. 18; *Mayring (1999)*, S. 5 ff.
32 *Früh (2001)*, S. 65.

nalen Qualitätszeitungen zu den Leitmedien in Deutschland zählen und aufgrund ihrer großen Reichweite und umfangreichen Berichterstattung besonders intensiv von politischen Entscheidungsträgern rezipiert werden.[33] Gleichzeitig lassen sich mit diesen beiden Zeitungen das moderate politische Meinungsspektrum in Deutschland möglichst ausgewogen abbilden und damit die wesentlichen Positionen in der Debatte erfassen. Als Untersuchungszeitraum dient die Zeitspanne von 1996 bis 2008. Sie erlaubt es, den Mediendiskurs von der Hochphase der Privatisierung – einschließlich der Privatisierung der Deutschen Telekom im Jahr 1997 – bis zu den jüngsten Entwicklungen, die insbesondere auch durch die Debatte über die letztlich gescheiterte Teilprivatisierung der Deutsche Bahn AG und die Renaissance des Staates als Aufgabenträger geprägt sind, nachzuzeichnen.

Die Untersuchung beschränkt sich auf die Debatte über öffentliches Wirtschaften und Privatisierungen öffentlicher Unternehmen in Deutschland. Sie lässt Artikel über die Situation in anderen Ländern sowie die Personalpolitik und -kosten der öffentlichen Hand (z.B. den Kostenvergleich Beamte vs. Angestellte im öffentlichen Dienst[34]) unberücksichtigt. Die analyserelevanten Artikel wurden mit einer im Vorfeld getesteten Schlagwortsuche in den digitalen Archiven der beiden Zeitungen ermittelt. Dabei wurde insbesondere darauf geachtet, dass mit den Suchworten sowohl Artikel zum Thema Privatisierung als auch Artikel, die öffentliches Wirtschaften behandeln, erhoben wurden (vgl. nachfolgende Abbildung 1). Aufgrund der Vielzahl an Veröffentlichungen zu diesem vielgliedrigen Thema beschränkte sich die Schlagwortsuche ausschließlich auf Überschriften und Untertitel der Artikel. Damit konnte möglichst weitgehend gewährleistet werden, dass sich das Sample auf jene Zeitungsartikel beschränkt, die das Themenfeld „Privatisierung vs. Renaissance öffentlicher Wirtschaft" schwerpunktmäßig behandeln.

Aufgrund der relativen Offenheit einiger Suchbegriffe war es notwendig, anschließend all jene Artikel wieder aus dem Sample auszusortieren, die zwar die Suchbegriffe enthielten, sich jedoch trotzdem nicht mit dem Forschungsthema befassten. Auf diese Weise wurden 1.849 untersuchungsrelevante Zeitungsartikel ermittelt, die in die quantitative Medienanalyse eingingen. Aus der Gesamtzahl der gefundenen Artikel wurden für die qualitative Deutungsmusteranalyse stichprobenartig 300 Artikel aus beiden Zeitungen sowie aus dem gesamten Untersuchungszeitraum ausgewählt und zum Zwecke der

---

33 *Wilke (1999)*, S. 303 ff.; *Fuchs/Pfetsch (1996)*; *Pfetsch (2003)*.
34 Vgl. z.B. *Vesper (1996)*.

größtmöglichen Vollständigkeit durch einschlägige Dokumente und Stellungnahmen zentraler Akteure ergänzt.

Abbildung 1: Suchworte und Begriffskombinationen[35]

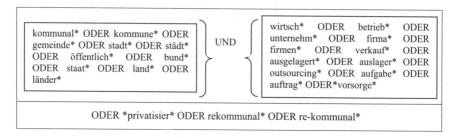

III. Ergebnisse

1. Deutungsmuster im Mediendiskurs

Mit Hilfe der qualitativen Analyse konnten insgesamt 13 zentrale Deutungsmuster identifiziert werden, die von den Akteuren in der öffentlichen Auseinandersetzung über den Stellenwert und die Zukunft der öffentlichen Wirtschaft verwendet werden. Diese Deutungsmuster werden im Folgenden näher beschrieben.

1) Ein erstes Deutungsmuster behandelt das Thema „Privatisierung vs. Renaissance öffentlicher Wirtschaft" als eine Frage nach der politischen Regulierungs- und Handlungsfähigkeit von Staat und Kommunen. Dabei wird davon ausgegangen, dass Betriebe, die gesamtgesellschaftlich relevante Grundversorgungs- und Infrastrukturleistungen erbringen, durch die öffentliche Hand selbst geführt werden sollten, da sie wichtige Instrumente der Politikgestaltung darstellten. So dienten beispielsweise kommunale Wohnungsbauunternehmen über die Bereitstellung von Wohnraum hinaus der Durchsetzung von Zielen der Stadtentwicklungs- und Integrationspolitik. Durch eine Übertragung öffentlicher Aufgaben an private Dritte würde der Staat seine Handlungsspielräume und seinen Einfluss auf zentrale gesellschaftliche Bereiche, wie Gesundheit, Erziehung, Soziales, Verkehr und Umweltschutz, maßgeblich

---

35 Der Trunkierungsbefehl „*" am Ende bzw. am Anfang der Wörter erlaubt das Auffinden aller grammatikalischen Varianten sowie zusammengesetzter Substantive.

beschneiden, wenn nicht sogar seine Politikfähigkeit und Steuer- und Regulierungsmacht grundsätzlich einbüßen. Teilweise wird sogar befürchtet, dass der Staat sich durch umfassende Privatisierungen bislang staatlich angebotener Grundversorgungsleistungen selbst in Frage stellt, da er durch seinen Rückzug Souveränitätsrechte und die Macht zur Selbstbestimmung in zentralen Angelegenheiten der Entwicklung von Staatswesen und Gesellschaft abgibt.

Während sich diese Deutungsweise allgemein und undifferenziert auf Staat und Kommunen bezieht, hebt ein weiterer Teilaspekt innerhalb dieses Deutungsmusters den besonderen Stellenwert der kommunalen Selbstverwaltung hervor. Die Wirtschaftstätigkeit der Kommunen sei insbesondere deshalb erforderlich und legitim, weil kommunale Unternehmen eine Grundbedingung für die Ausübung der verfassungsmäßig verankerten kommunalen Selbstverwaltung darstellten. Nur mit Hilfe eigener Wirtschaftsbetriebe seien die Kommunen befähigt, in ihrem Wirkkreis über die Ausgestaltung der öffentlichen Daseinsvorsorge und Infrastruktur frei und selbstbestimmt zu entscheiden und die sich daraus ergebenden Aufgaben den eigenen Vorstellungen gemäß wahrzunehmen.

Darüber hinaus wird argumentiert, dass bestimmte öffentliche Aufgaben der Ausübung durch private Dritte gänzlich entzogen sein müssten, da sie in den Kernbereich der staatlichen Hoheitsaufgaben fallen. So dürften klassisch hoheitliche Funktionen des Rechtsstaates, wie die Bewahrung von Frieden, Sicherheit, Ordnung und Freiheit, ausschließlich vom Staat selbst als demokratisch legitimiertem und kontrolliertem Inhaber des Gewaltmonopols ausgeübt werden. Eine Übertragung an private Dienstleister käme dementsprechend einem verfassungswidrigen Eingriff in die individuellen Freiheitsrechte der Bürger gleich.

Schließlich wird im Hinblick auf die Souveränität und Handlungsfähigkeit des Staates auch darüber diskutiert, dass das staatliche Eigentum an großen bedeutsamen Unternehmen dazu dient, diese vor der Übernahme durch ausländische Konzerne zu schützen. Im Kern geht es bei diesem Deutungsaspekt um die Befürchtung, dass strategisch wichtige Unternehmen, beispielsweise im Energiesektor, von ausländischen Eigentümern als politisches Druckmittel eingesetzt werden könnten und sich der Staat somit erpressbar mache.

2.) Während das erste Deutungsmuster vorrangig auf den Aspekt der Steuerungs- und Kontrollmacht des Staates und seiner Repräsentanten abhebt, bringt ein zweites Deutungsmuster die demokratietheoretisch relevante Perspektive der Bürger in den Diskurs ein. Hierbei wird die Bedeutung der demokratischen Mitbestimmung und Kontrolle von Leistungen der öffentlichen Daseinsvorsorge sowie von Infrastrukturleistungen durch die Bürger thematisiert. Öffentliche Aufgaben, die an demokratisch beschlossene Zielvorstellungen gebunden sind und die nach dem Grundsatz der Gemeinwohlorientierung den übergeordneten Interessen der Gemeinschaft dienen sollen, müssten im Einflussbereich des demokratischen Gemeinwesens bleiben. Das Demokratiegebot sei mit einer privatwirtschaftlich organisierten Erbringung öffentlicher Leistungen durch demokratisch nicht legitimierte und kontrollierte Unternehmen nicht zu vereinbaren. Entsprechend werden nur öffentliche Unternehmen als Garant für demokratische Kontrollierbarkeit und Durchsetzung des Bürgerwillens betrachtet, denn nur hier sei die Responsivität über politische Wahlen systematisch gewährleistet. Eine abgeschwächte Variante dieses Deutungsmusters verweist allerdings darauf, dass öffentliche Aufgaben auch von privaten Anbietern erbracht werden könnten, solange die Aufgabenstellung und Kontrolle der Leistungen weiterhin durch das demokratische Gemeinwesen erfolge.

3) Ein drittes Deutungsmuster beschäftigt sich mit der Annahme, dass staatlich geführte Unternehmen notwendig sind, um die soziale Daseinsvorsorge und Infrastruktur zu gewährleisten. Nur der Staat könne die Leistungen der öffentlichen Grundversorgung gemeinwohlorientiert erbringen. Demgegenüber würde die Profitorientierung privatwirtschaftlicher Unternehmen im Widerspruch zur erforderlichen Gemeinwohlorientierung und gesamtgesellschaftlichen Verantwortung stehen, da auf dem freien, wettbewerblichen Markt die Anreize für die (ausreichende) Bereitstellung von öffentlichen Gütern fehlten. Privatisierungsgegner befürchten in diesem Zusammenhang insbesondere, dass sich gewinnorientierte private Unternehmen nur auf ertragreiche Aufgaben konzentrieren, während sie ökonomisch nicht rentable Bereiche vernachlässigen. Ebenso gehen manche Kritiker davon aus, dass privatwirtschaftliche Unternehmen in den hohe Investitionen erfordernden öffentlichen Aufgabenfeldern nur kurzfristig Gewinne abschöpfen wollten, ohne in die Infrastruktur selbst zu investieren, wodurch mittel- bis langfristig die Leistungsfähigkeit gefährdet werde. Im Sinne des Konzepts des sozialen Rechtsstaates wird dabei argumentiert, dass flächendeckende, allgemein zugängliche und bezahlbare öffentliche Dienste und Grundversorgungsleistungen eine unverzichtbare Voraussetzung für die universelle Teilhabe aller Bürger am gesellschaftlichen Leben darstellen und mithin eine Grundbedingung für die umfassende Wahrnehmung der verfassungsmäßig garantierten Grundrechte bilden. Die öffentlichen Aufgaben der Daseinsvorsorge dürften demzufolge nicht dem Markt überlassen werden. Der Staat könne bei der öffentlichen Daseinsvorsorge kein Marktversagen riskieren, sondern müsse vielmehr gemäß seiner sozialen Verantwortung eine verlässliche Aufgabenerfüllung garantieren.

4) Im Rahmen eines vierten Deutungsmuster wird die Sichtweise vertreten, dass staatliche oder kommunale Unternehmen öffentliches Eigentum darstellen, das den Bürgern bzw. Steuerzahlern gehört und deshalb nicht an Dritte veräußert werden dürfe. Öffentliche Güter und Leistungen, die mit öffentlichen Geldern finanziert wurden, müssten entsprechend für die allgemeine Öffentlichkeit zugänglich bleiben. Dabei wird eine Privatisierung öffentlicher Unternehmen teilweise als ‚Selbstenteignung' der Bürger bzw. als ein ‚Verschleudern von Volksvermögen' gedeutet.

5) Als Gegenpart zu einer eher sozialstaatlich-kommunitaristischen Perspektive interpretiert ein weiteres Deutungsmuster das Thema unter einer wirtschaftsliberalen Sicht. Im Mittelpunkt steht dabei die Auffassung, dass die marktwirtschaftliche Ordnung der Bundesrepublik Deutschland einen freien Wettbewerb zwischen privaten Unternehmen verlangt. Entsprechend wird argumentiert, dass auch Unternehmen, die Dienste und Leistungen im Bereich der öffentlichen Daseinsvorsorge und Infrastruktur erbringen, sich nicht im Eigentum der öffentlichen Hand befinden sollten. Staatliches Wirtschaften würde grundsätzlich den Prinzipien der Marktwirtschaft widersprechen und sei deshalb abzulehnen. Eine Privatisierung bislang öffentlicher Unternehmen könne dazu beitragen, die Staatsquote zu senken und den freien Wettbewerb sowie privatwirtschaftliches Engagement zu fördern.

Ein Teil dieses Deutungsmusters ist außerdem der Verweis auf die EU-Binnenmarktverordnung, auf deren Grundlage in Europa eine freie, marktwirtschaftliche Wettbewerbsordnung durchgesetzt werden soll. Im Hinblick auf öffentliches Wirtschaften wird betont, dass das Europarecht eine Abschaffung der Staatsmonopole und wettbewerbsverzerrenden Beihilfen der Mitgliedsländer fordert. Vertreter dieser Sichtweise gehen entsprechend davon aus, dass der Betrieb von Versorgungsunternehmen durch die öffentliche Hand der Liberalisierungspolitik der EU grundsätzlich entgegenläuft und interpretieren den Fortbestand staatlicher und kommunaler Unternehmen als illegitim.

6) In einem weiteren Deutungsmuster wird der Verkauf von öffentlichen Unternehmen als eine vielversprechende Möglichkeit gesehen, mit den daraus entstehenden Einnahmen die Schulden der öffentlichen Hand zu senken oder gar zu begleichen. In diesem Zusammenhang wird davon gesprochen, den öffentlichen Haushalt zu ‚sanieren' und die ‚Schuldenlöcher im Staatshaushalt zu stopfen'. Dieses Ziel findet auch in der Hoffnung Ausdruck, dass der Verkauf öffentlicher Unternehmen, neues Geld in die öffentlichen Kassen spülen' werde. Mit Hilfe umfangreicher Verkaufserlöse könnten Staat und Kommunen darüber hinaus wieder handlungsfähiger werden und neue Investitionen tätigen. Neben dem Einnahmeaspekt, der unmittelbar aus dem Verkauf resultiert,

sieht man in der Privatisierung ebenso die Chance, die laufenden Ausgaben der öffentlichen Hand zu senken und die Staatskassen zu entlasten, indem sich Staat und Kommunen aus den investitionsintensiven Infrastrukturleistungen und Aufgaben der öffentlichen Daseinsvorsorge zurückziehen und diese privaten Unternehmern überlassen.

7) Gleichzeitig findet sich im Diskurs eine Deutung, die sich mit der Vorstellung befasst, dass privatwirtschaftlich organisierte Unternehmen grundsätzlich effizienter, effektiver, rentabler und damit auch wettbewerbsfähiger arbeiten als öffentlich geführte Betriebe. Der ökonomischen Rationalität der Privatwirtschaft werden die geringe Effizienzorientierung und mangelnde Flexibilität eines nach bürokratischen Vorgaben und Prozeduren verwalteten Staatsunternehmens gegenübergestellt. Einerseits fehlten hier die Anreize zum effizienten und möglichst rentablen Wirtschaften, wie sie in einer Wettbewerbssituation und dem damit verbundenen Gewinn- und Kostensenkungsdruck gegeben seien. Andererseits sei die Ineffizienz und Trägheit öffentlicher Unternehmen durch interne Pfadabhängigkeiten bedingt, die u.a. in Struktur- und Machterhaltungsbestrebungen des Beamtenapparates selbst gründeten. Gegner der Privatisierung negieren allerdings die Gültigkeit dieses Arguments und machen demgegenüber deutlich, dass öffentliche Unternehmen ebenso effizient, leistungs- und wettbewerbsfähig arbeiten könnten wie private Unternehmen, was sie insbesondere seit der Strukturreform und Entbürokratisierung der Verwaltung und der damit verbundenen Einführung der neuen, effizienz- und leistungsorientierten Steuerungsmodelle unter Beweis gestellt hätten.

8) Das Effizienzargument wird im Diskurs durch eine Sichtweise ergänzt, in der die Vorteile der Privatisierung für die Kunden thematisiert werden. Bei dieser Deutung wird diskutiert, dass oder inwiefern eine Privatisierung öffentlicher Unternehmen zu einem preiswerteren und qualitativ besseren Angebot führe. Aufgrund der Liberalisierung und der damit entstehenden Wettbewerbssituation würden die Preise für öffentliche Leistungen insgesamt sinken bzw. ‚erschwinglicher werden' und gleichzeitig die Kundenorientierung steigen. Als typisches Beispiel wird hierbei auf die Privatisierung der Deutschen Telekom verwiesen, durch die sich die Telekommunikationstarife merklich reduziert hätten. Von Unterstützern öffentlicher Dienstleistungsunternehmen wird allerdings entgegnet, dass die Annahme einer Preissenkung und Qualitätssteigerung durch privatwirtschaftlich geführte Strukturen bislang nicht bewiesen sei. Vielmehr müsse man davon ausgehen, dass die Preise aufgrund der Profitorientierung privater Anbieter eher steigen würden, während die Qualität der Leistungen im Zuge von Rationalisierungsmaßnahmen eher sinken dürfte.

9) Im Rahmen eines nächsten Deutungsmusters wird das Thema „Privatisierung vs. öffentliche Wirtschaft" als eine Frage nach den Auswirkungen auf die Beschäftigungssituation interpretiert. Auf der einen Seite wird davon ausgegangen, dass ein freier Wettbewerb bei öffentlichen Dienstleistungen zu Marktwachstum und einer Zunahme der Zahl der Anbieter führe und dass als Folge dessen neue Arbeitsplätze geschaffen würden. Auf der anderen Seite wird hingegen vorgebracht, dass aufgrund einer Privatisierung mit Beschäftigungsabbau, Lohnsenkungen und einer allgemeinen Verschlechterung der Sozialstandards für die Mitarbeiter zu rechnen sei. Die Annahme wird damit begründet, dass ein privater Unternehmer möglichst effizient und kostengünstig arbeiten müsse, um Gewinne zu erwirtschaften. Teilweise wird in diesem Zusammenhang sogar von ‚verantwortungsloser Abzockermentalität' und ‚kaltschnäuziger Rationalisierung' zu Lasten der Arbeitnehmer gesprochen. Demgegenüber seien insbesondere kommunale Unternehmen daran interessiert, sozialversicherungspflichtige und tariflich bezahlte Arbeits- und Ausbildungsstellen vor Ort zu erhalten und zu schaffen. Dies sei einerseits darin begründet, dass sie aus wirtschaftspolitischen Motiven mit ihren Unternehmen einen Beitrag zur regionalen Wertschöpfung leisten und die örtliche Arbeitsplatzsituation stärken wollen. Gleichzeitig hätten sie gegenüber ihren Bürgern ein stärkeres Verantwortungsbewusstsein als private Anbieter, die sich nicht mit der Region identifizieren.

10) Ein weiteres, privatisierungskritisches Deutungsmuster beschäftigt sich mit dem Verlust wichtiger Einnahmequellen für den Staat, wenn dieser seine Unternehmen an private Dritte verkauft. Dabei wird argumentiert, dass die öffentliche Hand auf florierende Betriebe und die damit verbundenen Einnahmen angewiesen sei, um ihre öffentlichen Aufgaben im gesamten Umfang finanziell bewältigen zu können. Da das Spektrum der sozialen Daseinsvorsorge etliche defizitäre Aufgabenbereiche umfasst, die der Querfinanzierung bedürfen, könnten es sich Staat und Kommunen nicht leisten, profitable Geschäftsfelder aufzugeben. Dabei wird betont, dass gewinnbringende öffentliche Unternehmen eine zentrale Rolle für den gesamten öffentlichen Haushalt spielten. Die Privatisierung dieser rentablen Betriebe wird entsprechend kritisiert, da die erhofften Verkaufserlöse nur kurzfristige budgetäre Effekte hätten, während staatliche und kommunale Unternehmen langfristig und regelmäßig dazu beitragen, Einnahmen für die öffentlichen Kassen zu erwirtschaften. Die Privatisierung öffentlicher Unternehmen wird deshalb auch als ein ‚Verschleudern von Tafelsilber' interpretiert. Mehr noch, als sich gegen den Verkauf zu positionieren, fordern manche Stimmen im Diskurs in diesem Kontext sogar die Rückführung von ehemals privatisierten Unternehmen in

das Eigentum von Staat und Kommunen, die nun das ‚Geld' wieder selbst verdienen' wollen.

11) Darüber hinaus thematisiert ein anderes Deutungsmuster die Folgekosten der Privatisierung, die sich für den Staat ergeben. Dabei wird diskutiert, dass der Staat nicht nur Verkaufserlöse erzielt, sondern ihm auch zusätzliche Ausgaben entstehen, da er aufgrund seiner Gewährleistungspflicht im Bereich der sozialen Daseinsvorsorge und Infrastruktur immer die letztendliche Verantwortung für diese Bereiche behielte. Diese Kosten würden beispielsweise dadurch verursacht, dass bei einer privaten Erbringung von öffentlichen Vorsorgeleistungen der bürokratische Steuerungs- und Kontrollapparat ausgebaut werden müsste, um die angemessene Aufgabenerfüllung zu garantieren. Zudem sei damit zu rechnen, dass die Sozialausgaben beträchtlich ansteigen, falls privatwirtschaftliche Unternehmen die Preise für Dienste und Leistungen der öffentlichen Versorgung anheben.

12) Ein nächstes Deutungsmuster geht davon aus, dass die Übernahme von öffentlichen Unternehmen, die bisher eine marktbeherrschende Position innehatten, zu einer Monopolstellung der privaten Käufer führen könne. Folglich würde im Zuge einer Privatisierung ein staatliches Monopol durch ein privates ersetzt. Mit Blick auf diesen Effekt wird kritisiert, dass damit der Zweck der Privatisierung, eine Wettbewerbssituation zu schaffen, von vornherein konterkariert wäre. Gerade bei investitionsintensiven Aufgaben, die an eine umfangreiche Infrastruktur gebunden sind, wäre es anderen Marktteilnehmern kaum möglich, sich in diesen Bereichen als Mitkonkurrenten erfolgreich zu etablieren.

13) Ein letztes Deutungsmuster beschäftigt sich mit Problemen, die bei der Durchführung der Privatisierung entstehen können. Insbesondere in Bereichen, in denen der Staat teilweise an den Betrieben beteiligt bleibt, sei mit Unklarheiten und Komplikationen bei der Trennung von Buchführung, Personal oder Zuständigkeiten zu rechnen. Ein typisches Beispiel, auf das Vertreter dieses Deutungsmusters abheben, ist die seinerzeit geplante Teilprivatisierung der Deutschen Bahn, bei der nach den zwischenzeitlich bekannt gewordenen Plänen das Schienennetz im Besitz des Bundes verbleiben würde. Probleme werden aber beispielsweise auch bei der Privatisierung öffentlicher Krankenhäuser gesehen, wenn der Staat dort weiterhin für die öffentlichen Aufgaben von Forschung und Ausbildung zuständig bleibt und diese mit öffentlichen Mittel finanziert.

2. Veränderungen des Mediendiskurses im Zeitablauf

Auf der Grundlage einer quantitativen-systematischen Inhaltsanalyse soll der zweite Analyseschritt die Frage beantworten, wie sich der Mediendiskurs über öffentliches Wirtschaften im Zeitverlauf hinsichtlich der beteiligten Akteure, deren Positionen und verwendeten Deutungen entwickelt hat. Eine erste Annäherung an die Diskursstruktur erhält man, indem man die zeitliche Verteilung der 1.849 ermittelten themenrelevanten Artikel im Untersuchungszeitraum 1996 bis 2008 betrachtet. Dabei wird deutlich, dass die Frage nach dem Umgang mit öffentlichen Unternehmen und damit verbundene Privatisierungsüberlegungen 1997 einen deutlichen Höhepunkt in der öffentlichen Debatte erlebten, während das Thema in den Folgejahren zunehmend weniger Beachtung in den Medien fand. Nach einem ersten Wiederaufflammen der Diskussion seit 2003 lässt sich insbesondere für die Zeit von 2006 bis 2007 eine intensive öffentliche Auseinandersetzung um das Thema beobachten (Abbildung 2).

Abbildung 2: Verteilung der Artikel im Zeitverlauf nach Zeitungen[36]

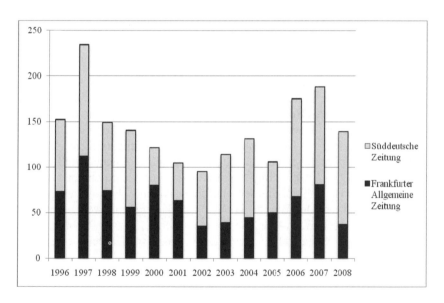

---

36 Hier sowie in den Abbildungen 3 bis 5 und 7 sind auf der y-Achse jeweils die Anzahl der in den analysierten Zeitungen publizierten Artikel abgetragen.

105

Wie es für die Medienberichterstattung typisch ist, konzentriert sich die journalistische Behandlung des Themas auf wichtige außermediale Ereignisse, die als Anlass für die Thematisierung dienen. So standen 1997 die Liberalisierung des Telekommunikationsmarktes sowie der Verkauf von kommunalen Versorgungs- und Dienstleistungsunternehmen in Bereichen wie Wohnungsbau, öffentlicher Personennahverkehr, Finanzwesen sowie Gas, Wasser und Elektrizität auf der politischen Agenda, die einerseits durch den Sparkurs vieler Kommunen angesichts wachsender Haushaltslöcher, andererseits aber auch durch das Drängen der Europäischen Union, Leistungen der Daseinsvorsorge dem freien Binnenmarkt zu öffnen (KOM (1996) 443 endg.), bestimmt wurde. Gleichzeitig gab es zu diesem Zeitpunkt intensive politische Bestrebungen, den öffentlichen Sektor generell schlanker und effizienter zu gestalten. Der deutliche Anstieg der Diskussionsbeiträge seit 2006 lässt sich maßgeblich auf die seinerzeit geplante Teilprivatisierung der Deutschen Bahn zurückführen, auf die sich die Bundesregierung im Herbst 2006 geeinigt hatte und für die anschließend eine Gesetzesgrundlage geschaffen werden sollte. Zudem fallen in diese Periode der deutschlandweit exemplarisch diskutierte Verkauf der Dresdner WOBA, verschiedene Privatisierungen von vormals öffentlichen Krankenhäusern sowie Auslagerungen im Justizvollzugswesen und der Flugsicherung. Neben einer allgemeinen Auseinandersetzung über die Frage von Privatisierung oder Aufrechterhaltung öffentlicher Unternehmen, werden die genannten Aufgabenbereiche entsprechend am häufigsten in der Mediendebatte thematisiert (Abbildung 3).

Während diese ersten Befunde das Ausmaß der öffentlichen Aufmerksamkeit gegenüber dem Thema verdeutlichen, zeigt die Auswertung der in den Medien zu Wort kommenden Akteure, dass die Debatte hauptsächlich von Politikern dominiert wird (48,8 %). Am zweithäufigsten, aber mit einigem Abstand, äußern sich die Journalisten der jeweiligen Zeitung mit eigenen Stellungnahmen zum Thema (16,1 %), gefolgt von Vertretern von Unternehmen (14,5 %) und Verbänden (10,2 %). Zivilgesellschaftliche Akteure, beispielsweise Bürgerinitiativen und einzelne Bürger, können sich dagegen nur wenig Gehör im Mediendiskurs verschaffen (4 %); Wissenschaftlicher (2,8 %), Rechtsexperten (2 %) und sonstige Akteure (1,5 %) sind fast gar nicht an der Debatte beteiligt.

Abbildung 3: Häufig diskutierte Aufgabenbereiche und Unternehmen im Zeitverlauf

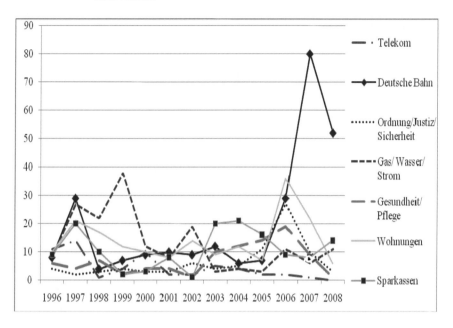

Die Kontroversität der Debatte wird erkennbar, wenn man die vertretenen Positionen der Akteure betrachtet (Abbildung 4). Wie die Befunde zeigen, gibt es sowohl innerhalb wie auch zwischen den verschiedenen Akteuren deutliche Unterschiede in der Bewertung der öffentlichen Wirtschaft und der Privatisierungsoption. Dabei fällt auf, dass innerhalb der Gruppe der politischen Akteure Vertreter der Bundesebene einer Privatisierung staatlicher Unternehmen am stärksten zustimmen. Dies lässt sich wahrscheinlich u.a. darauf zurückführen, dass sich auf der Bundesebene CDU und SPD innerhalb der zwischenzeitlich regierenden Großen Koalition auf den Börsengang der Deutschen Bahn grundsätzlich geeinigt hatten. Während auf Länderebene die Befürwortung einer verminderten staatlichen Wirtschaftstätigkeit noch etwas überwiegt, stehen sich auf kommunaler Ebene zwei fast gleich große Blöcke gegenüber. Dieses Ergebnis lässt sich als Anzeichen für die Zerrissenheit der Kommunen interpretieren, die gleichermaßen die Vorteile der eigenen wirtschaftlichen Betätigung wie auch die eines Verkaufs ihrer Unternehmen in die Waagschale werfen. Auch die politischen Parteien und die Interessenverbände sind in der Frage nach Stärkung oder Rückbau der öffentlichen Wirtschaft in zwei Meinungslager geteilt.

Darüber hinaus beurteilen auch die Journalisten der untersuchten Zeitungen das Thema unterschiedlich und – insgesamt betrachtet – recht ausgewogen, wenn auch die Unterstützung der Privatisierung etwas überwiegt. Besonders stark für eine privatwirtschaftliche Unternehmensstruktur im Bereich von Infrastruktur- und Vorsorgeleistungen setzen sich die Vertreter öffentlicher und privater Unternehmen ein, die deutlich die Vorteile einer Privatisierung im Auge zu haben scheinen. Die einzigen, die sich mehrheitlich für die Beibehaltung öffentlicher Unternehmen aussprechen und den Betrieb durch Private kritisch beurteilen, sind die Gewerkschaften sowie Vertreter der Zivilgesellschaft, wie betroffene Mieter oder Kunden. Bemerkenswert ist zudem, dass es Vertretern der Europäischen Union nur selten gelingt, in der deutschen Medienberichterstattung in Erscheinung zu treten, obwohl die EU einen wesentlichen Motor für die Liberalisierung der sozialen Daseinsvorsorge darstellt.

Abbildung 4: Bewertung öffentlichen Wirtschaftens durch verschiedene Akteure im Diskurs

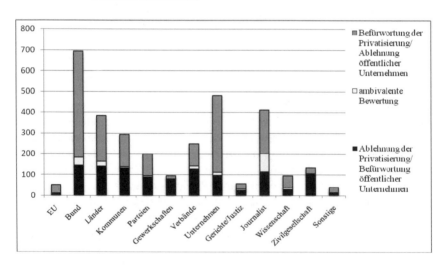

Allerdings zeigt sich, dass sich die Stimmungslage innerhalb des Untersuchungszeitraumes verändert hat (Abbildung 5). Während die Einschränkung staatlicher Wirtschaftstätigkeit und die Überführung öffentlicher Unternehmen in privates Eigentum Ende der 1990er Jahre von einer großen Mehrheit unterstützt wurde, finden sich in den letzten Jahren zunehmend mehr Stimmen, die sich für öffentliche Besitzstrukturen im Bereich der sozialen Infrastruktur und

Daseinsvorsorge äußern. Zwar erlangen die Befürworter öffentlichen Wirtschaftens keine Mehrheit im Diskurs, jedoch bildet sich eine privatisierungskritische Gegenposition heraus, die ebenso stark vertreten ist wie die Position der Privatisierungsbefürworter. Im Jahr 2008 übersteigt sogar der Anteil der Privatisierungsgegner jenen der Befürworter um rund 2,5 %, was auf einen wachsenden Trend zur Renaissance öffentlichen Wirtschaftens deuten könnte.

Von besonderem Interesse im Rahmen dieser Untersuchung sind die verwendeten Deutungsmuster, anhand derer die Diskursteilnehmer das Thema „Privatisierung oder Renaissance öffentlicher Wirtschaft" interpretieren. Die Auswertung der quantitativen Analyse macht deutlich, dass unter der Vielzahl aller Deutungsmöglichkeiten einige wenige von herausgehobener Bedeutung für die Diskussion sind. Bevor anschließend die Befunde zum Framing des Diskurses dargelegt werden (Abbildung 6), soll an dieser Stelle noch einmal darauf hingewiesen werden, dass Deutungsmuster ein Thema in erster Linie unter einer spezifischen inhaltlichen Perspektive darstellen, ohne dass damit zwangsläufig schon ein Urteil verbunden sein muss. Dementsprechend können Diskursteilnehmer ein Deutungsmuster einerseits positiv verwenden. Ebenso gut können sie es aber andererseits auch negieren, dabei ihre kritisch-ablehnende Haltung gegenüber dieser Sichtweise ausdrücken bzw. sogar das Gegenteil behaupten.

Abbildung 5: Bewertung von Privatisierung und öffentlicher Wirtschaft im Zeitverlauf

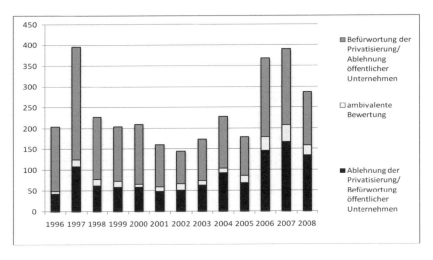

Wie aus Abbildung 6 deutlich wird, sticht im Diskurs die Vorstellung heraus, dass man öffentliche Unternehmen privatisieren sollte, um mit den Verkaufserlösen die Schulden der öffentlichen Haushalte zu begleichen sowie Staat und Kommunen durch die Abgabe öffentlicher Aufgaben finanziell zu entlasten. Erst mit einigem Abstand folgen weitere fünf Deutungsmuster, auf die die Diskursteilnehmer bei ihrer Auseinandersetzung etwa gleich häufig zurückgreifen. Dabei stützen die ersten beiden Deutungen den Fortbestand öffentlichen Wirtschaftens, indem sie die Bedeutung staatlicher und kommunaler Unternehmen als Instrumente der Politikgestaltung und politischen Regulierung sowie als Garanten einer sozial gerechten, universellen Daseinsvorsorge und öffentlichen Infrastruktur betonen. Demgegenüber stehen die anderen drei Deutungen einer privatwirtschaftlichen Aufgabenübernahme näher, indem sie darauf verweisen, dass Dienstleistungen in einer marktwirtschaftlich organisierten Gesellschaft auf dem freien, wettbewerblichen Markt durch private Unternehmer erbracht werden sollten, privatwirtschaftliche Unternehmen aufgrund der Wettbewerbssituation effizienter und profitabler arbeiten und

Abbildung 6: Häufigkeiten der Deutungsmuster im Diskurs (in %)

Deutungsmuster	positiv	ambiv.	negativ	gesamt
Öffentliches Wirtschaften dient politischer Steuerungs- und Handlungsfähigkeit	9,7	0,8	2,8	13,3
Öffentliches Wirtschaften dient demokratischer Mitbestimmung und Kontrolle	0,3	0	0,1	0,5
Gewährleistung sozialer Daseinsvorsorge nur durch öffentliches Wirtschaften	9,4	0,4	2,5	12,2
Öffentliches Eigentum gehört Bürgern	1,2	0	0,1	1,3
Marktwirtschaft verlangt privates Unternehmertum	9,6	0,4	1,0	11,1
Privatisierung bringt Verkaufserlöse und reduziert öffentliche Ausgaben	18,0	0,4	2,2	20,6
Privatisierung dient Effizienz-, Gewinnsteigerung und Wettbewerbsfähigkeit	8,8	0,3	1,8	10,9
Privatisierung schafft besseres u. billigeres Angebot *(vs. öffentliche Hand garantiert dies)*	8,5	0,1	5,4	14,0
Privatisierung schafft Arbeitsplätze *(vs. Stellenabbau/Lohnsenkung; öff. Hand sichert Jobs)*	3,8	0	2,9	6,7
Privatisierung führt zum Verlust wichtiger öffentlicher Einnahmequellen	0,7	0	0,2	0,9
Privatisierung erzeugt Folgekosten für Staat	1,2	0	0,5	1,7
Privatisierung von Staatsbetrieben führt zum Entstehen privater Monopole	1,0	0	1,1	2,1
Privatisierung bringt Umsetzungsprobleme mit sich	2,2	0	0,3	2,6
Sonstige	1,9	0	0,2	2,0
Gesamt	75,5	2,5	22,0	100

private Anbieter die Leistungen zudem qualitativ besser, preiswerter und kundenorientierter zur Verfügung stellten. Die übrigen Deutungsmuster treten nur am Rande der Debatte in Erscheinung, so dass im Diskurs insgesamt im

Wesentlichen sechs Deutungen vorherrschen. Schaut man sich deren Verwendung im Verlauf der Jahre an, lässt sich eine bemerkenswerte Verschiebung erkennen. In das bereits beschriebene Bild einer privatisierungsfreundlichen Stimmung Mitte/Ende der 1990er Jahre fügt sich der Befund, dass in diesem Zeitraum diejenigen Deutungen, die eine privatwirtschaftliche Übernahme öffentlicher Aufgaben unterstützen, deutlich dominieren. Seit 2005 wird das Thema jedoch in stark wachsendem Maße auch durch einen Rückgriff auf privatisierungskritische Deutungsmuster interpretiert, die die positiven Seiten öffentlichen Wirtschaftens hervorheben. Insbesondere 2007 erleben die Vorstellungen, dass öffentliche Unternehmen unerlässlich für die politische Steuerungs- und Handlungsfähigkeit sowie für die Gewährleistung einer allgemein zugänglichen Grundversorgung sind, einen Höhepunkt und dominieren deutlich über alle anderen Sichtweisen auf das Thema (Abbildung 7). Im Vergleich dazu werden die wirtschaftsliberalen Aspekte, die die Notwendigkeit einer marktwirtschaftlichen, freien Wettbewerbsordnung sowie die Vorteile privater Unternehmensstrukturen im Hinblick auf Effizienz, Rentabilität sowie Preissenkung und Leistungssteigerung in den Diskurs einbringen, relativ zur jeweiligen Intensität des Mediendiskurses recht gleichbleibend häufig thematisiert.

Abbildung 7: Die sechs diskursbestimmenden Deutungsmuster

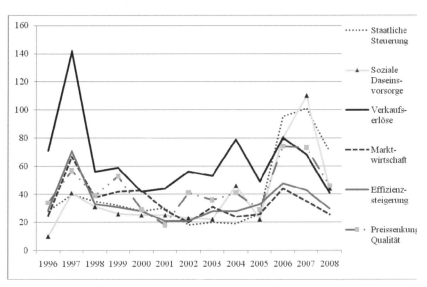

IV. Zusammenfassung und Diskussion

Die Untersuchung des massenmedialen Diskurses über öffentliches Wirtschaften hat gezeigt, dass sich die in den beiden analysierten Qualitätszeitungen widerspiegelnde öffentliche Meinung zu diesem Thema im Verlauf der letzten zehn Jahre deutlich gewandelt hat. Sowohl im Hinblick auf die Beurteilung öffentlicher Wirtschaftstätigkeit als auch in Bezug auf die im Diskurs verwendeten Deutungen ist eine Tendenz hin zu einer stärkeren Unterstützung staatlicher und kommunaler Unternehmen erkennbar geworden. Beherrschte zu Beginn des Untersuchungszeitraumes eine privatisierungsfreundliche, teilweise sogar euphorische Sicht die öffentliche Auseinandersetzung, die vor allem die positiven Seiten eines Staatsrückbaus im Bereich der gesellschaftlichen Daseinsvorsorge und Infrastruktur in den Vordergrund rückte, so werden in den letzten Jahren vermehrt die vorteilhaften Aspekte des wirtschaftlichen Engagements der öffentlichen Hand in diesem Betätigungsfeld betont. Insbesondere melden sich im Mediendiskurs zunehmend mehr Stimmen zu Wort, die die Bedeutung von Staat und Kommunen für eine sozial gerechte, allgemein zugängliche und bezahlbare Grundversorgung sowie die Notwendigkeit von öffentlichen Unternehmen für die politische Gestaltung von Staat und Gesellschaft hervorheben. Das neue Bewusstsein für die Vorteile öffentlicher Unternehmen geht einher mit einer zunehmenden Befürwortung öffentlichen Wirtschaftens und einer wachsenden Ablehnung von Privatisierungen. Dieser Meinungsumschwung ist nicht untypisch für Fragen der öffentlichen Aufgabenwahrnehmung. Er ließ sich in ähnlicher Weise z.B. auch in Bezug auf Public Private Partnerships beobachten, die zunächst u.a. unter dem Gesichtspunkt der Entlastung öffentlicher Haushalte als neues Politikinstrument begrüßt wurden, während später verstärkt Probleme ihrer politischen Steuerung, aber auch ökonomischen Effizienz in den Vordergrund rückten,[37] so dass zumindest teilweise wieder für eine Rekommunalisierung plädiert wird.[38]

Bedenkt man, dass öffentliche Diskurse in den führenden deutschen Qualitätszeitungen eine Leitfunktion besitzen und in wesentlichem Maße die gesellschaftliche Meinungs- und Willensbildung sowie die politische Entscheidungsfindung beeinflussen, dann kann mit einiger Plausibilität davon ausgegangen werden, dass der Meinungsumschwung sich in einer – in Ansätzen auch bereits sichtbar werdenden – Renaissance der öffentlichen Wirtschaft niederschlagen wird. Verantwortliche Politiker werden in ihrem Entscheiden

---

37 *Krumm/Mause (2009)*; *Mühlenkamp (2010)*.
38 *Paffhausen (2008)*.

und Handeln ein sich wandelndes öffentliches Meinungsbild nur schwerlich ignorieren können, wollen sie künftig wiedergewählt werden. Gleichzeitig hat die Untersuchung deutlich gemacht, dass der Mediendiskurs selbst maßgeblich durch die Beiträge von Politikern bestimmt wird. Politische Akteure, insbesondere auf der kommunalen Ebene, sind nicht unwesentlich an der öffentlich artikulierten Rückbesinnung auf die Notwendigkeit öffentlicher Unternehmen beteiligt – sei es aus eher symbolisch-wahltaktischen Gründen oder aufgrund von Lernprozessen im Anschluss an vorherige, die Erwartungen nicht erfüllende (Teil-)Privatisierungen.

Einerseits mag es sein, dass politische Entscheidungsträger aufgrund verschiedener privatisierungskritischer Bürgerinitiativen und Protestbewegungen sowie von Verschiebungen im Parteienspektrum, etwa dem Aufkommen der Linkspartei, unter Druck geraten sind und deshalb zunehmend von Privatisierungsvorhaben Abstand nehmen. Die zuletzt verstärkt laut werdenden wohlwollenden Äußerungen zur Zukunft und Leistungsfähigkeit der öffentlichen Wirtschaft wären dann nicht unbedingt besserer Einsicht, sondern eventuell auch dem bloßen Wunsch nach Wiederwahl geschuldet. Andererseits dürfte der Staat ein starkes Eigeninteresse an einer verlässlichen und funktionierenden Grundversorgung mit öffentlichen Leistungen besitzen, da das Grundgesetz ihm hierfür eine Gewährleistungspflicht zuweist. Nach zwei Jahrzehnten, in denen die Politik zahlreiche Erfahrungen mit Privatisierungsprojekten sammeln konnte, scheint eine gewisse Ernüchterung eingetreten zu sein. Um eine soziale Daseinsvorsorge und ein öffentliches Infrastrukturangebot, die den Anforderungen des Sozialstaatsprinzips gerecht werden, effektiv zu garantieren, will der Staat dem Anschein nach nun selbst wieder stärker als Anbieter dieser Leistungen aktiv werden. Zudem scheinen viele Politiker erkannt zu haben, dass ihnen ohne die eigenen Versorgungsbetriebe wichtige Einnahmequellen im Haushalt fehlen, so dass sich viele öffentliche Aufgaben kaum noch finanzieren lassen und die Politik an den Rand der Handlungsunfähigkeit gedrängt wird. Der Stimmungsumschwung im massenmedialen Diskurs wäre dann in der Tat Ausdruck eines teils schmerzvollen Lernprozesses im Zuge der Privatisierung öffentlicher Unternehmen und der Einbindung privater Wirtschaftssubjekte in die Erfüllung öffentlicher Aufgaben.[39]

Die Methode der qualitativ-quantitativen Medienanalyse hat sich bei der Analyse des Diskurses um öffentliches Wirtschaften als fruchtbares Verfahren erwiesen, um die Parameter der massenmedialen Auseinandersetzung zu rekonstruieren und die verschiedenen Positionen der Diskursteilnehmer mit

---

39 *Theuvsen (2001b).*

Hilfe der von ihnen verwendeten Deutungen nachvollziehbar zu machen. Aus forschungspraktischen Gründen endet die Untersuchung 2008. Beobachtet man die zwischenzeitlichen Diskussionen um die Verstaatlichung von Banken und anderen von der letzten Finanz- und Wirtschaftskrise betroffenen Unternehmen, dann scheint in weiteren Forschungsarbeiten eine Ausdehnung der Medienanalyse auf aktuellere Veröffentlichungen zu diesem Thema durchaus interessant, weil sich auf der Grundlage dieser Daten der Trend zur Renaissance staatlichen Wirtschaftens vermutlich weiter erhärten ließe. Andererseits könnte dann auch erfasst werden, ob der Meinungsumschwung auch in Zeiten einer wieder deutlich prekäreren Finanzlage öffentlicher Haushalte anhielt oder ob wieder stärker die fiskalischen Vorteile einer Veräußerung öffentlicher Unternehmen in den Vordergrund rückten. Wichtig wäre neben einer Fortschreibung des Untersuchungszeitraums auch eine Ausdehnung des Spektrums der in die Analyse einbezogenen Medien. Neben der Ausdehnung der Untersuchungen auf weitere (Qualitäts-)Zeitungen, die auch weniger gemäßigte politische Positionen abbilden, käme auch eine Erweiterung auf die neuen sozialen Medien in Betracht, die öffentliche Diskurse mehr und mehr mitbestimmen.[40]

Darüber hinaus wäre es eine interessante Forschungsfrage, inwieweit die Veränderung des Mediendiskurses Ergebnis eines veränderten Stimmungsbildes in der Bevölkerung ist oder seinerseits die Meinung breiter Bevölkerungsschichten beeinflusst. Umfrageergebnisse aus Frankreich zeigen, dass sich viele Bürger keine eigene Meinung zu schwierigen Fragen wie etwa der Privatisierung oder der Rekommunalisierung bilden, sondern sich an den Einschätzungen der von ihnen präferierten politischen Führungspersönlichkeiten orientieren.[41] Als offene Frage muss zudem gelten, inwieweit im Mediendiskurs sichtbar werdende Überzeugungen angesichts budgetärer Zwänge tatsächlich in Handlungen umgemünzt werden. Insoweit wäre es auch reizvoll, Diskurs und tatsächliche Entwicklung der öffentlichen Wirtschaftstätigkeit intensiver vergleichend zu betrachten als dies bislang geschehen ist.

Literaturverzeichnis

Benford/Snow (2000): Robert D. Benford u. David A. Snow, Framing Processes and Social Movements: An Overview and Assessment, in: Annual Review of Sociology, Jg. 2000, S. 11 ff.

---

40 *Speck (2009).*
41 *Durant/Legge (2002).*

Birnstiel (2001): Constantin Birnstiel, Amtliche Statistik im Spannungsfeld zwischen wissenschaftlichem Anspruch und politischen Vorgaben, Diss., Universität der Bundeswehr, München 2001.

Buchanan (1975): James M. Buchanan, The Limits of Liberty, Chicago 1975.

Candeias u.a. (2008): Mario Candeias, Reiner Rilling u. Katharina Weise, Krise der Privatisierung - Rückkehr des Öffentlichen, in: WSI-Mitteilungen, Jg. 2008, Nr. 10, S. 563 ff.

Dahinden (2006): Urs Dahinden, Framing. Eine integrative Theorie der Massenkommunikation, Konstanz 2006.

Durant/Legge (2002): Robert F. Durant u. Jerome S. Legge, Politics, Public Opinion, and Privatization in France: Assessing the Calculus of Consent for Market Reforms, in: Public Administration Review, Jg. 2002, S. 307 ff.

Eichhorn (1983): Peter Eichhorn, Aufgaben und Ziele öffentlicher Unternehmen in der sozialen Marktwirtschaft, in: Der Nahverkehr, Jg. 1983, H. 3, S. 8 ff.

Eichhorn (2005): Peter Eichhorn, Das Prinzip Wirtschaftlichkeit. Basiswissen der Betriebswirtschaftslehre, 3. Aufl., Wiesbaden 2005.

Emnid/ZEIT (2007): Emnid/ZEIT, Jeder dritte Deutsche fühlt „links", www.zeit.de/online/2007/32/links-umfrage.

Erhardt (1989): Manfred Erhardt, Öffentliche Aufgaben, in: Klaus Chmielewicz u. Peter Eichhorn (Hrsg.): Handwörterbuch der Öffentlichen Betriebswirtschaft, Stuttgart 1989, Sp. 1003 ff.

Ferree u.a. (2002): Myra Marx Ferree, William Anthony Gamson, Jürgen Gerhards u. Dieter Rucht, Shaping Abortion Discourse, Cambridge, MA, 2002.

Früh (2001): Werner Früh, Inhaltsanalyse. Theorie und Praxis, 5. Aufl., Konstanz 2001.

Fuchs/Pfetsch (1996): Dieter Fuchs u. Barbara Pfetsch, Die Beobachtung der öffentlichen Meinung durch das Regierungssystem, in: Wolfgang van den Daele u. Friedhelm Neidhardt (Hrsg.), Kommunikation und Entscheidung. Politische Funktionen öffentlicher Meinungsbildung und diskursiver Verfahren, Berlin 1996, S. 103 ff.

Gamson/Modigliani (1987): William A. Gamson u. Andre Modigliani, The Changing Culture of Affirmative Action, in: Research in Political Sociology, Jg. 1987, S. 137 ff.

Gerhards (1992): Jürgen Gerhards, Dimensionen und Strategien öffentlicher Diskurse, in: Journal für Sozialforschung, Jg. 1992, S. 307 ff.

Gerhards/Neidhardt (1991): Jürgen Gerhards u. Friedhelm Neidhardt, Strukturen und Funktionen moderner Öffentlichkeit: Fragestellungen und Ansätze, in: Stefan Müller-Doohm u. Klaus Neumann-Braun (Hrsg.), Öffentlichkeit, Kultur, Massenkommunikation, Oldenburg 1991, S. 31 ff.

Gerhards u.a. (1998): Jürgen Gerhards, Friedhelm Neidhardt u. Dieter Rucht, Zwischen Palaver und Diskurs. Strukturen öffentlicher Meinungsbildung am Beispiel der deutschen Diskussion zur Abtreibung, Opladen 1998.

Gerhards/Schäfer (2006): Jürgen Gerhards u. Mike S. Schäfer, Die Herstellung einer öffentlichen Hegemonie. Humangenomforschung in der deutschen und der US-amerikanischen Presse, Wiesbaden 2006.

Goffman (1974): Erving Goffman, Frame Analysis: An Essay on the Organization of Experience, Cambridge, MA, 1974.

Gretschmann (1991): Klaus Gretschmann, Analyzing the Public Sector: The Received View in Economics and its Shortcomings, in: Franz-Xaver Kaufmann (Hrsg.), The Public Sector – Challenge for Coordination and Learning, Berlin u. New York 1991, S. 47 ff.

Grunow (1991): Dieter Grunow, Development of the Public Sector: Trends and Issues, in: Franz-Xaver Kaufmann (Hrsg.), The Public Sector – Challenge for Coordination and Learning, Berlin u. New York 1991, S. 89 ff.

Kohring/Matthes (2002): Matthias Kohring u. Jörg Matthes, The Face(t)s of Biotech in the Nineties: How the German Press Framed Modern Biotechnology, in: Public Understanding of Science, Jg. 2002, S. 143 ff.

Krumm/Mause (2009): Thomas Krumm u. Karsten Mause, Public-Private Partnerships als Gegenstand der (Politik-)Wissenschaft, in: Politische Vierteljahresschrift, Jg. 2009, S. 105 ff.

Lenk/Rottmann (2007): Thomas Lenk u. Oliver Rottmann, Öffentliche Unternehmen vor dem Hintergrund der Interdependenz von Wettbewerb und Daseinsvorsorge am Beispiel einer Teilveräußerung der Stadtwerke Leipzig. Arbeitspapier Nr. 38 des Instituts für Finanzen, Finanzwissenschaft der Universität Leipzig, Juli 2007.

Linsky (1986): Martin Linsky, Impact. How the Press Affects Federal Policymaking, New York u. London, 1986.

Luhmann (1996): Niklas Luhmann, Die Realität der Massenmedien, 2. Aufl., Opladen 1996.

Mayring (1993): Philipp Mayring, Qualitative Inhaltsanalyse, Weinheim 1993.

Mayring (1999): Philipp Mayring, Einführung in die qualitative Sozialforschung, 4. Aufl., München 1999.

Mihm (2009): Andreas Mihm, Stadtwerke am Zug, in: Frankfurter Allgemeine Zeitung Nr. 186 v. Do., 13.08.2009, S. 9.

Mühlenkamp (2010): Holger Mühlenkamp, Ökonomische Analyse von Public Private Partnerships (PPP). PPP als Instrument zur Steigerung der Effizienz der Wahrnehmung öffentlicher Aufgaben oder als Weg zur Umgehung von Budgetbeschränkungen?, FÖV Discussion Paper 55, Speyer 2010.

Naschold (1995): Frieder Naschold, Ergebnissteuerung, Wettbewerb, Qualitätspolitik. Entwicklungspfade des öffentlichen Sektors in Europa, Berlin 1995.

o.V. (2009a): o.V., Staatseinfluss wächst auf Rekordniveau, in: Frankfurter Allgemeine Zeitung Nr. 125 v. Di., 02.06.2009, S. 11.

o.V. (2009b): o.V., Stadtwerk statt Energiekonzern, in: Frankfurter Allgemeine Zeitung Nr. 192 v. Do., 20.08.2009, S. 11.

Paffhausen (2008): Peter Paffhausen, Gestaltung von Public Private Partnerships, in: Hartmut Bauer, Christiane Büchner u. Frauke Brosius-Gersdorf (Hrsg.), Verwaltungskooperation. Public Private Partnerships und Public Public Partnerships, Potsdam 2008, S. 95 ff.

Pfetsch (2003): Barbara Pfetsch, Politische Kommunikationskultur. Politische Sprecher und Journalisten in der Bundesrepublik und in den USA im Vergleich, Wiesbaden 2003.

Pies/Engel (1998): Ingo Pies u. Gerhard Engel, Freiheit, Zwang und gesellschaftliche Dilemmastrukturen: Zur liberalen Theorie des Staates, in: Aufklärung und Kritik, Sonderheft 2/1998, S. 41 ff.

Reck (2009): Hans-Joachim Reck, Interview des KAV Berlin mit Hans-Joachim Reck, Hauptgeschäftsführer des VKU e.V., http://www.vku.de/de/Wir_ueber_uns/ Hans-Joachim_Reck_Artikel/081029_Interview_reck_KAVB-final2.pdf, Zugriff: 27.07.2009.

Rogers u.a. (1991): Everett M. Rogers, James W. Dearing u. Soombum Chang (1991), AIDS in the 1980s: The Agenda-setting Process for a Public Issue, in: Journalism Monographs, Jg. 1991, S. 1 ff.

Schäfer (2007): Mike S. Schäfer, Wissenschaft in den Medien. Die Medialisierung naturwissenschaftlicher Themen, Wiesbaden 2007.

Schäfer (2008): Roland Schäfer, Kommunale Selbstverwaltung braucht kommunale Unternehmen, Vortrag im Rahmen der INFRAFUTUR-Abschlusskonferenz, 27.05.2008, Heidelberg.

Scheufele (2003): Bertram Scheufele, Frames – Framing – Framing-Effekte. Theoretische und methodische Grundlegung des Framing-Ansatzes sowie empirische Befunde zur Nachrichtenproduktion, Wiesbaden 2003.

Simon (2009): Fritz B. Simon, Der Untergang findet nicht statt, in: Frankfurter Allgemeine Zeitung Nr. 180 v. Do., 06.08.2009, S. 29.

Speck (2009): Hendrik Speck, Analyse der deutschsprachigen sozialen Medien zum Fall Nikolaus Brender, Kaiserslautern 2009.

Theuvsen (2001a): Ludwig Theuvsen, Ergebnis- und Marktsteuerung öffentlicher Unternehmen. Eine Analyse aus organisationstheoretischer Sicht, Stuttgart 2001.

Theuvsen (2001b): Ludwig Theuvsen, Einbindung privater Wirtschaftssubjekte in kommunale Strategien, in: Peter Eichhorn u. Matthias Wiechers (Hrsg.), Strategisches Management für Kommunalverwaltungen, Baden-Baden 2001, S. 121 ff.

Theuvsen (2007): Ludwig Theuvsen, Von der Gewährleistungs- zur Initiativfunktion: Neue Handlungsstrategien des Staates am Beispiel des gesundheitlichen Verbraucherschutzes, in: Gesellschaft für öffentliche Wirtschaft (Hrsg.), Die Zukunft der öffentlichen Dienstleistungen, Berlin 2007, S. 40 ff.

Theuvsen (2008): Ludwig Theuvsen, Staatliches Handeln im Umbruch: Eine Analyse am Beispiel des gesundheitlichen Verbraucherschutzes, in: Verwaltung und Management, Jg. 2008, S. 252 ff.

Theuvsen (2009): Ludwig Theuvsen, Präferenzen der Bevölkerung für öffentliche Wirtschaft: Wissenschaftliche Erkenntnisse und Methoden, in: Bundesverband Öffentliche Dienstleistungen (Hrsg.), Renaissance der Kommunalwirtschaft, Berlin 2009, S. 18 ff.

Thiemeyer (1975): Theo Thiemeyer, Wirtschaftslehre öffentlicher Betriebe, Reinbek b. Hamburg 1975.

van den Daele/Neidhardt (1996): Wolfgang van den Daele u. Friedhelm Neidhardt, „Regierung durch Diskussion" – Über Versuche, mit Argumenten Politik zu machen, in: Wolfgang van den Daele u. Friedhelm Neidhardt (Hrsg.), Kommunikation und Entscheidung. Politische Funktionen öffentlicher Meinungsbildung und diskursiver Verfahren, Berlin 1996, S. 9 ff.

Vesper (1996): Dieter Vesper, Sind Beamte oder Angestellte im öffentlichen Dienst für den Staat kostengünstiger?, in: Wochenbericht des DIW, Jg. 1996, S. 395 ff.

Wilke (1999): Jürgen Wilke, Leitmedien und Zielgruppenorgane, in: Jürgen Wilke (Hrsg.), Mediengeschichte der Bundesrepublik, Köln 1999, S. 302 ff.

Wissenschaftlicher Beirat der GÖW (2003): Wissenschaftlicher Beirat der GÖW, Wandel und Perspektiven der öffentlichen Wirtschaft, Positionspapier, Berlin 2003.

Zschache (2008): Ulrike Zschache, Europa im Mediendiskurs: Die Auseinandersetzung um den Beitritt der Türkei zur Europäischen Union in der deutschen Presse, Saarbrücken 2008.

Frank Schulz-Nieswandt

Institutionelle Präferenzen der Bürger hinsichtlich der Erstellung kommunaler Daseinsvorsorgegüter – Eine tiefenpsychologische Re-Interpretation quantitativer Befragungsstudien

Gliederung
I. Einleitung
II. Die Fragestellung
III. Die Hypothese
IV. Die Theorien der strukturalen Tiefenhermetik und die Analyse kultureller Deutungsmuster
V. Der Datensatz, die zentralen Befunde und ihre Interpretation
   1. Unternehmensmerkmale
   2. Sektorale Unterschiede
   3. Wasser
VI. Allgemeine, weitergehende Schlussfolgerungen: Die Entfremdung der „ökonomischen Theorie" von der sozialen Lebenswirklichkeit der Menschen
Literaturverzeichnis

I. Einleitung

Eine hier referierte repräsentative Umfrage verweist auf die dominante Präferenz der Bevölkerung für öffentliche, hier kommunale Unternehmensträgerschaft in der Bereitstellung der Güter bzw. Dienstleistungen der Daseinsvorsorge. Die Skepsis gegenüber privaten Unternehmen liegt in der Erwartung dominanter Gewinnorientierung und einer entsprechenden Vernachlässigung des Gemeinwohls begründet. Die Bürger erwarten von privaten Unternehmen wenig nachhaltiges Wirtschaften und befürchten Mängel in der Zuverlässigkeit und der Sicherheit sowie wenig regionales Engagement. Skeptischer sind die Bürger bei kommunalen Unternehmen, wenn es um Kundenorientierung und Servicequalität angeht.

Der Beitrag unterzieht die quantitativen Daten einer qualitativen Re-Interpretation. Dabei gehen wir tiefenpsychologisch von einer ausgeprägten Sorgestruktur des menschlichen Denkens und Fühlens aus: Angesichts der existentialen Sorgestruktur des menschlichen Daseins im Alltag des Lebenslaufes benötigen die Menschen eine Entlastung durch das Vertrauen auf die Gewährleistung der öffentlichen Daseinsvorsorgeleistungen, deren Sicherstellung in der Einschätzung der Bürger überaus deutlich eine kommunale, zumindest stark regulierte private Wirtschaft benötigt.

Methodisch re-interpretiert der Beitrag die empirischen Befunde der quantitativen Studie auf der Grundlage einer in der qualitativen Sozialforschung genutzten Theorie, wonach den „oberflächlichen" Aussagen der Menschen „tieferliegende", un- oder halbbewusste Deutungsmuster generierend zugrunde liegen. Kulturelle Deutungsmuster sind kollektiv geteilte Orientierungen, die sich auf wiederkehrende permanente Risiken oder Krisen in der Sorgearbeit der alltäglichen Daseinsbewältigung im Lebenslauf beziehen.

Im vorliegenden Beitrag überrascht dabei, dass sich diese kollektiv geteilten Deutungsmuster nicht auf spezifische soziale Milieus beschränken. So wäre es intuitiv plausibel, hier sozio-demografische oder sozio-ökonomische Differenzierungen zu vermuten. Doch die Skepsis gegenüber der Privatisierung der kommunalen Daseinsvorsorge sitzt tief und über alle Milieus hinweg verteilt. Zwar steigt die Skepsis im Ausmaß mit der Bildung an, aber eine überaus deutliche Mehrheitspräferenz für kommunales Wirtschaften findet sich in allen Schichten, auch unabhängig vom Alter und vom Geschlecht. Anthropologisch gesehen vermuten wir hier archetypische Sichtweisen. Dies wird deutlich an der sehr ausgeprägten Präferenz für die öffentliche Bereitstellung des Wassers.

Die Bürger sollten hier nicht als dumme Laien abqualifiziert werden. Einfache ökonomische Effizienzgewinnvermutungen in Verbindung mit Privatisierungspräferenzen übergehen die Sorgen der Bevölkerung. Die Ökonomie entfremdet sich dergestalt von der Lebenswelt der Menschen. Aber auch innerhalb der wissenschaftlichen Debatte erweist sich ein naiver Privatisierungsglauben als problematisch. Immer deutlicher wird der kostenintensive Reregulierungsbedarf der Privatisierung und De-Regulierung. Und letztendlich muss vorab geklärt werden, worauf sich die Effizienz der institutionellen Arrangements der Bereitstellung der Güter und Dienstleistungen bezieht: Und hier fordern die Bürger komplexe Zielsysteme ein, die im Vergleich öffentlicher und privater Anbieter wirksam werden.

II. Die Fragestellung

Das Spektrum der institutionellen Arrangements der Erstellung öffentlicher (kommunaler) Daseinsvorsorgegüter (europarechtlich definiert: von Dienstleistungen von allgemeinem [ökonomischem] Interesse]) hat sich in den letzten Dekaden differenziert.[1] Dazu gehören auch verschiedene Varianten formaler und materieller Privatisierung, Formen von Public-Private-Partnerships (PPP), aber unternehmensmorphologisch auch (Rechts-)Formwandlungen in der öffentlichen Wahrnehmung dieser Erstellungsaufgaben. Im Wissenschaftlichen Beirat des bvöd (ehemals GÖW) wurde und wird diese Differenzierung im Spektrum zwischen institutioneller und funktionaler Theorie der Daseinsvorsorge thematisiert, zuletzt vor allem als Trend zur Theorie und Praxis der Gewährleistungsstaatlichkeit bzw. der Gewährleistungskommune[2] unter besonderer Berücksichtigung des Europäischen (Wettbewerbs-, Vergabe-, Beihilfe- und Konzessions-)Rechts.

Vom Daseinsvorsorgeprinzip[3] ist breit und bleibend kontrovers die Rede. Die Kontroverse um die (Begrifflichkeit von) Daseinsvorsorge ist in der Literatur mitunter eine exegetische Angelegenheit zu Forsthoff (1938) geworden.[4] Alles dreht sich um implizite Autoritarismusprobleme. Das greift aber zu kurz. Es geht nicht um Forsthoff; es geht um die Problematik.[5] Und insofern neige ich fast dazu, den[6] vorwurfsvoll-kritisch eingebrachten Eindruck von Kemmerer (2007), Daseinsvorsorge sei ein existenzialphilosophischer Begriff (dazu auch einige Hinweise bei Kersten[7] mit Bezug u. a. auf Jaspers Abhandlung „Die geistige Situation der Zeit" von 1931 (1999); aber als Thema auch bei Max Weber und mehr noch bereits in der Rechtsphilosophie von Hegel begründet), positiv aufzugreifen und produktiv zu wenden. Natürlich geht es um die „Staatsbedürftigkeit" moderner Gesellschaft[8], die Kemmerer heftig attackiert; wesentlich differenzierter dagegen Kersten (2007). Richtig ist, dass nun erst die eigentliche Aufgabe ansteht: Staatlichkeit zu definieren und morphologisch zu konkretisieren. Auch in Anlehnung an Rinken und Kellmer[9] ist der Kern der öffentlichen Daseinsvorsorge die „Sorge", die auf einem Allge-

---

1 *Schulz-Nieswandt (2008); Schulz-Nieswandt* und *Mann (2009)* sowie *(2010)*.
2 *Franzius (2009); Waechter (2008)*.
3 Vgl. dazu auch in *Pielow (2001)*.
4 *Kersten (2005)*.
5 Vgl. auch ertragreich klärend *Ringwald (2007)*.
6 Auch bei *Gegner (2002)*.
7 *Kersten (2006)*, S. 544.
8 Eine Diagnose von *Vogel (2007)*.
9 *Rinken/Kellmer (2006)*, S. 17.

meininteresse beruht, das in den EG-Kontexten heute normativ anerkannt wird, vielleicht nicht auf dem Niveau eines Vertragszieles im Sinne von Art. 2 EGV, aber als Gemeinschaftsstrukturprinzip.

Schaut man sich[10] den Art. 14 des Vertrages über die Arbeitsweise der Europäischen Union (AEUV), ehemals Art. 16 EGV[11], an, so werden die DA(W)I „innerhalb der gemeinsamen Werte der Union" behandelt. Dies würde das Gemeinschaftsstrukturprinzip in die Zielarchitektur der EU einordnen. Dies wird unterstützt durch die Aufnahme der Grundrechtscharta von Nizza in den Reformvertrag (Vertrag von Lissabon zur Änderung des Vertrags über Europäische Union und des Vertrags zur Gründung der Europäischen Gemeinschaft). Reformvertrag und AEUV stehen ja gleichrangig nebeneinander. Art. 6 des Reformvertrages konstatiert: „Die Union erkennt die Rechte, Freiheiten und Grundsätze an, die in der Charta der Grundrechte der Europäischen Union vom 7. Dezember 2000 in der am 12. Dezember 2007 in Straßburg angepassten Fassung niedergelegt sind; die Charta der Grundrechte und die Verträge sind rechtlich gleichrangig." Dieser Art. 6 ist deshalb relevant, weil die Charta wiederum die DA(W)I behandelt: Artikel 36 behandelt den „Zugang zu Dienstleistungen von allgemeinem wirtschaftlichen Interesse." Dort lautet der Text: „Die Union anerkennt und achtet den Zugang zu Dienstleistungen von allgemeinem wirtschaftlichen Interesse, wie er durch die einzelstaatlichen Rechtsvorschriften und Gepflogenheiten im Einklang mit dem Vertrag zur Gründung der Europäischen Gemeinschaft geregelt ist, um den sozialen und territorialen Zusammenhalt der Union zu fördern." Hinzu kommt noch das Protokoll Nr. 26 von Lissabon („Protokoll über Dienste von allgemeinem Interesse"). Die im Art. 2 kodifizierte Differenzierung von DA(W)I von DAI mag politisch sympathisch sein, fachlich jedoch dahingestellt bleiben. Wichtig ist Art. 1. Dort wird mit Bezug auf den Art. 16 AEUV die Bedeutung der DA(W)I für die Union definiert.

Jedenfalls handelt sich um einen Meilenstein auf dem Weg zur Formulierung eines europäischen Sozial- bzw. Gesellschaftsmodells. Fragen der Organisation dieser Sorge betreffen die Grundgüter der menschlichen Lebensführung. Und daher sollte, was das EG-Recht an sich auch anerkennt, die diesbezügliche historisch gewachsene Kultur der Länder wirksam werden. Die Kompe-

---

10 *Krajewski (2010)* sowie *(2010a)*.
11 Vgl. ähnlich auch *Schulz-Nieswandt, Mann und Sauer (2010)*. Vgl. auch *Schulz-Nieswandt* und *Sauer (2010a)* sowie *Schulz-Nieswandt (2010a)*. Am Beispiel des Gesundheitswesen: *Schulz-Nieswandt* und *Maier-Rigaud (2008)* sowie *(2010)*, dort auch mit Bezug auf Verbraucherschutz.

tenzfrage[12] bleibt, denn zugleich neigt die EU-Kommission dazu, die öffentlichen Aufgaben, nicht jedoch die Modalitäten ihrer Erledigung als für gegeben anzusehen. Und insofern taucht wiederum die Einsicht auf, dass national Sozialstaatlichkeit nur im Kontext europäischer Interdependenz zu entwickeln ist.[13] Nochmals den richtigen, nur normativ falsch bewerteten Vorwurf aufgreifend, der Diskurs sei existenzialistisch: So wie ontologisch und anthropologisch sum vor cogito kommt, so das Gemeinwohl (salus publica) in einer Markt und Politik umfassenden res publica, so kommt das Gemeinwohl ex ante ins Spiel, nicht erst als Summe der individuellen Nutzenkalküle oder als fremdartige Ergänzung dort, wo das individuelle Nutzenstreben versagt.[14]

Was und wie denkt eigentlich die Bevölkerung? Was sind, die Erkenntnisgrenzen einer wohlfahrtsökonomisch fundierten Social choice-Demokratietheorie durchaus bedenkend, deren Präferenzen hinsichtlich der institutionellen Modalitäten (Arrangements) der Erstellung der öffentlichen (kommunalen) Güter und Dienstleistungen der Daseinsvorsorge?

Verschiedene Bevölkerungsbefragungen und Medienanalysen liegen hierzu vor.[15] Im vorliegenden Beitrag, ähnlich anderen Befundlagen, bezieht sich die Erörterung auf eine repräsentative telefonische Bevölkerungsumfrage von dimap im Auftrag des VKU aus dem Jahre 2008.[16] Welches Antwortmuster lässt sich dominant erkennen? Derartige Befunde dürften auch für die strategische Szenarienanalyse für Stadtwerke[17] von Interesse sein.

III. Die Hypothese

Die Befunde der Empirie[18] lassen den Schluss zu, dass die Bevölkerung keine ausgeprägte Präferenz für Privatisierung hat, sondern mit Akzentuierung auf zwei Varianten jenseits der reinen Privatisierung antwortet. Entweder besteht eine Präferenz für eine öffentliche Trägerschaft oder eine Präferenz für öffentliche Regulierung privater Anbieter. Geht man in der Theorielandschaft von einem Spektrum zwischen Privatisierung einerseits und öffentlicher Trägerschaft andererseits aus, wobei Formen der regulierten (Quasi-)Märkte dazwi-

---

12 *Schulz-Nieswandt* und *Mann (2009a)*.
13 *Rinken* und *Kellmer (2006)*, S. 22.
14 Vgl. auch *Mühlenkamp* und *Schulz-Nieswandt (2008)*.
15 Vgl. dazu auch *Theuvsen (2009)*; *Theuvsen* und *Zschache* in diesem Band.
16 *Müller (2009)*.
17 Vgl. etwa *Institut für Öffentliche Finanzen und Public Management der Universität Leipzig (2009)*.
18 *Müller (2009)*; *Theuvsen (2009)* mit weiteren Nachweisen.

schen angesiedelt sind, so wird die Theorielandschaft insofern repliziert, da damit zwei eher privatisierungs-skeptische Modalitäten überwiegend präferiert werden. Parallel zu Forschungen in anderen Bereichen[19] zeigt sich auch hier, dass die Bevölkerung implizit Standpunkte vertritt, die auch Entsprechungen in der Theoriewelt der wissenschaftlichen Fachdisziplinen haben. Weitgehend bleibt dieser Entsprechungseffekt natürlich implizit.

Im Rahmen einer psychologischen Re-Interpretation, die auf wissenssoziologische Theorieüberlegungen (zu kulturellen Deutungsmustern, wobei die kulturellen Deutungsmuster sozial bedingt, da sozial erworben und auf soziale Handlungsprobleme bezogen sind) aufbaut, sollen – so unsere zentrale Hypothese – die Daten als Ausdruck eines von großen Bevölkerungsteilen kollektiv kognitiv geteilten kulturellen Deutungsmuster verstanden werden. Die Ursachen sind tiefenpsychologischer Art: Daseinsvorsorgegüter werden tatsächlich als existenziell begriffen.

Allerdings kann zur Interpretation auch auf die, allerdings nicht unumstrittene Theorie der Bedürfnishierarchie von Maslow (aus dem Jahre 1943) zurückgegriffen werden.[20] Die Daseinsvorsorge-Versorgung kann zum Grundmotiv des Sicherheitsempfindens des Menschen gezählt werden, das Kaufmann auch im sozialpolitischen Kontext untersucht hat.[21] Das Problem der Daseinsvorsorge kreist so in der Hierarchie um die Stufen 1 und 2 bei Maslow (körperliche Existenzbedürfnisse sowie Sicherheit). Bevorzugt wird hier jedoch die auf die Tiefenpsychologie von C. G. Jung zurück gehende Theorie des Archetypus.[22] Die analytische Psychologie versteht unter Archetypen Urbilder menschlicher Vorstellungen und Vorstellungsmuster, die im kollektiv Unbewussten verbleiben. Das individuelle Bewusstsein wird durch diese seelischen Strukturdeterminanten vorstrukturiert und präfiguriert.

Vor allem Wasser[23] ist zu begreifen als Archetypus der menschlichen Kreatürlichkeit (was sich religionsgeschichtlich an der Symbolbedeutung des Wassers zeigen lässt)[24], die vulnerabel ist und durchaus angstbesetzt zu einer Präferenzbildung führt, die das Alltagsleben im Lebenslauf als abhängig betrachtet von der Vorhaltung und Zugänglichkeit derartiger Infrastrukturgüter. Insofern drückt sich in dieser Präferenzbildung eine implizit bleibende und natürlich

---

19 Etwa zu Gerechtigkeitsvorstellungen der Bevölkerung im Kontext der Sozialstaatsakzeptanzforschung: *Ullrich (2008)*; *Wendt (2008)*.
20 Vgl. *Maslow (1981)*.
21 *Kaufmann (1970)*.
22 *Jung (2001)*.
23 im Datensatz: *Müller (2009)*, S. 6.
24 Vgl. religionsgeschichtlich *Wolf (2004)* sowie *Woschitz (2003)*.

von den meisten Menschen nicht vollumfänglich elaborierte philosophische Anthropologie des Menschen in seiner Verletzlichkeit innerhalb der ihn umgebenen Welt aus.[25] Kulturelle Deutungsmuster sind somit handlungsleitende Alltagstheorien. Eine breite neuere, zum großen Teilen kulturgeschichtliche Literatur zum Wasser verdeutlicht die Sensibilität aktueller Diskurse.[26] Wasser ist ein herausragendes Beispiel, da es für die Menschen von hoher Symbolkraft[27] und weltweit von umfassender Bedeutung im Leben ist.[28] Es ist auch deshalb besonders interessant, weil sich auch hier aus EU-Sicht Liberalisierungstendenzen abzeichnen.[29]

Diese Bedeutung des Wassers kann auch aus dem Zusammenspiel von Ur-Angst und Ur-Vertrauen des Menschen in seiner Daseinsweise (1844 wurde diese existenzielle Angst philosophisch-theologisch fundiert bei Kierkegaard[30]) verstanden werden. Der Begriff des Ur-Vertrauens geht auf den Entwicklungs- und Sozialpsychologen E. H. Erikson zurück.[31] Diese Ressource des Ur-Vertrauens ist notwendig, um die ebenso existenziell gegebene Wirksamkeit der Ur-Angst in psychisch Ich-starker Weise gelingend und aufgabenorientiert-produktiv im Lebenslauf zu bewältigen. Denn seelisch schädlich wären andauernde Kontrollverlusterlebnisse.[32]

Die objektive Sicherstellung der basalen Infrastruktur als politischer Auftrag im modernen Rechtsstaat in der Form des Daseinsvorsorge- und Sozialstaates und das subjektive Wissen um diese reale Gewährleistung dient somit, psychologisch gesehen, der Herstellung eines Kohärenzgefühles[33] für die Menschen, wodurch der Alltag im Sinne einer personalen Geschehensordnung als integriert erlebt wird. Technik wird somit zur Grundlage der gelingenden Behausung[34] und des erfolgreichen Sorgemanagements im lebensweltlichen Daseinsvollzug der Menschen.

---

25 *Schulz-Nieswandt (2009a)*.
26 Vgl. u.a. *Schenkel* und *Lembert (2008)*; *Böhme* und *Böhme (2004)*; *Hirschfelder* u.a. *(2009)*; *Goodbody* und *Wanning (2008)*; *Mayer-Tasch (2009)*.
27 *Bihler (2003)*.
28 *Kürschner-Pelkmann (2007)*; *Lux (2009)*.
29 Vgl. dazu *Besche (2004)*; *Zepf (2009)* und *Wackerbauer (2007)* sowie *(2009)*.
30 *Kierkegaard (1992)*.
31 *Erikson (1999)*.
32 Vgl. auch insgesamt *Riemann (1992)*.
33 *Wydler, Kolip* und *Abel (2006)*.
34 *Bollnow (2004)*.

IV. Die Theorien der strukturalen Tiefenhermeneutik und die Analyse kultureller Deutungsmuster

Diese tiefenpsychologische Sichtweise in der Re-Interpretation quantitativer empirischer Befunde kann aus dem theoretischen Rückgriff auf eine Kernidee der Theorie(n) strukturaler Tiefenhermeneutik[35] verstanden werden.[36] Mit Wurzeln bei Chomsky (1981; 2003; 2004) und bei Cicourel (1974), aber auch in der Wissenssoziologie bei Mannheim (2003) und in der Theorie kollektiver Denkstile bei Fleck (2008), und mit erheblichen Schnittstellen zur Habitushermeneutik[37], wie sie in der Soziologie von Bourdieu (2007; 2008) wurzelt, gehen wir dabei zwischen der Oberfläche von Äußerungen der Menschen (Ebene der sprachlichen Performativität) und der Tiefen-Ebene einer generativen Grammatik aus. Auf dieser sind nun kulturelle Deutungsmuster angesiedelt, die weitgehend unbewusst bleiben, aber (kollektiv geteilt) die routinemäßigen Antwortmuster generieren, die Menschen benötigen, um mit wiederkehrenden (krisen-relevanten) Problemen des Alltags im Lebenslauf klarzukommen (also als kognitive Bewältigungsmuster anstehender Fragen und chronischer Themen darstellbar sind). Es geht somit nicht um subjektive Deutungsmuster, sondern um kulturelle, kollektiv (von einer Gruppe, einem Sozialmilieu etc.) geteilte kohärente (logisch intern konsistente) kognitive Orientierungs- und Interpretationsschemata von Menschen. Wenn man so will, kann man allgemein diese Idee einer kulturellen Grammatik, nach der Menschen sich sinnhaft orientieren, auch als Skript (Drehbuch) oder als Programm-Codes verstehen. Kulturelle Deutungsmuster sind themenbezogene Bausteine der kulturellen Strickmuster der Menschen. Insofern ist dieser Forschungsansatz post-strukturalistisch (Prämisse der De-Zentrierung des Subjekts).[38]

Es gibt zahlreiche Varianten der Deutungsmuster-Konzeptualisierung.[39] Framing im Sinne der Einrahmung subjektiver Interpretationsmuster von Themen und Ereignissen spielt vor allem auch in der medienwissenschaftlichen Forschung eine zentrale Rolle, wenn es um Fragen des Agenda-Settings geht. Dabei werden die Rollen der Massenkommunikationsprozesse analysiert. Bezuggenommen werden kann auch auf die Rahmenanalyse von Erving

---

35 Vgl. in *Schirmer (2009)*.
36 *Schulz-Nieswandt* und *Sauer (2010)*.
37 *Krais* und *Gebauer (2002)*.
38 *Stäheli* (2000; *Moebius und Reckwitz (2008)*.
39 Hierzu liegen diverse Varianten von *Chr. Lüders, M. Meuser, Chr. Plaß, M. Schetsche, K. Kassner* u.a. vor. Zweckmäßig erscheint auch der Framing-Ansatz bei *Theuvsen* und *Zschache* (in diesem Band); vgl. insgesamt *Franzmann (2007)*.

Goffman. Unter Rahmen versteht Goffman (2008) durch die Sozialisation erlernte Erfahrungsschemata. Sie bleiben unbewusst und dienen der sinnhaften Wahrnehmung von Situationen.

Jetzt wollen wir uns aber an keiner konkreten Variante der strukturalen Tiefenhermeneutik orientieren, allein schon deshalb nicht, weil wir uns für keine konkrete Methode der qualitativen Deutungsmusteranalyse[40] entscheiden müssen, da wir empirische Befunde einer quantitativen Befragung nur im Lichte einer Theorie kollektiver Deutungsmuster re-interpretieren wollen, aber keine Daten im Rahmen der Anwendung qualitativer Methoden der Sozialforschung[41] selbst erheben.

V. Der Datensatz, die zentralen Befunde und ihre Interpretation

Ganz allgemein sind bei dieser telefonischen Repräsentativbefragung (n = 1003 und vertiefende Auswertungen für Westdeutschland [n = 792] und für Ostdeutschland [n = 713]) im Zeitraum vom 17. bis zum 29. September 2008, also vor dem Ausbruch der eigentlichen Krisendiskussion, einige zentrale Befunde festzuhalten: Für die archetypisch-existenziale Interpretation der sozialen Bedeutungsbeurteilung öffentlicher Sicherstellung der Daseinsvorsorge spricht die weitgehende, in vielen einzelnen Teilzusammenhängen beobachtbare Unabhängigkeit der empirischen Befunde der dimap-Studie von den sozio-demografischen Variablen Alter, Geschlecht und Bildung. Einige Differenzierungen in dem prozentualen Antwortverhalten zeichnen sich bei tieferen Betrachtungen der Datenzusammenhänge ab. Aber auch hier sind die Befunde im Trend unabhängig von den sozio-demografischen und sozio-ökonomischen Merkmalen.

Allein dieser Befund einer von der sozio-demografischen Situation und von der Bildung (als Schlüsselindikator für die sozio-ökonomische Lage) weitgehend unabhängigen Präferenzbildung ist überraschend und daher bemerkenswert. Denn in der Regel müsste man hier viel stärker ausgeprägte Schichtabhängigkeiten und sozio-demografische Milieudifferenzierungen vermuten.

Zwar zeichnen sich leichte Sektorenunterschiede (Energie, Verkehr, Wasser, Abfall etc.) ab, doch die Präferenzbildung neigt deutlich zugunsten einer

---

[40] Etwa die Richtung der Objektiven Hermeneutik: *Wernet (2009), Oevermann (2001)* sowie *(2001a)* oder die der dokumentarischen Methode: *Nohl (2009), Przyborski (2004)* und *Bohnsack (2008).*
[41] *Bohnsack, Marotzki* und *Meuser (2006).*

öffentlichen Trägerschaft; es folgen anteilsmäßig Präferenzen für die öffentliche Kontrolle[42] privater Anbieter. Natürlich erwartet die Bevölkerung keine traditionellen, historisch überholten Amtsstrukturen, sondern moderne Dienstleistungsdesigns von den Leistungsanbietern. Bei Kundenorientierung und Flexibilität mag es daher Zweifel gegenüber den öffentlichen Trägern geben. Hier wirkt ein gewisses kollektives Gedächtnis an ältere Zeiten fort, aber wichtiger ist umgekehrt: Eine ausgeprägte Skepsis herrscht gegenüber dem Gewinnmotiv privater Unternehmen. Ähnlich wie in der (hier literaturbezogen jedoch nicht auszubreitenden) Sozialstaatsakzeptanzforschung steht die Bevölkerung positiv zu den Grundprinzipien, artikuliert jedoch Kritik an der Qualität der Praxis. Die Gemeinwohlorientierung bei öffentlichen Trägern wird betont; daneben zählt vor allem die Zuverlässigkeit. Stärker mit öffentlichen als mit privaten Trägern verbinden die Menschen die Erwartungen der Förderung der Region, der Sicherheit, des Umweltbewusstseins und des langfristigen Wirtschaftens.

Mehr ins Detail blickend: Allgemeine Präferenzbildung:

Insgesamt sprechen sich 66 % eher für öffentliche Unternehmen, 20 % eher für private Unternehmen aus. Nach Sektoren ordnet die nachfolgende Abbildung 1.

Die Präferenz für die beiden Antwortarten steigt nicht mit dem Alter an. Der Geschlechtsunterschied ist nicht überaus deutlich: Bei der Präferenz für private Unternehmen sind 24 % männliche Befragte, 15 % weibliche Befragte. Bei der Präferenz für öffentliche Unternehmen ist die Aufteilung 57 % zu 62 %. Eine leicht stärkere Risikoaversion gegenüber privaten Unternehmen seitens der Frauen mag aber möglich sein. Solche geschlechtsspezifischen Charakterunterschiede, die Folge des kulturellen Rollenerwerbs sind, werden auch in anderen Forschungsbereichen diskutiert. Frauen mögen infolge ihrer kulturell zugeschriebenen Weiblichkeits-, vor allem Mütterrollen eher zur Sorge und Vorsorge sowie zur Vorsichtigkeit neigen; Männer mögen agonaler ausgeprägt und risikobereiter sein. Eine Validierung der Signifikanz ist im Lichte der Daten aber hier nicht möglich.

---

42 Zur Regulierung umfassend *Brehme (2010)*.

Abbildung 1: Bevorzugte Versorgungsunternehmen

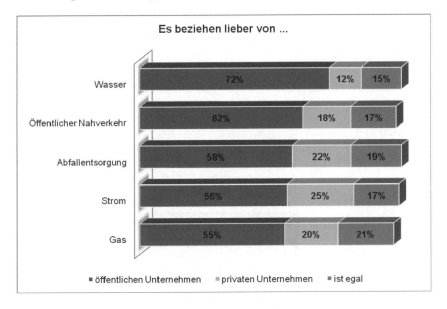

Eine Steigerung mit dem Bildungsabschluss ist jeweils nicht zu erkennen. Innerhalb der Gruppe mit Hauptschulabschluss sprechen sich 57 % der Befragten eher für öffentliche Unternehmen und 19 % eher für private Unternehmen aus. In der Gruppe der Menschen mit Hochschulabschluss sprechen sich 64 % eher für öffentliche Unternehmen, 23 % eher für private Unternehmen aus. Zwischen den Bildungsabschlussarten in beiden Antwortgruppen schwanken die Prozentsätze. Mit Blick auf die aktive Berufstätigkeit als Situationsmerkmal streuen die Werte zwischen beiden Antwortarten nicht so stark (54 % für öffentliche Unternehmen, 25 % für private Unternehmen) als im Fall der Rentner/Pensionäre: dort 67 % zu 13 %. Am stärksten ist die Präferenz für öffentliche Unternehmen bei Beamten ausgeprägt (74 %), am niedrigsten ist die Präferenz für private Unternehmen bei Arbeitern (17 %). Bei einem monatlichen Haushaltsnettoeinkommen von über 3500 Euro steigt der Prozentsatz der Befragten, die sich eher für private Unternehmen aussprechen, auf 30 % an. Über 60 % der Befragten sprechen sich eher für öffentliche Unternehmen aus, wenn diese Personen Haushaltsnettoeinkommen nur bis zu 1.500 Euro im Monat haben. Am stärksten ist die Diskrepanz in der Präferenzverteilung in Städten mit über 100.000 Einwohnern.

1. Unternehmensmerkmale

Ähnliche Muster zeichnen sich ab, wenn die Merkmale öffentlicher und privater Unternehmen abgefragt werden. Und dies sind wohl auch die Hintergründe für die tendenzielle Abwendung von privaten Unternehmen. Abbildung 2 bietet einen Gesamtüberblick mit Blick auf die Einschätzung des Verhaltens öffentlicher und privater Versorgungsunternehmen, wenn es um die Frage nach den Unterschieden geht.

Abbildung 2: Unterschiede zwischen kommunalen und privaten Versorgungsunternehmen

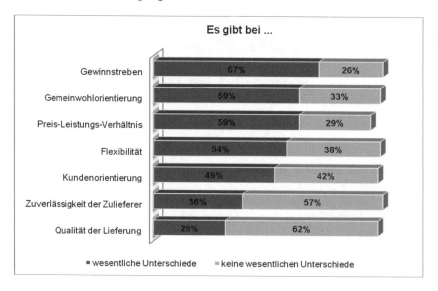

Abbildung 3 zeigt die differentiellen Erwartungen.

Den privaten Unternehmen wird deutlicher die Gewinnorientierung nachgesagt. Umgekehrt verhält es sich mit dem Merkmal der Gemeinwohlorientierung. Nur 8 % der Befragten glauben an eine Gemeinwohlorientierung privater Unternehmen. Ist dieser Glauben bei Menschen mit Hauptschulabschluss bei 11 % vertreten, so bei Befragten mit Hochschulabschluss nur mit 7 %.

Abbildung 3: Erwartungen an öffentliche und private Unternehmen

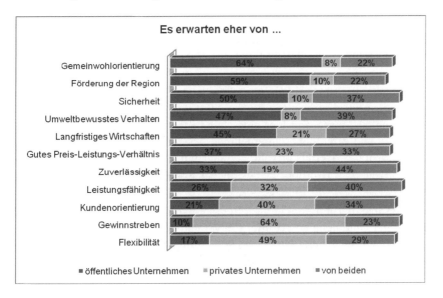

Bei der Kundenorientierung liegen die Verhältnisse anders. 40 % sehen dieses Merkmal eher bei privaten, 21 % eher bei öffentlichen Unternehmen vorliegend. Immerhin glauben 34 %, bei beiden Unternehmensgruppen spiele Kundenorientierung eine Rolle. Hier liegen jeweils eine positive Kovariation mit dem Bildungsgrad bei der Einschätzung der privaten und eine negative Kovariation dieser Einschätzungen der öffentlichen Unternehmen vor. Gleiche Korrelationsrichtungen bestehen bei der Betrachtung der monatlichen Haushaltsnettoeinkommen. Analoges kann im Fall des Merkmals der Flexibilität als ein empirischer Befund festgehalten werden.

Die Zusammenhänge bestehen wiederum in die andere Richtung im Fall des Merkmales der Zuverlässigkeit. Während 19 % der Befragten die privaten Unternehmen positiv einschätzen, so 33 % der Befragten die öffentlichen Unternehmen. 44 % sehen keine Unterschiede. Bildung scheint bei der positiven Einschätzung privater Unternehmen keine Rolle zu spielen; bei der positiven Einschätzung der öffentlichen Unternehmen nimmt der Prozentsatz ab und der Prozentsatz der Befragten, die keine Differenz zwischen privaten und öffentlichen Unternehmen erkennen, steigt an. Bei dem Merkmal der Leistungsfähigkeit sind die Differenzen zwischen den beiden Antwortgruppen schwächer ausgeprägt. 40 % sehen keine Differenzen.

Deutlich sind die Einschätzungsunterschiede in puncto Sicherheit. Hier sehen 37 % der Befragten keine Unterschiede, 50 % sprechen sich hier aber für öffentliche und nur 10 % für private Unternehmen aus. Die Präferenz für öffentliche Unternehmen steigt mit dem Bildungsabschluss an (bis auf 55 % der Befragten mit Hochschulabschluss; ebenso im Fall der Beamten).

Liegen in der Regel die Werte für die positiven Einschätzungen öffentlicher Unternehmen in ostdeutschen Regionen leicht höher als in westdeutschen Regionen, so gilt dies weniger für das Merkmal der Gemeinwohlorientierungen, wenngleich insgesamt hier eine starke Einschätzungsdifferenz mit Blick auf private und öffentliche Unternehmen besteht. 64 % bewerten öffentliche Unternehmen positiver als private, von denen nur 8 % eine Gemeinwohlorientierung erwarten. Erwartungsgemäß liegen die Verhältnisse hinsichtlich des Merkmales des Gewinnstrebens umgekehrt.

Das Merkmal der Förderung der Region wird in ausgeprägter Weise bei öffentlichen Unternehmen erwartet (59 %) und dies steigt mit dem Bildungsabschluss auf 68 % an. Nur 5 % der Befragten mit Hochschulabschluss erwarten von privaten Unternehmen eine solche Orientierung.

21 % glauben, dass private Unternehmen langfristig wirtschaften; 45 % erwarten dies von öffentlichen Unternehmen. 27 % haben keine Erwartungsunterschiede. Hier liegen die positiven Erwartungen an öffentliche Unternehmen in ostdeutschen Regionen wieder leicht höher als in westdeutschen Regionen.

Wir legen das Konstrukt „langfristiges Wirtschaften" im Sinne der Nachhaltigkeit aus. Die Befürchtung der Bevölkerung bezieht sich auf die kurzfristige Gewinnorientierung und auf die damit verknüpfte Minderschätzung der langfristigen Investitionsentscheidungen, die nachhaltige Gewährleistung sichern soll.

Generell mögen bei diesen Befragungen sicherlich einige Validitätsprobleme vorliegen, da es sich um sehr komplexe Konstruktvariablen handelt. Wir erwarten diesbezüglich aber keine so grundsätzlichen Güteprobleme, dass wir die Daten wissenschaftlich für nicht nutzbar halten. Später plädieren wir allerdings für vermehrte qualitative Tiefenbohrungen in die Wirklichkeitskonstruktionen der Bevölkerung.

Ähnliche Erwartungsdifferenzen hinsichtlich der privaten und öffentlichen Unternehmen bestehen im Fall des umweltbewussten Verhaltens.

2. Sektorale Unterschiede

Betrachtet man sektorale Unterschiede, so zeigen sich weitgehende Trendparallelen, aber vor allem eine ausgeprägte Besonderheit des Wassersektors. Bei Strom, Gas, Abfallentsorgung, öffentlicher Nahverkehr liegen die Präferenzdifferenzen in der Regel bei ca. 60 % zu 20 %. Bei Wasser sprechen sich 72 % für öffentliche und nur 12 % der Befragten für private Unternehmen aus.

Einige eingebaute Kontrollfragen bestätigen die hier kurz referierten Trends im Antwortmuster der Befragten. Die vertiefenden Auswertungen für Ostdeutschland (n = 713) bestätigen dort die Antwortmuster. Dabei streuen die Werte für positive Einschätzungen öffentlicher Unternehmen, aber auch mit Blick auf Gemeinwohlorientierung, Zuverlässigkeit und Sicherheit sowie andere Merkmale leicht zwischen den ostdeutschen Ländern. Und die besonderen Präferenzausprägungen für den Bereich Wasser liegen auch in Ostdeutschland vor.

2. Wasser

73 % der ostdeutschen Befragten präferieren eher öffentliche Unternehmen. Dies ist unabhängig vom Geschlecht, vom Alter, vom Bildungs- und Berufsabschluss, vom monatlichen Nettoeinkommen des Haushaltes und von der Wohnortgröße. Gleiche Relationen gelten für Westdeutschland (n = 792). Hier steigt mit dem Bildungsgrad die Präferenz für öffentliche Unternehmen im Wassersektor (von 70 % [Hauptschulabschluss] auf 82 % [Hochschulabschluss]) an, während der Anteil der Befragten, denen die Rollenaufteilung zwischen öffentlichen und privaten Unternehmen im Wassersektor egal ist, mit steigendem Bildungsgrad sinkt (von 19 % auf 6 %).

An der Qualität der Befragung mit Hilfe der telefonischen Datenerhebung ist trotz einiger Skepsis angesichts der komplizierten Sachverhalte eigentlich nicht zu zweifeln; dennoch mag es Validitätsprobleme geben. Diese könnten durch qualitative Tiefenbohrungen in Form offener face-to-face-Interviews behoben werden. Diese sind im vorliegenden Fall nicht durchgeführt worden. Unsere Hypothese ist es, dass solche qualitativen Studien[43] unsere tiefenpsychologischen Erwartungen bestätigen würden. Die vorliegenden quantitativen Befunde deskriptiver Art geben jedenfalls dazu allen Anlass. In Zukunft wäre es wünschenswert, wenn wir mehr qualitative Tiefenbohrungen bekä-

---

43 *Ullrich (1999).*

men, die die kulturelle Grammatik des Denkens und Fühlens der Bevölkerung aufdecken helfen könnten. So gut und interessant die Repräsentativbefragungen auch sind, sie sind in psychologischer Perspektive relativ oberflächlich und führen uns nicht zu Einsichten in die Weltbilder und Deutungsmuster der Menschen. Unserer Meinung nach muss sich die ökonomische Forschung daher konzeptionell erweitern. Daher folgern wir noch einige grundsätzliche Schlüsse.

VI. Allgemeine, weitergehende Schlussfolgerungen: Die Entfremdung der „ökonomischen Theorie" von der sozialen Lebenswirklichkeit der Menschen

Wenngleich die moderne Mikroökonomie sich vom einfachen homo oeconomicus[44] verabschiedet hat und sich Formen der bounded rationality verpflichtet fühlt, ist diese Theoriemodernisierung beschränkt. Neben sozialen, meist strategischen Interdependenzannahmen (connectedness-Theorem), etwa in der Spieltheorie, spielt die Aufnahme gewisser kognitionspsychologischer Aspekte (s.o. das Framing-Phänomen) eine zunehmende Rolle.[45] Und in motivationspsychologischer Hinsicht werden, vor allem in experimentellen Designs, Differenzierungen mit Blick auf pro-soziale Orientierungen (Altruismus, Fairness) vorgenommen. Die obigen psychologischen Interpretationen machen jedoch deutlich, wie wenig radikal der Wandel der ökonomischen Theorie ist. Der Mensch wird nicht (und hier [im begriffs- und theoriegeschichtlichen Kontext der Daseinsvorsorgedebatte] nochmals entgegen Gegner [2002] argumentierend) tiefgreifend existenziell verstanden. Dies drückt eine nachhaltige Seinsvergessenheit der fortgeschrittenen ökonomischen Theorie aus, wobei an das Theorem des existentialen „Geworfenseins" erinnert werden muss, das auf die Bedeutung entwicklungspsychologischer Perspektiven verweist. Sorge charakterisierte das alltägliche Dasein des Men-

---

44 Es gibt daher zwei ökonomische Literaturwelten: die der Lehrbücher und die der Forschungs-Journals. Der Forschungsliteratur wird man nicht mehr den Vorwurf machen können, sie ginge von einem *homo oeconomicus* aus, der in seinen sozialen Interdependenzen verkannt wird. Auch wird man dieser neueren Forschung nicht mehr nachsagen können, sie definiere Eigennutz nur als egoistisch anmutenden (oder als *Pleonexia* auftretenden) narzistischen Solipsismus, der Verdächtigungen in Richtungen auf eine Sozialpathologie des Autismus nahelegen würde.

45 Ein Blick in die Theoriebildung der Klassiker der Soziologie (Max Webers Definition von sozialem Handeln, Georg Simmels Apriori der Wechselwirkung, Norbert Elias' Überwindung des *homo clausus* durch den *homo figurationis* etc. etc.) hätte zumindest eine frühzeitigere Theorieweiterentwicklung ermöglicht.

schen im Lebenslauf in der Verstrickung der Generationen (intra- wie intergenerationell). Und der Mensch ist daher nicht nur aus seinen Interessen und Präferenzordnungen heraus zu verstehen. Die komplexe, auch in ihrer Leiblichkeit zu verstehende Persönlichkeit im psychologischen Sinne darf keine vergessene Kategorie in der ökonomischen Theorie bleiben. Das tiefere und ganzheitlichere Verständnis des Menschen in historischer Zeit und im kulturellen Raum bedarf einer entsprechenden qualitativen Habitus-Hermeneutik. Damit muss die Ökonomie, auch im Lichte philosophischer Anthropologie, zu den modernen kulturwissenschaftlichen Theorieentwicklungen[46] Anschluss finden. Sonst bleibt die Ökonomie weit entfernt, oder, weniger geografisch, sondern als mentales Modell verstanden, entfremdet vom lebensweltlich eingebundenen Menschen, mit seinen kulturellen Skripten, seinen intra-psychischen Arbeitsapparaten und entsprechenden Codierungen, seinen Ambivalenzen und Ängsten.[47]

Das Thema der Gewährleistung von Daseinsvorsorgegütern geht jedoch tiefer als oberflächliche Präferenzabfragen und betrifft Grundsatzfragen der Organisation „guten Lebens" in einer wohl geordneten polis. Insofern brauchen die EU-Mitgliedstaaten mehr Freiheiten als es eine enge Auslegung der Erstellung der Dienstleistungen ermöglicht, wonach diese marktoffen und wettbewerbsorientiert erfolgen.[48] Deshalb ist es wichtig, Möglichkeiten einer Re-Kommunalisierung auszuloten.[49] Im Diskurs müssen die Ängste der Menschen ernst genommen werden und nicht als infantiles Staatsverständnis disqualifiziert werden. Gerade im Bereich Wasser artikulieren sich die Ängste global[50] und werfen menschenrechtsbezogene Aspekte mit Blick auf die nachhaltige Sicherstellung auf.[51] Natürlich kann der Ruf nach dem Staat übertrieben sein und die Metapher vom Staat als väterliches Über-Ich kritisch bedacht werden. Doch die Staatstätigkeit nur als „Prothetisierung von Mutterleistungen"[52] zu karikieren, geht zu weit. Dies würde die Sorgen der Menschen nicht angemessen ernst nehmen. Und die Forschung gibt diesem pseudo-tiefenpsycho-logischen Neo-Liberalismus auch nicht Recht: Einfache Privatisierungsreligionen helfen nicht weiter, um die komplexen Herausforderungen zu bewältigen.

---

46 *Bachmann-Medick (2006)*.
47 Dazu umfassend *Schulz-Nieswandt (2010)*.
48 Vgl. jedoch Art. 106 (2) i. V. m. Art. 14 AEUV im Lichte des „Protokoll(s) über Dienste von allgemeinem Interesse".
49 *Bruksch (2010)*.
50 *Orsena (2010)*; Governance-bezogen vgl. *Dobner (2010)*.
51 *Laskowski (2010)*.
52 *van Tuinen (2006)*, S. 64.

Neben (kostenintensiven) Regulationsmaschinerien bietet sich eine managerial modernisierte öffentliche Unternehmenswirtschaft an.

Insgesamt ist festzuhalten: Die Bürger sollten im vorliegenden Kontext nicht als dumme Laien eingeschätzt werden. Einfache ökonomische Effizienzgewinnvermutungen in Verbindung mit Privatisierungspräferenzen übergehen nicht nur die Sorgen der Bevölkerung. Und hier reicht die Selbstkritik der privatisierungsfreundlichen mainstream-Reformökonomie nicht hin, lediglich zu konstatieren, die Reformvorschläge würden der Bevölkerung nur nicht richtig kommuniziert. Damit bleibt der Wahrheitsanspruch der mainstream-Ökonomie erhalten; die Selbstkritik bezieht sich nur auf das politische Marketing. Die Ökonomie entfremdet sich nicht einfach politisch von der Lebenswelt der Menschen. Sie transportiert vielmehr verkürzte Theoriesichten in die Reformdiskurse. Damit entfremdet sich die Ökonomie meta- wie objekttheoretisch von ihrem Gegenstand. Denn auch innerhalb der wissenschaftlichen Debatte erweist sich ein naiver Privatisierungsglauben als problematisch. Immer deutlicher wird der kostenintensive Re-Regulierungsbedarf der Privatisierung und De-Regulierung. Und letztendlich muss vorab geklärt werden, worauf sich die Effizienz der institutionellen Arrangements der Bereitstellung der Güter und Dienstleistungen bezieht: Und hier fordern die Bürger komplexe Zielsysteme ein, die im Vergleich öffentlicher und privater Anbieter wirksam werden. Die Bürger verweisen in ihrer Präferenzbildung auf das genuin Politische der Ökonomie.[53] Das ist keine kulturgeschichtlich problematische Ent-Differenzierung, sondern Wiedergewinnung der ganzheitlichen Authentizität des Gemeinwesens der Menschen.

Literaturverzeichnis

Bachmann-Medick (2006): Doris Bachmann-Medick, Cultural Turns. Reinbek b. Hamburg 2006.

Besche (2004): Beatrix Besche, Wasser und Wettbewerb. Möglichkeiten und Grenzen einer Öffnung des Wassermarktes. Frankfurt/M. 2004.

Bihler (2003): Elsbeth Bihler, Symbolkreis „Wasser – Boot – Wüste". Limburg 2003.

Böhme/Böhme (2004): Gernot Böhme u. Hartmut Böhme, Feuer, Wasser, Erde, Luft. Eine Kulturgeschichte der Elemente. München 2004.

---

53 *Marchart (2010).*

Bohnsack (2008): Ralf Bohnsack, Rekonstruktive Sozialforschung. 7. Aufl., Opladen u. Farmington Hills 2008.

Bohnsack/Marotzki/Meuser (2006): Ralf Bohnsack, Winfried Marotzki u. Michael Meuser, Hauptbegriffe Qualitativer Sozialforschung. Wiesbaden 2006.

Bollnow (2004): Otto Friedrich Bollnow, Mensch und Raum. 10. Aufl., Stuttgart 2004.

Bourdieu (2007): Pierre Bourdieu, Praktische Vernunft. 6. Aufl., Frankfurt/M. 2007.

Bourdieu (2008): Pierre Bourdieu, Sozialer Sinn. 6. Aufl., Frankfurt/M. 2008.

Brehme (2010): Julia Brehme, Privatisierung und Regulierung der öffentlichen Wasserversorgung. Tübingen 2010.

Bruksch (2010): Simone Bruksch, Gemeinwohlorientierung in der Marktwirtschaft. Zur Renaissance der Daseinsvorsorge am Praxisbeispiel Hausmüllentsorgung. Hamburg 2010.

Chomsky (1981): Noam Chomsky, Regeln und Repräsentationen. Frankfurt/M. 1981.

Chomsky (2003): Noam Chomsky, Reflexionen über die Sprache. 5. Aufl., Frankfurt/M. 2003.

Chomsky (2004): Noam Chomsky, Sprache und Geist. 8. Aufl., Frankfurt/M. 2004.

Cicourel (1974): Aaron V. Cicourel, Methode und Messung in der Soziologie. Frankfurt/M. 1974.

Dobner (2010): Petra Dobner, Wasserpolitik. Zur politischen Praxis und Kritik globaler Governance. Frankfurt/M. 2010.

Erikson (1999): Erik H. Erikson, Kindheit und Gesellschaft. Stuttgart (dt. zuerst 1957).

Fleck (2008): Ludwik Fleck, Entstehung und Entwicklung einer wissenschaftlichen Tatsache. 7. Aufl., Frankfurt/M. 2008.

Forsthoff (1938): Ernst Forsthoff, Die Verwaltung als Leistungsträger. Stuttgart 1938.

Franzius (2009): Claudio Franzius, Gewährleistung im Recht. Grundlagen eines europäischen Regelungsmodells öffentlicher Dienstleistungen. Tübingen 2009.

Franzmann (2007): Andreas Franzmann, Deutungsmuster-Analyse, in: Schützeichel, R. (Hrsg.). Handbuch Wissenssoziologie und Wissensforschung. Konstanz 2007, S. 191-198.

Gegner (2002): Martin Gegner, Die Wege des urbanen Verkehrs zur Daseinsvorsorge. Staatsintervention an der Schnittstelle von Sozial- und Verkehrspolitik. WZB-Diskussionspapier FS II 02 – 106. Berlin 2002.

Goffman (2008): Erving Goffman, Rahmenanalyse. 7. Aufl., Frankfurt/M. 2008.

Goodbody/Wanning (Hrsg., 2008): Axel Goodbody u. Berbeli Wanning, Wasser – Kultur – Ökologie. Beiträge zum Wandel im Umgang mit dem Wasser und zu seiner literarischen Imagination. Göttingen 2008.

Hirschfelder u.a. (Hrsg., 2009): Gunther Hirschfelder u.a., Purer Genuss? Wasser als Getränk, Ware und Kulturgut. Frankfurt/M., New York 2009.

Institut für Öffentliche Finanzen und Public Management der Universität Leipzig (2009): Perspektiven von Stadtwerken. Leipzig 2009.

Jaspers (1999): Karl Jaspers, Die geistige Situation der Zeit. 5. Aufl., (9. Abdruck der 1932 bearb. 5. Aufl.). Berlin 1999.

Jung (2001): Carl Gustav Jung, Traum und Traumdeutung. München 2001.

Kaufmann (1970): Franz-Xaver Kaufmann, Sicherheit als soziologisches und sozialpolitisches Problem. Untersuchungen zu einer Wertidee hoch differenzierter Gesellschaften. Stuttgart 1970.

Kemmerer (2007): Alexandra Kemmerer, Als die Bürger die Grenzen ihrer Zuständigkeit noch kannten, in: Frankfurter Allgemeine Zeitung Nr. 200 v. 29.08.2007, S. N 3.

Kersten (2005): Jens Kersten, Die Entwicklung des Konzepts der Daseinsvorsorge im Werk von Ernst Forsthoff, in: Der Staat, 44 (1) 2005, H. 4, S. 543-569.

Kierkegaard (1992): Søren Kierkegaard, Der Begriff Angst. Stuttgart 1992.

Krais/Gebauer (2002): Beate Krais u. Gunter Gebauer, Habitus. Bielefeld 2002.

Krajewski (2010): Markus Krajewski, Vom Primat des Wettbewerbs zum gemeinsamen Verfassungswert: Perspektivenwandel im europäischen Recht öffentlicher Dienstleistungen? In: Bundesverband Öffentliche Dienstleistungen (Hrsg.): Zukunft der öffentlichen Wirtschaft. Beiträge zur öffentlichen Wirtschaft, Berlin 2010, S. 46-73.

Krajewski (2010a): Markus Krajewski, Dienstleistungen von allgemeinem Interesse im Vertrag von Lissabon, in: Zeitschrift für öffentliche und gemeinwirtschaftliche Unternehmen, 33. Jg. (2010), S. 75-96.

Kürschner-Pelkmann (2007): Frank Kürschner-Pelkmann, Das Wasser-Buch. Kultur-Religion-Gesellschaft-Wirtschaft. 2. Aufl., Frankfurt/M. 2007.

Laskowski (2010): Silke Ruth Laskowski, Das Menschenrecht auf Wasser. Tübingen 2010.

Lux (2009): Alexandra Lux, Wasserversorgung im Umbruch. Frankfurt/M., New York 2009.

Mannheim (2003): Karl Mannheim, Strukturen des Denkens. Frankfurt/M. 2003.

Marchart (2010): Oliver Marchart, Die politische Differenz. Frankfurt/M. 2010.

Maslow (1981): Abraham H. Maslow, Motivation und Persönlichkeit. Reinbek b. Hamburg 1981.

Mayer-Tasch (2009): Peter Cornelius Mayer-Tasch, Welt ohne Wasser. Geschichte und Zukunft eines knappen Gutes. Frankfurt/M., New York 2009.

Moebius/Reckwitz (2008): Stephan Moebius u. Andreas Reckwitz, Poststrukturalistische Sozialwissenschaften. Frankfurt/M. 2008.

Mühlenkamp/Schulz-Nieswandt (2008): Holger Mühlenkamp u. Frank Schulz-Nieswandt, Öffentlicher Auftrag und Public Corporate Governance, in: Schaefer, Christina u. Theuvsen, Ludwig (Hrsg.): Public Corporate Governance. Bestandsaufnahme und Perspektiven. Zeitschrift für öffentliche und gemeinwirtschaftliche Unternehmen. Beiheft 36, Baden-Baden 2008, S. 26-44.

Müller (2009): Herbert Müller, Europa kommunal. Präsentation neuer Umfrageergebnisse zur Einstellung der Bevölkerung zur kommunalen Wirtschaft, in: Bundesverband Öffentliche Dienstleistungen (Hrsg.). Renaissance der Kommunalwirtschaft? Berlin 2009, S. 5-10.

Nohl (2009): Arnd-Michael Nohl, Interview und dokumentarische Methode. 3. Aufl., Wiesbaden 2009.

Oevermann (2001 [1973]): Ulrich Oevermann, Zur Analyse sozialer Deutungsmuster (1973). Wieder abgedruckt in: Sozialer Sinn (1), S. 3-33.

Oevermann (2001a): Ulrich Oevermann, Die Struktur sozialer Deutungsmuster. Versuch einer Aktualisierung, in: Sozialer Sinn (1), S. 35-81.

Orsenna (2010): Erik Orsenna, Die Zukunft des Wassers. Eine Reise um unsere Welt. München 2010.

Pielow (2001): Johann-Christian Pielow, Grundstrukturen öffentlicher Versorgung. Vorgaben des Europäischen Gemeinschaftsrechts sowie des französischen und des deutschen Rechts unter besonderer Berücksichtigung der Elektrizitätswirtschaft. Tübingen 2001.

Przyborski (2004): Aglaja Przyborski, Gesprächsanalyse und dokumentarische Methode. Wiesbaden 2004.

Riemann (1992): Fritz Riemann, Grundformen der Angst. Eine tiefpsychologische Studie. München 1992.

Ringwald (2007): Roman Ringwald, Daseinsvorsorge als Rechtsbegriff. Forsthoff, Grundgesetz und Grundversorgung. Frankfurt/M. 2007.

Rinken/Kellmer (2006): Alfred Rinken u. Oliver Kellmer, Kommunale Krankenhäuser als Instrumente sozialstaatlich-kommunaler Daseinsvorsorge im Europäischen Verfassungsverbund, in: Die Verwaltung, 39 (1) 2006, S. 1-28.

Schenkel/Lembert (2008): Elmar Schenkel u. Alexandra Lembert, Alles fließt. Dimensionen des Wassers in Natur und Kultur. Frankfurt/M. 2008.

Schirmer (2009): Dominique Schirmer, Empirische Methoden der Sozialforschung. München 2009.

Schulz-Nieswandt (2008): Frank Schulz-Nieswandt, Neuere Literatur zum Wandel der Staatlichkeit, dargelegt im Bezugskreis der europarechtlichen Neu-Adjustierung der (insbesondere sozialen) Dienstleistungen von allgemeinem (wirtschaftlichen) Interesse, in: Zeitschrift für öffentliche und gemeinwirtschaftliche Unternehmen, 31 (4) 2008, S. 438-452.

Schulz-Nieswandt (2009a): Frank Schulz-Nieswandt, Paul Tillichs Onto(theo)logie der Daseinsbewältigung und die Fundierung der Wissenschaft von der Sozialpolitik, in: Danz, Christian, Schüßler, Werner u. Sturm, Erdmann (Hrsg.). Religion und Politik. Internationales Jahrbuch für die Tillich-Forschung. Bd. 4., Berlin 2009, S. 125-138.

Schulz-Nieswandt (2010): Frank Schulz-Nieswandt, Medizinkultur im Wandel? Berlin 2010.

Schulz-Nieswandt (2010a): Frank Schulz-Nieswandt, The dynamics of European definition policy of health and social services as services of general (economic) interests, in: Zeitschrift für öffentliche und gemeinwirtschaftliche Unternehmen, 33 (1) 2010, S. 31-43.

Schulz-Nieswandt/Maier-Rigaud (2008): Frank Schulz-Nieswandt u. Remi Maier-Rigaud, EU-Harmonisierung im Gesundheitswesen? Der Wandel der Umwelt der betrieblichen Organisationen im Gesundheitswesen, in: Greiner, Wolfgang, Schulenburg, J.-Matthias Graf von der u. Vauth, Christoph (Hrsg.). Gesundheitsbetriebslehre. Management von Gesundheitsunternehmen. Bern 2008, S. 515-533.

Schulz-Nieswandt/Maier-Rigaud (2010): Frank Schulz-Nieswandt u. Remi Maier-Rigaud, Gesundheits- und Verbraucherpolitik, in Weidenfeld, Werner u. Wessels, Wolfgang (Hrsg.). Jahrbuch der Europäischen Integration 2009. Baden-Baden 2010, S. 153-156.

Schulz-Nieswandt/Mann (2009): Frank Schulz-Nieswandt u. Kristina Mann, Zur Morphologie der Staatlichkeit im Wandel. Neuere Literatur zur Europäisierung im Mehr-Ebenen-System, zu den Gesundheits- und Sozialdienstleistungen (von allgemeinem [wirtschaftlichen] Interesse) und zur öffentlichen Daseinsvorsorge, in: Zeitschrift für öffentliche und gemeinwirtschaftliche Unternehmen, 32 (2) 2009, S. 183-202.

Schulz-Nieswandt/Mann (2009a): Frank Schulz-Nieswandt u. Kristina Mann, „Geteilte Kompetenz" und die Konvergenz in der Erstellungspraxis von Gesundheitsdienstleistungen – die Entwicklung im Europäischen Mehr-Ebenen-System, in: Die Krankenversicherung, 61 (2009), S. 39-43.

Schulz-Nieswandt/Mann (2010): Frank Schulz-Nieswandt u. Kristina Mann, Das doppelte Ideologem: Inhouse ohne Defizite oder privat? Öffentliche (kommunale) Krankenhäuser als Akteure der Daseinsvorsorge im Kontext des europäischen Rechts und das nationale Privatisierungs-Dispositiv, in Kurscheid, Clarissa (Hrsg.): Die zukünftige Rolle öffentlicher Krankenhäuser im Gesundheitswesen. ZögU-Beiheft 39, Baden-Baden 2010, S. 120-129.

Schulz-Nieswandt/Sauer (2010): Frank Schulz-Nieswandt u. Michael Sauer, Qualitative Sozialforschung in der Gerontologie – forschungsstrategische Überlegungen und implizite Anthropologie in der Gegenstandsbestimmung, in: Meyer-Wolters, Hartmut u. Breinbauer, Ines-M. (Hrsg.). Transdisziplinäre Alternsstudien. Gegenstände und Methoden. Würzburg 2010.

Schulz-Nieswandt/Sauer (2010a): Frank Schulz-Nieswandt u. Michael Sauer, Social and Health Services in the EU, in: Chobanov, George, Plöhn, Jürgen, Schellhaass, Horst ((Hrsg.): Policies of Economic and Social Development in Europe. Frankfurt/M. 2010, S. 181-192.

Schulz-Nieswandt/Mann/Sauer (2010): Frank Schulz-Nieswandt, Kristina Mann u. Michael Sauer, Europäische Sozialpolitik und Europäisierung der Gesundheits- und Sozialdienstleistungen – ein Abriss, in: Sozialer Fortschritt, 59 (5) 2010, S. 127-134.

Stäheli (2000): Urs Stäheli, Poststrukturalistische Soziologien. Bielefeld 2000.

Theuvsen (2009): Ludwig Theuvsen, Präferenzen der Bevölkerung für öffentliche Wirtschaft. Wissenschaftliche Erkenntnisse und Methoden, in: Bundesverband Öffentliche Dienstleistungen (Hrsg.). Renaissance der Kommunalwirtschaft? Berlin 2009, S. 18-42.

Tuinen, van (2006): Sjoerd van Tuinen, Peter Sloterdijk. Ein Profil. München 2006.

Ullrich (1999): Carsten G. Ullrich, Deutungsmusteranalyse und diskursives Interview. Leitfadenkonstruktion Interviewführung und Typenbildung. Mannheimer Zentrum für Europäische Sozialforschung. Arbeitspapiere Br. 3. Mannheim 1999.

Ullrich (2008): Carsten G. Ullrich, Die Akzeptanz des Wohlfahrtsstaates. Wiesbaden 2008.

Vogel (2007): Berthold Vogel, Die Staatsbedürftigkeit der Gesellschaft. Hamburg 2007.

Wackerbauer (2007): Johann Wackerbauer, Regulation and Privatisation of the Public Water Supply in England, France and Germany. Competition and Regulation in Network Industries 8 (2), 2007, S. 101-116.

Wackerbauer (2009): Johann Wackerbauer, Struktur und Entwicklung der Wasserversorgung in Deutschland im Vergleich zu anderen europäischen Ländern, in: Zeitschrift für öffentliche und gemeinwirtschaftliche Unternehmen, 32 (2) 2009, S. 133-150.

Waechter (2008): Kay Waechter, Verwaltungsrecht im Gewährleistungsstaat. Tübingen 2008.

Wendt (2008): Claus Wendt, Einstellungen zu wohlfahrtsstaatlichen Institutionen in Europa – Wie werden Gesundheitssysteme von den Bürgerinnen und Bürgern wahrgenommen? In: Zeitschrift für Sozialreform, 54 (2) 2008, S. 115-140.

Wernet (2009): Andreas Wernet, Einführung in die Interpretationstechnik der Objektiven Hermeneutik. 3. Aufl., Wiesbaden 2009.

Wolf (2004): Robert Wolf, Mysterium Wasser. Eine Religionsgeschichte zum Wasser in Antike und Christentum. Göttingen 2004.

Woschitz (2003): Karl Matthäus Woschitz, Fons vitae – Lebensquell. Das Wasser in der abendländischen Religionsgeschichte. Freiburg i. Br. 2003.

Wydler/Kolip/Abel (2006): Hans Wydler, Petra Kolip u. Thomas Abel, Salutogenese und Kohärenzgefühl. Weinheim, München 2006.

Zepf (2009): Simon Zepf, Wettbewerbsbeschränkungen in der Wasserversorgung. Eine Untersuchung nach deutschem und europäischem Kartellrecht. Frankfurt/M. 2009.

Teil B:

Kontexte öffentlicher Wirtschaft im Wandel

Günter Püttner

Renaissance öffentlichen Wirtschaftens – Sicherheit versus Mut zum Risiko

Gliederung

I. Zum Problem Risiko und Sicherheit
II. Der Staat als Hersteller von Sicherheit
III. Sicherheit durch Eigenregie oder Gewährleistung
IV. Sicherheitsstreben und Risiko in der Wirtschaftspolitik und in der Gesetzgebung
V. Exkurs: Risiko und Sicherung bei der Kreditgewährung im privatwirtschaftlichen Bereich
VI. Die Kernfrage: Wie viel Risiko darf der Staat den Bürgern zumuten?
Literaturverzeichnis

I. Zum Problem Risiko und Sicherheit

Unter den vielen Aspekten, die das Thema Renaissance öffentlichen Wirtschaftens aufwirft, gehört auch der Fragenkreis Sicherheit versus Mut zum Risiko. In den letzten Jahren ist, auch amtlicherseits, im wirtschaftlichen und beruflichen Bereich immer wieder mehr Mut zum Risiko gefordert worden. Viele sind dem gefolgt und in der Finanzkrise arg in Mitleidenschaft gezogen worden. Es besteht deshalb Anlass, die Frage des Verhältnisses oder der Gewichtung von Risikobereitschaft einerseits und Sicherheitsstreben andererseits neu zu überdenken. In diesem Sinne ist das Thema „Risiko" in letzter Zeit zum viel diskutierten Gegenstand geworden, in Zeitschriften, Rundfunk-Kommentaren und in der Wissenschaft[1]. Auch gibt es bereits einen Studiengang „risk management".

Im Bereich der öffentlichen Wirtschaft und in verwandten Feldern standen eigentlich immer die Sicherheit, die Sicherung wichtiger Leistungen und die

---

1 So behandelt beispielsweise die 50. Assistententagung Öffentliches Recht vom 23. bis 26.02.2010 das Thema „Risiko und Recht".

entsprechende Vorsorge („Daseinsvorsorge")[2] im Vordergrund. Lange Jahre war von Risikobereitschaft nicht ausdrücklich die Rede, wiewohl es immer auch Risiken gab, denen man sich stellen musste. Es lohnt sich jedenfalls, die Rolle des Staates als Vermittler oder Hersteller von Sicherheit etwas genauer auszuleuchten.

II. Der Staat als Hersteller von Sicherheit

Bekanntlich ist es seit Jahrhunderten vornehmste Aufgabe des Staates, die innere und die äußere Sicherheit zu gewährleisten. Der äußeren Sicherheit dient die vom Staat vorgehaltene bewaffnete Macht, das Heer. Die innere Sicherheit zu wahren ist Aufgabe der Polizei[3], wie es heute in der polizeilichen Generalklausel, niedergelegt in den Polizeigesetzen der Länder, zum Ausdruck kommt. So lautet beispielsweise § 1 des Polizeigesetzes Baden-Württemberg: Die Polizei hat die Aufgabe, von dem einzelnen und dem Gemeinwesen Gefahren abzuwehren, durch die die öffentliche Sicherheit oder Ordnung bedroht wird, und Störungen der öffentlichen Sicherheit zu beseitigen ... Diese Aufgabe der Polizei, z.B. in Form der Wahrung der Sicherheit auf öffentlichen Straßen, ist heute so aktuell wie eh und je und wird von den Bürgern vehement eingefordert. Es wäre unvorstellbar und würde Stürme der Entrüstung auslösen, wagte es die Politik, Einschränkungen der Sicherheitsgewährleistung mit der Begründung zu verfügen, die Bürger sollten doch bitteschön mehr Mut zum Risiko zeigen.

Sicherung der Lebensgrundlagen in Form von Vorsorge trat seit der Mitte des 19. Jahrhunderts in den Vordergrund staatlicher Aktivität, wobei zunächst die Reform des Armenwesens, die Entwicklung des Sparkassenwesens und die Verbesserung der hygienischen Verhältnisse zu nennen sind. Dann aber bedeutete die Einführung der Sozialversicherung im Gefolge der Kaiserlichen Botschaft vom 17. November 1881 einen entscheidenden Schritt nach vorn, die Vorsorge für den Fall der Krankheit und der Invalidität. Ab Ende der zwanziger Jahre wurde diese Politik mit der Einführung der Arbeitslosenversicherung und in neuerer Zeit mit der Ausbildung der Pflegeversicherung fortgesetzt. Zwar spielte bei der Errichtung von Zwangsversicherungen auch der Gedanke eine Rolle, dass nicht die, die freiwillig Vorsorge treffen, später die

---

2 Vgl. *Forsthoff (1938)*, S. 6 ff.
3 Vgl. die berühmte Bestimmung des § 10 II 17 des preuß. Allg. Landrechts von 1794: „Die nöthigen Anstalten zur Erhaltung der öffentlichen Ruhe, Sicherheit und Ordnung, ... ist das Amt der Polizey."

Dummen sein sollen, weil der Staat den anderen ja doch irgendwie helfen muss. Aber insgesamt kann die Aussage getroffen werden, dass sich der Staat bereits längst zum Vorsorge- und Sicherungsstaat entwickelt hatte, ehe Forsthoff den Aspekt Daseinsvorsorge ins Spiel brachte.

Forsthoff[4] ging davon aus, dass in den erreichten zivilisatorischen Verhältnissen der einzelne nicht mehr in der Lage sei, sich bestimmte Dinge oder Leistungen (z.B. die Versorgung mit Wasser) selbst zu beschaffen, sondern dass er auf die „Solidarität der Gruppe", auf staatliche Darbringung lebensnotwendiger Leistungen angewiesen sei. Die so gegebene Pflicht des Staates bezeichnete er, wie bekannt, als Daseinsvorsorge mit Daseinsvorsorgeverantwortung. Der Terminus Sicherstellung taucht dabei nicht auf, würde sich aber nahtlos in das Konzept von Forsthoff einfügen. Bemerkenswerterweise verlangt Forsthoff im Zusammenhang mit der Ausgestaltung der Daseinsvorsorge zu überlegen, „welches Maß an Lebensrisiko dem einzelnen ohne Gefahr zugemutet werden kann"[5], genau die Überlegung, die heute neu angestellt werden muss.

Nach dem zweiten Weltkrieg hat der Staat, wenn auch zunächst nicht unter dem Stichwort „Daseinsvorsorge", den früheren Kurs der bestmöglichen Absicherung gegen Risiken fortgesetzt. So ist die soziale Sicherung weiter ausgebaut und durch die Pflegeversicherung ergänzt worden. Zu erwähnen sind im Übrigen die oft als einfache Notstandsgesetze bezeichneten Krisen-Sicherungsgesetze, die in erster Linie Vorsorge gegen Gewalt von außen bezwecken, aber natürlich auch bei Naturkatastrophen und anderen Versorgungsstörungen Wirkung entfalten sollen. Zu nennen sind das Schutzbautengesetz[6], das Ernährungssicherstellungsgesetz[7], verbunden mit der Errichtung einer Lebensmittel-Bundesreserve, das Wassersicherstellungsgesetz[8], das Verkehrssicherstellungsgesetz[9] und das Erdölbevorratungsgesetz[10], letzteres als Beispiel überwiegender Inpflichtnahme Privater[11], worauf zurückzukommen ist.

---

4 Vgl. *Forsthoff (1938)*, S. 6 ff.
5 *Forsthoff (1938)*, S. 19.
6 Vom 09.09.1965, BGBl I 1965, S. 1232.
7 Vom 24.08.1965, BGBl I 1965, S. 938.
8 Vom 24.08.1965, BGBl I 1965, S. 1225.
9 Vom 24.08.1965, BGBl I 1965, S. 927.
10 Vom 24.08.1965, BGBl I 1965, S. 1225.
11 Diese zogen dagegen vor das Bundesverfassungsgericht, unterlagen aber (BVerfGE 30, S. 292 ff.).

III. Sicherheit durch Eigenregie oder Gewährleistung

In jüngster Zeit ist viel vom Gewährleistungsstaat die Rede gewesen, ein Terminus, den es früher nicht gegeben hat. Die Sache selbst ist allerdings nicht neu; seit langem trifft der Staat, wie soeben belegt wurde, Vorsorge für Notfälle auch durch Inanspruchnahme Privater, fungiert also seit langem auch als Gewährleistungsstaat.

Allerdings herrschte früher die Auffassung vor, der Staat könne wichtige Leistungen am besten durch Eigenregie gewährleisten. Heute wird die Sicherung solcher Dienstleistungen durch Inpflichtnahme Privater unter staatlicher Gewährleistung vielfach als gleichwertig, manchmal sogar als vorzugswürdig betrachtet. Unter Juristen ist der Gewährleistungsstaat Gegenstand vieler Diskussionen geworden, seit der Gesetzgeber 1993/1994 die Gewährleistung des Bahnverkehrs (Art. 87e Abs. 4) und der Post- und Telekommunikationsdienste (Art. 87 f. Abs. 1) durch den Staat im Grundgesetz verankert hat. Für die Bürger sollte klargestellt werden, dass im Gefolge der Privatisierung kein Sicherheitsrisiko eintreten wird, weil der Staat auch weiterhin das Funktionieren der Dienste gewährleistet. Man wird aber doch die Frage stellen dürfen, ob im Ernstfall die Gewährleistung wirklich gelingt, wenn der Staat die Mittel zum Funktionieren der Dienste, z.B. das rollende Material der Bahn (also die Züge) in private Hand gegeben hat. Im letzten Jahr haben Ausfälle im ICE-Verkehr und bei der Berliner S-Bahn gezeigt, welche Gefahren hier lauern und wie lange es dauert, bis der reguläre Fahrplan wieder eingehalten (=gewährleistet) werden kann. Der Staat muss also entweder Eingreifreserven bereithalten (was sehr teuer wäre) oder durch laufende Überwachung der Unternehmen sicherstellen, dass es nicht zu einer schleichenden Verschlechterung der zum Funktionieren der Dienste erforderlichen Mittel kommt. Dieser Überwachungsbedarf kann durch das Wirken der Aufsichtsräte, wie sich bei der Bahn (und bei den Landesbanken) gezeigt hat, nicht gedeckt werden. Es bedarf besonderer, professionell arbeitender Überwachungsbehörden, die heute Regulierungsbehörden (oder Agenturen) genannt werden. Diese Behörden sind in den letzten Jahren, z.T. auf Druck der EU, installiert worden und haben Konjunktur.

Der Überwachungs- oder Regulierungsbedarf ist besonders dort gegeben, wo Großunternehmen mit Monopol- oder Oligopolcharakter das Geschehen beherrschen. Dies hat sich z.B. im Bereich der Energieversorgung deutlich gezeigt, wo sich funktionsfähiger Wettbewerb kaum entwickelt hat. Allein die Vorgabe für die Anreizregulierung umfasst 900 Seiten, und jedes Detail muss regulierend behandelt werden. Es findet derzeit ein ausgesprochenes Wuchern der Regulierung statt; von der ursprünglich versprochenen Deregulierung ist wenig geblieben. So ist der Gewährleistungsstaat zugleich Regulierungsstaat. Im früheren System der Sicherung öffentlicher Leistungen durch den Einsatz öffentlicher Unternehmen kam man mit viel weniger Regulierung aus.

Auch wenn man eine endgültige Bewertung derzeit noch nicht vornehmen kann (viele Felder der Regulierung stehen noch vor der Bewährung), spricht doch einiges für die verstärkte Rückkehr zu öffentlicher Regie, zur Renaissance öffentlichen Wirtschaftens. Man wird die Entwicklung im Auge behalten müssen.

IV. Sicherheitsstreben und Risiko in der Wirtschaftspolitik und in der Gesetzgebung

Sicherheit und Risikobereitschaft waren in der Wirtschafts- und Haushaltspolitik sowie in der zugehörigen Gesetzgebung lange kein vorherrschendes Thema. Im Grundgesetz (Art. 104a bis 115), im Haushaltsgrundsätzegesetz und in den Haushaltsordnungen (BHO und LHOen) findet sich zu diesem Thema nichts. Allenfalls könnte man die Bestimmung über Vorleistungen (§ 56 BHO) oder über die Beteiligung an Unternehmen (§ 65 BHO) in diese Richtung deuten, aber ein wirklicher Zugriff auf das Thema fehlt. Auch das „Gesetz zur Förderung der Stabilität und des Wachstums der Wirtschaft" von 1967, häufig als Grundgesetz der Wirtschaft bezeichnet, geht auf dieses Thema nicht ein.

Dies mag etwas verwundern, sind doch mit dem staatlichen Wirtschaften meistens erhebliche Risiken verbunden, über deren zulässiges Ausmaß und insbesondere über deren Beherrschung nachzudenken wäre. Viel gibt es dazu aber, wie gesagt, nicht zu berichten. Möglicherweise liegt das jedoch zumindest auch an unterschiedlicher Terminologie. So ließe sich fragen, ob nicht die Forderung nach Wirtschaftlichkeitsberechnungen bei Projekten (§ 7 Abs. 2 BHO, § 6 Abs. 2 HGrG) im Sinne von Risikobegrenzung zu deuten ist, jedenfalls hinsichtlich der zu erwartenden Kostenbelastung.

Bei der Gesetzgebung allgemein gibt es zwar Prognoseprobleme (hinsichtlich der Wirkung und Wirksamkeit geplanter Gesetze), aber ein Denken in den Kategorien Risiko und Sicherheit gibt es jedenfalls in der Regel nicht[12]. Näher soll deshalb auf die Probleme der Gesetzgebung nicht eingegangen werden.

---

12 In den einschlägigen Werken zur Gesetzgebungslehre (*Schneider (1982)*; *Hill (1982)*; *Noll (1973)*) taucht das Stichwort Risiko nicht auf, auch nicht im Zusammenhang mit der Kontrolle der Effektivität von Gesetzen (*Noll (1973)*, S. 146).

V. Exkurs: Risiko und Sicherung bei der Kreditgewährung im privatwirtschaftlichen Bereich

In der Wirtschaft spielt seit dem 19. Jahrhundert das Bemühen um Sicherheit bei der privaten Kreditvergabe eine wichtige Rolle. Die Banken und vom Absatz ihrer Produkte lebende Produktions- und Handelsunternehmen haben zahlreiche Instrumente entwickelt, um Kredite oder offene Kaufpreise abzusichern. Bei Verkäufen gibt es den im BGB (§ 449) geregelten einfachen und verlängerten Eigentumsvorbehalt. Die Banken haben – vorbei am BGB – das Institut der Sicherungsübereignung (Übereignung insbesondere von Warenlagern an die kreditgebende Bank) entwickelt, dessen Details jeder Jurist im Studium erlernen muss. Das Streben nach Sicherheit steht hier eindeutig im Vordergrund, Risiken werden möglichst vermieden. Wer keine Sicherheiten bieten kann, erhält in der Regel auch keinen Kredit, ein Prinzip, unter dem mittelständische Unternehmen und Unternehmensgründer oft sehr zu leiden haben.

Wo es um die Verwaltung fremden Geldes geht, hat eigentlich immer, auch bei privaten Banken, der Grundsatz des Vorrangs der Sicherheit vor der Renditenmaximierung gegolten. Das Spekulieren mit Kundengeldern war nicht gesetzlich verboten, aber unüblich, jedenfalls bis in die jüngste Zeit. Eine besondere staatliche Schutzvorschrift gab und gibt es für Mündelgeld. Der Vormund soll dieses zwar verzinslich anlegen (§ 1806 BGB), aber in bestimmten, Sicherheit gewährleistenden Formen (§ 1807 BGB: bei Bund, Ländern, Sparkassen usw.). Das systematische Spekulieren oder Spielen mit fremdem Geld ist also erst eine neuere und wieder abzuschaffende Erscheinung. Wer mit eigenem Geld spekulieren will, kann das natürlich tun, aber das ist ein anderes Thema.

VI. Die Kernfrage: Wie viel Risiko darf der Staat den Bürgern zumuten?

Es gilt, die Kernfrage nach dem zulässigen Maß an Risiko für die Bürger neu zu überdenken und danach zu beurteilen, inwieweit sich der Staat auf Gewährleistung zurückziehen darf oder durch Eigenregie Sicherheit bieten sollte. Soweit man letzteres annimmt, muss der Staat, wenn er sich zurückgezogen hatte, wieder zur Eigenregie zurückkehren, was Renaissance des öffentlichen Wirtschaftens bedeutet.

Welche Fälle oder Felder davon betroffen sind, kann freilich aus juristischer Sicht nicht beurteilt werden; in erster Linie ist ökonomischer Sachverstand gefragt. Es kommt aber auch den gemachten Erfahrungen erhebliche Bedeutung zu. Wo sich Schwachpunkte gezeigt haben, muss Abhilfe geschaffen werden. Und es gilt zu prüfen, inwieweit Schwachpunkte als symptomatisch betrachtet werden können und Verallgemeinerungen erlauben. Leitlinie muss aber immer bleiben, welches Maß an Risiko den Bürgern zugemutet werden darf und soll. Dabei spielen natürlich die entstehenden Kosten eine Rolle. In vielen Fällen würde eine vollständige Absicherung gegen Risiken einen viel zu hohen Aufwand erfordern. Dann erscheint es besser, ein Restrisiko zu belassen und damit einen entsprechend niedrigen Preis der Leistungen zu ermöglichen. Eine solche Abwägung gibt es beispielsweise bei der Energieversorgung, wo ein hoher Sicherheitsstandard gefordert ist, aber ein Ausschluss jedes Risikos auch bei Unwettern zu aufwendig wäre. In manchen Fällen kann dem Bürger überlassen bleiben, ob er mit der Durchschnitts-Sicherung bei mäßigem Preis zufrieden ist oder sich ein höheres Maß an Sicherheit gegen Aufpreis verschaffen will. So etwa bei der Briefbeförderung durch die Post: Das bei einfachen Briefen gegebene Risiko kann in Kauf genommen oder durch ein Einschreiben gegen Aufpreis gesenkt werden.

Das Beispiel zeigt, dass simple und pauschale Regeln der Sache nicht gerecht werden. Es muss differenziert und für jeden Bereich gesondert die Balance zwischen Sicherheit und Risiko hergestellt werden. Darauf ist die nötige Mühe zu verwenden.

Literaturverzeichnis

Forsthoff (1938): Ernst Forsthoff, Die Verwaltung als Leistungsträger. Stuttgart, Berlin 1938.

Hill (1982): Hermann Hill, Einführung in die Gesetzgebungslehre. Heidelberg 1982.

Noll (1973): Peter Noll, Gesetzgebungslehre. Reinbek b. Hamburg 1973.

Schneider (1982): Hans Schneider, Gesetzgebung. Heidelberg 1982.

Peter Eichhorn und Joachim Merk

Gemeinnützigkeit und öffentliche Wirtschaft

Gliederung

I. Einleitung
II. Zum steuerrechtlichen Begriff der Gemeinnützigkeit
III. Daseinsvorsorge als Hauptziel öffentlichen Wirtschaftens
IV. Gewerbliche und gemeinnützige öffentliche Wirtschaft
V. Öffentliche Wirtschaft weder rein hoheitlich noch rein kommerziell
VI. Zusammenfassung
Literaturverzeichnis

I. Einleitung

Gemeinnütziges Handeln – etwa in Form der Förderung von Kunst und Kultur, Wissenschaft und Forschung, Bildung und Erziehung sowie Gesundheit und Sport – impliziert Aktivitäten, die der Allgemeinheit zu Gute kommen. Landläufig wird gemeinnütziges Handeln als eine Pflicht des öffentlichen Wirtschaftens angesehen. Diese demokratisch legitimierte staatliche Gemeinnützigkeit steht, so das Grundverständnis vieler Bürger, einer primär profitorientierten Wirtschaft und deren Unternehmen gegenüber. Daraus resultiert das trügerische Bild einer deutlich abgrenzbaren Unterteilung in die Bereiche des einerseits staatlichen und sozialen, andererseits privaten und kommerziellen Handelns.[1]

Eine derartige Vereinfachung spiegelt jedoch nicht die komplexe Realität wider. Gemeinnützigkeit ist nicht zwingend gleichzusetzen mit öffentlicher Wirtschaft, denn zahlreiche private Vereine, private Verbände und andere private Nonprofit-Betriebe handeln ebenfalls im gemeinnützigen Sinne. Hiermit sind diejenigen Organisationen in frei-gemeinnütziger oder privat-gewerblicher Trägerschaft gemeint, welche ergänzend zu Staat und Markt bestimmte Zwecke der Bedarfsdeckung, Förderung oder Interessenvertretung bezie-

---

1 Vgl. *Stiebing (2003)*, S. 9 ff.

hungsweise -beeinflussung für ihre Mitglieder, beispielsweise im Rahmen der Selbsthilfe, oder für Dritte wahrnehmen. Die so genannte Sachzieldominanz prägt ihr wirtschaftliches Engagement. Das heißt, sie verfolgen in erster Linie keine Gewinnerzielungsabsichten, sondern dienen gemeinnützigen Zielen ihrer Mitglieder, beispielsweise im sozialen (unter anderem Einsatz für Menschen- und Bürgerrechte, Umwelt-, Natur- und Tierschutz), kulturellen (unter anderem Künstlerförderung, Denkmalschutz) oder wissenschaftlichen Bereich (unter anderem Förderung bestimmter Wissenschafts- und Forschungszweige).[2] Folglich wird die staatliche Gemeinnützigkeit durch eine private, auf Freiwilligkeit basierende Gemeinnützigkeit ergänzt – eine Tatsache die für das öffentliche Wirtschaften nicht unwichtig ist, um gemeinsame Ziele öffentlicher und privater Handlungsträger effektiver und effizienter erreichen zu können.[3]

Insofern ist, zugespitzt formuliert, zu diskutieren, in welchen Fällen für private Organisationen eine Abweichung von den Wettbewerbsregeln erlaubt sein sollte, wenn es für die Erfüllung gemeinnütziger Zwecke notwendig ist.

Wie sich im Detail noch zeigen soll, existieren umgekehrt zahlreiche öffentliche Unternehmen, die sich trotz der verfolgten gemeinnützigen Ziele gewerblich betätigen.

II. Zum steuerrechtlichen Begriff der Gemeinnützigkeit

Umgangssprachlich versteht man unter Gemeinnützigkeit die selbstlose Förderung der Allgemeinheit auf materiellem, geistigem oder sittlichem Gebiet. Im steuerrechtlichen Sinn ist Gemeinnützigkeit mit Steuerbegünstigung verbunden. Dazu bedarf es der Anerkennung der Gemeinnützigkeit durch das zuständige Finanzamt. Zu den begünstigten gemeinnützigen Zwecken zählen die von einer Körperschaft, Personenvereinigung oder Vermögensmasse verfolgten unmittelbar gemeinnützigen, mildtätigen und kirchlichen Zwecke.

Nach §§ 52 bis 54 Abgabenordnung fallen unter die gemeinnützigen Zwecke hauptsächlich die Förderung der Wissenschaft und Forschung, Bildung und Erziehung, Religion, Jugend- und Altenhilfe, Kunst und Kultur, Naturschutz und Landschaftspflege, Gesundheits- und Wohlfahrtswesen, Völkerverständigung und Entwicklungshilfe, Tierschutz, Denkmalschutz, Heimatpflege, Verbraucherschutz, von Sport und bürgerschaftlichem Engagement. Mildtätig sind

---

2   Vgl. *Roth (1994)*, S. 11 ff.
3   Vgl. *Ottnad/Wahl/Miegel (2000)*, S. 15 ff.

die Zwecke, die darauf gerichtet sind, Personen zu unterstützen, die infolge ihres körperlichen, geistigen oder seelischen Zustandes auf die Hilfe anderer angewiesen sind (persönliche Bedürftigkeit) oder deren Bezüge nicht höher sind als das Vierfache des Regelsatzes der Sozialhilfe (wirtschaftliche Bedürftigkeit). Zu den kirchlichen Zwecken zählen die Errichtung, Ausschmückung und Unterhaltung von Gotteshäusern und kirchlichen Gemeindehäusern, die Abhaltung von Gottesdiensten, die Ausbildung von Geistlichen, die Erteilung von Religionsunterricht sowie Verwaltungs-, Besoldungs- und Versorgungsaufgaben jeweils von öffentlich-rechtlichen Religionsgemeinschaften.[4]

Die steuerliche Begünstigung der gemeinnützigen Zwecke wird nur bejaht, wenn sie nach §§ 55 bis 57 Abgabenordnung selbstlos, ausschließlich und unmittelbar wahrgenommen werden. Die beiden letztgenannten Kriterien sind eher problemlos. Ausschließlichkeit liegt vor, wenn eine Körperschaft nur ihre steuerbegünstigten satzungsmäßigen Zwecke verfolgt. Unmittelbar heißt: sie verwirklicht selbst ihre Zwecke, was auch durch Hilfspersonen geschehen kann. Selbstlosigkeit eröffnet dagegen Raum für Interpretationen. Selbstlos ist die Förderung oder Unterstützung, wenn keine eigenwirtschaftlichen Zwecke, also beispielsweise keine gewerblichen oder sonstigen Erwerbszwecke, verfolgt werden. Den Mitgliedern gemeinnütziger Vereine, den Gesellschaftern gemeinnütziger GmbHs oder den Stiftern gemeinnütziger Stiftungen dürfen weder Zuwendungen noch Gewinnanteile zufließen. Soweit sie oder andere Personen Geschäftsführungs-, Treuhand-, Finanz-, Verwaltungs- oder andere Aufgaben erledigen, dürfen sie nicht durch Ausgaben, die dem gemeinnützigen, mildtätigen oder kirchlichen Zweck fremd sind, oder durch unverhältnismäßig hohe Vergütungen begünstigt werden.[5]

Diese vom Standpunkt der steuerlichen Privilegierung aus verständliche Begrenzung vermag lediglich Auswüchse zu verhindern. Seit geraumer Zeit haben sich bei manchen gemeinnützigen Bildungszentren, Sportvereinen, Karnevalsvereinen, Krankenhäusern, Altenpflegeheimen, Seniorenstiften, Baugenossenschaften, Siedlungswerken, Verlagen, politischen Parteien, Verbänden, Gewerkschaften und Stiftungen allerdings Entwicklungen angebahnt, die Gemeinnützigkeit im Dienste vornehmlich ihrer Institution auslegen. Man geht zu Recht davon aus, dass Gemeinnützigkeit das Gewinnausschüttungsverbot beinhaltet. Auf der Gewinnentstehungsseite besteht aber keine Restriktion, wenn Umsatzerlöse, Mitgliedsbeiträge, Pflegesätze, Umlagen, Zuwendungen oder Zinserträge zweckbestimmt verwendet werden. Betriebswirt-

---

4 Vgl. *Schick (2001)*, S. 22 ff.
5 Vgl. *Buchna (2003)*, S. 89 ff.

schaftlich betrachtet könnte man im äußersten Fall von Aufwandmaximierung sprechen, beispielsweise in Form von prunkvollen Bauwerken und Parkanlagen, luxuriöser Ausstattung, üppigen Vergütungen für Geschäftsführer, Treuhänder, Dozenten, Projektmitarbeiter usw. Die Frage bleibt offen, wo die Grenze zu einer „unverhältnismäßig hohen Vergütung" liegt. Letztlich kann eine exklusive Zweckbestimmung unter Umständen dazu führen, dass horrende Honorare gezahlt werden.[6]

Schließlich sei noch auf eine schwelende Problematik hingewiesen. Sie rührt vom EU-Wettbewerbsrecht her, das steuerrechtliche Vorteile unter bestimmten Voraussetzungen als begünstigende und wettbewerbsverfälschende Beihilfen einstuft. Am Europäischen Gerichtshof sind mehrere Konkurrentenklagen von gewerblichen Unternehmen gegenüber gemeinnützigen Unternehmen anhängig, die die Gemeinnützigkeit wohl grundsätzlich auf den Prüfstand stellen.

Die zentrale Problematik der Europakonformität der in Deutschland geltenden steuerrechtlichen Gemeinnützigkeitsdefinition liegt in einer fehlenden Deckungsgleichheit zwischen der Rechtfertigung der gemeinnützigkeitsrechtlichen Begünstigungen durch das nationale Recht und der Rechtfertigung von Begünstigungen durch die europarechtlichen Direktiven zur gemeinnützigen Zweckverfolgung: Das deutsche Recht geht von einer auf das nationale Gemeinwohl bezogenen steuersubstituierenden Qualität der gemeinnützigen Zweckverfolgung aus, während die europarechtlichen Bestimmungen primär dem Ziel der Wahrung des europäischen Wettbewerbs dienen. Hier zeigt sich prototypisch der Konflikt zwischen der in Europa bislang gewollten Nationalstaatlichkeit einschließlich nationaler Finanzautonomie und der vom Europäischen Gerichtshof vertretenen Idee, dass sich die Hoheitsgewalt auf die Aufgabe der Wettbewerbswahrung gründet.[7]

Es besteht ein Spannungsverhältnis zwischen der Anwendung der europäischen Wettbewerbsregeln und dem Erhalt sowie der Pflege der bewährten und dem Gemeinwohl verpflichteten Strukturen der Daseinsvorsorge der Mitgliedstaaten.[8]

Der Tenor hat sich durch diese Konformitätsdiskussion verändert: Gemeinwohlverpflichtete Leistungen wie zum Beispiel soziale Dienste werden nicht mehr vorrangig unter dem Aspekt möglicher wettbewerbsverzerrender Auswirkungen diskutiert. Ihre Wertigkeit für die Bürger wird erkannt und aner-

---

6 Vgl. *Hüttemann (1991)*, S. 78 ff.
7 Vgl. *Jachmann (2006)*, S. 42 ff.
8 Vgl. *Münder/Boetticher (2003)*, S. 9 ff.

kannt. Diese Sichtweise ist Ausgangspunkt für Überlegungen zur Gewährleistung adäquater nationaler und europäischer Rahmenbedingungen. Aber die Erläuterung der Wertigkeit ist eine Daueraufgabe. Beispielsweise hat das Bundesministerium für Familie, Senioren, Frauen und Jugend in Zusammenarbeit mit dem Institut für Sozialarbeit und Sozialpädagogik und dem Deutschen Verein für öffentliche und private Fürsorge im Jahre 2000 ein Observatorium zur Entwicklung der sozialen Dienste in Europa eingerichtet, das die wissenschaftlichen Grundlagen in diesem Feld für die Entwicklung nationaler und europäischer Politik legen soll.[9]

III. Daseinsvorsorge als Hauptziel öffentlichen Wirtschaftens

Zunächst: Der Begriff „öffentliche Wirtschaft" hat sich mehrfach gewandelt. Früher bezeichnete man damit die Staatswirtschaft und die öffentliche Finanzwirtschaft. Erstere diente der Leistungserstellung des Staates zur Deckung seines eigenen Bedarfs, letztere umfasste die haushaltsmäßige Einnahmen- und Ausgabenwirtschaft des Staates. Später setzte sich ein erweiterter Inhalt durch und man verstand unter öffentlicher Wirtschaft die „Organisationswirtschaft für die Volkswirtschaft" (Anton Tautscher); man nahm mithin auch die staatliche Gütererzeugung und -verteilung auf. Richard A. Musgrave titelte sein Standardwerk konventionell mit „Finanztheorie", meinte aber im Vorwort, dass es besser „Theorie der öffentlichen Wirtschaft" hätte heißen müssen, denn es werden zum großen Teil keine Fragen der Finanzwirtschaft, sondern „eher Probleme der Verwendung der Ressourcen und der Einkommensverteilung als solche der Liquidität oder der Investitionserträge" erörtert.[10]

Eine jüngere Auffassung subsumierte unter öffentlicher Wirtschaft die öffentlichen, das heißt die staatlichen und kommunalen Unternehmen. In diesem Sinne wurde der Begriff als Pendant zur Privatwirtschaft verwendet. Die administrativen Tätigkeiten von Bund, Ländern und Gemeinden fasste man im Unterschied zur öffentlichen Wirtschaft unter „öffentlicher Verwaltung" zusammen. Diese institutionelle Betrachtung hat sich mittlerweile überlebt; sie ist einer funktionalen Begriffsbestimmung gewichen. Diese kennzeichnet eine Abkehr vom öffentlichen Eigentum und eine Hinwendung zu öffentlichen Aufgaben und ihrer Erfüllung unabhängig davon, ob daran öffentliche Verwaltungen und Unternehmen oder private Unternehmen oder beide Seiten beteiligt sind. Allerdings wird dabei öffentliche Wirtschaft beziehungsweise öffentliches Wirtschaften nicht mit öffentlicher Aufgabenerfüllung generell

---

9 Vgl. *Linzbach (2001)*, S. 177 ff.
10 Vgl. *Tautscher (1953)* und *Musgrave (1966)*.

gleichgesetzt, sondern öffentliche Wirtschaft steht für spezifische Aufgaben, nämlich für die Daseinsvorsorge. In der europäischen Terminologie beinhaltet sie die Dienstleistungen von allgemeinem Interesse oder kurz: öffentliche Dienstleistungen, die – wie gesagt – öffentlich oder privat oder gemischt beziehungsweise partnerschaftlich erstellt und angeboten werden.

Öffentliche Wirtschaft erfasst zwei Arten von Daseinsvorsorge beziehungsweise von öffentlichen Dienstleistungen: mehr marktbezogene Tätigkeiten, die in begrenztem (reguliertem) Wettbewerb entgeltlich angeboten werden – auch Dienstleistungen von allgemeinem wirtschaftlichen Interesse genannt –, und hybride Tätigkeiten, bei denen Substitutionskonkurrenz vorherrscht und die Finanzierung dual aus Umsatzerlösen und Mitteln öffentlicher Haushalte erfolgt. Exemplarisch stehen für erstere Wasser- und Energieversorgung, Verkehrsleistungen, Post- und Telekommunikationsdienste, Wohnraumversorgung und Abfallentsorgung; für letztere so genannte nichtwirtschaftliche Betätigungen im Bereich von Bildung, Erziehung und Kultur, Erholung und Sport, Gesundheitsversorgung sowie von sozialen Dienstleistungen. Überkommenerweise und europaweit handelt es sich regelmäßig bei den erstgenannten Aktivitäten um gewerbliche und bei den letztgenannten um gemeinnützige Tätigkeiten.[11]

IV. Gewerbliche und gemeinnützige öffentliche Wirtschaft

Daseinsvorsorge lässt sich offenbar auf zweierlei Weise treffen. Die gewerbliche öffentliche Wirtschaft folgt dem Grundsatz nachfrageinduzierter Angebote, das heißt es wird Konsumbedarf gedeckt, zum Beispiel öffentlicher Personennahverkehr eingerichtet. Die gemeinnützige öffentliche Wirtschaft praktiziert den Grundsatz angebotsinduzierter Nachfrage, das heißt es wird Konsum ausgelöst, etwa durch Schulpflicht oder die ärztliche Einbestellung von Patienten. Im Gegensatz zum reinen (freiheitlichen, vollständigen) Wettbewerb liegen bei beiden öffentlich-wirtschaftlichen Tätigkeiten Gemeinwohlverpflichtungen vor, die einerseits durch Regulierung (bei der gewerblichen öffentlichen Wirtschaft), andererseits durch Reglementierung im Sinne verstärkter Bindung (bei der gemeinnützigen öffentlichen Wirtschaft) auferlegt werden. Beide unterschiedlich intensiven staatlichen Eingriffe sorgen dafür, dass politisch erwünschte Ziele und daraus resultierende öffentliche Aufgaben erfüllt werden.[12]

---

11 Vgl. *Vogel (2009)*, S. 67 ff.
12 Vgl. *Eichhorn (1983)*, S. 6 ff.

Als solche kommen in Betracht: eine flächendeckende, kontinuierliche und sichere Versorgung mit qualitativ hochwertigen, verbraucherfreundlichen und umweltverträglichen Produkten unter Berücksichtigung des gleichberechtigten Zugangs aller Bürger sowie sozialer und kultureller Belange zu erschwinglichen Preisen.

Innerhalb der gewerblichen und innerhalb der gemeinnützigen öffentlichen Wirtschaft und zwischen beiden Tätigkeitsbereichen besteht trotz oder wegen der Vorgaben Wettbewerb. Er hängt von den rechtlichen und tatsächlichen Rahmenbedingungen ab, insbesondere von den Marktformen und Marktstrukturen, den Bedürfnissen der Kunden und den Verhaltensweisen der gewerblich oder gemeinnützig tätigen öffentlichen, privaten oder partnerschaftlichen Akteure. Problematisch ist insbesondere der Wettbewerb zwischen gewerblichen und gemeinnützigen Konkurrenten. Regulierung und Reglementierung sind ja nicht nur mit Verpflichtungen sowie Ge- und Verboten verbunden, sondern gewähren auch unterschiedliche steuerrechtliche Vorrechte, finanzierungstechnische Erleichterungen und vergaberechtliche Auflagen. Als Stichworte mögen genügen: Gemeinnütziges Steuerprivileg, Fondsfinanzierung des Universaldienstes (von France Télécom) und EU-Vergaberichtlinien mit diversen Anwendungsbereichen (wobei von Staat oder Kommune beherrschte Unternehmen, die teils gewinnorientiert, teils nichtgewerblich operieren, dem EU-Vergaberecht unterliegen, ebenso bestimmten Infrastruktursektoren angehörende öffentliche, private oder gemischtwirtschaftliche Unternehmen, hingegen bisher nicht staatliche und kommunale Dienstleistungen in den Bereichen Bildung, Erziehung und Kultur, Erholung und Sport, Gesundheit und Soziales).

V. Öffentliche Wirtschaft weder rein hoheitlich noch rein kommerziell

Sucht man die Grenze zwischen öffentlicher Wirtschaft mit ihren gewerblichen und gemeinnützigen Ausprägungen einerseits und dem Umfeld öffentlicher Wirtschaft andererseits zu ziehen, wird deutlich, dass die früher gern verwendete Dreiteilung Markt – Staat – dritter Sektor beziehungsweise privat – öffentlich – freigemeinnützig nicht mehr taugt. Sämtliche Bereiche überschneiden sich. Öffentliches Wirtschaften, anders formuliert: Daseinsvorsorge durch Dienstleistungen von allgemeinem Interesse, findet überall statt. Keine öffentliche Wirtschaft liegt hingegen bei rein hoheitlicher (administrativer) Verwaltungstätigkeit und bei rein kommerziellem (privatwirtschaftlichem)

Erwerbsstreben vor. In beiden Handlungsfeldern gelten unterschiedliche Ziele und Werte, Normen und Maßstäbe, Motive und Verhaltensweisen.[13]

Eine ganz andere Frage stellt sich, ob sich zwischen den vier Aktivitätszentren erstens öffentliche Verwaltung, zweitens gemeinnützige öffentliche Wirtschaft, drittens gewerbliche öffentliche Wirtschaft und viertens private Wirtschaft Übergänge beziehungsweise Anpassungen anbahnen. Vorstellbar sind sie. Auch hier seien nur Stichworte erwähnt: Ökonomisierung der Verwaltung, Professionalisierung ehrenamtlicher Arbeit, Bildungs"wirtschaft", Gesundheits"wirtschaft", Corporate Governance, Corporate Social Responsibility.

VI. Zusammenfassung

Gemeinnützigkeit ist nicht gleichzusetzen mit öffentlicher Wirtschaft, denn zahlreiche private Vereine, private Verbände und andere private Nonprofit-Betriebe handeln ebenfalls gemeinnützig. Umgekehrt existieren zahlreiche öffentliche Unternehmen, die sich nicht gemeinnützig, sondern gewerblich betätigen. Kennzeichnend ist für die öffentliche Wirtschaft im Sinne der Erfüllung daseinsvorsorgender Aufgaben, dass sie sowohl stärker marktbezogen (gewerblich) als auch marktferner (gemeinnützig) agieren kann.

Es hängt von den politischen Zielsetzungen und daraus resultierenden Regulierungs- und Reglementierungsbedingungen ab, welche Aufgaben wie erfüllt werden. Statt der früheren Dreiteilung in Markt, Staat und drittem Sektor beziehungsweise privat, öffentlich und freigemeinnützig müsste man eher unterscheiden in kommerzielle, hoheitliche und hybride (daseinsvorsorgende) Betätigung.

Literaturverzeichnis

Buchna (2003): Johannes Buchna, Gemeinnützigkeit im Steuerrecht, 8. Aufl., Achim 2003.

Eichhorn (1983): Peter Eichhorn, Unternehmen im Dienst des Gemeinwohls, in: Öffentliche Wirtschaft und Gemeinwirtschaft, 32. Jg. (1983), S. 6-8.

Hüttemann (1991): Rainer Hüttemann, Wirtschaftliche Betätigung und steuerliche Gemeinnützigkeit, Köln 1991.

Jachmann (2006): Monika Jachmann, Gemeinnützigkeit in Europa, Stuttgart 2006.

---

13 Vgl. *Keßler (2002)*, S. 56 ff.

Keßler (2002): Jürgen Keßler, Die Zulässigkeit der kommunalen GmbH im Lichte der Gemeindeordnungen, in: Claudia Ossola-Haring (Hrsg.), Die GmbH mit kommunaler Beteiligung und die gemeinnützige GmbH, Stuttgart u.a. 2002, S. 56-76.

Linzbach (2001): Christoph Linzbach, Non-statutory welfare and services of general interest – aspects of the current debate, in: Observatorium für die Entwicklung der sozialen Dienste in Europa, Daseinsvorsorge in Europa heute und morgen – die Zukunft der kommunalen und freigemeinnützigen sozialen Dienste, Frankfurt/M. 2001, S. 177-182.

Münder/Boetticher (2003): Johannes Münder u. Arne von Boetticher, Gemeinnützigkeit und Gemeinschaftsrecht, Berlin 2003.

Musgrave (1966): Richard A. Musgrave, Finanztheorie, Tübingen 1966.

Ottnad/Wahl/Miegel (2000): Adrian Ottnad, Stefanie Wahl u. Meinhard Miegel, Zwischen Markt und Mildtätigkeit, München 2000.

Roth (1994): Oliver Roth, Die steuerliche Gemeinnützigkeit, Remscheid 1994

Schick (2001): Stefan Schick, Gemeinnützigkeit für soziale Einrichtungen, 2. Aufl., Wiesbaden 2001.

Stiebing (2003): Dorothea Stiebing, Gemeinnützigkeit, Bayreuth 2003.

Tautscher (1953): Anton Tautscher, Die Öffentliche Wirtschaft, Berlin 1953.

Vogel (2009): Berthold Vogel, Wohlfahrtsstaatliche Daseinsvorsorge und soziale Ungleichheit, in: Claudia Neu (Hrsg.), Daseinsvorsorge, Wiesbaden 2009, S. 67-79.

Thomas Lenk, Oliver Rottmann und Mario Hesse

Finanzwissenschaftliche Dimension von Rekommunalisierungen am Beispiel der deutschen Trinkwasserversorgung

Gliederung

I. Vorbemerkung
II. Rekommunalisierung ehemals öffentlich erstellter Leistungen
   1. Definitorische Grundlagen und Entwicklungstendenzen
   2. Gründe von Rekommunalisierungsbestrebungen
III. Rekommunalisierungen in der deutschen Trinkwasserversorgung
   1. Branchenbild der Wasserversorgung
   2. Eigentümerstrukturen in der Wasserversorgung
IV. Zusammenhang zwischen Eigentümerstrukturen und Preisen
V. Fazit
Literaturverzeichnis

I. Vorbemerkung

Im öffentlichen Wirtschaften waren die letzten Dekaden von einer Phase von Privatisierungen gekennzeichnet. Hierunter fielen in erster Linie Leistungen der Daseinsvorsorge. Die Vereinbarkeit mit dem Gewährleistungsstaatsmodell, welches eine flächendeckende, qualitativ und quantitativ hinreichende Versorgung der Bürger mit Daseinsvorsorgeleistungen zu bezahlbaren Preisen impliziert, wurde dabei vorausgesetzt.

Der Trend zu einer stärkeren Dominanz privater Leistungserstellung im Bereich der Daseinsvorsorge scheint allerdings seit den letzten Jahren abzunehmen. Es mehren sich Befürworter, aber ebenso konkrete Vorhaben, die der öffentlichen Hand im Rahmen der Leistungserstellung ein größeres Gewicht beimessen. Allerdings ist in der Wissenschaft noch strittig, inwiefern es sich um Trenderscheinungen oder (übliche) punktuelle Rekommunalisierungsvorhaben handelt. Röber beispielsweise argumentiert, dass dieser (mögliche) Trend keineswegs neu sei, da es in den letzten 150 Jahren immer wieder Tendenzen zu mehr Privatisierungen, aber wiederum ebenfalls zu mehr Kommunalisierungen gegeben hat.[1] Ob dieser Trend zu einer Renaissance öffentlicher Leistungserbringung tatsächlich existiert respektive sich abzeichnet, sowie worin die Gründe für diese Entwicklung liegen, bildet den Gegenstand dieses Beitrages. Dabei wird definitorisch abgegrenzt, was unter einer Rekommunalisierung verstanden wird. Ferner sind Gründe und Ziele von Rekommunalisierungsvorhaben aus finanzwissenschaftlicher Perspektive zu untersuchen, um die oftmals ideologisch geführte Debatte der Vorteilhaftigkeit von mehr oder weniger öffentlichen Anteilen zu versachlichen und in den fiskalischen Kontext des kommunalen Wirtschaftens zu integrieren. Als praxisrelevantes Beispiel wird die Thematik möglicher Rekommunalisierung im Bereich der Wasserversorgung in Deutschland untersucht.

II. Rekommunalisierung ehemals öffentlich erstellter Leistungen

1. Definitorische Grundlagen und Entwicklungstendenzen

Unter Rekommunalisierung werden kommunale Maßnahmen gefasst, die das Ziel beinhalten, ehemals öffentlich erstellte, aber im Zeitverlauf privatisierte Aufgaben wieder in kommunale Tätigkeit zu reintegrieren. Im weitesten Sinne werden alle gesellschafterstrukturbezogenen Rückübertragungen von bisher privatisierten Elementen der kommunalen Wirtschaft ebenso subsumiert, wie das Auslaufen von Konzessionsverträgen, horizontale, zum Teil lose Kooperationen oder reine kommunale Neugründungen von Gesellschaften, wie Stadtwerken, oder ähnliches. Im Rahmen dieses Beitrages soll Rekommunalisierung allerdings als tatsächliche Rückübertragung von bisher privatisierten Institutionen der öffentlichen Hand verstanden werden. Interkommunale Kooperationen implizieren zwar eine öffentliche Leistungserstellung, allerdings wird bei diesem rein interkommunalen Vorgang nicht per se rekommunalisiert, was vorher einer privaten Leistungserstellung unterlag. Das gleiche gilt für die Neugründung öffentlicher Unternehmen.

In Deutschland wurde bis weit in die 1990er Jahre eine in Relation zum bspw. angelsächsischen Raum zurückhaltende Privatisierungspolitik betrieben. Allerdings führte die verstärkte EU-Wettbewerbspolitik gegen Ende der 1990er Jahre zu einem erhöhten Privatisierungsdruck. Die EU-Wettbewerbspolitik fokussierte vor diesem Hintergrund die Stärkung der Konsumenten, womit eine Schwächung der Produzentenorientierung und eine Reduzierung

---

1 Vgl. *Röber (2009)*, S. 227.

der Legitimation öffentlicher Unternehmung korrespondierten.[2] Die Legitimation öffentlicher Unternehmen liegt im Grundsatz in deren allokativer Funktion. Nach Thiemeyer füllen öffentliche Unternehmen Lücken („Lückenbüßertheorie") und beseitigen damit funktionale Mängel des marktwirtschaftlichen Systems.[3] Es werden folglich Leistungen von allgemeinem öffentlichem Interesse angeboten, welche private Anbieter aufgrund geringer Rentabilität nicht offerieren.Der Gemeinwohlcharakter öffentlicher Leistungserstellung kommt vor diesem Hintergrund zum Ausdruck. Öffentliche Unternehmen nehmen dabei Aufgaben wahr, die die Privatwirtschaft aufgrund eines Renditefokus' nicht übernehmen will und die für gesellschaftlich notwendig erachtet werden. Hierbei bestimmt jedoch die Kommune, welche als gemeinwohlrelevante, in öffentlicher Form bereitgestellte Leistungen zu erbringen sind, d.h., welche Leistungen im öffentlichen Interesse liegen.[4]

Seit geraumer Zeit mehren sich jedoch die Hinweise, dass die sich im Zuge der EU-Wettbewerbspolitik höhere Privatisierungswelle nicht monokausal zu einer Stärkung der Konsumenten und Bürger führte, und damit nicht per se effizientere Ergebnisse erbrachte. Aufgrund dieser Entwicklung stieg die Skepsis einer allgemeingültigen effizienteren privaten Leistungserstellung. Parallel wurden befürwortende Stimmen einer verstärkten Rekommunalisierung laut.

Auch in der Bevölkerung findet diese Strategie Niederschlag. Das dimap-Institut befragte im Auftrag des Bundesverbandes Öffentliche Dienstleistungen – Deutsche Sektion des CEEP e.V. (BVÖD) und des Verbands kommunaler Unternehmen e.V. (VKU) im September 2008 deutsche Haushalte nach deren Vorstellung einer optimalen Struktur bzw. eines optimalen Angebots von Daseinsvorsorgeleistungen. Besonders die elementaren Daseinsvorsorge-Bereiche Energie, Wasser, Verkehr und Abfallentsorgung sollten auf Wunsch der Bürger eher öffentlich erbracht werden (Abbildung 1).

Wird die Erhebung der Versorgung von Daseinsvorsorgeleistungen nach den einzelnen Sparten differenziert, ergibt sich das in der Abbildung rechts dargestellte Bild.

Besonders im Bereich Wasser (Wasserversorgung, Abwasserentsorgung) ist überwiegend (72 %) eine öffentliche Leistungserstellung gewünscht. Hier kommt der Gedanke des besonders schutzwürdigen Gutes Wasser deutlich

---

2 Vgl. *Röber (2009)*, S. 229.
3 Vgl. *Thiemeyer (1970)*, S. 21 ff.
4 Vgl. *Edeling u.a. (2004)*, S. 15.

zum Ausdruck (Art. 20 Abs. 1 GG und Art. 2 Abs. 2 Satz 1 GG).[5] Das Sozialstaatsprinzip (Art. 20 Abs. 1 GG) gewährleistet hierbei eine sichere, qualitativ

Abbildung 1: Vom Bürger gewünschte Leistungserstellung in ausgewählten Daseinsvorsorge-Bereichen sowie nach Sparten

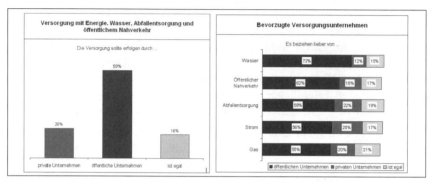

Quelle: VKU (2008).

angemessene und flächendeckende Trinkwasserversorgung zu vertretbaren Preisen als Bestandteil des sozialen Existenzminimums.[6]

Zusätzlich sind im Rahmen der Erbringung von Daseinsvorsorgeleistungen immer Regulierungsaspekte mit zu berücksichtigen. Diese spielen im Besonderen bei Netzgütern eine Rolle (Anreizregulierung, Trennung von Infrastruktur und Vertrieb (Unbundling etc.)).[7] Die Beurteilung von öffentlicher gegenüber privater Leistungserstellung benötigt daher eine Flankierung von Regulierungsfragen, um eine ursachengerechtere Analyse möglicher Probleme der jeweiligen Erstellungsform vollziehen zu können.[8] So kann argumentiert werden, dass Regulierung nicht ausgeblendet werden darf, weil die Gefahr damit wächst, „dass letztlich nur ordnungspolitische Glaubensbekenntnisse in der Weise ausgetauscht werden, dass auf der einen Seite das altbekannte Klischee von der [effizienten] Privatwirtschaft und den unwirtschaftlichen öffentlichen Unternehmen aufgewärmt und auf der anderen Seite die öffentliche Wirtschaft romantisch verklärt wird".[9]

---

5 Vgl. *Hesse/Lenk/Rottmann (2009)*, S. 19.
6 Vgl. *Emmerich-Fritsche (2007)*, S. 190.
7 Vgl. u.a. *Herrmann (2009)*, S. 42 ff.
8 Vgl. *Ambrosius (2009)*, S. 18 ff.
9 *Röber (2009)*, S. 230.

Aus diesem Grund wird deutlich, dass die Zielsetzung nicht darin liegen kann, den Status quo ante vor der Privatisierung wieder zu erreichen – dann wiederum könnte neuer Privatisierungsdruck entstehen –, sondern die öffentliche Leistungserstellung weiterzuentwickeln.

2. Gründe von Rekommunalisierungsbestrebungen

Im Rahmen einer umfassenden Daseinsvorsorge wird nicht nur ein definiertes Mindestmaß einer Grundversorgung intendiert. Da bei der privaten/privatisierten Erbringung von Daseinsvorsorgeleistungen in einigen Fällen die Kosteneffizienz (kostenminimale Leistungserstellung) dominierte, allerdings gleichzeitig die allokative Effizienz (qualitativ und quantitativ hinreichendes Leistungsangebot zu günstigen Preisen) der Leistungsgewährleistung in den Hintergrund trat, wurde zur Bewältigung dieser Problematik – zumindest partiell – eine Rückführung in öffentliche Leistungserstellung postuliert. Die Gründe für Rekommunalisierungsbestrebungen sind vielseitig. Einerseits liegen sie in der dem öffentlichen Wirtschaften inhärenten Postulat einer allokativen Effizienz begründet. Andererseits werden Rekommunalisierungsvorhaben von privatisierten ehemals öffentlich erbrachten Leistungen mit fehlenden Steuerungs- und Kontrollmöglichkeiten der öffentlichen Hand begründet. Hinzu kommen gesellschaftliche Vorbehalte gegenüber einer privaten Leistungserbringung in Bereichen der Daseinsvorsorge.[10] Die mit der Privatisierung verbundenen und erwarteten Implikationen traten im Zuge von Privatisierungen häufig nicht ein. Zum Teil wurde zwar Kosteneffizienz erreicht, eine Überführung dieser Kosteneffizienz in allokative Effizienz für den Bürger blieb jedoch mitunter aus.[11] Ferner besitzt die öffentliche Hand im Zuge einer privaten Leistungserstellung nur geringe Kontrollmöglichkeiten, d.h. ausschließlich über ihr Aufsichtsmandat. Die grundgesetzlich verankerte kommunale Selbstverwaltung könnte durch verstärkte Privatisierung schrittweise ausgehöhlt werden.[12] Die Gefahr besteht insbesondere dann, wenn der Entscheidungslegitimation nur noch in Einzelfällen bei den demokratisch legitimierten Organen liegt.

---

10 Vgl. Befragung dimap-Institut im Auftrag des Bundesverbandes Öffentliche Dienstleistun-gen – Deutsche Sektion des CEEP e.V. (BVÖD) und des Verbands kommunaler Unternehmen e.V. (VKU) im September 2008 von deutschen Haushalten nach deren Vor-stellung einer optimalen Struktur bzw. eines optimalen Angebots von Daseinsvorsorgeleistungen.
11 Vgl. u.a. *Lenk/Rottmann (2007)*, S. 5.
12 Vgl. *Röber (2009)*, S. 232.

Im Rahmen der Leistungserstellung in gemischtwirtschaftlichen Strukturen (teilprivatisierte Unternehmen, PPP) kann es zu Steuerungsproblemen kommen. Diese sind umso höher, je stärker die Interessensdivergenzen und je höher die Informationsasymmetrien ausfallen sowie je ungenauer die Aufgabenzuordnung vorgenommen wird. Gerade bei PPP besteht durch den inkrementellen Institutionalisierungsprozess, der solchen Vorhaben zugrunde liegt, die Gefahr, dass die Aufgabensteuerung nicht transparent für beide Seiten erfolgt. Ferner fallen bei gemischtwirtschaftlich organisierten Unternehmen häufig hohe Transaktionskosten an, die im Zuge der Abstimmungsnotwendigkeiten mindestens zweier auf verschiedenen Referenzsystemen agierender Akteure entstehen. Eine Rückübertragung ehemals öffentlich erstellter Leistungen kann aus dieser Perspektive zu einer Kostenersparnis für die öffentliche Hand führen. Gesellschaftliche Vorbehalte manifestieren sich des Weiteren zunehmend im Rahmen plebiszitärer Elemente. Bürgerentscheide verhinderten in jüngster Vergangenheit mehrere Privatisierungsvorhaben.[13] Auch können im Zuge einer Rekommunalisierung soziale und kommunalpolitische Aspekte, wie der Arbeitsplatzerhalt oder Mitarbeitergratifikationen, eine bedeutende Rolle spielen, die sich aus Sicht der öffentlichen Hand in privaten Strukturen nicht oder unzureichend widerspiegeln.

Grundsätzlich hat die Kommune im Gewährleistungsstaat dafür Sorge zu tragen, dass die Daseinsvorsorge-Leistung erbracht wird, unabhängig vom gesellschaftsrechtlichen Vollzug. Röber argumentiert vor diesem Hintergrund, dass die Kommune nicht mehr als monolithische Einheit zu betrachten ist, sondern in ihrem differenzierten Rollengerüst als Auftraggeber und Auftragnehmer öffentlicher Leistungserstellung gesehen werden muss.[14]

III. Rekommunalisierungen in der deutschen Trinkwasserversorgung

1. Branchenbild der Wasserversorgung

Die Wasserwirtschaft in Deutschland ist durch einen hohen Anteil an öffentlicher Leistungserstellung gekennzeichnet, in Form öffentlicher Versorgungsbetriebe bzw. kommunaler Zweckverbände. Wettbewerb findet nicht im Markt statt (Wettbewerb um Kunden in einem Versorgungsgebiet), sondern zumeist um den Markt (z.B. im Rahmen von Ausschreibungen).[15] Durch die techni-

---

13 Bspw. verhinderten im Jahre 2008 87,4 % der abstimmenden Leipziger Bürger die vom Stadtrat vorgesehene Teilveräußerung der Stadtwerke.
14 Vgl. *Röber (2009)*, S. 234.
15 Vgl. *Hesse/Lenk/Rottmann (2009)*, S. 18.

schen Gegebenheiten (teure lokal ausgerichtete Netzinfrastruktur mit hohen Markteintrittsbarrieren) liegt ein natürliches Monopol vor. Dies führte in Deutschland zu einer bewusst angelegten staatsmonopolistischen Struktur der Wassermärkte.[16]

Der Markt der Wasserver- und Abwasserentsorgung weist in seinen Rahmenbedingungen besondere Spezifika auf. Aufgrund des Charakters des besonders schutzwürdigen Gutes sind verfassungsrechtliche Vorgaben zu beachten.[17] So gewährleistet das Sozialstaatsprinzip (Art. 20, Abs. 1 GG) eine sichere, qualitativ angemessene und flächendeckende Trinkwasserversorgung zu vertretbaren Preisen als Bestandteil des sozialen Existenzminimums.[18] Zusätzlich bestehen bezüglich der hohen Abhängigkeit von den wichtigen Individualrechtsgütern Leben und Gesundheit (Art. 2, Abs. 2, S. 1 GG) qualifizierte Schutzpflichten, die eine staatliche Verantwortung für Mindeststandards (Hygiene und Ökologie) implizieren.[19] Daher oblag dem Bund die Rahmengesetzgebung, die sich im Wasserhaushaltsgesetz und im Abwasserabgabengesetz niederschlug. Die Konkretisierung und Umsetzung der wasserrechtlichen Vorschriften wurde durch die Länder erfüllt, die Landeswasser- und -abwassergesetze formuliert haben. Im Zuge der Föderalismusreform wurde hingegen beschlossen, dass der Bund nunmehr die Regelung übernimmt. Die Länder dürfen von dieser Regelung abweichen, außer bei stoff- und anlagenbezogenen Vorschriften (Art. 125b GG). Des Weiteren enthält das Wasserhaushaltsgesetz Öffnungsklauseln für Regelungen der Länder.

Die Durchführung der Wasserver- und -entsorgung wird hingegen operativ von den Kommunen erbracht. Während der Entsorgungsteil sich dabei als Pflichtaufgabe der Kommunen Privatisierungsoptionen und damit dem Thema Rekommunalisierung weitgehend entzieht, hat die Wasserversorgung in den meisten Bundesländern den Charakter einer pflichtigen Selbstverwaltungsaufgabe der Gemeinden.[20] Dies bedeutet, dass die Gemeinde die Leistung selbst bereitstellen oder zeitlich begrenzt auch durch einen Dritten erbringen lassen kann. Der Pflichtcharakter betrifft lediglich die *Gewährleistung* der Wasserversorgung. Aufgrund der unterschiedlichen rechtlichen Rahmen werden in

---

16 Vgl. *Burgi (2001)*, S. 101 ff.
17 Vgl. *Hesse/Lenk/Rottmann (2009)*, S. 19.
18 Vgl. *Emmerich-Fritsche (2007)*, S. 190.
19 Vgl. *Kahl (2007)*, S. 3.
20 Vgl. *Scheele/Libbe (2008)*, S. 101 ff. Allerdings wird dieser Charakter nicht in allen entsprechenden Landesrechten explizit benannt; siehe dazu *Dierkes/Hamann (2009)*, S. 54 f.

der Praxis Ver- und Entsorgungsdienste oft auch institutionell getrennt betrieben.[21]

Die Wasserversorgung bildet einen Bestandteil der Daseinsvorsorge.[22] Sie ist allein aus diesem Blickwinkel für eine öffentliche Leistungserstellung prädestiniert und kann damit begründet werden. Für Kommunen spielen allerdings ebenfalls Einnahmeaspekte eine Rolle. Ferner bildet die Wasserversorgung neben der Energieversorgung zumeist einen zentralen Pfeiler des kommunalen Querverbundes. Es spielen folglich nicht ausschließlich die Daseinsvorsorge-Postulate einer adäquaten flächendeckenden Leistungserstellung nach Qualität und Quantität eine Rolle, sondern auch der finanzpolitische kommunale Rahmen. Privatisierungs- und Rekommunalisierungsbestrebungen haben sich diesen Zielpunkten unterzuordnen.

2. Eigentümerstrukturen in der Wasserversorgung

Im Bereich der Wasserversorgungswirtschaft wird seit geraumer Zeit über Privatisierungs- und Rekommunalisierungstendenzen diskutiert. Die empirische Basis fällt bisher jedoch lückenhaft aus. Die amtliche Statistik offeriert für das Bundesgebiet rund 6.200 Wasserversorgungsunternehmen.[23] Konkrete Aussagen zu den Eigentümerstrukturen lassen sich jedoch auch aus den erfassten Daten nicht entnehmen: Die amtliche Statistik weist keine eigentümerbezogenen Merkmale aus.[24] Aber auch durch die Branchenverbände publizierten Daten lassen sich keine unmittelbaren Rückschlüsse auf die Eigentümerstrukturen ziehen. Zwar geben die Verbände in ihrem Branchenbild die Anteile verschiedener Rechtsformen ihrer Mitgliedsunternehmen an,[25] allerdings ist die Rechtsform kein hinreichendes Kriterium, um zwischen einer kommunalen und einer privatwirtschaftlichen Leistungserstellung zu differenzieren. Vielfach werden (gerade in größeren Kommunen) auch von öffentlicher Seite Kapitalgesellschaften im Zuge einer formellen Privatisierung (GmbH, AG u. ä.) betrieben. Zum Status quo der materiellen Privatisierung, d. h. des tatsächlichen Engagements privatwirtschaftlicher Anteilseigner,[26] sind hingegen keine flächendeckenden Daten verfügbar, weshalb sich die

---

21 Vgl. *Hesse/Lenk/Rottmann (2009)*, S. 19.
22 Vgl. *Dierkes/Hamann (2009)*, S. 29.
23 *Statistisches Bundesamt (2009)*, S. 16.
24 Die amtliche Statistik erfasst weder die Rechtsformen der Versorgungsunternehmen noch deren materielle Eigentümerstruktur.
25 Für ca. 1.300 größere Unternehmen, die für rund vier Fünftel des Versorgungsvolumens stehen siehe *BDEW u.a. (2008)*, S. 12.
26 Zu den verschiedenen Privatisierungsformen siehe *Hesse/Lenk/Rottmann (2009)*, S. 7 ff.

Diskussion vielfach auf den Vergleich mehr oder weniger repräsentativer Beispiele konzentriert (Berlin, Rostock etc.).[27]

Um erste Schritte in Richtung einer zielgenaueren empirischen Absicherung der Diskussion zu gehen, haben die Autoren bereits Anfang 2009 die Eigentümerstrukturen der Wasserversorgungsunternehmen in den 100 größten deutschen Städten (bezogen auf die Einwohnerzahl) analysiert.[28] Diese versorgen rund 30 % der bundesdeutschen Bevölkerung mit Trinkwasser und stehen für etwa 50 % des gesamten Wasseraufkommens.[29] Obgleich auf der Hand liegt, dass diese Auswahl kaum repräsentativ für die über 12.000 deutschen Städte und Gemeinden stehen kann, ermöglicht sie erste Einblicke in die Praxis der Debatte um Rekommunalisierungstendenzen. Die Untersuchung wurde zum aktuellen Datenstand (März 2010) wieder aufgelegt.

Für die Analyse wurden die materiellen Eigentümerstrukturen ermittelt, d. h., unabhängig von der Rechtsform des Versorgungsunternehmens die Unternehmensanteile herausgefiltert, die sich unmittelbar oder mittelbar in privatwirtschaftlicher Hand befinden. Die Untersuchung basiert dabei auf Eigenangaben der Unternehmen.

Es zeigt sich zunächst, dass von den 100 einwohnerreichsten deutschen Städten 42 rein kommunal betriebene Wasserversorger aufweisen. In 58 Städten ist das Wasserversorgungsunternehmen zumindest zum Teil in privatwirtschaftlichem Eigentum (Abbildung 2). Nur in elf Städten halten die privaten Miteigentümer dabei mehr als 50 % der Unternehmensanteile, in der überwiegenden Zahl der Fälle sind Privatunternehmen Minderheitseigentümer. In lediglich zwei Fällen (Stuttgart, Rostock) wird die Wasserversorgung durch jeweils einen rein privaten Anbieter (EnBW, Eurawasser) erbracht.

Privatwirtschaftliches Engagement in der Wasserwirtschaft ist folglich zumindest in den deutschen Großstädten ein durchaus flächendeckend auftretendes Phänomen. In vielen Fällen ist dieses Engagement allerdings durch Holdingstrukturen und indirekte Beteiligungen verschleiert. So tritt nicht selten der Fall auf, dass ein Wasserversorger von einem zunächst kommunal anmutenden Eigentümer betrieben wird, hinter dem aber seinerseits zum Teil privatwirtschaftliche Unternehmen stehen. Auf der anderen Seite sind Fälle zu beobachten, in denen Unternehmen mit mehrheitlich öffentlichen Eigentümern

---

27 Zu den Schwierigkeiten bei der empirischen Erfassung der Wasserwirtschaft siehe auch *Dierkes/Hamann (2009)*, S. 24 ff.
28 Vgl. *Hesse/Lenk/Rottmann (2009)*.
29 Gemäß einer einfachen Überschlagsrechnung auf der Basis von *Statistisches Bundesamt (2009)*, S. 16.

analog privatwirtschaftlichen Unternehmen auftreten und mehrere Beteiligungen an Wasserversorgern unter sich vereinen (z.B. Gelsenwasser AG).

Die Ergebnisse decken sich zunächst nicht mit den Erkenntnissen anderer Branchenbetrachtungen, nach denen die Mehrzahl Wasserversorger rein kommunal betrieben wird.[30] Die Abweichung kann im Wesentlichen auf die Auswahl der Stichprobe zurückgeführt werden. Für private Investoren werden eher größere Versorger als Investitionsobjekte lohnend erscheinen, da sich entstehende Kosten breiter verteilen lassen. Ferner könnten die hohen Kostenremanenzen[31] der Wassernetze besonders bei kleinen Kommunen mit z.T. demografisch ungünstigen Rahmenbedingungen einen Hinderungsgrund für eine Investition privater Wasserversorger darstellen. Möglicherweise ist die These der überwiegend kommunalen Bereitstellung der Wasserversorgung aber auch schlicht auf die unzureichende Datenlage zurückzuführen.

Abbildung 2: Eigentümerstrukturen in der Wasserversorgung

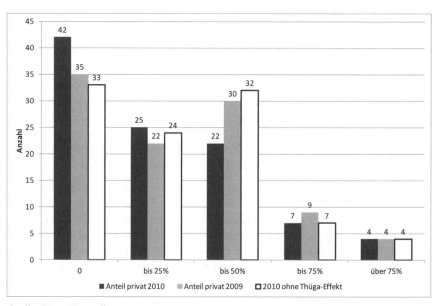

Quelle: Eigene Darstellung.

---

30 Beispielsweise werden die rund 5.000 nicht durch die brancheninterne Statistik erfassten Betriebe aufgrund ihrer geringen Größe mehrheitlich dem öffentlichen Sektor zugerechnet; *BDEW u.a. (2008)*, S. 12.
31 Das Angebot des Netzgutes lässt sich leichter an steigende als an fallende Nachfrage anpassen.

Gegenüber der Analyse aus dem Vorjahr ergeben sich deutliche Abweichungen. Die Zahl der rein öffentlichen Wasserversorgungsunternehmen stieg von 35 auf 42. Gleichzeitig ging die Zahl der „bis 50 %" und „bis 75 %" teilprivatisierten Unternehmen deutlich zurück. Insgesamt sank der Anteil privatwirtschaftlicher Investoren in 23 Städten. Vor diesem Hintergrund könnte die These einer starken Bestrebung zur Rekommunalisierung gestützt werden. Dies ist gleichzeitig richtig und falsch, da der Effekt im Wesentlichen auf der Kommunalisierung der Thüga AG beruht. Die Veräußerung der Thüga AG durch den E.ON-Konzern an ein kommunales Erwerberkonsortium im Dezember 2009[32] hatte mittelbar Einfluss auf 16 der 100 betrachteten Wasserversorger (im Sinne einer Verringerung des Privatanteils). Darüber hinaus sank in weiteren sieben Städten der private Anteil an den Wasserversorgern, in vier Städten bauten private Investoren ihre Engagements hingegen aus. In drei dieser vier Städte wurde ein Teil (jeweils unter 20 %) eines vormals rein kommunalen Versorgers an einen privaten Investor veräußert. Wird der Vergleich um den „Thüga-Effekt" bereinigt, ergeben sich für 2010 die in der Abbildung jeweils rechts dargestellten Säulen. Es lässt sich dann im Jahresvergleich (mittlere Säulen für 2009) weder ein Trend zur Privatisierung noch zur Rekommunalisierung feststellen.

IV. Zusammenhang zwischen Eigentümerstrukturen und Preisen

In der Diskussion um privatwirtschaftliches Engagement auf dem monopolistischen Gebiet der Netzinfrastruktur stellt sich – dem Postulat der Daseinsvorsorge nach bezahlbaren Preisen für die Bürger folgend – die Frage nach der Auswirkung auf die Preise als eines der zentralen Themen dar. Die vorliegende empirische Analyse wurde daher um die Betrachtung der Preise für die Wasserversorgung und der Analyse des Zusammenhangs zwischen Privatisierungsgrad und Preisniveau erweitert. Die Basis der Untersuchung bilden die aktuell gültigen Entgeltdaten für das Jahr 2010, die dafür von den Verfassern erhoben wurden.[33]

Der Tarif für die Versorgung privater Haushalte mit Trinkwasser besteht in der Regel aus zwei Komponenten: Zum einen aus einem verbrauchsabhängi-

---

32 Dabei wurden einige Beteiligungen der Thüga AG im Vorfeld abgespalten und separat weiterverwertet. Insofern wurde eine „verkleinerte" Thüga AG kommunalisiert; *E.ON (2010)*, S. 21; *Thüga (2009)*.

33 Das Statistische Bundesamt erhebt diese Daten im dreijährigen Rhythmus. Die aktuellen Daten liegen für die Jahre 2005-2007 vor, die Erhebung für die Jahre 2008-2010 wird im Jahr 2011 veröffentlicht; *Statistisches Bundesamt (2008)*.

gen Preis je m³ und zum anderen aus einem verbrauchsunabhängigen Preis, der sich an der Zählergröße bzw. Jahresverbrauchsklasse orientiert.[34] Die Gewichtung zwischen diesen beiden Entgeltkomponenten ist individuell sehr unterschiedlich ausgestaltet. Daher ist ein interregionaler Vergleich der Gesamtkosten der Wasserversorgung nur unter einer Vielzahl von Annahmen (Haushaltsgröße, Verbrauchsverhalten, Wohnverhältnisse, Zählergrößen etc.) möglich.[35] Für die Analyse der 100 größten deutschen Städte soll daher zunächst ausschließlich der verbrauchsabhängige Preis je Kubikmeter Trinkwasser verglichen werden. Der Grad der Privatisierung wird mit dem mittelbaren und unmittelbaren Anteil privatwirtschaftlicher Unternehmen am jeweiligen Wasserversorgungsunternehmen dargestellt.

Die Gegenüberstellung beider Merkmale in Abbildung 3 zeigt zunächst, dass erhebliche Differenzen in der Höhe der variablen Preise liegen, die zwischen 0,974 Euro/m³ und 2,67 Euro/m³ schwanken. Weiterhin ist bereits aus der grafischen Darstellung ein Zusammenhang kaum erkennbar. Die analytische Herangehensweise ergibt ein Bestimmtheitsmaß von lediglich 0,0169. Damit herrscht eine fast perfekte Unabhängigkeit zwischen den beiden Merkmalen.[36]

Die These höherer Preise infolge der Rentabilitätsanforderungen eines privaten Investors lässt sich folglich auf der hier ausgewählten empirischen Basis nicht bestätigen. Auf der anderen Seite kann aber auch die Gegenthese nicht verifiziert werden, dass privatwirtschaftliches Engagement in einem Wasserversorgungsunternehmen automatisch zu Effizienzgewinnen führt, die sich in geringeren Endverbraucherpreisen niederschlagen.[37]

---

34 In einer Reihe von deutschen Kommunen (ca. 300) werden hingegen ausschließlich verbrauchsabhängige Entgelte erhoben, einige wenige Kommunen verlangen ausschließlich eine verbrauchsunabhängige Gebühr. Siehe dazu *Lamp/Grundmann (2009)*, insbes. S. 598.
35 Zudem ist der Modus der Preisgestaltung bei den Zählerpreisen in der betrachteten Stichprobe höchst heterogen. Dies hängt vor allem mit technischen Gegebenheiten zusammen (Bewirtschaftung verschiedener Zählergrößen, uneinheitliche Deklarationen, verschiedene Staffelungen etc.). Auch die statistischen Ämter verzichten daher auf die Darstellung eines durchschnittlichen Preises je Kubikmeter oder je Haushalt sondern geben „Kubikmeterpreise" und „Grundgebühren" getrennt aus, siehe z.B. *Lamp/Grundmann (2009)*, S. 598.
36 Auch für nichtlineare Funktionstypen wurden ähnliche Ergebnisse erzielt. Das Bestimmtheitsmaß R^2 überschreitet in keiner der getesteten Varianten 0,05.
37 Die Analyse wurde trotz der Schwierigkeiten bei der Erfassung auch für die verbrauchsunabhängigen Zählerpreise durchgeführt. Wiederum zeigt sich eine fast perfekte Unabhängigkeit zwischen Zählerpreisen und Privatisierungsgraden ($R^2=0,0361$). Interessanterweise existiert auch kein statistisch nachweisbarer Zusammenhang zwischen der fixen und der variablen Preiskomponente.

Um auch an dieser Stelle die Veränderungen in den Gesellschafterstrukturen zwischen 2009 und 2010 zu berücksichtigen, wurde die gleiche Analyse für die Preisdaten und Privatisierungsgrade 2009 durchgeführt. Die Ergebnisse sind nahezu identisch zu denen des Jahres 2010. Das Bestimmtheitsmaß als Messgröße des Zusammenhangs beträgt 0,0452. Ein Zusammenhang zwischen (teilweise) privatwirtschaftlicher Leistungserstellung und den variablen Preisen je m³ besteht nicht.

Abbildung 3: Zusammenhangsanalyse von Privatisierungsgrad und variablen Preisen

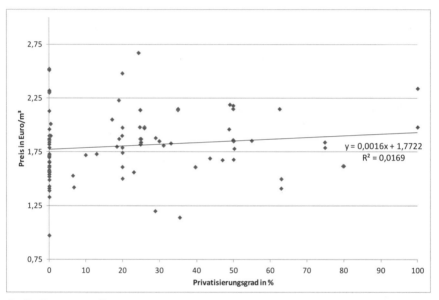

Quelle: Eigene Darstellung

V. Fazit

Der aus dem EU-Wettbewerbspostulat resultierende und den vergangenen Jahren unterliegende Trend hin zu einer stärkeren Dominanz privater Leistungserstellung im Bereich der Daseinsvorsorge scheint in jüngerer Zeit abzunehmen. Ob sich demgegenüber allerdings eine flächendeckende und branchenübergreifende Rekommunalisierungsphase nachhaltig manifestiert, ist fraglich.

Die Gründe von Rekommunalisierungsvorhaben lassen sich zumeist mit den nicht eingetretenen Hoffnungen von Privatisierungen begründen, welche vordergründig in höheren Effizienzmaßen und damit verbundenen Preissenkungen und Qualitätssteigerungen liegen. Aber auch die Unterhöhlung der kommunalen Selbstverwaltung, der fehlende Steuerungseinfluss der öffentlichen Hand und die z.T. hohen Transaktionskosten bei gemischtwirtschaftlichen Unternehmen bilden konträre Elemente einer privaten Erbringung von Leistungen der Daseinsvorsorge.

Mit Blick auf mögliche Rekommunalisierungstendenzen wurde im Rahmen des Beitrags exemplarisch die deutsche Trinkwasserversorgung, als ein zentrales Element der Daseinsvorsorge, untersucht. Es konnte festgestellt werden, dass – in erster Linie bedingt durch den (einmaligen) „Thüga-Effekt" im Jahr 2010 – verglichen mit dem Referenzszenario 2009, absolut betrachtet ein Rückgang der privaten Anteile einherging, wenn auch in den einzelnen Gesellschafterstrukturklassen in unterschiedlicher Intensität. Wird der „Thüga-Effekt" hingegen heraus gerechnet, kann kein Trend zu einer verstärkten Rekommunalisierung, allerdings auch nicht zu einem höheren Privatanteil, auf Basis der Stichprobe identifiziert werden.

Wird ferner die Preisentwicklung in den Kontext der Gesellschafterstrukturveränderung inkludiert, können auf Basis der vorliegenden Stichprobe weder das häufig vorgebrachte Argument, Gesellschaften mit privater Beteiligungsstruktur lassen aufgrund des höheren Renditedrucks höhere Preise erwarten, noch das gegenteilige Argument, durch private Anteilseigner erhöht sich die Effizienz und der Preis sinkt, validiert werden.

Literaturverzeichnis

Ambrosius (2009): Gerold Ambrosius, Regulierung öffentlicher Dienstleistungen in historischer Perspektive, in: Bundesverband Öffentliche Dienstleistungen (Hrsg.), Beiträge zur öffentlichen Wirtschaft, Regulierung, Bd. 29 Baden-Baden 2009, S. 18-38.

BDEW u.a. (Hrsg.) (2008): Branchenbild der deutschen Wasserwirtschaft 2008, Bonn 2008.

Burgi (2001): Martin Burgi, Privatisierung der Wasserversorgung und Abwasserbeseitigung, in: Hendler u.a. (Hrsg.), Umweltschutz, Wirtschaft und kommunale Selbstverwaltung, Berlin 2001, S. 101-109.

Dierkes/Hamann (2009): Mathias Dierkes u. Rolf Hamann, Öffentliches Preisrecht in der Wasserwirtschaft, Baden-Baden 2009.

Edeling u.a. (2004): Thomas Edeling, Erhard Stölting u. Dieter Wagner, Öffentliche Unternehmen zwischen Privatwirtschaft und öffentlicher Verwaltung, Eine empirische Studie im Feld kommunaler Versorgungsunternehmen, Wiesbaden 2004.

Emmerich-Fritsche (2007): Angelika Emmerich-Fritsche, Privatisierung der Wasserversorgung in Bayern und kommunale Aufgabenverantwortung, Bayerische Verwaltungsblätter 2007, 1 (1), S. 1-8.

E.ON AG (Hrsg.) (2010): Die Zukunft der Energie. Weitergedacht. Geschäftsbericht Teil I/II, Unternehmensbericht 2009, Düsseldorf 2010.

Herrmann(2009): Bodo Herrmann, Anreizregulierung in den Energienetzen – gegenwärtiger Stand und Perspektiven, in: Bundesverband Öffentliche Dienstleistungen (Hrsg.), Beiträge zur öffentlichen Wirtschaft, Regulierung, Bd. 29, Berlin 2009, S. 42-53.

Hesse/Lenk/Rottmann (2009): Mario Hesse, Thomas Lenk u. Oliver Rottmann, Privatisierung in der Wasserversorgung aus ordnungstheoretischer Perspektive, Universität Leipzig, Institutspapier Nr. 40 des Instituts für Öffentliche Finanzen und Public Management.

Kahl (2007): Wolfgang Kahl, Die Privatisierung der Wasserversorgung, http://beck-online.beck.de/default.aspx?vpath=bibdata%2fzeits%2fGewA%2f2007%2fcont%2fGewA.2007.H11.htm, Zugriff am 11.02.2009.

Lamp/Grundmann (2009): Hans Lamp u. Thomas Grundmann, Neue Entgeltstatistik in der Wasser- und Abwasserwirtschaft, in: Statistisches Bundesamt (Hrsg.): Wirtschaft und Statistik, 6/2009, S. 596-601.

Lenk/Rottmann (2007): Thomas Lenk u. Oliver Rottmann, Öffentliche Unternehmen vor dem Hintergrund der Interdependenz von Wettbewerb und Daseinsvorsorge am Beispiel einer Teilveräußerung der Stadtwerke Leipzig, Institutspapier Nr. 36 des Instituts für Finanzen und Public Management.

Röber (2009): Manfred Röber, Privatisierung adé?, Rekommunalisierung öffentlicher Dienstleistungen im Lichte des Public Managements, in: Verwaltung & Management, 15. Jg. (2009), H. 5, S. 227-240.

Scheele/Libbe (2008): Ulrich Scheele u. Jens Libbe, Räumliche Aspekte von Qualitäts- und Versorgungsstandards in der deutschen Wasserwirtschaft, in: Informationen zur Raumentwicklung, H. 1 (2008), S. 101-112.

Statistisches Bundesamt (Hrsg.) (2008): Erhebung der Wasser- und Abwasserentgelte, Qualitätsbericht, Wiesbaden 2008.

Statistisches Bundesamt (Hrsg.) (2009): Öffentliche Wasserversorgung und Abwasserbeseitigung 2007, Fachserie 19, Reihe 2.1, Wiesbaden 2009.

Thiemeyer (1970): Theo Thiemeyer, Gemeinwirtschaft als Ordnungsprinzip, Grundlegung einer Theorie gemeinnütziger Unternehmen, Berlin 1970.

Thüga AG (Hrsg.) (2009): Thüga-Kaufvertrag unterzeichnet, Pressemitteilung vom 23.10.2009, in: http://www.thuega.de/fileadmin/media/pdf_2009/Pressemitteilung_23.10.09.pdf.

VKU – Verband kommunaler Unternehmen e.V. (2008): Renaissance der Stadtwerke, Ergebnisse der repräsentativen dimap-Haushaltsbefragung, http://www.vku.de/de/Presse/Pressemitteilungen_Liste/BVOeD_Pressemitteilung/bvoed_charts_umfrage-ergebnissensult.pdf, 05.11.2009.

Manfred Röber

Policy-Netze und Politikarenen in der öffentlichen Wirtschaft

Gliederung

I. Einleitung
II. Policies
    1. Nominelle Bezeichnung
    2. Wirkungen
    3. Steuerungsprinzipien
    4. Beschaffenheit
III. Policy-Netze und Politikarenen
    1. Policy-Netz – als einfacheres Konzept
    2. Politikarena
IV. Policy-Analyse
    1. Policy-Making bei der Privatisierung
        a) Politikformulierung
        b) Politikdurchführung
        c) Reaktion der Adressaten
        d) Reaktion des Systems

    2. Policy-Making bei der Rekommunalisierung
        a) Politikformulierung
        b) Poltikdurchführung
        c) Reaktion der Adressaten
        d) Reaktion des Systems
V. Abschließende Bemerkungen
Literaturverzeichnis

I. Einleitung

Das Thema „Renaissance der öffentlichen Wirtschaft" ist im Laufe der letzten Jahre vor allem auf der kommunalen Ebene zu einem wichtiger werdenden Tagesordnungspunkt in der politischen Diskussion geworden. Unter dem Schlagwort der Rekommunalisierung wird in Politik und Öffentlichkeit darüber debattiert, ob Aufgaben der Daseinsvorsorge, die früher nahezu ausschließlich von öffentlichen Unternehmen erbracht wurden und von denen viele im Laufe der Zeit privaten Unternehmen zur Ausführung übertragen wurden, in den Bereich der öffentlichen Verfügungsgewalt zurückgeholt oder weiter in privater Regie belassen werden sollen. Die wissenschaftliche Diskussion und Analyse ist sehr stark darauf konzentriert, Argumente für und gegen eine Privatisierung bzw. eine (Re-)Kommunalisierung gegenüberzustellen und Positionen abzuwägen, die von der Theorie des Marktversagens und der Theorie des Staatsversagens markiert werden. Auffällig ist, dass den Entscheidungsprozessen über institutionelle Optionen der Daseinsvorsorge, in denen Akteure mit zum Teil sehr unterschiedlichen Interessen handeln, vergleichsweise wenig Aufmerksamkeit gewidmet wird. Vor diesem Hintergrund wird in diesem Beitrag versucht, mit Hilfe der aus der Policy- und der Implementationsforschung stammenden Konzepte der „Policy-Netze" und der „Politikarenen" einen Bezugsrahmen zu entwickeln, mit dessen Hilfe Fragen der Agendagestaltung, der Entscheidungsprozesse, der Konsensbildung und der Konfliktregelung gestellt (und beantwortet) werden können, die in den wohlfahrtsökonomischen und neoklassischen Theorieansätzen nicht thematisiert werden.[1]

II. Policies

Wenn von Policy-Netzen die Rede ist, dann geht es um Politikinhalte, die nach unterschiedlichen Gesichtspunkten klassifiziert werden können. *Windhoff-Héritier* bezieht sich in ihrer einführenden Darstellung der Policy-Analyse auf vier dieser Gesichtspunkte, die nach ihrer Einschätzung analytisch besonders interessant erscheinen: „Es handelt sich um die Zuordnung nach der nominellen Bezeichnung, nach der Wirkung einer Policy, nach dem zugrundeliegenden Steuerungsprinzip sowie der Beschaffenheit' einer Policy"[2].

1. Nominelle Bezeichnung

Bei der nominellen Bezeichnung von Policies geht es darum, einzelne Politikfelder – wie Sozialpolitik, Verkehrspolitik etc. – inhaltlich zu charakterisieren und voneinander abzugrenzen. Die Abgrenzung von Politikfeldern kann sich auch auf Zielgruppen oder Adressaten beziehen (wie z.B. Jugend- oder Seniorenpolitik). In Bezug auf die hier zu behandelnde Thematik ist eine solche

---

[1] Vgl. hierzu schon, mit besonderem Bezug zu den Policy-Instrumenten *Howlett/Ramesh (1993)*.
[2] *Windhoff-Héritier (1987)*, S. 21.

Denomination allerdings nicht so einfach möglich, weshalb sich hierfür auch kein in der politischen Diskussion allseits anerkannter Begriff herausbilden konnte. Eine „öffentliche Wirtschaftspolitik" als sachlich genau bestimmtes Politikfeld gibt es ebenso wenig wie ein über Zielgruppen bzw. Adressaten abgrenzbares Politikfeld, weil sich die Angebote der öffentlichen Wirtschaft im Prinzip an die gesamte Bevölkerung richten. Die Konzepte der Policy-Netze und der Politikarenen werden ihre analytische Kraft aber nur dann entfalten können, wenn man sich auf Politikfelder oder auf einen abgrenzbaren Typus von Institutionen konzentriert, weil die Bedingungen für die Entwicklung und Umsetzung politischer Programme in einzelnen Politikfeldern und Organisationstypen zum Teil sehr unterschiedlich sind.[3]

Ansatzpunkt für eine Eingrenzung des Politikfeldes könnte der Begriff der Daseinsvorsorge sein, der ein bestimmtes Aufgabengebiet abdeckt. Im Zusammenhang mit den Aufgaben und Leistungen, die zur Daseinsvorsorge gerechnet werden, sind dann unterschiedliche organisationspolitische Ansätze als integraler Bestandteil dieses Politikfeldes zu betrachten, die mit den beiden Positionen „Privatisierung" und „Rekommunalisierung" als jeweilige Endpunkte eines organisationspolitischen Kontinuums benannt werden können.[4]

Mit „Privatisierung" ist in diesem Zusammenhang die materielle Privatisierung gemeint. Das heißt, dass eine Aufgabe einschließlich der damit verbundenen Gewährleistung endgültig und vollständig auf private Anbieter übertragen wird und dass die öffentliche Hand (Staat oder Kommune) allenfalls noch einen Resteinfluss in Form von Branchenregulierung hat. Davon sind die formelle Privatisierung oder Organisationsprivatisierung, die Vermögens-Privatisierung und die funktionale Privatisierung (die dem Begriff „Contracting-Out" oder „Auslagerung" entspricht) zu unterscheiden.[5]

2. Wirkungen

Der Diskurs über die Wirkungen einer Policy ist von *Lowi*[6] mit der Unterscheidung in distributive und redistributive Politik in Gang gesetzt worden, die darauf abzielt, ob in ausreichendem Maße vorhandene Ressourcen verteilt werden können oder ob Ressourcen unter den Bedingungen von Knappheit umverteilt werden müssen, so dass es Gewinner und Verlierer gibt. Diese Umverteilung kann in unterschiedlicher Form erfolgen. Eine der bekanntesten

---

3 Vgl. hierzu auch schon *Sabatier (1993)*, S. 120.
4 Vgl. zur gesamten Bandbreite organisationspolitischer Optionen *KGSt (2010)*.
5 Vgl. hierzu *Reichard/Röber (2010)*.
6 Vgl. *Lowi (1964)* und *(1972)*.

Klassifikationen stammt von *Hicks* und *Swank*, die in direkte und indirekte finanzielle Umverteilung und in direkte und indirekte normative Umverteilung unterscheiden.[7] Für die Frage der Privatisierung bzw. Rekommunalisierung sind beide Formen von Bedeutung, weil beispielsweise Subventionen für öffentliche Unternehmen oder steuerliche Vorteile für Leistungsanbieter zulasten anderer Aufgaben gehen und höhere Belastungen für die Bürger (z.B. in Form des Wasserpfennigs oder des Umweltgroschens) zu Kaufkraftverlusten führen. Bei der normativen Umverteilung geht es z.b. um die Regulierung von Märkten im Rahmen der Marktzugangsregelungen der EU-Wettbewerbspolitik, die öffentliche Unternehmen begünstigen oder benachteiligen können.

3. Steuerungsprinzipien

Die Steuerungsprinzipien basieren idealtypisch entweder auf der Regelungs- oder auf der Motivationsdimension und sind danach zu beurteilen, mit welchen Instrumenten welche Wirkungen erzielt werden können. Grundsätzlich stehen als Steuerungsinstrumente Gebote bzw. Verbote, Anreize bzw. Sanktionen, eigene Leistungsangebote und Kommunikationskonzepte (Information, Aufklärung und Überzeugung) zur Verfügung. Bei distributiver Politik wird man sich eher auf Kommunikation und Anreize stützen, bei redistributiver Politik wird es sich in vielen Fällen nicht vermeiden lassen, mit rechtlich verbindlicheren Verboten und Sanktionen zu operieren. Im Kontext der Diskussion und Entscheidung über Privatisierung und Rekommunalisierung wird es vor allem darum gehen müssen, mit positiven Anreizprogrammen auf alle Stakeholder einzuwirken, damit diese ihr Verhalten im Sinne der politischen Programmziele verändern oder unerwünschte (aber andernfalls wahrscheinliche) Verhaltensänderungen unterlassen.[8] Auf dem Gebiet der öffentlichen Wirtschaft werden die politischen Interventionen auch darauf gerichtet sein müssen, den Citizen Value zu erhöhen, indem öffentliche Aufgaben zum Wohle der Gesellschaft und der Bürger wahrgenommen werden, ohne dass es dabei zu Fehlallokationen, Effizienzeinbußen oder Machtmissbrauch kommt.[9]

4. Beschaffenheit

Der Gesichtspunkt der Beschaffenheit bezieht sich auf die Frage, aus welchen Elementen eine Policy besteht und welche Kategorien gebildet werden kön-

---

7 Vgl. *Hicks/Swank (1984)*, S. 266 ff.
8 Siehe *Scharpf (1983)*, S. 101.
9 Vgl. hierzu *Beyer/Pech/Wambach (2001)*; *Röber (2008)*, S. 58/59.

nen, um die einzelnen Elemente der Policy zu systematisieren oder zu klassifizieren. Dabei hat die in der Policy-Literatur angebotene Unterscheidung in materielle und immaterielle Leistungen sowie verhaltenssteuernde Programme, die keine Leistungskomponenten aufweisen, große Ähnlichkeit mit der Einteilung von Gütern in der Betriebswirtschaftslehre, wenn es darum geht, den Charakter von Dienstleistungen zu bestimmen.[10] Zu den materiellen Leistungen gehören finanzielle Transferprogramme für bestimmte Zielgruppen, Infrastrukturprogramme als Kollektivgut für die gesamte Bevölkerung und Sachprogramme mit teilbaren Gütern, die von Personen unentgeltlich oder gegen eine Gebühr individuell in Anspruch genommen werden können. Die immateriellen Leistungen werden in der Policy-Forschung in der Regel in soziale und in sachbezogene Dienstleistungen unterteilt. Verhaltenssteuernde Programme gehören zur regulativen Policy und zielen darauf ab, gesellschaftliche Bereiche so zu regulieren, dass die angestrebten Ergebnisse (outcomes) und Wirkungen (impacts) erreicht werden.

In Bezug auf die öffentliche Wirtschaft sind hinsichtlich des Gesichtspunktes der Beschaffenheit vor allem die sachbezogenen Dienstleistungen von Interesse, weil diese praktisch deckungsgleich sind mit den Aufgaben der Daseinsvorsorge. Darüber hinaus geht es aber auch – insbesondere im europäischen Kontext – um die Frage, mit welchem Regulierungsregime und mit welchen Verfahrensvorschriften das Verhalten von Unternehmen im Bereich der Daseinsvorsorge gesteuert wird. Dies ist vor allem für die Frage wichtig, in welcher Weise Gebietskörperschaften ihre öffentlichen Unternehmen so steuern und kontrollieren, dass sie ihrer Eigentümerfunktion gerecht werden und ihre Beteiligungen nicht nur verwalten, sondern im Rahmen eines Beteiligungsmanagements politisch-strategisch steuern.[11] Es kommt vor allem darauf an, die richtige Balance zwischen politischer Steuerung und unternehmerischer Autonomie zu finden, um Fehlentwicklungen in Form der operativen Übersteuerung und der politisch-strategischen Untersteuerung öffentlicher Unternehmen durch politische Akteure zu vermeiden.

III. Policy-Netze und Politikarenen

Die definitorischen Erläuterungen zu Policies sind notwendige Vorklärungen, um Beziehungen zwischen Policies, politischem Verhalten und Institutionen zu analysieren. In diesem Zusammenhang sind die Begriffe „Policy-Netz" und

---

10 Vgl. z.B. *Haller (2005)*, S. 6-10.
11 Vgl. hierzu z.B. *Schaefer (2005)*.

„Politikarena" wichtig, wobei es sich bei den Policy-Netzen um die in einem Politikfeld tätigen Akteure (mit ihren Interessen) und ihre Beziehungen zueinander handelt. Der Begriff der Politikarena bezieht sich hingegen auf politische Prozesse bei der Entwicklung und Implementation von Policies. Dabei hat sich in der bisherigen Policy-Forschung gezeigt, dass die mit der Politikarena verbundenen analytischen Herausforderungen im Vergleich zu den Policy-Netzen wesentlich höher sind, weil es bei der Politikarena darauf ankommt, auch die Wirkungen von Maßnahmen und die Reaktion der Betroffenen einzubeziehen, aus denen sich zum Teil komplexe Konsensfindungs- und Konfliktregelungsprobleme ergeben können.[12]

Daraus folgt, dass die mit einem Politikfeld eng verbundenen Akteure, aber auch die Akteure, die an zentralen Stellen des politisch-administrativen Systems angesiedelt sind, identifiziert und in die Analyse einbezogen werden müssen. Bei den Themen „Privatisierung" und „Rekommunalisierung" sind vor allem folgende Akteure mehr oder weniger am Diskurs und an den Entscheidungen beteiligt: politische Parteien, die für öffentliche Unternehmen und für Finanzen zuständigen Verwaltungen, die Belegschaften der öffentlichen Unternehmen und ihre Personalräte und Gewerkschaften, die Kommunalen Spitzenverbände, der Verband öffentlicher bzw. kommunaler Unternehmen, die Presse, die Kommunalaufsicht der jeweiligen Landesregierung, interessierte Wissenschaftler und nicht zuletzt natürlich auch die Bürger. Diese Akteure haben zum Teil ganz unterschiedliche Erwartungen an die Policy auf dem Gebiet der Daseinsvorsorge. Sie verfügen aber auch über ganz unterschiedliche Möglichkeiten, Entscheidungen zu beeinflussen, so dass die Ergebnisse der Konsensbildung und Konfliktregelung, also das, was letztlich als Policy definiert und umgesetzt wird, ganz entscheidend von den jeweiligen Machtkonstellationen in den Policy-Netzwerken abhängt.

1. Policy-Netz – als einfacheres Konzept

Policy-Netze bestehen aus öffentlichen und privaten institutionellen Akteuren, die sich hinsichtlich ihrer Größe und Stabilität unterscheiden und die sowohl in der Phase der Politikformulierung als auch in der der Politikimplementation gebildet werden.[13] Bei der Betrachtung solcher Netzwerke kann zunächst in eine vertikale und in eine horizontale Dimension unterschieden werden. „Auf der Vertikalen erstrecken sich Policy-Netze über verschiedene Ebenen des politisch-administrativen Systems, auf der Horizontalen reichen sie von legis-

---

12 Vgl. *Windhoff-Héritier (1987)*, S. 44.
13 Siehe *Mayntz (1993)*, S. 40.

lativen und exekutiven Institutionen und Interessenverbänden bis tief in die Gesellschaft hinein."[14] Policy-Netze können weiterhin dadurch gekennzeichnet sein, dass sie mit einer überschaubaren Zahl von beteiligten Akteuren und exklusiven Zugangsrechten relativ geschlossen sind oder dass sie aus einem eher offenen Kreis mit vielen – häufig sehr unterschiedlichen – Akteuren bestehen, die in die Diskussions- und Entscheidungsprozesse nicht unbedingt formell eingebunden sind und bei denen es keine dominierende Gruppe gibt.

Der Begriff „Policy-Netz" geht auf *Heclo* zurück, der insbesondere auf die Vorteile loser Netzwerke verwies („the strength of weak ties in networks"),[15] die aber nicht uneingeschränkt gelten und z.b. davon abhängen, ob es sich eher um eine distributive oder eher um eine redistributive Politik handelt. Interessanterweise gibt es zwischen den charakteristischen Elementen des Policy-Netzes und der aktuell diskutierten Public Governance[16] gewisse Ähnlichkeiten. Beide gehen von der Annahme aus, dass nicht nur der Staat bzw. die Kommune für die Lösung gesellschaftlicher Probleme zuständig ist, dass die Grenzen zwischen öffentlichem und privatem Sektor immer mehr verschwimmen, dass viele Leistungen in (informalen) öffentlich-privaten Netzwerken erbracht werden und dass die klassischen Steuerungsmodi „Hierarchie" und „Markt" um neue Formen der Steuerung, wie beispielsweise „Verhandlungen" und „Selbstkoordination", ergänzt werden.

2. Politikarena

Der Begriff der Politikarena basiert auf der Überlegung, „daß öffentliche Maßnahmen aufgrund ihrer antizipierten Wirkungen bei den Betroffenen bestimmte Reaktionen und Erwartungen auslösen, die dann die politische Auseinandersetzung, den politischen Entscheidungsprozess (aber auch den Durchführungsprozess) prägen."[17]. Die Erwartungen und Reaktionen hinsichtlich politischer Programme beziehen sich vor allem auf das Kosten-Nutzen-Kalkül der beteiligten Akteure und auf die Steuerungsstrategie, die das Verhältnis von Kosten und Nutzen beeinflusst. In dem Moment, in dem wir es mit Kosten-Nutzen-Relationen aus der Perspektive unterschiedlicher Akteure zu tun haben, „sind wir wieder bei dem Begriffspaar distributive/redistributive

---

14 *Windhoff-Héritier (1987)*, S. 45.
15 Vgl. Heclo *(1978)*.
16 Siehe grundlegend zum Thema „Governance" *Schuppert (2007)*.
17 *Windhoff-Héritier (1987)*, S. 48.

Policy angelangt, das *Lowi* unter dem Gesichtspunkt der Arenastruktur entwickelt hat."[18]

In Bezug auf dieses Begriffspaar ist die Privatisierungspolitik Ende des 20. Jahrhunderts – insbesondere im anglo-amerikanischen Raum – lange Zeit von vielen Akteuren und Beobachtern als distributive Politik interpretiert worden. Die Überzeugung, dass nach einer Privatisierung alles besser und billiger werde und dass es praktisch nur Gewinner gebe, war weit verbreitet. Wenn dem so gewesen wäre, dann hätte man nur zu informieren und mit Argumenten zu überzeugen brauchen, um eine solche Politik erfolgreich umzusetzen. Die Erfahrungen – insbesondere in Großbritannien – haben aber sehr schnell gezeigt, dass es nicht nur Gewinner, sondern auch Verlierer gibt, zu denen z.B. beim britischen Eisenbahnwesen vor allem die Nutzer gehörten. Insofern haben wir es mit einer Konstellation zu tun, die eher der Argumentationsfigur der redistributiven Politik entspricht und einem Nullsummenspiel gleicht, in dem die Gewinne des einen die Verluste des anderen sind. In Extremsituationen kann dies sogar dazu führen, dass es nur Verlierer gibt, weil einige Akteure finanzielle Verluste und andere Akteure Vertrauensverluste erleiden.

In solchen Situationen sind Auseinandersetzungen und Konflikte nicht zu vermeiden. Während es bei vielen öffentlichen Aufgaben, in denen Entscheidungen zu Lasten bestimmter Bevölkerungsgruppen getroffen werden, auch zu Zwangsmaßnahmen der zuständigen staatlichen Organe kommen kann, ist die Situation bei konfliktären Entscheidungen über eine Privatisierung oder Rekommunalisierung öffentlicher Leistungen anders gelagert. Hier kann nicht mit hierarchisch-obrigkeitsstaatlichen Maßnahmen in Form von belastenden Verwaltungsakten operiert werden, weil es sich bei diesen Entscheidungen um Fragen handelt, die der regulativen Policy ohne unmittelbaren Leistungscharakter zuzuordnen sind. Gleichwohl wirken sie sich auf die Kosten-Nutzen-Erwartungen in der Politikarena aus. „Indem sie die Bedingungen setzen, unter denen private Aktivitäten stattfinden dürfen, implizieren sie eine Einschränkung oder Ausweitung von Handlungsmöglichkeiten, die einigen zum Nutzen, anderen zum Schaden gereichen ... Die Konfliktlinien wechseln jedoch häufig – je nach Regulierungsbetroffenheit – und verlaufen nicht nach den klassischen Konfliktlinien von ‚Haves' and ‚Have-Nots'".[19]

In diesen Auseinandersetzungen haben organisations- und konfliktfähige Gruppen im Unterschied zu Nutzern von Leistungen erhebliche Vorteile, weil deren Interessen zum Teil so heterogen sind, dass sie sich nicht wirkungsvoll

---

18 *Windhoff-Héritier (1987)*, S. 48.
19 *Windhoff-Héritier (1987)*, S. 48.

organisieren lassen. Die Interessen dieser „normalen" Nutzer können allenfalls von „advocacy planners" vertreten werden – wie dies augenblicklich in der Debatte über den Citizen Value zu beobachten ist. Hier geht es darum, die Folgen von Entscheidungen über öffentliche Unternehmen in den politischen Diskurs einzubeziehen und auf diese Weise denjenigen eine Stimme zu geben, die ihre Interessen nicht selber wirksam vertreten können.

In Situationen, in denen wir es mit einer konstitutionell-regulativen Policy zu tun haben, geht es aber nicht nur um materielle Vor- und Nachteile, sondern auch um gesellschaftliche Werte und ordnungspolitische Grundpositionen. Dies gilt auch für die Diskussion über Aufgaben der Daseinsvorsorge, die häufig emotional und ideologisch aufgeladen ist. Zuweilen entsteht der Eindruck, dass nur noch ordnungspolitische Glaubensbekenntnisse ausgetauscht werden, in denen auf der einen Seite das altbekannte Klischee von der effektiven Privatwirtschaft und den unwirtschaftlichen öffentlichen Unternehmen aufgewärmt und auf der anderen Seite die öffentliche Wirtschaft romantisch verklärt wird.

IV. Policy-Analyse

Zur – zumindest ansatzweisen – Klärung der zuvor aufgeworfenen Fragen bietet es sich an, auf die Policy-Analyse als weiteres Element der Policy-Forschung zurückzugreifen[20] und hier insbesondere die Phasen des Policy-Zyklus – Politikformulierung, Politikdurchführung, Reaktion der Adressaten und Reaktion des Systems – zu betrachten.[21] Mit diesem Phasenmodell wird versucht, die Entwicklung in einem bestimmten Politikfeld zu systematisieren und zu erklären, wie bestimmte Themen überhaupt auf die politische Agenda gekommen sind, mit welchen Instrumenten die Entwicklung politischer Inhalte gesteuert worden ist, welche treibenden und bremsenden Kräfte auf diese Entwicklung eingewirkt haben und welche Veränderungen sich in dem betrachteten Politikfeld im Laufe der Zeit ergeben haben. Dabei ist völlig klar, dass es sich bei diesem Phasenmodell nur um eine analytische Phasenheuristik handeln kann,[22] weil die einzelnen Phasen in der Realität auf vielfältige Weise miteinander verschränkt und nicht zeitlich nacheinander – im Sinne eines „Staffellaufes" – angeordnet sind.

---

20 Siehe grundlegend zum Verständnis des „Policy Making" *Scharpf (1973)* und des Policy-Prozesses *Wildavsky (1979)*.
21 Vgl. hierzu *Jann (1983)* und *(1984)*; eine etwas andere, im Prinzip aber ähnliche Einteilung der Phasen verwendet *Windhoff-Héritier (1987)*.
22 Vgl. *Sabatier (1993)*, S. 116 ff.

Da wir es aber im Falle der aktuellen Diskussion über zweckmäßige institutionelle Arrangements bei der Wahrnehmung öffentlicher Aufgaben der Daseinsvorsorge praktisch mit zwei policy-issues – nämlich der Privatisierung und der Rekommunalisierung – zu tun haben, wird die phasenbezogene Policy-Analyse für das Thema „Privatisierung" und das Thema „Rekommunalisierung" getrennt durchgeführt. Zunächst wird es also darum gehen zu skizzieren und zu analysieren, wie das Thema „Privatisierung" einen so prominenten Platz auf der politischen Agenda erhalten konnte, in welcher Form diese Policy umgesetzt wurde und welche Reaktionen es auf diesen paradigmatischen Politikwechsel gegeben hat. Danach wird herauszuarbeiten sein, worauf der politische Umschwung in Richtung „Rekommunalisierung" zurückzuführen ist, welche Inhalte in den Vordergrund rückten, welche Implementationsstrategien im Vordergrund standen und welche Reaktionen sich hierauf mittlerweile abzeichnen.

1. Policy-Making bei der Privatisierung

a) Politikformulierung

Der Prozess startet mit der Politikformulierung, die sich aus der Auseinandersetzung mit einem in der Gesellschaft als wichtig empfundenen Problem ergibt – wobei zu berücksichtigen ist, dass diese Phase im Policy-Zyklus einer genauen empirischen Analyse nur sehr schwer zugänglich ist, weil die emergenten Eigenschaften einer neuen Policy sehr komplex sind. Die Situation ist zu diesem Zeitpunkt in der Regel so unübersichtlich, dass noch nicht gesagt werden kann, welche Akteure mit welchen Interessen involviert sind. Zudem laufen solche Prozesse nicht über machtfreie Diskurse ab, weil viele Beteiligte nicht mit offenen Karten spielen und ihre Interessen nicht in transparenter Weise in den Beratungs- und Entscheidungsprozess einbringen. Außerdem wird häufig versucht, bestimmte Anliegen dadurch zu befördern, dass zunächst andere Themen, die die eigenen Interessen behindern oder gefährden könnten, überhaupt nicht angesprochen werden.[23]

Dass das Thema der Privatisierung ab den 1980er Jahren zunehmend an Aufmerksamkeit gewann, hatte unterschiedliche Ursachen. Eine der Ursachen kann im Zustand der öffentlichen Unternehmen gesehen werden, die ein gewisses Eigenleben führten, weil diese Unternehmen von den Gebietskörperschaften als Eigentümer in der Regel strategisch nur unzureichend gesteuert

---

23 Vgl. zu dem in diesem Zusammenhang wichtigen Konzept des Non-Decision-Making Process sowie des „offenen und verdeckten Gesichts der Macht" *Bachrach/Baratz (1962)*.

wurden. Dies führte dazu, dass es praktisch kein leistungsfähiges betriebswirtschaftliches Beteiligungsmanagement (das auch politische Zielsetzungen berücksichtigt), sondern nur eine bürokratische Beteiligungsverwaltung gab. Die faktische und häufig auch in Bezug auf Gebietszuständigkeiten rechtlich abgesicherte Position als Angebotsmonopolist führte bei vielen öffentlichen Unternehmen zu Monopolrenten in Form von „organizational slack" und häufig auch zu Privilegien der in diesen Unternehmen Beschäftigten. Solange die Bürger bereit waren, dies zu akzeptieren, gab es keinen Grund, an dieser Situation etwas zu ändern. In dem Moment, als die Bürger mit ihrem Unmut zum Bestandteil des Policy-Netzes wurden und signalisierten, dass sie nicht länger gewillt wären, dieses „unternehmerische" Verhalten, das sich in schlechtem Service zu überhöhten Preisen niederschlägt, zu tolerieren, und als andere Subsysteme der Gesellschaft nicht länger fähig waren, die häufig defizitär arbeitenden öffentlichen Unternehmen zu subventionieren, gerieten diese unter einen wachsenden Effizienz- und Legitimationsdruck. Außerdem gab es zunehmende Kritik daran, dass öffentliche Unternehmen parteipolitisch instrumentalisiert und zu begehrten Objekten parteipolitischer Einfluss- bzw. Herrschaftspatronage und Versorgungspatronage wurden. Letztlich stellte man sie mit dem Schlagwort des Staatsversagens unter den Generalverdacht der Ineffizienz bei der Produktion öffentlicher Leistungen – wobei zu den Tatbeständen des Staatsversagens vor allem eigennütziges Politikerverhalten, budgetmaximierendes und/oder aufwandsminimierendes Verhalten von Bürokraten, Lobbyarbeit einflussreicher Interessengruppen und inadäquate Preisgestaltung für öffentliche Leistungen gezählt wurden.[24]

Diese Entwicklung ist sehr stark befördert worden von den zunehmenden Haushaltsproblemen der Gebietskörperschaften, die sich als zusätzliche Triebkraft für Privatisierungen erwiesen. Die Aussicht, mit dem Verkauf von öffentlichen Unternehmen finanziellen bzw. finanzpolitischen Handlungsspielraum zu gewinnen, war für viele Gebietskörperschaften sehr verlockend. Die Folge hiervon war, dass politische Programme – unterstützt durch eine von der Public Choice-Theorie begründete und durch pointierte politische Positionen beflügelte Politik im OECD-Raum – immer stärker Forderungen nach einer materiellen Privatisierung öffentlicher Aufgaben enthielten.

Außerdem wurde mit der Privatisierung die Erwartung verbunden, dass privates Know-how für Innovationen in öffentlichen Unternehmen genutzt, ein modernes Personalmanagement abseits vom öffentlichen Dienstrecht betrieben und privates Kapital mobilisiert werden kann, um notwendige Modernisierungen der öffentlichen Infrastruktur finanzieren zu können. Überdies hoffte man,

---

24 Vgl. *Röber (2008)*, S. 228 mit weiteren Verweisen.

unternehmenspoltische Diskussionen nicht immer in aller Öffentlichkeit führen zu müssen, bei denen sich manchmal sehr schnell populistische Koalitionen gegen betriebswirtschaftlich notwendige Entscheidungen herausgebildet haben. Deshalb ging es in dieser Phase auch darum, die zum Teil sehr offenen Policy-Netze, die eine wirkungsvolle Steuerung der öffentlichen Unternehmen erschwerten, in geschlossene Policy-Netze umzuwandeln, um über private Rechtsformen geschützte Diskussionsbereiche schaffen zu können. Im Prinzip ging es auch darum, Entscheidungen in dem Sinne zu entpolitisieren, dass unangenehme, die Bürger belastende Entscheidungen nicht mehr von Politikern in der Öffentlichkeit begründet und vertreten werden müssen – mit der Folge, dass Politiker sich hinter sogenannten wirtschaftlichen Sachzwängen und dem betriebswirtschaftlichen Sachverstand der Manager öffentlicher Unternehmen verstecken konnten.

Von diesen Hoffnungen und Erwartungen ging in der Bundesrepublik Deutschland offensichtlich ein starker politischer Druck aus, dem sich auch die traditionell solchen Privatisierungen skeptisch gegenüberstehenden Sozialdemokraten und Gewerkschaften nicht völlig entziehen konnten, weil sie befürchten mussten, als Komplizen eines ineffizienten und ineffektiven Systems und als völlig unmodern gebrandmarkt zu werden – obgleich sie sich auch der Gefahr bewusst waren, dass weitreichende Privatisierungsstrategien – wie beispielsweise die Entwicklung in Großbritannien gezeigt hat – dafür genutzt werden können, die Position der Gewerkschaften erheblich zu schwächen.[25] Insgesamt haben die politischen Entscheider die Situation offensichtlich so eingeschätzt, dass Privatisierungen administrativ weniger aufwändig und mit einem geringen politischen Risiko verbunden sind und dass von einer – mit Privatisierungen verbundenen – geringeren Zielschärfe (in Bezug auf die Sachzielkomponente) und einer ordnungspolitisch motivierten Opposition keine ernsthaften Gefahren für einen paradigmatischen Politikwechsel drohen.[26]

b) Politikdurchführung

Nachdem das Feld ideologisch und konzeptionell aufbereitet war, dauerte es aber in der Bundesrepublik Deutschland noch eine Weile, bis diese politischen Vorstellungen in praktische Politik umgesetzt wurden. Im Vergleich zu anderen europäischen Ländern hat es in Deutschland erst in den 1990er Jahren einen erheblichen Privatisierungsschub gegeben, wie an den Veräußerungs-

---

25 Siehe hierzu *Yarrow (1986)*, S. 356.
26 Vgl. zu diesen Kategorien *Linder/Peters (1989)*, S. 47.

erlösen im öffentlichen Gesamthaushalt (Bund, Länder und Gemeinden) abzulesen ist. Lagen diese 1970 noch bei rd. 1,9 Mrd. DM und 1980 bei rd. 4,4 Mrd. DM, stiegen sie 1995 auf rd. 31 Mrd. DM und erreichten 1998 mit knapp 53 Mrd. DM ihren Höhepunkt (Quelle: eigene Berechnungen). Ein wichtiger Grund hierfür war – neben den Haushaltsproblemen der Gebietskörperschaften – darin zu sehen, dass sich die Struktur des Policy-Netzes verändert hat und sich über mehrere Ebenen des politisch-administrativen Systems bis auf die europäische Ebene erstreckt hat. Die Europäische Union hat ganz offensichtlich eine immer stärkere Rolle gespielt – und zwar nicht als Akteur, der in das konkrete Geschehen eingegriffen, sondern der in der Vertikalen an oberster Stelle Spielregeln verändert hat. Insbesondere die Wettbewerbspolitik der EU hatte einen erheblichen Einfluss auf die Frage der institutionellen Arrangements öffentlicher Dienstleistungen (wie dies im EG-Vertrag in Art. 16 EGV im Zusammenhang mit Art. 86 Abs. 2 EGV ausdrücklich thematisiert ist) – obgleich nach wie vor nicht genau geregelt ist, „welchen Stellenwert Dienstleistungen von allgemeinem Interesse unter den Marktfreiheiten des EG-Vertrages haben und wie Gemeinwohlbelange im Rahmen der europäischen Wettbewerbspolitik gewahrt werden können."[27] Die veränderten Spielregeln öffneten aber den Markt und führten dazu, dass immer mehr öffentliche Aufgaben der Daseinsvorsorge in private Regie übertragen wurden.

Von der materiellen Privatisierung – und selbst von einer formellen Privatisierung, d.h. der Umwandlung öffentlicher Unternehmen in die private Rechtsform der AG oder der GmbH – versprach man sich den Vorteil, dass diese Unternehmen in Bezug auf ihre internen Entscheidungsprozesse wesentlich flexibler als Unternehmen in öffentlicher Rechtsform sind, weil sie nicht den zum Teil sehr kleinteiligen Regelungen des öffentlichen Dienst- und Haushaltsrechts unterworfen sind. Aus Sicht der kommunalen Entscheider – sowohl der administrativen als auch der politischen – gibt es allerdings den Nachteil, dass sie im Falle der materiellen Privatisierung jeglichen Einfluss aufgeben und dass sie selbst bei der formellen Privatisierung (insbesondere bei einer Aktiengesellschaft) ihre öffentlichen Unternehmen wesentlich schlechter steuern können. Dies kann letztlich zu den Problemen führen, die in der institutionenökonomischen Diskussion im Rahmen der Principal-Agent-Theorie grundsätzlich beschrieben und analysiert worden sind[28] und die beispielsweise auch bei der Frage nach einem leistungsfähigen Beteiligungsmanagement in der öffentlichen Verwaltung eine große Rolle spielen. Hinsichtlich der

---

27 *Libbe u.a. (2004)*, S 17.
28 Vgl. hierzu z.B. *Ebers/Gotsch (2006)*.

formellen Privatisierung ist aber zu konstatieren, dass der Einfluss der Rechtsform auf Effizienz und Effektivität häufig überschätzt wird und dass es manchmal unabhängig von ökonomischen Erfolgskriterien lediglich deshalb zu einem Rechtsformenwechsel kommt, weil dies als Ausdruck einer modernen Politik angesehen wird.[29]

c) **Reaktion der Adressaten**

Bei der Reaktion der Adressaten kommt es zunächst natürlich auf jene Akteure an, für die die öffentlichen Aufgaben der Daseinsvorsorge da sind, und das ist die Bevölkerung. Die Ausprägung der sozio-demographischen Eigenschaften und die Lebensstile der Bevölkerung sind allerdings sehr unterschiedlich. Wie im Zusammenhang mit der Kritik an der Pluralismusforschung deutlich wurde, lassen sich heterogene und allgemeine Interessen (wie die der Verbraucher) ebenso wie langfristige Interessen nur schwer organisieren, so dass sie insbesondere in der frühen Phase des Policy-Making-Prozesses sehr schnell marginalisiert werden. Überdies gibt es auch große Unterschiede hinsichtlich des Einflusses einzelner Interessen. Insofern kann es nicht überraschen, dass die Bevölkerung anfangs – trotz diffuser Bedenken auf Grund von ausländischen Erfahrungen (insbesondere in Großbritannien) – an der Thematik nicht sonderlich interessiert war und sich eher indifferent verhalten hat, weil konkrete Auswirkungen weder unmittelbar sichtbar noch zu erwarten waren. In der Öffentlichkeit war deshalb zunächst eine nicht unfreundliche Stimmung gegenüber dieser Privatisierungspolitik zu beobachten – zumal die Defizite der traditionellen öffentlichen Wirtschaft als so gravierend eingeschätzt wurden, dass man sich von einem Neuzuschnitt des Policy-Netzes mit einer stärkeren Position privater Akteure überwiegend Vorteile versprach.

Die bisherigen öffentlichen Eigentümer schätzten vor allem den positiven Effekt, durch den Erlös von Privatisierungen oder Teilprivatisierungen Haushaltsdefizite zu reduzieren und damit den politischen Handlungsspielraum erweitern zu können. Manager bislang öffentlicher Unternehmen verfügten als Folge der Privatisierung in der Regel über größere Handlungsspielräume. Viele von ihnen nutzten auch die Chance, sich wie private Manager fühlen und verhalten zu können – zumal dies in vielen Fällen auch mit dem Vorteil verbunden war, ähnliche Einkommen wie ihre Kollegen in erwerbswirtschaftlichen Unternehmen zu erhalten.

---

29 Vgl. *Bryson (1984)*, S. 458; siehe auch die bei *Ebers/Gotsch (2006)* und *Walgenbach (2006)* dargestellten institutionentheoretischen Ansätze, mit denen solche Entscheidungen erklärt werden können.

In der wissenschaftlichen Diskussion dominierten zu dieser Zeit ausgeprägt bürokratie-kritische Positionen, die von Vertretern der Public Choice Theorie als einer Variante des New Public Management vertreten wurden und die der Privatisierungspolitik scheinbar objektiven wissenschaftlichen Flankenschutz verliehen. Es gab allerdings auch andere Standpunkte, die in einer Modernisierung des öffentlichen Sektors und der öffentlichen Wirtschaft gerade eine Alternative zur Privatisierung sahen, die mit der Formulierung „Modernisieren statt Privatisieren" umschrieben wurde. Zusätzlich gab es auch noch einen traditionellen Umgang mit dem Thema „Daseinsvorsorge in öffentlicher Hand", der darin bestand, die Überlegenheit öffentlicher Institutionen aus ordnungspolitischer Sicht zu beschwören und damit letztlich aber nur jene in ihrer Meinung zu bestärken, die ohnehin an die Notwendigkeit und Überlegenheit öffentlicher Unternehmen glaubten.

Versucht man, diese Punkte zusammenzufügen, dann ergibt sich daraus das Bild einer eher geschlossenen Politikarena, in der die politischen Akteure in den Gebietskörperschaften, die Manager öffentlicher Unternehmen und die privaten Unternehmen, die sich von dem neuen institutionellen Arrangement Vorteile versprachen, weitgehend unter sich waren. In dem Moment, als deutlich wurde, dass sich die mit der Privatisierung versprochenen Verheißungen so nicht erfüllen würden, änderten sich allerdings die Erwartungen und Reaktionen bislang passiv gebliebener Akteure. Dies wirkte sich insgesamt auch auf die Politikarena aus.

d) Reaktion des Systems

Die Veränderungen auf der Systemebene vollzogen sich bei den Entscheidungsprogrammen, nach denen die Akteure des Policy-Netzes ihre Handlungen ausrichteten. Insbesondere aufgrund von Entscheidungen auf der europäischen Ebene sind – wie weiter oben schon erwähnt – „Spielregeln" so umgestaltet worden, dass klassische öffentliche Angebotsmonopole aufgebrochen und wettbewerbliche Strukturen bei den öffentlichen Aufgaben der Daseinsvorsorge geschaffen wurden. Dies führte mehr oder weniger zwangsläufig dazu, dass sich auch die Anreizstrukturen in der Politikarena veränderten. Während in der klassischen öffentlichen Wirtschaft eine sehr ausgeprägte Sachzieldominanz mit einem entsprechenden Commitment der Führungskräfte vorherrschte, führten der wachsende Wettbewerbsdruck und die zunehmende Privatisierung zu einem verstärkten Ökonomisierungsdruck auf die verbleibenden öffentlichen Unternehmen – mit der Folge, dass die Formalziele in deren Unternehmenspolitik eine immer größere Rolle spielten und dass sich die öffentlichen Manager praktisch in einer ähnlichen Rolle wie Manager erwerbswirtschaftlicher Unternehmen sahen und sich dementsprechend verhielten.[30]

Diese Entwicklung hat zu der wachsenden Sorge beigetragen, dass die kommunale Selbstverwaltung trotz grundgesetzlicher Garantie faktisch durch Auslagerung von öffentlichen Aufgaben ausgehöhlt und damit die demokratische Substanz der Gesellschaft bedroht wird.[31] Diese Befürchtung bezog sich sowohl auf die Bildung teilselbstständiger Organisationseinheiten („Agencification") und die Schaffung verselbständiger öffentlicher Unternehmen („Corporatization";[32] als auch – natürlich in besonders starkem Maße – auf die materielle Privatisierung öffentlicher Aufgaben. Wenn über immer weniger Angelegenheiten in den Kommunen von den demokratisch legitimierten Organen entschieden werden kann, dann wird deren Handlungsspielraum eingeschränkt werden, und dann wird auch das Interesse an Kommunalpolitik Schritt für Schritt zurückzugehen.

Insgesamt führten die Kritikpunkte dazu, dass sich die Einstellungen zur Privatisierung verändert und neue Koalitionen und Bündnisse entwickelt haben, woraus eine neue Policy-Making-Konstellation mit einem veränderten „Policy-Netzwerk" und einer anderen Politikarena entstand. Daraus kann die Schlussfolgerung abgeleitet werden, dass Politikarenen in unterschiedlichen Phasen der Entwicklung einer Policy neu konfiguriert werden können. Außerdem hat sich gezeigt, dass Veränderungen hauptsächlich von denjenigen initiiert werden, die bislang zu den Verlierern zählten oder denen die Entwicklung einer anderen Policy nicht schnell genug ging. Bislang benachteiligte oder ungeduldige Akteure erhoffen sich von einem Arenawechsel, im Policy-Netz eine stärkere Position gewinnen und damit auch Entscheidungsprozesse und Policy-Outcomes stärker beeinflussen zu können.[33]

2. Policy-Making bei der Rekommunalisierung

a) Politikformulierung

Offenkundig gewinnt die Einschätzung an Boden, dass es sich bei der Privatisierung von öffentlichen Aufgaben der Daseinsvorsorge um keine rein distributive Politik handelt, die nur mit Vorteilen für alle Beteiligten verbunden ist.

---

30 Vgl. hierzu *Edeling (2002)*.
31 Siehe auch *Libbe u.a. (2004)*, S. 65.
32 Vgl. zu dieser Unterscheidung *Reichard/Röber (2010)*.
33 Vgl. *Windhoff-Héritier (1987)*, S. 59.

So hatten Privatisierungen (in Verbindung mit einer ausgeprägten Liberalisierungs- und Deregulierungspolitik) häufig Preiserhöhungen (mit Gewinnabschöpfungen privater Monopole oder Oligopole) und Qualitätsverschlechterungen zur Folge, die zu Lasten der Bürger gingen. Demzufolge sind die in die Privatisierung gesetzten Erwartungen nicht uneingeschränkt erfüllt worden. Einige Privatisierungsprojekte waren sogar komplette Misserfolge.[34]

Die Erfahrungen, die mit Privatisierungsprojekten gemacht wurden, führten zu Ängsten, veränderten Erwartungen und Reaktionen in der Bevölkerung und damit auch zu Veränderungen in der Politikarena. Da in den letzten Jahren die Möglichkeiten für die Bürgerinnen und Bürger, mit Hilfe von direkt-demokratischen Entscheidungsformen auf der kommunalen Ebene politischen Einfluss auszuüben, verstärkt wurden, können sie inzwischen ihren Befürchtungen mit Hilfe von Volksinitiativen, Volksbegehren und Volksentscheiden wirkungsvoll Ausdruck verleihen.[35] Deshalb ist zu vermuten, dass weitere Privatisierungsvorhaben in einer veränderten Politikarena auf zunehmenden Widerstand in der Bevölkerung stoßen werden.

Die Renaissance der öffentlichen Wirtschaft hat auch mit der weiter oben schon erwähnten wachsenden Sorge zu tun, die kommunale Selbstverwaltung könne trotz grundgesetzlicher Garantie faktisch ausgehöhlt werden, weil mehr und mehr öffentliche Aufgaben Schritt für Schritt auf ausgelagerte Einrichtungen übertragen werden. Insofern ist es nicht überraschend, dass sich die Skepsis gegenüber Privatisierungsprojekten inzwischen – zum Teil quer durch das parteipolitische Spektrum – sowohl in politischen Stellungnahmen und Programmen als auch in praktischer Politik niederschlägt.

Dadurch, dass sich mehr Leute und mehr gesellschaftliche Gruppen (z.B. Agenda 21) mit den Folgen der Privatisierung öffentlicher Aufgaben beschäftigen, ist aus dem ursprünglich relativ geschlossenen Netzwerk ein offeneres Policy-Netz mit stärkeren Interessengegensätzen geworden. Dieses neue Netzwerk, in dem jene Gruppen stärker vertreten sind, die sich in dem Arrangement einer verstärkten Privatisierung benachteiligt fühlen, ist offensichtlich in der Lage, die Öffentlichkeit so zu mobilisieren, dass es zu Policy-Änderungen und Arenawechseln kommt.

In dem heterogenen und stärker konfliktgeladenen Policy-Netz scheint es aber einen relativ breiten Konsens darüber zu geben, dass ein einfaches Zurück zu den alten Verhältnissen in der öffentlichen Wirtschaft nicht möglich ist, weil die weiter oben skizzierten Defizite der öffentlichen Unternehmen

---

34 Vgl. *Röber (2009)*, S. 230 f.
35 Vgl. die Beispiele bei *Röber (2009)*, S. 231.

„alten Typs" noch zu frisch in Erinnerung sind und weil mittlerweile über EU-Entscheidungen ein normativer Rahmen geschaffen wurde, der eine Rückkehr zu angebotsmonopolistischen Verhältnissen erheblich erschwert.

b) Politikdurchführung

Im Augenblick sieht es so aus, dass die neue Politikarena noch sehr unübersichtlich ist, weil es bei den Akteuren des Policy-Netzes zum Teil ganz unterschiedliche Perzeptionen der Rekommunalisierungsthematik gibt. Außerdem ist die Entwicklung in jeder einzelnen „Branche" der Daseinsvorsorge (wie z.B. bei Energie, Wasser, Entwässerung, Abfallwirtschaft, Wohnen, Mobilität) nicht einheitlich und auch zwischen den „Branchen" sehr unterschiedlich, so dass sich aktuell noch kein konsistentes empirisches Bild abzeichnet. Neben den augenblicklich relativ stark im öffentlichen Blickfeld stehenden Rekommunalisierungen gibt es auch weiterhin bedeutende Privatisierungen, und der Bildung großer überregionaler Anbieter öffentlicher Leistungen steht zugleich die Gründung örtlicher Versorgungsunternehmen gegenüber. Als Trend lässt sich allenfalls herauslesen, dass einige frühere „funktionale Privatisierung(en) der operativen Leistung"[36] rückgängig gemacht werden. Eine generelle Umkehr bei den materiellen Privatisierungen ist hingegen nicht erkennbar. Insofern bezieht sich die Rekommunalisierungspraxis im Wesentlichen auf jene Aufgaben der Daseinsvorsorge, für die die politische Verantwortung ohnehin bei den demokratisch legitimierten politischen Repräsentanten der Kommune verblieben ist.

Das heißt, dass es offenkundig keinen aus der wirtschaftlichen und gesellschaftlichen Entwicklung resultierenden „Sachzwang" für das beste institutionelle Arrangement gibt, sondern dass die politischen Akteure, die über Privatisierungsvorhaben oder Rekommunalisierungsprojekte entscheiden müssen, über organisationspolitische Optionen verfügen, in welcher Form die Trägerstruktur ausgestaltet werden kann.

Für diese Entscheidungen hat sich das Gewährleistungsmodell (im Sinne der leistungssichernden Kommune) immer stärker als konzeptioneller Bezugsrahmen herauskristallisiert, der eine im Vergleich zur bisherigen Diskussion wesentlich differenziertere Behandlung des Privatisierungs- und des Rekommunalisierungsthemas gestattet. Die Grundidee des Gewährleistungsmodells[37]

---

36 *Verbücheln (2009)*, S. 5.
37 Vgl. hierzu die grundlegenden Arbeiten von *Schuppert*; exemplarisch sei hier nur hingewiesen auf *Schuppert (2005)*.

besteht darin, dass die Kommune die Erfüllung eines bestimmten Angebots an öffentlichen Leistungen sicherstellt, ohne dass diese Leistungen notwendigerweise von kommunalen Einrichtungen selber erbracht werden müssen. Das heißt, dass die Kommune uneingeschränkt die Gewährleistungsverantwortung, aber nicht die Durchführungsverantwortung für nicht von ihren eigenen Einrichtungen erbrachte Leistungen übernimmt, und dass ihr darüber hinaus in der Regel auch noch eine Finanzierungs- und eine Auffangverantwortung obliegt. Daraus folgt, dass die kommunale Verwaltung nicht mehr als monolithische Einheit betrachtet werden kann, sondern in ihren unterschiedlichen Rollen als Auftraggeber bzw. Besteller und als Auftragnehmer bzw. Produzent öffentlicher Aufgaben und Leistungen gesehen werden muss.

Die Folge hiervon ist ein Mix aus öffentlichen, gemeinnützigen und privaten Leistungsanbietern. Für die Kommunen besteht die entscheidende Herausforderung nunmehr darin zu entscheiden, ob sie einzelne – strategisch nicht relevante – Leistungen oder Leistungspakete von eigenen Einrichtungen oder von fremden Anbietern erbringen lässt. Wenn sie sich für Fremdanbieter entscheidet, dann muss sie diejenigen Leistungserbringer (z.B. mit Hilfe von Wettbewerbsmechanismen in Form von Ausschreibungen, in denen die gewünschten Leistungen präzise beschrieben werden müssen) ermitteln, die diese Leistungen in Bezug auf klar definierte Qualitätsstandards am kostengünstigsten bereitstellen können.

c) Reaktion der Adressaten

Die Reaktion von Nutzern öffentlicher Leistungen ist noch abwartend. Es gibt nach wie vor eine große Skepsis gegenüber materiellen Privatisierungen. Das heißt aber nicht, dass von einer uneingeschränkten Unterstützung für umfassende Rekommunalisierungen ausgegangen werden kann. Ebenso ungewiss ist, ob das Gewährleistungsmodell von der Mehrheit der Bevölkerung als adäquates institutionelles Arrangement für die Aufgaben der Daseinsvorsorge akzeptiert wird oder ob es lediglich als eine besonders raffinierte Variante einer Privatisierungspolitik betrachtet wird, die letztlich zulasten breiter Bevölkerungsschichten geht. Insofern wird die zukünftige Reaktion der Adressaten sehr stark davon abhängen, ob diejenigen, die auch weiterhin öffentliche Leistungen privatisieren wollen, oder diejenigen, die an leistungsfähigen öffentlichen Einrichtungen interessiert sind, die Definitionshoheit über die Interpretation des Gewährleistungsmodells gewinnen.

Den Managern, die in den neuen, differenzierten Arrangements des Gewährleistungsmodells arbeiten, wird nach und nach deutlich, dass sie sich – anders als ihre Kollegen im Arrangement der materiellen Privatisierung – nicht im politikfreien Raum bewegen und sich demzufolge nicht so verhalten können wie private Manager in erwerbswirtschaftlichen Unternehmen. Die Tatsache, dass sie sich auf der Grenzlinie von Politik und Ökonomie bewegen, führt bei ihnen aber häufig zu Unsicherheit und zu einer gewissen Rollenambiguität,[38] die daraus resultiert, dass häufig klar formulierte Ziele fehlen, dass es selbst in den Fällen, in denen Ziele einigermaßen präzise definiert sind, aus politischen Opportunitätserwägungen zu abrupten Zielveränderungen kommen kann und dass die Manager manchmal nicht genau wissen, worüber sie noch entscheiden können, ohne politisch „anzuecken", und was eigentlich von ihnen erwartet wird.

d) Reaktion des Systems

Die Ausdifferenzierung des öffentlichen Sektors führt zu komplizierten Interdependenzen, die ein komplexes System von (wechselseitigen) Abhängigkeiten erzeugen.[39] Diese neue Politikarena basiert auf einem relativ labilen Anreiz-Beitrags-Gleichgewicht, in dem Vertrauen eine wichtige Rolle spielt – wobei das Ausmaß des Vertrauens bzw. Misstrauens von der gegenseitigen Unsicherheit, von der Häufigkeit der Austauschbeziehungen und von spezifischen Investitionen in die Kooperation bestimmt wird. Da es einen positiven Zusammenhang zwischen Vertrauen und Zielkongruenz gibt,[40] steigen bei geringerer oder gar fehlender Zielkongruenz nahezu automatisch die Transaktionskosten.

Obgleich beim Gewährleistungsmodell im Gegensatz zur materiellen Privatisierung die Steuerungs- und Eingriffsmöglichkeiten in Bezug auf die Erbringung öffentlicher Aufgaben im Bereich der Daseinsvorsorge für öffentliche Akteure ungleich größer sind, wird auch hier befürchtet, dass für die Kommunen Steuerungsverluste nicht allein auf Grund komplexerer Interdependenzen, sondern auch auf Grund einer veränderten Entscheidungsrationalität auftreten können. Solche Steuerungsverluste kommen nach den empirischen Befunden bei Edeling vor allem in marktnahen, wettbewerbsintensiven Sektoren vor – und zwar nicht erst bei der materiellen Privatisierung, sondern auch schon in den Fällen der Agencification und Corporatization, weil „durch Einführung von Markt und Wettbewerb politisches Handeln durch wirtschaftliches Han-

---

38 Vgl. generell zu dieser Problematik – allerdings in einem anderen Politikfeld – die Untersuchung von *Pandey/Wright (2006)*.
39 Vgl. hierzu schon *Thompson (1967)*.
40 Siehe *Ouchi (1980)*.

deln ersetzt wird."[41] Demgegenüber könne bei öffentlichen Gütern und Dienstleistungen, die nicht einem strikten Marktregime unterliegen, leichter politisch eingegriffen und gesteuert werden. Damit bestünde die Chance, dass die Daseinsvorsorge wieder stärker als öffentliche Aufgabe begriffen wird und dass öffentliche Unternehmen von den Gebietskörperschaften wieder mehr als Instrument der politischen Gestaltung betrachtet werden.

V. Abschließende Bemerkungen

Policy-Netze und Politikarenen sind in der Lage, die überwiegend ökonomische Diskussion über Privatisierung und Rekommunalisierung um die wichtige Dimension politischer Entscheidungsprozesse zu ergänzen. Dabei ist allerdings zu berücksichtigen, dass die in der Policy-Forschung nach wie vor im Zentrum stehende Phasenheuristik lediglich einen konzeptionellen Bezugsrahmen liefert, mit dem politische Entscheidungsprozesse übersichtlich strukturiert und interpretiert werden können. Das Policy-Modell ist kein Kausalmodell, mit dem Hypothesen empirisch getestet werden können. Es ist demzufolge vor allem dafür geeignet, Entscheidungsprozesse in einzelnen Politikfeldern im Nachhinein zu beurteilen[42] – in der Hoffnung, daraus Lehren für zukünftige Entscheidungskonstellationen ableiten zu können. Das hierin enthaltene Potenzial sollte allerdings – bei aller berechtigten Kritik – nicht unterschätzt werden. Es sollte vielmehr sinnvoll genutzt werden, um in der politischen Debatte weitere Pendelbewegungen zwischen Privatisierungen und Rekommunalisierungen, die im Prinzip seit Mitte des 19. Jahrhunderts zu beobachten sind, zu vermeiden.[43] Darüber hinaus wird es aber erforderlich sein, den im Verlaufe des kritischen Diskurses über das Policy-Modell entwickelten Advocacy-Koalitionsansatz[44] und die Institutional Rational Choice-Theorie[45] verstärkt für empirisch gehaltvolle Untersuchungen der öffentlichen Wirtschaft zu nutzen.

---

41 *Edeling (2008)*, S. 160 mit Verweis auf *v. Weizsäcker/Young/Finger (2006)*.
42 Vgl. zur kritischen Einschätzung schon *Sabatier (1993)*, S. 118 f.
43 Vgl. *Röber (2009)*.
44 Vgl. *Sabatier (1993)*.
45 Vgl. für einen kurzen Überblick *Ostrom (1991)*.

Literaturverzeichnis

Bachrach/Baratz (1962): Peter Bachrach u. Morton S. Baratz, Two Faces of Power, in: The American Political Science Review, 56. Jg. (1962), Nr. 4, S. 947-952.

Beyer/Pech/Wambach (2001): Rainer Beyer, Heiko Pech u. Martin Wambach, Strategisches Management von Beteiligungen, in: Peter Eichhorn u. Matthias Wiechers (Hrsg.), Strategisches Management für Kommunalverwaltungen, Baden-Baden 2001, S. 92-105.

Bryson (1984): John M. Bryson, The Policy Process and Organizational Form, in: Policy Studies Journal, 12. Jg. (1984), Nr. 3, S. 445-463.

Ebers/Gotsch (2006): Mark Ebers u. Wilfried Gotsch, Institutionenökonomische Theorien der Organisation, in: Alfred Kieser und Mark Ebers (Hrsg.): Organisationstheorien. 6. Aufl., Stuttgart 2006, S. 247-306.

Edeling (2002): Thomas Edeling, Stadtwerke zwischen Markt und Politik, in: Zeitschrift für öffentliche und gemeinwirtschaftliche Unternehmen, Bd. 25 (2002), S. 127-139.

Edeling (2008): Thomas Edeling, Institutionelle Umbrüche im öffentlichen Sektor: Das Ende der kommunalen Daseinsvorsorge, in: Reinhold Sackmann / Bernadette Jonda / Maria Reinhold (Hrsg.): Demographie als Herausforderung für den öffentlichen Sektor, Wiesbaden 2008, S. 145-162.

Haller (2005): Sabine Haller, Dienstleistungsmanagement. Grundlagen – Konzepte – Instrumente. 3. Aufl., Wiesbaden 2005.

Heclo (1978): Hugh Heclo, Issue Networks and the Executive Establishment, in: Anthony King (Hrsg.): The New American Political System, Washington D.C. 1978, S. 87-124.

Hicks/Swank (1984): Alexander Hicks u. Duane H. Swank, Governmental Redistribution in Rich Capitalistic Democracies, in: Policy Studies Journal, 13. Jg. (1984), Nr. 2, S. 265-286.

Howlett/Ramesh (1993): Michael Howlett u. M. Ramesh, Policy-Instrumente, Policy-Lernen und Privatisierung: Theoretische Erklärungen für den Wandel in der Instrumentenwahl, in: Adrienne Héritier (Hrsg.), Policy-Analyse. Kritik und Neuorientierung. Politische Vierteljahresschrift, Sonderheft 24, Wiesbaden 1993, S. 245-264.

Jann (1983): Werner Jann, Der Policy-Ansatz. Ein Überblick über Entwicklungen in der Bundesrepublik Deutschland und in den USA. Speyerer Arbeitshefte Nr. 45.

Jann (1984): Werner Jann, Verwaltung im politischen Prozeß, in: Verwaltungsrundschau, 30. Jg. (1984), S. 37-43.

KGSt – Kommunale Gemeinschaftsstelle (2010): Kommunale Organisationspolitik, Teil 1: Entwicklungslinien, Konzepte, Erscheinungsformen und Teil 2: Auswahl, Gestaltung und Einführung organisationspolitischer Lösungen, KGSt-Gutachten 1/2010, Köln.

Libbe/Trapp/Tomerius (2004): Jens Libbe, Jan Henrik Trapp u. Stephan Tomerius unter Mitarbeit von Sebastian Bolay u. Sönke Duhm, Gemeinwohlsicherung als Herausforderung – umweltpolitisches Handeln in der Gewährleistungskommune. Theoretische Verortung der Druckpunkte und Veränderungen in Kommunen. netWORKS-Papers, Heft 8, Berlin 2004.

Linder/Peters (1989): Stephen H. Linder u. B. Guy Peters, Instruments of Government: Perceptions and Contexts, in: Journal of Public Policy, 9. Jg. (1989), Nr. 1, S. 35-58.

Lowi (1964): Theodore J. Lowi, American Business, Public Policy, Case Studies, and Political Theory, in: World Politics, 16. Jg (1964)., Nr. 4, S. 677-715.

Lowi (1972): Theodore J. Lowi, Four Systems of Policy, Politics, and Choice, in: Public Administration Review, 32. Jg. (1972), Nr. 4, S. 298-310.

Mayntz (1993): Renate Mayntz, Policy-Netzwerke und die Logik von Verhandlungssystemen, in: Adrienne Héritier (Hrsg.), Policy-Analyse. Kritik und Neuorientierung. Politische Vierteljahresschrift, Sonderheft 24, Wiesbaden 1993, S. 39-56.

Ostrom (1991): Elinor Ostrom, Rational Choice Theory and Institutional Analysis: Towards Complementarity, in: The American Political Science Review, 85. Jg. (1991), Nr. 1, S. 237-243.

Ouchi (1980): William G. Ouchi, Markets, Bureaucracies, and Clans, in: Administrative Science Quarterly, 25. Jg. (1980), Nr. 1, S. 129-141.

Pandey/Wright (2006): Sanjay K. Pandey u. Bradley E. Wright, Connecting the Dots in Public Management: Political Environment, Organizational Goal Ambiguity, and the Public Manager's Role Ambiguity, in: Journal of Public Administration Research and Theory, 16. Jg. (2006), S. 511-532.

Reichard/Röber (2010): Christoph Reichard u. Manfred Röber, Verselbständigung, Auslagerung und Privatisierung, in: Bernhard Blanke et al. (Hrsg.), Handbuch zur Verwaltungsreform, 4. Aufl., Wiesbaden 2010.

Röber (2008): Manfred Röber, Die Sphäre des Politischen – ein blinder Fleck in der Public Corporate Governance?, in: Christina Schaefer u. Ludwig Theuvsen (Hrsg.), Public Corporate Governance – Rahmenbedingungen, Instrumente, Wirkungen. Beiheft 36 der Zeitschrift für öffentliche und gemeinwirtschaftliche Unternehmen, Baden-Baden 2008, S. 57-68.

Röber (2009): Manfred Röber, Privatisierung adé? Rekommunalisierung öffentlicher Dienstleistungen im Lichte des Public Managements, in: Verwaltung & Management, 15. Jg. (2009), S. 227-240.

Sabatier (1993): Paul A. Sabatier, Advocacy-Koalitionen, Policy-Wandel und Policy-Lernen: Eine Alternative zur Phasenheuristik, in: Adrienne Héritier (Hrsg.), Policy-Analyse. Kritik und Neuorientierung. Politische Vierteljahresschrift, Sonderheft 24, Wiesbaden 1993, S. 116-148.

Schaefer (2005): Christina Schaefer, Öffentliches Beteiligungscontrolling im Spannungsfeld zwischen politischem Handlungsdruck und nachhaltiger Daseinsvorsorge, in: Frank Keuper und Christina Schaefer (Hrsg.), Führung und Steuerung öffentlicher Unternehmen. Berlin 2005, S. 331-353.

Scharpf (1973): Fritz W. Scharpf, Planung als politischer Prozeß. Frankfurt/M. 1973.

Scharpf (1983): Fritz W. Scharpf, Interessenlagen der Adressaten und Spielräume der Implementation bei Anreizprogrammen, in: Renate Mayntz (Hrsg.): Implementation politischer Programme II, Opladen 1983, S. 99-116.

Schuppert (2005): Gunnar F. Schuppert, Der Gewährleistungsstaat – ein Leitbild auf dem Prüfstand. Baden-Baden 2005.

Schuppert (2007): Gunnar F. Schuppert, Was ist und wozu Governance? In: Die Verwaltung, 40. Jg. (2007), S. 463-511.

Thompson (1967): James D. Thompson, Organizations in Action. Social Science Bases of Administrative Theory, New York 1967.

Verbücheln (2009): Maic Verbücheln, Risikoübertragung operativer Dienstleistungen durch Kommunen am Beispiel der Abfallwirtschaft, Difu-Papers, Berlin 2009.

Walgenbach (2006): Peter Walgenbach, Neoinstitutionalistische Ansätze in der Organisationstheorie. In: Alfred Kieser u. Mark Ebers (Hrsg.): Organisationstheorien. 6. Aufl., Stuttgart 2006, S. 353-389.

Weizsäcker/Young/Finger (2006): Ernst Ulrich von Weizsäcker, Oran R. Young u. Matthias Finger, Grenzen der Privatisierung. Wann ist des Guten zuviel? Bericht an den Club of Rome, Stuttgart 2006.

Wildavsky (1979): Aaron Wildavsky, Speaking Truth to Power, Boston 1979.

Windhoff-Héritier (1987): Adrienne Windhoff-Héritier, Policy-Analyse. Eine Einführung. Frankfurt/M. u. New York 1987.

Yarrow (1986): George Yarrow, Privatization in Theory and Practice, in: Economic Policy, 1. Jg. (1986), Nr. 2, S. 323-377.

Teil C:

Perspektiven öffentlicher Wirtschaft

Ulf Papenfuß und Christina Schaefer

Mehr Transparenz bei der öffentlichen Aufgabenerfüllung – Eine Vollerhebung der Internetseiten aller deutschen Städte über 30.000 Einwohner zur Beteiligungsberichterstattung

Gliederung

I. Einführung
II. Konzeptualisierung von Berichtsanforderungen auf Grundlage der Prinzipal-Agenten-Theorie
   1. Informationsanforderungen an Beteiligungsberichterstattung
   2. Stufenkonzeption für Rechenschaftslegung und Transparenz
III. Grundsachverhalte und gesetzliche Grundlagen für Beteiligungsberichte
IV. Empirische Analyse zur Verfügbarkeit von Beteiligungsberichten
   1. Motivation und Design
   2. Auswertung der empirischen Ergebnisse und Diskussion
   3. Exkurs zum öffentlichen Zweck als ein wesentliches inhaltliches Berichtskriterium
V. Reformempfehlungen
VI. Fazit
Literaturverzeichnis

I. Einführung

Im Zusammenhang mit den Bemühungen zur Konsolidierung der öffentlichen Haushalte, der Erfüllung der fiskalischen Maastricht-Kriterien und Versuchen der Reform der staatlichen Aufgabenerfüllung besitzen öffentliche Beteiligungen[1] in Deutschland eine sehr hohe Bedeutung sowohl in Finanzperspektive

---

1 Unter öffentlichen Beteiligungen werden hier alle Unternehmen des Privatrechts verstanden, an deren Kapital die öffentliche Hand unmittelbar oder mittelbar beteiligt ist, und Unternehmen in der Rechtsform von juristischen Personen des öffentlichen Rechts

als auch in Perspektive der Daseinsvorsorge.[2] So hat der Anteil der Beschäftigten in ausgegliederten wirtschaftlichen Beteiligungen an den Gesamtbeschäftigtenzahlen der Städte mit 46 % nahezu denselben Anteil wie der der Beschäftigten in der Kernverwaltung (54 %) erreicht.[3] Eine empirische Analyse der Gemeindefinanzen in Nordrhein-Westfalen kommt zu dem Ergebnis, dass 42 % der kommunalen Verschuldung auf kommunale Unternehmen entfallen. Analog zur Verschuldung wird ein erheblicher Teil der kommunalen Ausgaben in den kommunalen Unternehmen getätigt; bei den Personalausgaben knapp 45 %, bei den Investitionen gut 58 %.[4]

Ausgliederungseffekte wie Steuerungs- und Kontrollverluste[5] haben eine insbesondere im Kontext von Public Corporate Governance geführte Diskussion darüber ausgelöst, welche Maßnahmen zu einer Verbesserung von Effektivität, Wirtschaftlichkeit, Transparenz und Glaubwürdigkeit staatlichen Handelns beitragen können. Damit verbunden stellt sich die Frage, ob die aktuell eingesetzten Systeme und Instrumente – aber auch die rechtlichen Rahmenbedingungen – mit den eingangs dargelegten Veränderungen Schritt gehalten haben. Ein zentrales, dahingehend zu überprüfendes Instrument ist in diesem Kontext das Berichtswesen. Studien mit großen Stichprobenumfängen bzw. sogar Vollerhebungen, die strukturell abgesicherte Aussagen über die Informationsbereitstellung von Beteiligungen der öffentlichen Hand zulassen, liegen für Deutschland bislang jedoch nicht vor.

Ziel des Beitrags ist, die durch Veränderungen der institutionellen Arrangements der öffentlichen Aufgabenwahrnehmung geänderten Informationsanforderungen theoriegeleitet aufzuzeigen und über eine empirische Vollerhebung zu prüfen, inwieweit die Beteiligungsberichterstattung den Erfordernissen in theoretischer und praktischer Perspektive aktuell genügen kann.

Kapitel 2 liefert hierfür mit der Prinzipal-Agenten-Theorie eine theoretische Grundlegung und veranschaulicht in einem Stufenkonzept die für Rechenschaftslegung und Transparenz erforderlichen Schritte. Diesem schließt sich

---

sowie deren Beteiligungen sowie auch Beteiligungen, die treuhänderisch von Dritten gehalten werden. Vgl. Public Corporate Governance Kodex des Bundes, S. 4.
2 Vgl. u.a. *Richter (2007)*; *Dickertmann (2004)*; *Edeling u.a. (2004)*; *Trapp/Bolay (2003)*. Vgl. hierzu in diesem Band auch die statistische Aufbereitung der empirischen Studie zu Anzahl, Struktur und Rechtsformen von unmittelbaren öffentlichen Beteiligungen von *Papenfuß*.
3 *Richter (2007)*, S. 11.
4 *Junkernheinrich/Micosatt (2008)*, S. 81 und S. 83.
5 Vgl. *Bremeier u.a. (2006a)* und *(2006b)*; *Schaefer (2008)*; *Müller u.a. (2009)*; *Papenfuß/ Schaefer (2009)*.

eine Kurzcharakterisierung der gesetzlichen Grundlagen für das Beteiligungsberichtswesen an. Auf dieser Basis stellt Kapitel 4 die Ergebnisse einer deutschlandweiten kriteriengeleiteten Internetstudie als Vollerhebung unter allen Städten mit mehr als 30.000 Einwohnern sowie allen Bundesländern heraus. In einem Exkurs wird zum Abschluss explorativ analysiert, ob und in welchem Maße über die Erfüllung des öffentlichen Zwecks berichtet wird. Mit Blick auf die herausgearbeiteten Defizite werden in Kapitel 5 erforderliche Reformmaßnahmen prägnant herausgestellt.

II. Konzeptualisierung von Berichtsanforderungen auf Grundlage der Prinzipal-Agenten-Theorie

1. Informationsanforderungen an Beteiligungsberichterstattung

Die strukturelle Heterogenität und Mehrschichtigkeit der öffentlichen Aufgabenwahrnehmung birgt ein zunehmendes Maß an Intransparenz der Zielsysteme, der Aufgabenerfüllung, Finanzierung und Unternehmensführung.[6] Der Bürger als „Anteilseigner" der öffentlichen Beteiligung und zugleich Kunde der öffentlichen Leistung hat als oberster Prinzipal verstärkt Probleme, auf einem direkten, aufwandsminimalen Informationsweg zu aktuellen, wahrheitsgemäßen und seinen Informationsbedürfnissen entsprechend aufbereiteten Informationen über die Erfüllung des öffentlichen Zwecks durch die öffentlichen Beteiligungen und deren Finanzierung zu gelangen. Diese aus der finanzwissenschaftlichen Theorie bekannte Prinzipal-Agenten-Problematik ist auf Interessenskonflikte und Informationsasymmetrien im Zuge der Delegation von Aufgaben bzw. arbeitsteiliger Beauftragung zwischen den beteiligten Akteursgruppen zurückzuführen.[7]

---

6   Vgl. *Boot u.a. (2006)*, S. 804; *Budäus (2005)*, S. 17; *Lenk/Rottmann (2008)*, S. 25.
7   In diesem Beitrag wird der Fokus auf den Prinzipal Bürger gelegt. Freilich bietet die Prinzipal-Agenten-Kette weitere Prinzipale, z.B. das Parlament als Prinzipal gegenüber der Verwaltung, für differenzierte Analysen der dort vorhandenen Informationsasymmetrien. Der hier im Folgenden gewählte Ansatz, über das Berichtswesen einen Beitrag für eine verbesserte Transparenz als notwendige Voraussetzung für eine adäquate Rechenschaftslegung herzustellen, ließe sich grundsätzlich auch für gezielte Analysen der Informationsasymmetrien in anderen Prinzipal-Agenten-Konstellation im Zuge der Aufgabenerfüllung und Steuerung öffentlicher Beteiligungen anwenden und müsste hierfür unter Berücksichtigung der aus der veränderten Betrachtungsperspektive resultierenden Informationsbedürfnisse etc. angepasst werden.

Will man diese Informationsasymmetrien abbauen und Transparenz herstellen, müssen die Informationswege auf (potentielle) Konflikte analysiert und entsprechend Maßnahmen zu deren Abbau, z.B. durch den Einsatz von Anreiz-, Kontroll- und/oder Steuerungsmechanismen, bereitgestellt werden. Die Prinzipal-Agenten-Theorie leistet einen wissenschaftlichen Beitrag für genau diese Problemstellung und wird daher für die theoretische Konzeptionalisierung herangezogen.[8]

Die in der Prinzipal-Agenten-Theorie nach den jeweils vorliegenden Situationen differenzierten typischen Problemstellungen der asymmetrischen Informationsverteilung werden im Folgenden kurz mit Fokus auf die vorliegende Problemstellung skizziert.

In der Situation der hidden characteristics kennt der Bürger (Prinzipal) die Eigenschaften der Politiker (Agent) nicht. Dies kann dazu führen, dass der Bürger per Wahl eine Partei mit einem Mandat beauftragt, vor der Wahl, d.h. vor dem Vertragsabschluss, aber bestimmte unveränderliche bzw. nicht mehr kostenlos veränderbare Eigenschaften der Partei und/oder der von ihr angekündigten Programme nicht kennt. Eine ex ante Beurteilung der Qualität der Programme im Zuge ihrer Umsetzung kann demnach nicht stattfinden und es besteht die Gefahr der adversen Selektion. Dies kann z.B. der Fall sein, wenn eine Partei im Bereich der Wasserversorgung mit dem Ziel der Effektivitäts- und Effizienzsteigerung eine Beteiligung privater Partner anstrebt, in der Umsetzung die damit gewünschten Ziele aber aufgrund fehlenden Know-Hows im Vertragsmanagement verfehlt und der öffentliche Zweck nicht mehr im Sinne des Bürgers erfüllt wird. Die Situation der hidden characteristics ist weiterhin z.B. zwischen der Verwaltungsspitze (Prinzipal) und einer öffentlichen Beteiligung (Agent) anzutreffen. Beispielsweise dann, wenn die Verwaltungsspitze eine nicht geeignete bzw. nicht die bestmögliche dezentrale Einheit mir der Erfüllung des öffentlichen Zwecks betraut bzw. geeignete dezentrale Einheiten sich aufgrund der Ausschreibungsinhalte nicht angesprochen fühlen oder formulierte Verträge ihnen nicht attraktiv erscheinen. Ferner ist der Bürger schließlich u.a. daran interessiert, welche Entscheidungsträger bzw. welche Agenten in den Organen der Beteiligungen operative Aufgaben oder Überwachungsaufgaben wahrnehmen.

In der Situation der hidden information herrscht zu dem Zeitpunkt, zu dem sich der Prinzipal, z.B. der Bürger oder die Verwaltungsspitze, auf einen bestimmten Agenten, z.B. eine Partei oder eine öffentliche Beteiligung, zum

---

8 Vgl. *Dietrich/Struwe (2006)*, S. 16 f.; *Eichhorn (2003)*, S. 176 ff.; *Lenk/Rottmann (2008)*.

Zwecke der Aufgabenerfüllung festlegt, Informationsgleichstand. Der Agent, z.B. die Politiker oder die öffentliche Beteiligung, intensiviert nach Erteilung des Wahlauftrags oder der Übertragung einer öffentlichen Leistungserstellung seine Aktivitäten und erhält dadurch einen Informationszugewinn, der zugleich zu einem Informationsvorsprung gegenüber dem Bürger als Prinzipal führt. Da nun der Agent individuelle Präferenzen besitzt, aus der sich von der Zielsetzung des Prinzipals abweichende bzw. mit dieser konkurrierende Ziele ergeben können, besteht die Gefahr, dass der Agent nur so viel Engagement einsetzt und nur diejenigen Informationen weitergibt, die zur Maximierung seines eigenen Nutzens beitragen. Dies kann im Fall einer öffentlichen Beteiligung als Agent z.B. zu einem Ausdehnen der Geschäftsfelder über den eigentlich vorgesehenen öffentlichen Zweck hinaus oder einer nicht wahrheitsgemäßen bzw. zumindest unvollständigen Berichterstattung gegenüber dem Prinzipal führen. Die hier bestehende Gefahr des moral hazard führt im Ergebnis in einer für den Prinzipal nicht optimalen Erfüllung des öffentlichen Zwecks.

In der Situation der hidden action befinden sich Prinzipal und Agent im Zeitpunkt der Aufgabenübertragung ebenso auf einem einheitlichen Informationsstand. Danach bleibt dem Prinzipal allerdings verborgen, inwieweit die vom Agenten weitergeleiteten Informationen oder erzielten Ergebnisse auf dessen Arbeitseinsatz und Anstrengungen oder aber auf Umwelteinflüsse (exogene Risiken) zurückzuführen sind. Der Prinzipal, z.B. der Bürger, kann also nur das Ergebnis nachvollziehen, z.B. die Wasserversorgung, nicht aber den Weg, der zu diesem Ergebnis geführt hat. Eine Leistungsbeurteilung wird dadurch erschwert bzw. gar unmöglich und setzt beim Agenten den Anreiz, die gegebene Situation zu seinem Vorteil in Form eines shirkings, das sich in der Minimierung seines Arbeitseinsatzes ausdrückt, zu nutzen; z.B. durch einen Aufschub von Instandhaltungsmaßnahmen, mit denen eventuell Qualitätsverluste bedingt durch die Nutzung veralteter Leitungen einhergehen könnten.

Die Prinzipal-Agenten-Theorie sieht im Wesentlichen zwei Ansätze zur Lösung von Prinzipal-Agenten Problemen vor. Eine Möglichkeit besteht in der Einrichtung eines wirksamen Kontroll- bzw. Informations- und Monitoringsystems. Eine andere Möglichkeit besteht in der Angleichung der Ziele von Prinzipal und Agent im Sinne einer Zielharmonisierung. In diesem Beitrag wird mit theoretischem Bezug im Schwerpunkt auf das Monitoringsystem bezüglich öffentlicher Beteiligungen abgestellt.

2. Stufenkonzeption für Rechenschaftslegung und Transparenz

Im Kontext der zunehmenden strukturellen Heterogenität und Mehrschichtigkeit der öffentlichen Aufgabenwahrnehmung und nicht zuletzt durch die Auswirkungen der Finanzkrise werden seit einigen Jahren national und international die Anforderungen an die Rechenschaftslegung bzw. Accountability[9] der öffentlichen Hand diskutiert.[10] Rechenschaftslegung leitet sich im Folgenden aus dem Argumentationsansatz ab, dass der Wähler ein Recht darauf hat, über die Handlungen und Ressourcenaufwendungen der Exekutive und Legislative informiert zu werden. Da die Bürger im öffentlichen Sektor überwiegend keine Wahlmöglichkeiten bei der Inanspruchnahme öffentlicher Leistungen besitzen, ist es umso wichtiger, dass sie sich als „Anteilseigner" ein gut informiertes Urteil über die Leistungserbringung gemessen an vorgegebenen Zielen (öffentlicher Zweck) und dem verantwortungsvollen Umgang mit Ressourcen bilden können. Rechenschaftslegung im öffentlichen Sektor muss daher ein Berichtswesen über die Ressourcenverwendung und erbrachten Leistungen beinhalten.[11]

Zudem ist ein Beteiligungsbericht nicht nur für den Adressat Öffentlichkeit erforderlich. Er dient ebenso als Informationsgrundlage für fundierte Entscheidungen und Arbeitserleichterung im Alltag zur effektiven und effizienten Wahrnehmung öffentlicher Aufgaben. Desweiteren dienen die Informationen als „Basis für weiterführende Überlegungen zur Standortbestimmung des jeweiligen Unternehmens"[12] und stellen ein „Mindestmaß an entscheidungsrelevanten Daten"[13] dar.

Zur Erfüllung der Anforderungen an eine öffentliche Rechenschaftslegung sind maßgeblich vier Schritte zu erfüllen, die stufenweise betrachtet jeweils die notwendige Voraussetzung für die Erreichung der nächsten Stufe darstellen. Die folgende Abbildung 1 veranschaulicht diesen Ansatz.

Demnach ist auf der untersten Stufe 4 der Informationszugang zu gewährleisten, auf der nachfolgenden Stufe 3 die Informationsqualität sicherzustellen, um so die Stufe 2 und damit die Transparenz zu erreichen. Diese ist wiederum eine notwendige Voraussetzung für die Erfüllung der Anforderungen an die öffentliche Rechenschaftslegung und damit das Erreichen der Stufe 1.

---

9   In diesem Beitrag werden die Begrifflichkeiten Accountability und Rechenschaftslegung synonym verstanden.
10 Vgl. *Fountain (1991)*; *Patton (1992)*; *Kluvers (2003)*.
11 Zu den Funktionen einer Berichterstattung vgl. auch *Dickertmann/Diller (1986)*, S. 602.
12 *Erlewein (2008)*, S. 31.
13 *Strobel (2004)*, S. 479.

In Bezug auf öffentliche Beteiligungen bedeutet dies, dass zur Erfüllung der Anforderungen an die Rechenschaftslegung zunächst Transparenz über die organisatorischen Strukturen der öffentlichen Aufgabenwahrnehmung geschaffen werden muss. Ist diese hergestellt, d.h. bekannt, wer für die Leistungserbringung verantwortlich ist, können explizit Rechenschaftsanforderungen formuliert und z.B. die entsprechende öffentliche Beteiligung an diesen gemessen werden. Transparenz[14] spielt damit als notwendige Voraussetzung für die Rechenschaftslegung und hier vor allem vor dem Hintergrund des öffentlichen Auftrags der öffentlichen Beteiligung eine entscheidende Rolle für den Bürger als Prinzipal und „Anteilseigner". Den folgenden Ausführungen wird die Definition von Transparenz nach Hofstede zugrundegelegt, der Transparenz definiert als "the extent to which all ... stakeholders have a shared understanding of, and access to ... the information they request, without loss, noise, delay and distortion"[15].

Abbildung 1: Stufenkonzeption für Rechenschaftslegung und Transparenz

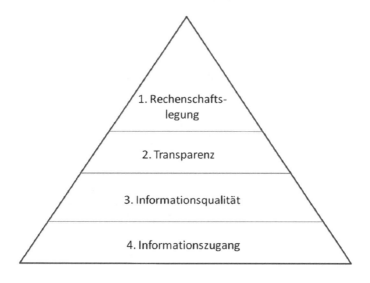

---

14 Vgl. zur Begriffsabgrenzung ausführlich *Theuvsen/Frentrup (2008)*.
15 *Hofstede (2003)*, S. 18.

Um auf dem Weg zur Rechenschaftslegung Transparenz erreichen zu können, bedarf es im Sinne der Definition der Sicherstellung eines Informationszugangs ohne Informationsverlust, hohen Aufwand, Verzögerung und Informationsverzerrung. Die Sicherstellung des Informationszugangs stellt somit eine notwendige Voraussetzung dar, ohne die der Weg hin zur Erzielung von Transparenz und im nächsten Schritt zur „public accountability" nicht erfolgreich beschritten werden kann. Konkret für das Berichtswesen bedeutet dies, dass dies so einzurichten und auszugestalten ist, dass die mit Rückgriff auf die Prinzipal-Agenten-Theorie dargelegten Probleme der Informationsasymmetrie beseitigt oder zumindest gemildert werden, indem Informationskosten als wesentlicher Bestandteil der Agenturkosten im Rahmen der Informationsbeschaffung über öffentliche Beteiligungen gesenkt bzw. minimiert werden. Erst wenn dies erreicht ist, kann aus theoretischer Perspektive von der Erzielung von Transparenz und der Erfüllung der Anforderungen an die Rechenschaftslegung gesprochen werden. Inwieweit sich die Praxis der Beteiligungsberichterstattung diesbezüglich verhält, soll an ausgewählten Kriterien analysiert werden. Das zentrale Instrument zur Information über Beteiligungen ist der Beteiligungsbericht, für den vor der der empirischen Analyse Grundsachverhalte und Rechtsgrundlagen skizziert werden sollen.

III. Grundsachverhalte und gesetzliche Grundlagen für Beteiligungsberichte

Auf der Gemeindeebene gilt ein Beteiligungsbericht als Grundlage für eine kontinuierliche Berichterstattung über die städtischen Gesellschaften, Beteiligungen und Eigenbetriebe und als Rechenschaftsbericht gegenüber der Öffentlichkeit[16].[17] Er ist von den internen Controllingberichten zu unterscheiden und dient in erster Linie der Berichterstattung für die Öffentlichkeit und die politischen Entscheidungsgremien wie dem Rat oder dem Parlament.[18] Dabei hat er die Funktion, einen Überblick über die wirtschaftliche Tätigkeit der Gemeinde bzw. Gebietskörperschaft zu geben und das Mindestmaß an entscheidungs-

---

16 Öffentlichkeit bezeichnet im weitesten Sinne die Gesamtheit aller Umstände, die für die Bildung der öffentlichen Meinung von Bedeutung sind, wobei der allgemein freie Zugang zu allen relevanten Gegebenheiten und Informationen sowie deren ungehinderte Diskutierbarkeit ausschlaggebend sind. Der Bürger, auf den in diesem Beitrag als oberster Prinzipal der Analysefokus gelegt wird, ist damit der direkte Nutznießer der Berichterstattung.
17 *Weiblen (2002)*, S. 483; *Erlewein (2008)*, S. 35 f.
18 *Alsheimer (2003)*, S. 28.

relevantem Informationsbedarf der politischen Gremien und vor allem auch der Öffentlichkeit zu decken.[19] Der Beteiligungsbericht ist eine zusammengefasste Dokumentation über die Beteiligungsunternehmen eines öffentlichen Trägers.[20]

Die gesetzliche Grundlage für das Erstellen des Beteiligungsberichts ist in den Gemeindeordnungen der Bundesländer festgeschrieben. Dabei unterscheiden sich die gesetzlichen Grundlagen in den Gemeindeordnungen bei der allgemeinen Forderung zur Erstellung und inhaltlichen Anforderungen des Beteiligungsberichts von Bundesland zu Bundesland.[21] In Hinblick auf die Forderung, neue gesetzliche Rahmenbedingungen für die privatwirtschaftliche Betätigung der Kommunen zu schaffen, wurde die Pflicht zur Erstellung eines jährlichen Beteiligungsberichts in fast allen Gemeindeordnungen der Bundesländer integriert.[22]

In den Bundesländern, in denen keine Berichtspflicht in der Gemeindeordnung aufgenommen ist,[23] wird aufgrund des hohen Informationsgehalts und der Revanz für die Praxis häufig ein freiwilliger Beteiligungsbericht erstellt. Die Mehrzahl der Gemeindeordnungen nimmt bisher hauptsächlich eine Berichtspflicht für die privatrechtlichen Rechtsformen auf und besitzt keine einheitlichen Ausgestaltungsvorschriften für den Beteiligungsbericht. In den unterschiedlichen Gemeindeordnungen können weniger detaillierte als auch umfangreiche Berichtspflichten vorgefunden werden. Eine Berichtspflicht mit Mindestinhaltsanforderungen für die Beteiligungsberichte ist in den jeweiligen Gemeindeordnungen bis auf das Bundesland Schleswig-Holstein und die Stadtstaaten Hamburg, Berlin und Bremen enthalten.

Bezüglich der Adressaten des Beteiligungsberichts besitzen die Gemeindeordnungen ungenaue bis gar keine Festlegungen.[24] Hierzu sind neben interessierten Bürgern indessen vor allem die Informationsempfänger zu zählen, die eine rechtliche, wirtschaftliche oder rein finanzielle Verbindung mit der Kommune

---

19 *Strobel (2004)*, S. 477.
20 *Schmidberger (1994)*, S. 368.
21 *Hille (2003)*, S. 146 f.
22 Vgl. § 118 Abs. 2-3 GO LSA; § 105 Abs. 2-4 GemO Bad.-Württ.; Art. 94 Abs. 3 BayGO; § 91 Abs. 6, § 98 Abs. 3 BbgKVerf.; § 73 Abs. 3 KV MV; § 116 NdsGO; § 112 Abs. 3 GO NW, § 90 Abs. 2 GemO Rheinl.-Pfalz; § 115 Abs.2 KSVG Saarl.; § 99 SächsGO; § 75a ThürKO; § 123a Abs. 1 HessGO (Prüfung der Gemeindeordnungen mit Stand Dezember 2008).
23 Die GO des Landes Schleswig-Holstein sowie die Landeshaushaltsordnungen (LHO) der Stadtstaaten Hamburg, Bremen und Berlin beinhalten keine Pflicht zur Erstellung eines Beteiligungsberichts.
24 *Barthel (2008)*, S. 199.

als Beteiligungsträger oder auch dem Beteiligungsunternehmen selbst besitzen.[25]

Auf Bundesebene gibt es anders als in den Gemeindeordnungen keine eindeutige gesetzliche Norm, die einen Beteiligungsbericht konkret fordert. Die Notwendigkeit für eine transparente Berichterstattung ließe sich allenfalls sehr mittelbar z.b. aus den Anforderungen von § 65 Bundeshaushaltsordnung oder § 53 Haushaltsgrundsätzegesetz ableiten. Der rechtliche Rahmen der Berichterstattung über die Beteiligungen des Bundes hat sich aber über verschiedene Beschlüsse von Regierung und Bundestag entwickelt. Da dieses eine wichtige Grundlage für die spätere Diskussion liefert sowie die Notwendigkeit für eine Berichterstattung zusätzlich aufzeigt, soll der entwickelte Rahmen hier knapp skizziert werden.

In den allgemeinen Vorbemerkungen zum Bundeshaushaltsplan 1954 hat die Bundesregierung erstmals ein Verzeichnis der Beteiligungen des Bundes an wirtschaftlichen Unternehmen des öffentlichen und privaten Rechtes veröffentlicht. Grundlage hierfür waren die Bestimmungen des Art. 110 (3) GG in der Fassung von 1949: „Das Vermögen und die Schulden sind in einer Anlage des Haushaltsplanes nachzuweisen". Der Bundestag hat am 23. Juni 1955 beschlossen, dass im Interesse der Öffentlichkeit und zum Zweck einer Verstärkung des Einflusses des Parlaments über die Gesamtheit der Beteiligungen des Bundes eine Unterrichtung erfolgen soll. Am 4. Juli 1958 hat der Bundestag die Bundesregierung ersucht, im Interesse einer Unterrichtung der Öffentlichkeit über die Gesamtheit der Beteiligungen zu berichten. Die jährliche Berichterstattung folgte bis 1961 in den allgemeinen Vorbemerkungen zum Haushaltsplan und in der Folgezeit bis 1972 durch den Anhang (Beteiligungen des Bundes) zum Finanzbericht. Ab 1973 erfolgt eine Berichterstattung durch die Schrift „Beteiligungen des Bundes" bzw. im sog. Beteiligungsbericht.

Für die Bundesländer liegen im Gegensatz zu den Forderungen für die Städte und Gemeinden in den Gemeindeordnungen ebenfalls keine gesetzlichen Grundlagen vor. In vergleichbarer Weise zur Bundesebene haben sich im politischen Prozess jedoch parlamentarisch beschlossene Anforderungen für eine Berichterstattung ergeben.[26]

---

25 *Trapp/Bolay (2003)*, S. 36; *Schefzyk (2000)*, S. 75 f.
26 Stellvertretend DS 1/2011 und die nachfolgende Beschlussfassung in der 1. Legislaturperiode des Thüringer Landtags (Plenarsitzung vom 26.02.1993). Die Thüringer Landesregierung hat 1993 (zum Stand 31.12.1992) mit der turnusmäßigen Veröffentlichung von Beteiligungsberichten begonnen. Die Landesregierung - vertreten durch den zuständigen Finanzminister – hat am 06.09.1996 im Landtag angekündigt, dass sie beabsich-

IV. Empirische Analyse zur Verfügbarkeit von Beteiligungsberichten

1. Motivation und Design

Empirische Studien zur tatsächlich praktizierten Accountability bzw. Transparenz von Beteiligungen liegen gar nicht, wenn überhaupt veraltet und/oder nur mit äußerst kleinen Fallzahlen vor.[27] Studien mit großen Stichprobenumfängen bzw. sogar Vollerhebungen, die abgesicherte Aussagen über die Informationsbereitstellung von Beteiligungen der öffentlichen Hand zulassen, liefert die Literatur für Deutschland nicht. Gerade diese Aussagen sind von großem wissenschaftlichem und praktischem Interesse, um auf empirischer Basis „best- und auch bad-practices" zu identifizieren und Benchmarking mit dem Ziel einer verbesserten Accountability und Transparenz zu betreiben. Hierfür möchte die vorgelegte Studie einen Beitrag leisten und hinsichtlich der eingangs formulierten Forschungsfrage empirisch prüfen, wie in der Praxis der Berichterstattung nachgekommen wird. Zu prüfen ist, ob dem Prinzipal Bürger im Sinne der zu Grunde gelegten Definition von Transparenz (auch unabhängig der Gesetzeslage) der Zugang zu Informationen über öffentliche Beteiligungen ermöglicht wird. Der Fokus auf die Informationsmöglichkeit für die Öffentlichkeit wurde dabei bewusst gesetzt, da dieser oberster Prinzipal und politisch zentraler Akteur als Leistungsempfänger ist.

Für die Bürger ist ein Beteiligungsbericht die einzige Möglichkeit und damit die Grundvoraussetzung, sich über die Beteiligungen ihrer Stadt und die Struktur der öffentlichen Aufgabenerfüllung einen systematischen Überblick zu verschaffen. Informationsasymmetrien können über einen Beteiligungsbericht abgebaut und Informationskosten als wesentlicher Bestandteil der Agenturkosten, d.h. der Kosten, die vom Prinzipal zur Information über den Agenten bzw. zu dessen Steuerung/Kontrolle aufzubringen sind, gesenkt werden. Deshalb steht die Verfügbarkeit dieses Instrumentes als Kernkriterium im Mittelpunkt dieser Analyse.

Da diese Studie den Fokus auf den Informationszugang gelegt hat, wurden folgende Berichtsformen und -elemente als Beteiligungsbericht gewertet:

---

tigt, künftig im Zwei-Jahres-Rhythmus einen Beteiligungsbericht vorzulegen (vgl. Plenarprotokoll der 2. Wahlperiode, 44. Sitzung vom 06.09.1996, S. 3570).

27 Vgl. z.B. *Trapp/Bolay (2003)*. Die Studie analysiert allerdings nur 30 Beteiligungsberichte.

- Ein aggregierte Informationen und Einzelinformationen zu den Beteiligungen zusammenfassendes Dokument.
- Mehrere einzelne Dokumente zu Beteiligungen, die zwar keine zusammengefasste Darstellung für die gesamte Gebietskörperschaft, aber Informationen zu einzelnen Beteiligungen liefern.
- Zumindest ein als Beteiligungsübersicht oder ähnlich bezeichnetes Organigramm, das einen Überblick über die Beteiligungen der jeweiligen Gebietskörperschaft liefert.

Im Sinne der erforderlichen Stufen zur Erzielung von Accountability (vgl. hierzu 2.2) und der Transparenz-Definition von Hofstede folgend („...access to the information they request, without loss, noise, delay and distortion.") muss diese Verfügbarkeit von der öffentlichen Hand mit möglichst geringem Aufwand (Zeit, (Agentur-)Kosten) gewährleistet werden. Diese Anforderungen können nur dann als erfüllt angesehen werden, wenn Informationsbereitstellung im Internet gewährleistet wird.[28] Die E-Government-Reformen liefern einen die Argumentation und die Umsetzbarkeit stützenden Anknüpfungspunkt. Somit ist es als Untersuchungskriterium legitim zu prüfen, ob ein Beteiligungsbericht auf dem jeweiligen Internetauftritt der Gebietskörperschaften verfügbar ist.

Dieses wurde im Zeitraum von Januar bis April 2009 in einer deutschlandweiten Internetstudie untersucht, bei der eine Vollerhebung aller Städte mit mehr als 30.000 Einwohnern sowie aller Bundesländer und der Bundesebene vorgenommen wurde. Das hier betrachtete Sample umfasst damit die Internetseiten von insgesamt 431 Webseiten:

Auf jeder Webseite wurde über die Suchfunktion nach den einschlägigen Begriffen Beteiligungsbericht, Beteiligungen, Beteiligung, Haushaltsplan, Haushalt gesucht. Wo der Ansatz über die Suchfunktion nicht zu einem Auffinden eines Beteiligungsberichtes führte, wurden die Webseiten von Politik und

---

28 An dieser Stelle sei ausdrücklich betont, dass die Verfasser die Informationsbereitstellung über das Internet als eine wesentliche, aber nicht einzige Voraussetzung für die Erfüllung dieser Anforderungen ansehen. Freilich muss berücksichtigt werden, dass einigen Bürgerinnen und Bürgern, die aus verschiedenen Gründen den Zugang über das Internet nicht nutzen wollen und/oder können, alternative Zugangsmöglichkeiten wie z.B. die Einsichtnahme in der Verwaltung geboten werden müssen. Dennoch ist das Internet mittlerweile das zentrale, aufwandsarme und kostengünstige Informationsinstrument und muss für größtmögliche Transparenz gezielt in die Beteiligungsberichterstattung einbezogen werden.

Verwaltung, insbesondere die des Finanzressorts bzw. der Kämmerei, sehr intensiv untersucht.

Mit diesem Forschungsansatz soll im Sinne der in 2.2 dargelegten Stufenkonzeption empirische Evidenz zu der ersten grundlegenden Stufe auf dem Weg zur Erzielung von Accountability (Rechenschaftslegung) und Transparenz, dem Informationszugang, geliefert werden.

2. Auswertung der empirischen Ergebnisse und Diskussion

Auf der Bundesebene findet man in Deutschland auf der Homepage des Bundesministeriums der Finanzen einen Beteiligungsbericht. Ebenfalls ermöglichen 12 von 16 Internetseiten der Bundesländer einen Zugriff auf einen Beteiligungsbericht. In Hessen, Mecklenburg-Vorpommern, Niedersachsen und Sachsen-Anhalt ist kein Beteiligungsbericht als zusammengefasstes Dokument abrufbar, jedoch stellen diese auf deren Homepage Einzelinformationen zu ihren Beteiligungen zur Verfügung. Der zeitliche Aufwand bzw. die Kosten der Informationsbeschaffung, sich einen Überblick über die Beteiligungsstruktur zu verschaffen, gestalten sich dabei sehr unterschiedlich.

Obwohl es im Landesrecht wie in Kapitel 3 dargelegt keine konkreten gesetzlich bindenden Vorgaben für die Erstellung eines Beteiligungsberichtes gibt, hat der Bürger als Prinzipal somit die Möglichkeit, sich Informationen über die Beteiligungen im Internet zu beschaffen.

Nicht selten beruht die Erstellung von Beteiligungsberichten aber auf parlamentarischen Anträgen bzw. Beschlüssen von Landtagen. Diese Beschlüsse führen in der Praxis jedoch nicht immer zu der erforderlichen Kontinuität in der Berichterstattung. Es zeigt sich somit, dass Gesetze nicht unbedingt eine zwingende Voraussetzung für eine Berichterstattung über Beteiligungen sind. Gleichwohl verdeutlicht die Praxis, dass verbindliche gesetzliche Vorgaben mit klar formulierten Anforderungen sich als notwendig für eine kontinuierliche Berichterstattung erweisen.

Nach Betrachtung der Länderebene soll nun im Schwerpunkt vor allem die Gemeindeebene betrachtet werden. Abbildung 2 auf der folgenden Seite illustriert die Verfügbarkeit von Beteiligungsberichten in den verschiedenen Größenklassen der Städte[29]:

---

29 Unter die Bezeichnung „Städte" werden Städte, Gemeinden bzw. sonstige vergleichbare Berichtseinheiten gefasst, u.a. um empirische Vergleiche zu ermöglichen.

Von den 414 Städten mit über 30.000 Einwohnern sind bei 143 die Beteiligungsberichte im Sinne der in 5.1 vorgenommen Kennzeichnung[30] online abrufbar, was 34,5 % entspricht.[31] In der Größenklasse 30.000 bis 50.000 ist nur bei 38 von 217 Städten bzw. 17,5 % ein Beteiligungsbericht vorhanden.[32] D.h. der Bürger als oberster Prinzipal hat in knapp 80 % der Fälle nicht die Möglichkeit, sich mit geringem Aufwand im Internet Informationen über die Strukturen zu verschaffen, in denen die öffentliche Aufgabenwahrnehmung mit Steuergeldern organisiert und vollzogen wird, bzw. über die Beteiligungen, die eine Stadt hält, um eine als öffentlich angesehene Aufgabe zu gewährleisten. Da hiermit bereits der erste erforderliche Schritt für Accountability, der Zugang zu Informationen, nicht hinreichend gegeben ist, können die Accountability und Transparenz für Städte mit mehr als 30.000 Einwohnern in Deutschland als nicht umfassend realisiert angesehen werden. Den durch die Ausdifferenzierung im öffentlichen Sektor verstärkten Informationsasymmetrien ist das aktuelle Berichtswesen derzeit noch nicht hinreichend gefolgt.

Die Prozentquote steigt mit den Größenklassen von 40,9 % über 63 % und 77,3 % auf 80 % in der Größenklasse über 400.000 Einwohnern an. Dieses zeigt, dass eine Berichterstattung möglich ist und vielfach auch entsprechend der in diesem Beitrag angelegten Kriterien praktiziert wird. Da dies aber nicht übergreifend geschieht, kann insgesamt nicht von einer den geänderten institutionellen Arrangements genügenden Berichterstattung gesprochen werden.

---

30 In der Analyse der Ergebnisse wird im Weiteren nur noch die Bezeichnung Beteiligungsbericht verwendet.
31 Von den übrigen 93 Kommunen, die keinen Beteiligungsbericht online ausweisen, finden sich noch in 15 Kommunen Beteiligungsinformationen in onlineverfügbaren Haushaltsplänen, was 7,6 % entspricht. Die Berichte aus den Haushaltsplänen wurden bei der Darstellung der Daten mit Blick auf Definition und formulierte Kriterien nicht als Beteiligungsberichte im eigentlichen Sinne gewertet.
32 Hier finden sich noch bei 9 Städten in online verfügbaren Haushaltsplänen systematische Informationen zu Beteiligungen, die wie ausgeführt aber ebenfalls nicht als Beteiligungsberichte erfasst worden sind.

Abbildung 2: Verfügbarkeit von Beteiligungsberichten im Internet

Bundesländer	Städte über 30.000	Verfügbare Berichte (über 30.000)	30.000 - 50.000	50.000 - 100.000	100.000 - 200.000	200.000 - 400.000	Über 400.000
Baden-Württemberg	65	21 (32,31 %)	33/5/[33] 15 %	22/9/ 40,91 %	6/5/ 83,33 %	3/1/ 33,33 %	1/1/ 100 %
Bayern	34	13 (38,24 %)	17/3/ 17 %	9/2/ 22,22 %	5/5/ 100 %	1/1/ 100 %	2/2/ 100 %
Berlin	1	1 (100 %)	X	X	X	X	1/1/ 100 %
Brandenburg	13	3 (23,08 %)	9/1/ 11 %	2/0/ 0 %	2/2/ 100 %	X	X
Freie Hansestadt Bremen	1	1 100 %)	X	0/0/	1/0/	0/0/	1/1/ 100 %
Freie und Hansestadt Hamburg	1	1 (100 %)	X	0/0/	0/0/	0/0/	1/1/ 100 %
Hessen	28	13 (46,43 %)	16/5/ 31 %	7/6/ 85,71 %	3/1/ 33,33 %	1/1/ 100 %	1/0/ 0 %
Mecklenburg-Vorpommern	7	1 (14,29 %)	2/0/ 0 %	4/1/ 25 %	1/0/ 0 %	X	X
Niedersachsen	51	16 (31,37 %)	31/4/ 29 %	12/6/ 50 %	6/4/ 66,67 %	1/1/ 100 %	1/1/ 100 %
Nordrhein-Westfalen	139	62 (44,6 %)	63/17/ 27 %	46/20/ 43,48 %	15/11/ 73,33 %	10/10/ 100 %	5/4/ 80 %
Rheinland-Pfalz	20	3 (15 %)	11/0/ 0 %	5/2/ 40 %	4/1/ 25 %	0/0/	0/0/ 0 %
Saarland	7	1 (14,29 %)	6/1/ 17 %	X	1/0/ 0 %	X	X
Sachsen	13	3 (23,08 %)	7/1/ 14 %	3/1/ 33,33 %	X	1/0/	2/1/ 50 %
Sachsen-Anhalt	13	1 (7,69 %)	10/0/ 0 %	1/0/ 0 %	X	2/1/ 50 %	X
Schleswig-Holstein	10	1 (10 %)	5/0/ 0 %	3/0/ 0 %	0/0/	2/1/ 50 %	0/0/
Thüringen	11	2 (18,18 %)	7/1/ 14 %	1/0/ 0 %	2/0/ 0 %	1/1/ 100 %	X
Summe Städte Berichte Verfügbarkeit %	414	414 143 34,5 %	217/ 38/ 17,5 %	115/ 47/ 40,9 %	45/ 29/ 64,4 %	22/ 17/ 77,3 %	15/ 12/ 80 %

---

[33] Die erste Ziffer gibt die Anzahl der Städte in der jeweiligen Größenklasse an; die zweite Ziffer steht für die Anzahl der verfügbaren Beteiligungsberichte mit der hieraus resultierenden prozentualen Verfügbarkeit; X bedeutet, dass es in der jeweiligen Größenklasse keine Stadt vorliegt.

In Niedersachsen, Nordrhein-Westfalen und Bayern liegt der Prozentsatz in der Kategorie über 50.000 mit knapp 60 % auffallend höher in Baden-Württemberg, wo nur 50 % der Städte die Öffentlichkeit über Internet informieren. Die weiteren Ergebnisse sollen durch die Tabelle veranschaulicht werden.

Ohne muss Zweifel muss man die spezifischen Strukturen und Informationsnotwendigkeiten gerade in kleineren Städten bei der Ausgestaltung des Berichtswesens berücksichtigen. Die Empirie zeigt jedoch, dass auch z.b. kleine Städte (Größenklasse 30.000 bis 50.000) häufig über eine zweistellige Anzahl von Beteiligungen verfügen, was die Notwendigkeit für die Erstellung und Veröffentlichung eines Beteiligungsberichtes begründet.

Grundsätzlich gibt die empirische Analyse Anlass zu der Vermutung, dass es vereinzelt auch an einem Bewusstsein für Transparenznotwendigkeiten fehlt bzw. das Bewusstsein für Transparenz noch nicht mit den gestiegenen Anforderungen bzw. technischen Informationsmöglichkeiten Schritt halten konnte. Wird auf der Homepage als einzige Möglichkeit zur Einsichtnahme in den Beteiligungsbericht Montag und Donnerstag von 10-12 Uhr in der Verwaltung bekanntgegeben, entstehen für den Bürger deutlich höhere Agentur- bzw. Informationskosten (z.B. durch den Weg zur Verwaltung), die vermieden werden können. Viele Städte nutzen wie dargelegt die Möglichkeit für online bereitgestellte PDF Dokumente, die mit geringem Aufwand zu erhalten sind. Die Bereitstellung im Internet muss bei allem Verständnis für knappe personelle Ressourcen mit Blick auf die theoretisch und praktisch aufgezeigten Informationsnotwendigkeiten auch in kleinen Städten als notwendig erwartbar angesehen werden.

Einzelne Städte verlangen zudem Schutzgebühren, um den Beteiligungsbericht postalisch oder per Email zugesandt zu bekommen. Die Vorgehensweisen sind seltene Einzelbeispiele, die für eine kleine Anzahl von Städten aber noch charakteristische Strukturen zeigen, was sich stellvertretend anhand folgender Beispiele illustrieren lässt: Auf dem Internetaustritt der Stadt Mainz wird formuliert: „Über den öffentlichen Zweck und die wirtschaftliche Situation der verschiedenen Gesellschaften informiert Sie der jeweils aktuelle Beteiligungsbericht, der Ihnen auf Anfrage gegen eine Schutzgebühr von 10 € gebunden oder als pdf-Datei zur Verfügung gestellt werden kann."[34] Jena schreibt auf der Internetseite: „Interessenten können den Bericht als CD-ROM zum Preis von 25 € über den Fachbereich Finanzen ... erwerben."[35] Für die Stadt Leipzig

---

34 www.mainz.de/WGAPublisher/online/html/default/hthn-5wjedn.de.html, Abruf am 22.08.2009.
35 www.jena.de/sixcms/detail.php?id=124851, Abruf am 22.08.2009.

findet sich folgende Aussage: „Interessenten können den Beteiligungsbericht gegen Entrichtung einer Schutzgebühr in Höhe von 25,00 Euro (zzg. MwSt. + Versand) erwerben."[36] Freilich könnte diskutiert werden, ob der bemessene Gebührensatz für einen Verwaltungsakt angemessen ist oder nicht, wobei es sich bei der Erstellung eines Beteiligungsberichtes nicht um einen Verwaltungsakt im eigentlichen Sinne handelt. Ein Beteiligungsbericht ist zur Information der Öffentlichkeit vielfach gesetzlich vorgeschrieben und muss als Informations- und Steuerungsgrundlage für das Parlament bzw. den Gemeinderat sowie die zuständigen Verwaltungsinstanzen ohnehin erstellt werden. Ein Einstellen im Internet kostet mit den heutigen technischen Möglichkeiten weder Geld noch Zeit. Zudem zeigt die Empirie, dass nur sehr wenige Städte Gebühren für den Bezug bzw. die Einsicht in den Beteiligungsbericht im Internet verlangen und somit nur in ganz wenigen Fällen Gebühren als gerechtfertigt angesehen werden.

Ein Zugang zum Beteiligungsbericht über das Internet im Sinne des in diesem Beitrag vertretenen Verständnisses von Accountability und Transparenz würde zweierlei bewirken:

Zum einen ein leichterer Informationszugang verbunden mit geringeren Kosten für den Bürger, der als Wähler für seine politische Willensbildung aufgrund der Bedeutung von öffentlichen Beteiligungen u.a. auch eine leicht zugängliche und inhaltlich adäquate Bereitstellung von Informationen über Beteiligungen benötigt. Zum anderen eine aufbereitete Informationsbasis für Parlament/Gemeinderat und Verwaltung, die für eine effektive und effiziente Steuerung erforderlich ist (hierzu auch Reformvorschlag 2 in Kapitel 5).

3. Exkurs zum öffentlichen Zweck als ein wesentliches inhaltliches Berichtskriterium

Im Zuge der Renaissance der öffentlichen Wirtschaft ist nicht nur die Verfügbarkeit von Beteiligungsberichten von großer Bedeutung, sondern ebenso deren inhaltliche Ausgestaltung[37]. In diesem Zusammenhang stehende, gemäß der dargelegten Stufenkonzeption auf der Stufe Informationsqualität zu verortende Fragestellungen sind nicht Ziel der hier durchgeführten empirischen Analyse gewesen. Der folgende explorativ angelegte Exkurs am Beispiel eines

---

36 www.bbvl.de/index.php?option=com_content&task=view&id=32&Itemid=45, Abruf am 22.08.2009.
37 *Dickertmann (2004)*, S. 200.

inhaltlichen Kriteriums, dem öffentlichen Zweck, soll daher als Anregung und Aufschlag für erste inhaltlich orientierte Ansätze dienen. Im Sinne einer geschlossenen Darstellung werden im Folgenden Methodik und Ergebnisse komprimiert dargelegt.

Hierfür wurde am Beispiel der fünf Großstädte Berlin, Bremen, Hamburg, Potsdam und Stuttgart geprüft, ob der öffentliche Zweck in den Beteiligungsberichten bei den Einzelberichten der Beteiligungsunternehmen in Verbindung mit Leistungskennziffern für deren Erfüllung angegeben wird. Die hier noch geringe Anzahl von Städten liefert zweifellos nur einen sehr kleinen Ausschnitt, zeigt jedoch lohnende Ansatzmöglichkeiten für die Auseinandersetzung zu wichtigen Inhalten auf und liefert aus laufenden Forschungsvorhaben erste informative Ausschnitte. Mit Blick auf das Thema „Renaissance" ist hier über den Zeitraum 1998- 2008 eine Längsschnittanalyse durchgeführt worden, die vielfach eine positive Entwicklung hinsichtlich der Berichterstattung zum öffentlichen Zweck zeigt, aber im Vergleich auch klare Defizite offenbart.

Für die Analyse wurden die verfügbaren Beteiligungsberichte zu Grunde gelegt. Diese werden teilweise nur sehr unregelmäßig bzw. im Zweijahresrhythmus erstellt, woraus bei einzelnen Jahren die offenen Felder bei den Städten in Abbildung 3 resultieren. Für die Analyse von Hamburg wurde für den Berichtszeitraum 1998-2008 beispielsweise der 4. (2000), der 4. (2002) als Fortschreibung, der 5. (2004), der 6. (2007), und der 7. (2008) Beteiligungsbericht als Informationsgrundlage genutzt.

Für eine möglichst differenzierte und verlässliche Antwort auf die empirische Frage wurden drei Kategorien für die Auswertung festgelegt:

- Erfüllt: Der öffentliche Zweck wird aufgeführt und mit Leistungskennziffern dargestellt
- Teilweise erfüllt: Lediglich die Unternehmensaufgabe wird beschrieben und nur teilweise bzw. gar nicht mit Leistungskennziffern dargestellt
- Nicht erfüllt: Keine Angaben zum öffentlichen Zweck

Im Vergleich der Städte zeigen sich in Abbildung 3 dargestellten Ergebnisse:

Abbildung 3: Berichterstattung über den öffentlichen Zweck

Stadt/Jahr	Berlin	Bremen	Hamburg	Potsdam	Stuttgart
1998	x	x	x	nur teilweise erfüllt	nicht erfüllt
1999	x	x	x	nur teilweise erfüllt	erfüllt
2000	nicht erfüllt	x	nur teilweise erfüllt	nur teilweise erfüllt	erfüllt
2001	nicht erfüllt	2001/2002 nicht erfüllt	x	nur teilweise erfüllt	erfüllt
2002	x	x	nicht erfüllt	nur teilweise erfüllt	erfüllt
2003	x	x	x	nur teilweise erfüllt	erfüllt
2004	x	2004/2005 nicht erfüllt	nur teilweise erfüllt	erfüllt	erfüllt
2005	nicht erfüllt		x	erfüllt	erfüllt
2006	erfüllt	2005/2006 nicht erfüllt	x	erfüllt	erfüllt
2007	erfüllt	2006/2007 nicht erfüllt	nur teilweise erfüllt	x	erfüllt
2008	erfüllt	nur teilweise erfüllt	nur teilweise erfüllt	x	erfüllt

Die Ergebnisse sollen hier nicht in ihren Einzelheiten diskutiert werden. Die Tabelle illustriert die erheblichen Unterschiede bei der Informationsqualität zwischen den Städten. Insgesamt zeigen sich im Längsschnitt Verbesserungen, der Status Quo eines „erfüllt" war zum Zeitpunkt der Untersuchung allerdings bei noch nicht allen untersuchten Städten erreicht. Zu bedenken ist hierbei zudem, dass in diesem kleinen Ausschnitt zunächst große Städte betrachtet wurden, denen überwiegend ein vergleichsweise weit fortgeschrittenes Beteiligungsmanagement und Beteiligungsberichtswesen zugeschrieben wird.

V. Reformempfehlungen

Führt man die aus der Sichtung der gesetzlichen Grundlagen und der empirischen Analyse zur Beteiligungsberichterstattung gewonnenen Erkenntnisse zusammen, fällt die Antwort auf die eingangs formulierte Forschungsfrage, ob das Berichtswesen mit den veränderten institutionellen Arrangements Schritt gehalten hat, in der Gesamtschau negativ aus. Wie den herausgearbeiteten Defiziten begegnet und ein Beitrag zu deren Abbau geleistet werden könnte, sollen die im Folgenden kurz skizzierten Handlungsempfehlungen aufzeigen.

1) Schaffung bzw. Ausbau und Spezifizierung der gesetzlichen Grundlagen zur Beteiligungsberichterstattung,[38] in denen u.a. die Öffentlichkeit als Berichtsadressat explizit benannt wird und der Informationszugang klar geregelt ist.[39] Auch wenn in dieser Analyse noch nicht, sondern erst in weiteren Forschungsarbeiten thematisiert, ist es mit Blick auf die inhaltlich sehr unterschiedliche Ausgestaltung darüber hinaus notwendig, auf jeder Ebene klare gesetzliche Anforderungen bezüglich Art, Umfang und Kerninhalten von Beteiligungsberichten zu formulieren.

2) Schaffung bzw. Weiterentwicklung des Bewusstseins in Politik und Verwaltung für die Notwendigkeit und Zweckmäßigkeit einer Beteiligungsberichterstattung. Dies ist nicht ausschließlich begründet über den Informationsanspruch der Öffentlichkeit, sondern auch über die Erreichung einer verbesserten Informationsgrundlage für beteiligungspolitische Entscheidungen und das Beteiligungsmanagement. Um dieses Bewusstsein zu erreichen, sollte im Rahmen eines Change Managements insbesondere auf die folgenden Aspekte abgestellt werden, um Hemmschwellen abzubauen und Bedenkenträger von der Notwendigkeit und dem Nutzen einer Beteiligungsberichterstattung zu überzeugen: Beteiligungsberichterstattung ist keine Ressourcenverschwendung, da die Entscheidungsträger in den politischen Gremien für eine effektive und effiziente Steuerung klar strukturierte, aktuelle, aussagekräftige und adressatengerecht aufbereitete Informationen über die öffentlichen Beteiligungen benötigen. Die Informationen dienen auch als „Basis für weiterführende Überlegungen zur Standortbestimmung des jeweiligen Unternehmens"[40] und stellen ein „Mindestmaß an entscheidungsrelevanten Daten"[41] dar.

Je besser, d.h. zielgerichteter, das Beteiligungsberichtswesen ausgestaltet ist und die Anforderungen an das Berichtswesen formuliert sind, umso geringer werden die (Agentur-)Kosten der Informationsbeschaffung. Umso mehr nimmt zugleich die Gefahr ab, Entscheidungen auf Grundlage veralteter und/oder gar fehlerhafter Informationen zu treffen, und umso mehr Ressourcen werden für andere Aufgaben freigesetzt. Zudem finden die Kommunen

---

38 „The ability to enforce accurate information in the public sector or peer accountability relationships may be lacking unless enforceable by law." (*Kluvers (2003)*, S. 59)
39 Zur Notwendigkeit einer knappen und kompakten Berichterstattung vgl. auch *Dickertmann/Diller (1989)*, S. 601.
40 *Erlewein (2008)*, S. 31.
41 *Strobel (2004)*, S. 479.

sich in einer zunehmenden verschärfenden Wettbewerbssituation wieder, die u.a. gekennzeichnet ist durch Standortwettbewerb, Wettbewerb um Steuerzahler, Wettbewerb um finanzielle Ressourcen und dem Wettbewerb öffentlicher Beteiligungen mit privaten Anbietern. Gerade mit Blick auf die Bereitstellung finanzieller Ressourcen für z.b. Investitionsvorhaben in die öffentliche Daseinsvorsorge stehen Kommunen zunehmend im Wettbewerb um Kredite und die Erzielung möglichst günstiger Kreditkonditionen. Um diese zu erhalten, müssen die Kommunen ihre finanzielle Lage transparent darlegen und Geschäftspläne aufstellen.

3) Eine unreflektierte Übertragung des privatwirtschaftlichen Berichtswesens, der Einsatz von Standardlösungen und damit die Gefahr einer Erfassung und Aufbereitung für die Spezifika des öffentlichen Berichtswesens nicht geeigneter Informationen ("Datenfriedhöfe") sind unbedingt zu vermeiden. Vielmehr sollte intensiv eine Diskussion über Struktur und Inhalte ("wie viel" und "welche" Informationen) von Beteiligungsberichten geführt werden und sich in konkreter Umsetzung niederschlagen. Falls in einer Stadt z.B. nur zwei Beteiligungen gehalten werden, erfordert dieses sicherlich nicht einen umfangreichen Beteiligungsbericht. Jedoch sollten in diesen Fällen als Mindestanforderung auf der Homepage der Beteiligungsverwaltung bzw. der zuständigen Instanz die beiden Beteiligungen genannt, Informationen zu zentralen Inhalten (z.B. öffentlicher Zweck, Finanzvolumen, zentrale Leistungskennzahlen) veranschaulicht, und bei vorhandenen Internetauftritten eine Verlinkung vorgenommen werden. In der Praxis zeigen sich in vielen Städten bereits sehr gute Berichte, wobei viele Städte auch noch hinter den Anforderungen zurückbleiben. Ein systematischer inhaltlicher Vergleich der vorliegenden Beteiligungsberichte bietet hierfür sehr lohnende Ansatzpunkte.

4) Um dem in der Praxis seitens der Politik und öffentlicher Beteiligungen an mancher Stelle eingebrachten Argument gegen ein allzu transparentes Berichtswesen, einige Daten und Informationen über Beteiligungen seien zu sensibel und wettbewerbsschädigend in Konkurrenzsituationen mit privaten Anbietern, zu beggenen, sollte in der Diskussion die punktuelle Trennung in ein externes und internes Beteiligungsberichtswesen thematisiert werden. Da die meisten Informationen ohne Probleme auch an die Öffentlichkeit gegeben werden können, würde die Option, gänzlich auf einen Beteiligungsbericht zu verzichten, von Beginn an nicht zur Disposition stehen können.

VI. Fazit

Ziel des Beitrags war es, die durch Veränderungen der institutionellen Arrangements der öffentlichen Aufgabenwahrnehmung geänderten Informationsanforderungen theoriegeleitet aufzuzeigen und über eine empirische Vollerhebung zu prüfen, inwieweit die Beteiligungsberichterstattung den Erfordernissen in theoretischer und praktischer Perspektive aktuell genügen kann.

Öffentliche Beteiligungen besitzen mittlerweile sehr große Bedeutung für die effektive und effiziente Erfüllung öffentlicher Aufgaben mit unmittelbar spürbaren Auswirkungen für den Bürger. In theoretischer Perspektive haben die Strukturen zu einem Anstieg der aus Informationsasymmetrien entstehenden Probleme wie hidden characteristics, hidden information und hidden action geführt. Ein leistungsfähiges Berichtswesen muss diese bestmöglich abbauen, um Kosten der Informationsbeschaffung als wichtigem Bestandteil von Agenturkosten zu minimieren. Erst wenn dies erreicht ist, kann aus theoretischer Perspektive von der Erzielung von Transparenz und der Erfüllung der Anforderungen an die Rechenschaftslegung gesprochen werden.

In praxisorientierter Sicht und mit Blick auf den politischen Alltag muss der Bürger die Möglichkeit besitzen, sich mit geringem Aufwand über die Form der öffentlichen Aufgabenwahrnehmung in „seiner Stadt" und die Leistung der einzelnen Beteiligungen zu informieren. Oberstes Ziel der Berichterstattung ist die Rechenschaftslegung bzw. Accountability der öffentlichen Hand. Im Sinne des dargelegten Stufenkonzeptes sind der Zugang zu Informationen, die Qualität der Informationen und Transparenz hierfür zwingende erforderliche Schritte.

Großzahlige empirische Studien bzw. Vollerhebungen zur tatsächlich praktizierten Accountability bzw. Transparenz der Gebietskörperschaften über ihre Beteiligungen lagen in Deutschland bislang nicht, wenn überhaupt veraltet und/oder nur mit äußerst kleinen Fallzahlen vor. Die vorgelegte Studie leistet einen Beitrag zur Schließung dieser Lücke und liefert empirisch gesicherte Ergebnisse zu den Informationszugangsmöglichkeiten für den Bürger als obersten Prinzipal. Zentrales Ergebnis der Studie ist, dass der Bürger als oberster Prinzipal in knapp 80 % der Fälle nicht die Möglichkeit hat, sich mit geringem Aufwand im Internet über die Strukturen und die Organisation der öffentlichen Aufgabenwahrnehmung zu informieren. Insbesondere erhält er bezüglich öffentlicher Beteiligungen keinen Aufschluss darüber, wie seine Steuergelder für die Finanzierung der öffentlichen Aufgabenwahrnehmung verwendet werden und welche Beteiligungen eine Stadt hält, um eine als öffentlich angesehene Aufgaben zu gewährleisten. Mit Blick auf die Forschungsfrage ist festzustellen, dass das Berichtswesen den aus den Ausgliederungen bzw. Ausdifferenzierungen im öffentlichen Sektor veränderten Berichtsanforderungen bezüglich der Informationszugangsmöglichkeiten aktuell noch nicht genügt.

Neben den aufgezeigten Defiziten zeigen sich in der Praxis aber bereits auch viele sehr positive Beispiele für Städte, die sehr ansprechend und äußerst transparent über ihre Beteiligungen informieren. Dieses sollte zusätzlich Anreiz und Beispiel für die Städte sein, deren Berichterstattung noch nicht hinreichend transparent ist.

Ob der Bürger die Möglichkeit zur Information tatsächlich wahrnimmt, spielt für die Bereitstellung der Informationen zunächst eine untergeordnete Rolle. Die Öffentlichkeit sollte allerdings auf jeden Fall die Möglichkeit haben, sich mit geringem Aufwand angemessen zu informieren. Leicht zugänglich und adressatengerecht aufbereitete Informationen böten vielmehr in entgegengesetzter Argumentationslinie verstärkte Anreize für den Bürger, sich besser über die Aufgabenwahrnehmung zu informieren als es derzeit vielfach der Fall ist. In diesem Sinne könnte sich eine verbesserte Berichterstattung in einem gewissen Maße auch positiv auf demokratische Teilhabe und eine noch offenere und intensivere Diskussion darüber auswirken, welche Aufgaben durch Beteiligungen der öffentlichen Hand geleistet werden sollten und wo ein öffentlicher Zweck ggf. nicht mehr gegeben ist oder in einer anderen Organisationsform gewährleistet werden könnte.

Eine Wiederholung der hier vorgelegten Studie zur Überprüfung, inwieweit die hier festgestellten Defizite in der Berichterstattung abgebaut worden sind, ist als perspektivisch vielversprechend erscheinender Forschungsansatz vorgesehen.

Ebenso zentral ist wie ausgeführt darüber hinaus, die inhaltliche Ausgestaltung der Beteiligungsberichterstattung; diese stand nicht im Fokus dieses Beitrages und wurde nur explorativ in einer Längsschnittanalyse von 1998 bis 2008 am Beispiel von fünf Großstädten betrachtet. Neben weiteren Forschungen zur Verfügbarkeit von Informationen liefert insbesondere die inhaltliche Analyse des Berichtswesens erkenntnisreiche und gestaltungsrelevante Befunde, welche Gegenstand aktuell laufender Forschungsvorhaben sind.

Es sind in Deutschland noch viele Schritte auf dem Weg zur Erzielung einer Public Accountability zu gehen, die ihrem Anspruch auch gerecht wird. Welche und in welcher Form Aufgaben von der öffentlichen Hand wahrgenommen bzw. gewährleistet werden sollen, wird eine zentrale gesellschaftspolitische Diskussion der nächsten Jahre insbesondere auch auf der kommunalen

Ebene sein. Aufgrund dieser hohen Praxis- und Forschungsrelevanz bedarf es einer weiterführenden Auseinandersetzung mit diesem Thema sowie der Gewinnung vertiefter Erkenntnisse und deren Diskussion mit der Praxis.

Literaturverzeichnis

Alsheimer (2003): Constantin H. Alsheimer, Öffentliche Beteiligungen über Controlling besser steuern, in: Innovative Verwaltung, Jg. 2003, H. 11, S. 24-28.

Barthel (2008): Thomas Barthel, Beteiligungscontrolling im öffentlichen Bereich – dargestellt am Beispiel im Konzern Kommune, Hamburg 2008.

Boot u.a. (2006): Arnoud W.A. Boot, Radhakrishnan Gopalan u. Anjan V. Thakor, The Entrepreneur's Choice between Private and Public Ownership, in: The Journal of Finance, Jg. 2006, H. 2, S. 803-836.

Bremeier u.a. (2006a): Wolfram Bremeier, Hans Brinckmann u. Werner Killian, Kommunale Unternehmen in kleinen und mittelgroßen Kommunen sowie in Landkreisen, in: Killian, W.Richter, P./Trapp, J. H. (Hrsg.): Ausgliederung und Privatisierung in Kommunen. Empirische Befunde zur Struktur kommunaler Aufgabenwahrnehmung, Berlin 2006, S. 25-53.

Bremeier u.a. (2006b): Wolfram Bremeier, Hans Brinckmann u. Werner Killian, Public Governance kommunaler Unternehmen. Düsseldorf 2006.

Budäus (2005): Dietrich Budäus (2005), Public Corporate Governance Kodex – Ein Beitrag zur Bildung von Vertrauen in Politik und Management, in: Rudolf X. Ruter, Karin Sahr u. Georg Graf Waldersee, G. (Hrsg.): Public Corporate Governance – Ein Kodex für öffentliche Unternehmen, Wiesbaden 2005, S. 15-25.

Dickertmann (2004): Dietrich Dickertmann, Zur kommunalen Darlegungspflicht bei der außerbudgetären Aufgabenerfüllung, in: Zeitschrift für öffentliche und gemeinwirtschaftliche Unternehmen, Jg. 2004, H. 2, S. 199-201.

Dickertmann/Diller (1986): Dietrich Dickertmann u. Klaus Dieter, Der Subventionsbericht des Bundes, in: Wirtschaftswissenschaftliches Studium, Jg. 1986, H. 12, S. 601-608.

Dickertmann/Diller (1989): Dietrich Dickertmann und Klaus Dieter Diller, Subventionsquoten – Kennzahlen zur Darstellung und Beurteilung der Subventionspolitik, in: Wirtschaftswissenschaftliches Studium, Jg. 1989, H. 12, S. 594-601.

Dietrich/Struwe (2006): Mike Dietrich u. Jochen Struwe, Corporate Governance in der kommunalen Daseinsvorsorge – Effizientere Unternehmensführung bei öffentlichen Ver- und Entsorgern, in: Zeitschrift für öffentliche und gemeinwirtschaftliche Unternehmen, Jg. 2006, H. 1, S. 1-21.

Edeling u.a. (2004): Thomas Edeling, Christoph Reichard, Peter Richter u. Steven Brandt, Kommunale Betriebe in Deutschland. Ergebnisse einer empirischen Analyse der Beteiligungen deutscher Städte der GK1-4, KGSt-Materialien 2/2004, Köln.

Eichhorn (2003): Peter Eichhorn, New Governance bei öffentlichen Unternehmen, in: Jens Harms u. Christoph Reichard (Hrsg.): Die Ökonomisierung des öffentlichen Sektors, Baden-Baden 2003, S. 175-181.

Erlewein (2008): Bernt Erlewein, Ist der Beteiligungsbericht nach § 90 Abs. 2 GemO Rheinland-Pfalz ein geeignetes Instrument zur Steuerung kommunaler Beteiligungen?, Speyer Arbeitsheft Nr. 196, Speyer 2008.

Fountain (1991): James R. Fountain, J., Service Efforts and Accomplishment Reporting, in: Public Productivity and Management Review, Jg. 1991, H. 2, S. 191-198.

Hille (2003): Dietmar Hille, Grundlagen des kommunalen Beteiligungsmanagements, München 2003.

Hofstede (2003): Gert Jan Hofstede, Transparency in Netchains, in: Zsolt Harnos, Miklos Herdon u. Troy Wiwczaroski (Hrsg.): Information Technology for a Better Agrifood Sector, Environment and Rural Living, Debrecen 2003, S. 17-29.

Junkernheinrich/Micosatt (2008): Martin Junkernheinrich u. Gerhard Micosatt, Kommunaler Schuldenreport Deutschland, Bertelsmann Stiftung, Gütersloh 2008.

Kluvers (2003): Ron Kluvers, Accountability for Performance in Local Government, Australian Journal of Public Administration, Jg. 2003, H. 1, S. 57-69.

Lenk/Rottmann (2008): Thomas Lenk u. Oliver Rottmann, Public Corporate Governance - Konzept und Wirkungen, in: Christina Schaefer u. Ludwig Theuvsen (Hrsg.): Public Corporate Governance: Bestandsaufnahme und Perspektiven, Beiheft 36 Zeitschrift für öffentliche und gemeinwirtschaftliche Unternehmen, Baden-Baden 2008, S. 45-56.

Müller u.a. (2009): Stefan Müller, Ulf Papenfuß u. Christina Schaefer, Kommunale Verwaltungssteuerung (KVS): Rechnungslegung und Controlling in Kommunen - Status Quo und Reformansätze, Berlin 2009.

Papenfuß/Schaefer (2009): Ulf Papenfuß u. Christina Schaefer, Public financial reporting in true and fair terms - Discussion on shortfalls in Germany and recommendations for the reform agenda, in: International Review of Administrative Sciences, Jg. 2009, H. 4, S. 715-725.

Patton (1992): James M. Patton, Accountability and Governmental Financial Reporting, in: Financial Accountability and Management, Jg. 1992, H. 3, S. 165-180.

Richter (2007): Peter Richter, Die Bedeutung der kommunalen Wirtschaft – Eine vergleichende Ost-West-Analyse, Berlin 2007.

Schaefer (2008): Christina Schaefer, Ziele des öffentlichen Rechnungswesens im Kontext der Public Corporate Governance – Anspruch und Wirklichkeit, in: Christina Schaefer u. Ludwig Theuvsen (Hrsg.): Public Corporate Governance: Bestandsaufnahme und Perspektiven, Zeitschrift für öffentliche und gemeinwirtschaftliche Unternehmen, Beiheft 36, Baden-Baden 2008, S. 101-114.

Schefzyk (2000): Olaf Schefzyk, Der kommunale Beteiligungsbericht – Ein Instrument zur verbesserten Berichterstattung über die Unternehmenstätigkeit der Kommunen, Köln 2000.

Schmidberger (1994): Jürgen Schmidberger, Controlling für öffentliche Verwaltungen, 2. Aufl., Wiesbaden 1994.

Strobel (2004): Brigitte Strobel, Der Beteiligungsbericht als Informationsinstrument des Gemeinderates, in: Die Verwaltung, Jg. 2004, H. 4, S. 477-482.

Theuvsen/Frentrup (2008): Ludwig Theuvsen u. Mechthild Frentrup, Public Corporate Governance und Transparenz öffentlicher Unternehmen, in: Christina Schaefer u. Ludwig Theuvsen (Hrsg.): Public Corporate Governance: Bestandsaufnahme und Perspektiven, Beiheft 36 Zeitschrift für öffentliche und gemeinwirtschaftliche Unternehmen, Baden-Baden 2008, S. 131-149.

Trapp/Bolay (2003): Jan Hendrik Trapp u. Sebastian Bolay, Privatisierung in Kommune - eine Auswertung kommunaler Beteiligungsberichte, Difu, Berlin 2003.

Weiblen (2002): Willi Weiblen, Beteiligungscontrolling und -management; in: Beatrice Fabry u. Ursula Augsten (Hrsg.): Handbuch Unternehmen der öffentlichen Hand, Baden-Baden 2002, S. 433-499.

Helmut Brede

Gewinn und Gemeinwohl im Konflikt: Organisatorische Lösungsmöglichkeiten und -chancen

Gliederung

I. Der Zielkonflikt als organisatorisches Problem
II. Die Tauglichkeit herkömmlicher organisatorischer Problemlösungen
III. Alternative Organisationsmodelle
   1. Das Board-Modell
   2. Das Schiedsausschuss-Modell
IV. Virtuelle Erprobung des Schiedsausschuss-Modells
   1. Erster Fall: Schließung der Werkstatt eines ÖPNV-Betriebes
   2. Zweiter Fall: Schließung einer Sparkassenfiliale
   3. Dritter Fall: Unterstützung von Solarenergieanlagen
   4. Fazit
V. Realisierungschancen des Schiedsausschuss-Modells
Literaturverzeichnis

I. Der Zielkonflikt als organisatorisches Problem

Der Widerstreit bei Unternehmen, die öffentliche Aufgaben erfüllen – hier *öffentliche Unternehmen* genannt –, zwischen den beiden großen Unternehmenszielen „Stiften von größtmöglichem Gemeinwohl" und „Gewinnerzielung[1]" ist altbekannt und vielfach in der Fachliteratur behandelt worden.[2] Lange Zeit schienen die Gewichte zwischen den Zielen austariert zu sein, und es war allgemein anerkannt, dass das Gemeinwohlziel dominieren müsse.[3] Doch gibt es klare Hinweise auf eine grundlegend geänderte Lage, nach denen diese beiden Fundamente „öffentlichen" Wirtschaftens in den letzten Jahren brüchig geworden sind. Deshalb wird in diesem Aufsatz von folgenden Thesen ausgegangen: Zum einen müssen sich öffentliche Unternehmen häufiger

---

1 Auf eine Definition darf in diesem Zusammenhang verzichtet werden.
2 Vgl. *Witte/Hauschildt (1966)*.
3 Vgl. *Thiemeyer (1975)*, S. 28.

als früher dem Wettbewerb stellen. Und zum anderen befinden sich öffentliche Unternehmen öfter in privater Hand oder haben zum Teil private Kapitaleigner. Das eine, der Wettbewerb, sorgt für Kostendruck und intensivere Rationalisierungsbemühungen – was sich nicht unbedingt mit dem Streben nach größtmöglichem Nutzen für das Gemeinwohl verträgt. Das andere, das größere Gewicht privater Kapitaleigner, drängt erst recht das Gemeinwohlziel zurück. Im schlimmsten Fall sind Unternehmer und Manager zu Zockern geworden.

Vermutlich handelt es sich um Symptome des Paradigmenwechsels, wenn wir z.B. folgendes beobachten: Nach starken Schneefällen zeigt sich, dass das Material der Strommasten den Lasten schon längst nicht mehr gewachsen ist. Die Masten knicken um, und lange Stromunterbrechungen sind die Folge. Oder: Kurz hinter dem Kölner Hauptbahnhof bricht die Achse des Waggons eines ICE-Zuges. Daraufhin werden häufigere Untersuchungen der ICE-Züge dieses Bautyps angeordnet. Und schließlich: Noch gerade vor dem geplanten (später aufgegebenen) Börsengang der Deutschen Bahn werden die Preise im Personenverkehr angehoben, und die Presse vermutet, damit solle den potentiellen Anlegern signalisiert werden, dass in dem Unternehmen gute Gewinne zu erwarten sind.[4]

Allerdings gibt es auch Phänomene, die dem eben genannten Befund widersprechen – genauer: Erscheinungen, die darauf schließen lassen, dass stärkerer Wettbewerb in bestimmten Branchen, verbunden mit intensivem Rentabilitätsstreben, für das Gemeinwohl förderlich sein kann. Genannt seien z.B. die preissenkenden bzw. preisdämpfenden Wirkungen des Wettbewerbs in der Energiewirtschaft und in der Telekommunikation. Ähnliches gilt für den seit jeher bestehenden Wettbewerb in der Kreditwirtschaft, obwohl dort die öffentliche Hand noch in erheblichem Umfang beteiligt ist.

Dennoch, die Einstellung der Bevölkerung zur öffentlichen Wirtschaft scheint sich gewandelt zu haben. Der früher oft vernommene Aufruf zu „weniger Staat, mehr privat"[5] ist nicht mehr zu hören, und der Glauben, der Wettbewerb könne alles richten, ist verflogen. Schuld daran dürften u. a. Vorkommnisse wie die oben genannten sein. Das bedeutet aber wohl nicht, dass die Bevölkerung jene Verhältnisse zurück haben möchte, in denen die öffentliche Hand uneingeschränkt über die Versorgung mit Infrastrukturgütern herrschte. Allzu offensichtlich waren damals Ineffizienzen geworden. Außerdem hat sich in

---

4 Siehe auch die kritischen Bemerkungen zur Ausrichtung der Bahn bei *Stauss (1987a)*, S. 240; *Schwenn (2010)*.
5 Vgl. *Brede u.a. (1997)*.

den letzten Jahren ins öffentliche Bewusstsein eingegraben, welche Verbesserungen Wettbewerb und privatwirtschaftliche Managementmethoden in vielen öffentlichen Unternehmen für die Leistungsnehmer erbracht haben. Demnach dürften die heutigen Forderungen lauten: *Beibehaltung des Drucks auf öffentliche Unternehmen – etwa durch Wettbewerb –, um ihre Effizienz zu bewahren bzw. zu erhöhen! Aber zugleich Beibehaltung des maßgeblichen Einflusses der öffentlichen Hand auf Unternehmen, die Infrastrukturaufgaben erfüllen!*

Das ergibt für die Führung öffentlicher Unternehmen veränderte Bedingungen gegenüber jenen, die sich in den letzten zwei Jahrzehnten unter der Maxime „Weniger Staat, mehr privat" herausgebildet hatten. Dieser neue Lage sollte auch die organisatorische Führungsstruktur der Unternehmen entsprechen. Insofern ist es berechtigt, von einer erwünschten Renaissance öffentlicher Unternehmen zu sprechen - einer Erneuerung, die sich aus den geänderten Bedingungen ergibt.

Deshalb ist zu fragen: Passen noch die alten organisatorischen Muster der Führung öffentlicher Unternehmen zu der veränderten Lage? Oder bieten sich neue, bessere Muster an? Wie lassen sich die immanenten Zielkonflikte zwischen den beiden großen Unternehmenszielen (Gemeinwohlziel und Interesse an der Gewinnerzielung) lösen? Das sind die wesentlichen Fragen, denen in dem Beitrag – aufs Grundsätzliche und auf Konfliktsituationen von nennenswertem Gewicht bezogen - nachgegangen werden soll. Zielkonflikte von untergeordneter Bedeutung werden nur am Rande gestreift.

II. Die Tauglichkeit herkömmlicher organisatorischer Problemlösungen

Es ist nicht schwer, in den herkömmlichen organisatorischen Lösungen für öffentliche Unternehmen Institutionen zu finden, die für die Verwirklichung des Gemeinwohlziels *in erster Linie* verantwortlich sind:[6] der Bürgermeister (beim Eigenbetrieb), der Aufsichtsrat, der Verwaltungsrat, die Gesellschafterversammlung, der Board (im Boardsystem) oder die Besitzgesellschaft bei einer Doppelgesellschaft.

In jedem Falle treten zwei Schwierigkeiten auf: Erstens *gibt es keine organisatorische „Mechanik", die die Institution zwingt,* dieses Interesse gegenüber der antagonistischen Zielsetzung Gewinn durchzusetzen. Zweitens fiele die Zuordnung der Maßnahmen, die der einen oder der anderen Zielrichtung dienen sollen, schwer. Entweder müssten die Vorgaben der Institution sehr genau sein. Dann jedoch fehlte der operativen Ebene die nötige Entscheidungsfrei-

---

6 Siehe dazu auch *Witte/Hauschildt (1966)*, S. 53 ff.

heit. Dem Werksleiter müsste z.B. genau vorgeschrieben werden, wann bestimmte Wartungsarbeiten durchzuführen wären; sie beträfen sowohl die Gewinnerzielung als auch die Sicherheit des Leistungsauftrags, d. h. das Gemeinwohl. Oder – und das wäre die Alternative – die Vorgaben der Institution müssten sehr allgemein formuliert werden. Dann allerdings würde die Lösung von Zielkonflikten nur verlagert, also auf die Ebene der operativen Entscheidungen verschoben. Beides ist wenig sinnvoll. Deshalb sollen im Folgenden neue Wege beschritten werden.

III. Alternative Organisationsmodelle

1. Das Board-Modell

Eine Möglichkeit der institutionalisierten Konfliktlösung eröffnet eine Verbindung aus Matrixorganisation und Boardsystem[7]. Das für öffentliche Unternehmen in Frage kommende Modell sei zunächst grafisch dargestellt (s. Abbildung 1), dann erläutert und diskutiert.

Abbildung 1: Führungsorganisation im Board-Modell

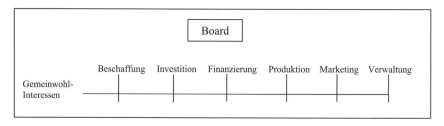

Angedeutet ist in der Horizontalen die Gliederung des Unternehmens nach Funktionsbereichen. Die dort Verantwortlichen (z.B. für die Produktion, die Finanzierung usw.) sind verpflichtet, ausschließlich nach Gewinnerzielung zu

---

7 Vgl. auch *Schwarz/Purtschert/Giroud/Schauer (2005)*, S. 117. Die Autoren beschreiben hier etwas sehr Ähnliches, die „Teilung der Führung in fachlich-inhaltliche Führung und administrative Personalführung". Diese Teilung finde sich vor allem in Sportverbänden, aber auch in Wirtschaftsverbänden, wo Fachausschüsse die inhaltliche Arbeit leisten und diesem Bereich ein Weisungsrecht an die Geschäftsstelle" zustehe. Sie schreiben ferner, diese Vernetzung komme einer sogenannten Matrixorganisation „sehr nahe". („Teilung der Führung", „Vernetzung" und „Matrixorganisation" hervorgehoben; H. B.) Vgl. auch *Sayles(1988)*. Sayles klassifiziert die Matrixorganisationen. Für den jetzt vorzustellenden Typ passt am besten, was er mit einer „Verteilte System-Matrix" (S. 51 ff.) bezeichnet.

streben. Außerhalb dieser Gruppe gibt es einen Verantwortungsträger, der verpflichtet ist, ausschließlich die Interessen des Gemeinwohls zu verfolgen. Die sich kreuzenden Linien symbolisieren Entscheidungen, die Kreuzungspunkte Zielkonflikte und den sich daraus ergebenden Abstimmungsbedarf. „Das Matrix-Management trennt mit Absicht die Ressourcen von den Managern, die für die Zielerreichung verantwortlich sind."[8] Insoweit handelt es sich um eine durchaus gewohnte Struktur. Erinnert sei z.B. an die Notwendigkeit, Entscheidungen im Funktionsbereich mit einem/einer Umweltschutz- oder Datenschutz- oder Frauenbeauftragten bzw. dem Betriebs- oder Personalrat abzustimmen.

Lassen sich die Zielkonflikte auf dieser – operativen – Ebene nicht lösen, wird der übergeordnete Board eingeschaltet. „Board" ist hier allerdings nicht im angelsächsischen Sinne zu verstehen, also ein Gremium, das zugleich die Funktionen des Kontroll- und des Vollzugsorgans, etwa des Aufsichtsrats und des Vorstands, umfasst. Vielmehr ist eine Institution gemeint, die zwar ebenfalls Stakeholder-Funktionen auszuüben hat und deshalb „gemischt" zusammengesetzt ist, aber nur zuständig sein soll, den allgemeinen Rahmen, die Richtlinien und Maßstäbe für die Verfolgung des Gemeinwohlziels, zu setzen.[9] Darüber hinaus hat er die Aufgabe, im Konfliktfall zu vermitteln und im Zweifel dem Gemeinwohlziel den Vorrang zu verschaffen. Der Board sollte Vertreter *aller* Interessengruppen, also auch Vertreter der Leistungsnehmer und der Öffentlichkeit, umfassen. Das gilt wegen fehlender Garantie einer wirklichen Repräsentanz der Leistungsnehmer und der Öffentlichkeit erst recht nach dem Inkrafttreten des neuen Bilanzrechtsmodernisierungsgesetzes mit seinen strengeren Vorschriften für die Besetzung von Aufsichtsräten[10].

Das Modell hat Vor- und Nachteile.[11] Ein Vorteil liegt darin, dass es zwei getrennte Sphären aufweist, die sich für jeweils eines der beiden Unternehmensziele verantwortlich fühlen müssen. Zielkonflikte brauchen also nicht introspektiv von einer einzigen organisatorischen Einheit, etwa gar von einer einzelnen Person, ausgetragen zu werden. Vielmehr treten sie offen zutage und müssen (möglichst) in einem Abstimmungsprozess gelöst werden. Gelingt dies nicht, steht in Gestalt des Boards[12] eine Schiedsstelle zur Verfügung. Der

---

8 *Sayles (1988)*, S. 62.
9 Siehe die Diskussion um die Mitwirkung an der Festlegung gemeinwirtschaftlicher Ziele bei *Stauss (1987b)*, S. 64 ff.
10 Vgl. dazu *Jahn (2009)*, S. 14.
11 Siehe dazu *Knight (1988)*, S. 89 ff.
12 Etwas Ähnliches wie die hier beschriebenen Boards schwebt wohl den Schweizer Verfassern von Thesen zur Führung öffentlicher Unternehmen vor, wenn sie schreiben:

Board wirkt für das Gemeinwohlziel des Unternehmens normsetzend und sorgt über die Schiedsfunktion zugleich für dessen Dominanz über die Zielsetzung „Gewinn". *Es gibt im Rahmen dieses Modells somit einen institutionalisierten Zwang, die beiden Zielsetzungen – nebeneinander(!) – zu beachten und mit aller Intensität zu verfolgen.* Damit würden Nachteile herkömmlicher organisatorischer Lösungen vermieden.

Nachteilig erscheinen die bekannten kritischen Punkte der Matrix-[13] und der Boardorganisation, darunter die Anzahl der Boardmitglieder, die Zusammensetzung des Boards und der Umfang der Boardkompetenzen. Damit ist gesagt, der Board könnte zu groß und damit zu schwerfällig sein. Große Gremien führen dazu, dass das Engagement des einzelnen Mitglieds abnimmt. Ferner: Wie werden Boardmitglieder ausgewählt? Kann man mit deren Unabhängigkeit rechnen? Garantieren die Mitglieder, sich nur für das Gemeinwohl einzusetzen?[14]

Solche Fragen erwecken von vornherein Zweifel an der Tauglichkeit eines solchen Gremiums. Sie lassen sich aber abschwächen, wenn zum Beispiel auf die Auswahl von Schöffen bei Gericht verwiesen wird oder wenn man die Rechnungsprüfungsämter der Kommunen ins Auge fasst, deren Angehörige auch die Amtsführung ihrer Vorgesetzten zu beurteilen haben. Das sind alles Praktiken, die sich bewährt haben und als Vorbilder in Frage kommen. Allerdings bleiben Zweifel hinsichtlich der Loyalität des Vertreters des Gemeinwohls gegenüber „seinem" Unternehmen und der Frage, welche Maßstäbe der Vertreter verwendet, die er bei seinen Entscheidungen anzulegen hat. Letzteres kann man aber mit dem Setzen von Prinzipien beantworten, das dem Board obliegen sollte, Prinzipien, die generell, und das heißt auch für den Vertreter des Gemeinwohls zu gelten haben.

Was die Kompetenzen des Boards angeht, so treten dort die Funktionen des Normengebers und des (parteiischen) Schiedsrichters *zusammen* auf. Das ist ein schwerer Mangel; Konflikte werden von *einer* Institution gelöst, außerdem kann die Konstruktion den Sachwalter des Gemeinwohlziels auf der operativen Ebene dazu verführen, es bewusst zu Zielkonflikten kommen lassen, um sich „in der nächsten Instanz" mit Sicherheit durchzusetzen.

„Die Boards öffentlicher Unternehmen spiegeln den inhärenten Konflikt zwischen Markt und Politik." Und: „Der Board wird ... zu einem ‚Transmissionsriemen' zwischen politischem Eigentümer und unternehmerischer Geschäftsleitung." Siehe *Schedler/Finger (2008)*, hier These 8, S. 16.

13 Die Schwächen der Matrixorganisation brauchen hier nicht näher beschrieben zu werden. Siehe dazu z.B. *Krüger (2005)*, S. 201 f. oder *Schanz (1982)*, S. 110 f., 166 ff.

14 Vgl. *Stauss (1987b)*, S. 362 ff.

Ferner könnte bemängelt werden, dass in dem Modell Dauerstreit programmiert ist. Stimmt der Vorwurf? Wohl nur dann, wenn bewusst Obstruktion betrieben wird oder Querulanten am Werk sind. Natürlich wird es im Alltag eines solchen Modells ständig Auseinandersetzungen über den „richtigen" Weg geben. Aber sie sind als fruchtbar anzusehen. Werden in die Diskussion Argumente aus verschiedener Perspektive eingebracht, sollte das Ergebnis, die resultierende Entscheidung, fundierter sein, als wenn ein Entscheidungsträger auf sich allein gestellt ist.[15]

Bedenken dürfte die Macht des Boards erwecken. Es ist klar, das Gremium hätte die Macht, rein unternehmerische, vom Interesse am Gewinn bestimmte Entscheidungen auszuhebeln.[16] Das wäre aus Sicht der Unternehmer nur akzeptabel, wenn sie ihre Entscheidungsbefugnis zuvor *freiwillig* einschränkten. Dies erscheint jedoch illusorisch. Allenfalls wäre bei Stadtwerken, die am „langen Zügel" des Gemeindedirektors geführt werden, solche Selbstbeschränkung zu erwarten. Schließlich: Es müssten die Kompetenzen der Verantwortlichen für die Funktionen „Beschaffung", „Investition", „Finanzierung", „Produktion", „Marketing" und „Verwaltung" usw. beschnitten werden. Wichtige Entscheidungen, die das Gemeinwohlinteresse berühren, könnten sie nicht mehr *allein* treffen. Außerdem müssten diese Verantwortungsträger sich im Streitfall dem Spruch des Boards beugen, was ihnen sicherlich nicht leicht fiele.

Nach dem Board-Modell müsste die Macht also geteilt werden. Das dürfte heftigen – emotionalen – Widerstand erzeugen. Denjenigen, die das neue Modell ablehnten, käme zugute, dass sie ihre Abneigung verbrämen könnten mit dem Argument, die Entscheidungswege würden länger, und das sei nicht zu verantworten. Sollte das neue Modell trotz der Vorbehalte durchgesetzt werden, könnten die „Widerständler" ihr Argument gar noch verstärken, indem sie Entscheidungen bewusst verzögerten oder Konflikte provozierten.

Somit verbleiben als Einwände gegen das Modell letztlich nur jene Vorbehalte, die zur Anzahl der Boardmitglieder, zur Bündelung der Kompetenzen des Boards und zum Loyalitätsproblem für den Vertreter des Gemeinwohls geäußert wurden. Können die Mängel beseitigt werden?

---

15 Die Matrixorganisation hat sich in der Praxis durchaus bewährt. Das ist allein schon daraus zu schließen, dass Google beim Stichwort „Matrixorganisation" anbietet, 12.500 Anwendungsbeispiele nachzuweisen.
16 Siehe dazu *Stauss (1987b)*, S. 68.

2. Das Schiedsausschuss-Modell

In einem abgewandelten Modell (Abbildung 2) gibt es keinen Board mehr. Dieser wird vielmehr durch zwei Ausschüsse abgelöst. Der eine setzt die Normen für die Verwirklichung der Gemeinwohlzielsetzung, der andere ist für die Konfliktfälle zuständig, die auf der operativen Ebene nicht lösbar erscheinen. Wichtig sind zwei weitere Abweichungen vom zuvor dargestellten Modell: Der Grundsatzausschuss fällt kleiner aus. Er umfasst – so sei vorgeschlagen - nur *fünf* Mitglieder, je einen Vertreter der Kapital- und der Arbeitnehmerseite und drei Vertreter der Öffentlichkeit. (Das Übergewicht der Öffentlichkeit soll dafür sorgen, dass das Gemeinwohlinteresse tatsächlich gegenüber dem (betrieblichen) Interesse an der Gewinnerzielung dominiert.) Die Zahl der Mitglieder erscheint ausreichend. Die zweite Abweichung gegenüber dem zuvor dargestellten Modell besteht in der Tatsache, dass sich der Schiedsausschuss tatsächlich nur auf den Ausgleich zwischen den konfliktären Zielen zu beschränken hat, ohne eines der Ziele zu begünstigen. Er ist also der Einigungs- oder Schiedsstelle vergleichbar, die wir im Mitbestimmungsrecht kennen. Am besten wird der Schiedsausschuss mit *zwei* Mitgliedern ausgestattet, einem Vertreter des Unternehmens und einem Vertreter der Öffentlichkeit, die sich im Vorsitz abwechseln und von denen der jeweilige Vorsitzende bei Nichteinigung doppeltes Stimmgewicht besitzt. Mit dieser Konstruktion dürften die meisten der oben geäußerten Vorbehalte und Einwände hinfällig geworden sein. Es bleibt allerdings das Problem des Loyalitätskonflikts für den Vertreter des Gemeinwohls.

Abbildung 2: Führungsorganisation im Schiedsausschuss-Modell

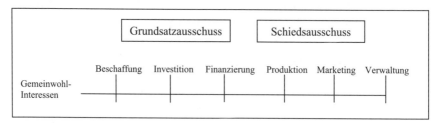

IV. Virtuelle Erprobung des Schiedsausschuss-Modells

Ob das zuletzt genannte Modell (Schiedsausschuss-Modell) den Anforderungen (Beherrschung der Zielkonflikte bei vollem Einsatz für das Gemeinwohl- und das Gewinnziel) *unter realen Bedingungen* tatsächlich besser entspricht als die herkömmlichen organisatorischen Lösungen, kann letztlich nur der Einsatz in der Praxis erbringen. Bis dahin ist der Weg jedoch weit und unsicher; denn es ist offen, ob das Modell von der Praxis akzeptiert wird. Deshalb erscheint es ratsam, anhand einiger praktischer Fälle gedanklich durchzuspielen, was das Modell leisten kann. Die Ergebnisse *beweisen* nichts, geben aber Hinweise auf die praktische Tauglichkeit.

1. Erster Fall: Schließung der Werkstatt eines ÖPNV-Betriebs

Die Werksleitung eines kommunalen ÖPNV-Betriebs möchte die Werkstatt schließen und Wartungs- und Reparaturaufträge nur noch an private Unternehmen vergeben. Die Maßnahme würde erhebliche Kosteneinsparungen erbringen und das Betriebsergebnis deutlich verbessern. Die für das Gemeinwohlziel zuständige Führungskraft widerspricht. Eingewandt wird vor allem, dass die eigene Werkstatt Schäden schneller beheben kann und dadurch Betriebsstörungen vermieden werden. Für die Bevölkerung sei der ungestörte Betriebsablauf wichtiger als die mit der Kosteneinsparung verbundene Auswirkung auf die Fahrpreise.

Es kommt zur Verhandlung vor dem Schiedsausschuss. Dort taucht ein neues Argument auf: die Wettbewerbsfähigkeit gegenüber privaten Konkurrenten, die in absehbarer Zeit im Rahmen von Konzessionsvergabe-Verfahren auftreten könnten. Würde künftig ein privater Anbieter die ÖPNV-Leistungen anbieten, fiele dessen Einsatz für das Gemeinwohlziel möglicherweise schwächer aus als bisher. Darum sei es wichtig, zwar alle Möglichkeiten der Rationalisierung und Kostensenkung so weit wie möglich auszuschöpfen, um im Wettbewerb mit der Privatwirtschaft bestehen zu können, aber gleichwohl die für das Gemeinwohl wichtige eigene Werkstatt zu erhalten. Die Werkstatt des kommunalen Betriebes bleibt erhalten.

2. Zweiter Fall: Schließung einer Sparkassenfiliale

In einer Plattenbausiedlung stehen viele Wohnungen leer. Die Bevölkerungszahl hat um rd. 30 % abgenommen. Nun erwägt die Sparkasse, die dortige Filiale zu schließen. Es lohne sich nicht mehr, sie aufrechtzuerhalten. Der für die Gemeinwohlzielsetzung Verantwortliche legt sein Veto ein. Die Schließung fördere doch den Wegzug, setze also eine nach unten führende Spirale in Gang. Eine entgegengesetzte Bewegung sei statt dessen nötig: Die Gegend müsse durch Infrastrukturmaßnahmen so attraktiv gemacht werden, dass die Bevölkerungszahl wieder zunehme.

Als der Streitfall vor dem Schiedsausschuss verhandelt wird, scheint in der ausführlichen Diskussion eine Kompromisslösung auf, eine Idee, der die Sparkassenleitung am Ende folgt. Sie sieht vor, dass die Filiale künftig mit reduzierter Personalstärke eine eingeschränkte Leistungspalette anbietet. Den zumeist älteren Bewohnern der Siedlung soll weiterhin Hilfe bei alltäglichen Bankgeschäften (Einzahlungen, Auszahlungen, Überweisungen) zuteilwerden. Beratung bei Geldanlagen aber soll es nur noch in der Hauptstelle der Sparkasse geben. Daneben werden Schulungskurse vor allem für jüngere Kunden vorgesehen, die das Angebot der Sparkasse im Direct-Banking nutzen wollen. Mit dieser Lösung glauben alle Beteiligten, beiden grundsätzlichen Unternehmenszielen gerecht zu werden.

3. Dritter Fall: Unterstützung von Solarenergieanlagen

In der Leitung eines Energieunternehmens mit angeschlossenem Kohlekraftwerk wird über die Frage gestritten, ob Privatkunden, die bereit wären, ihre Einfamilienhäuser mit Solaranlagen auszurüsten, von dem Energieunternehmen finanziell unterstützt werden sollten. Der Sachwalter des Gemeinwohlziels unterstützt die Idee nachdrücklich – nicht nur mit dem Argument, dass dadurch weniger Kohle verbraucht würde, sondern auch damit, dass die Haushalte auf diesem Wege angereizt werden könnten, ihre individuellen Belastungsspitzen abzubauen. Die übrigen Vertreter der Unternehmensleitung halten von der Idee gar nichts. Sie verweisen darauf, dass die geografischen Bedingungen für die Energiegewinnung aus Solaranlagen in Deutschland nicht sonderlich günstig sind, so dass gerade dann, wenn das Unternehmen am Abbau von Spitzenlast interessiert wäre, nämlich in der kalten Jahreszeit, das Energieaufkommen aus Solaranlagen gering ist. Und außerdem: die Förderung alternativer Energie sei eine staatliche Aufgabe, nicht die der Kraftwerksindustrie oder gar eines einzelnen Unternehmens.

Die Verhandlungen vor dem Schiedsausschuss erbringen keine Annäherung der Standpunkte. Statt dessen zeigt sich immer deutlicher, dass die Parteien letztlich nicht über unternehmerische Zielsetzungen, sondern über die Nützlichkeit der Solarenergiegewinnung schlechthin streiten. Es geht also um Differenzen von grundsätzlicher Natur. Da beide Seiten auf ihren Standpunkten beharren, muss der Schiedsausschuss einen Schiedsspruch fällen. In geheimer Abstimmung kommt der Ausschuss zum Ergebnis, dem Unternehmen den Verzicht auf die Förderung der Solaranlagen zu empfehlen.

4. Fazit

Die drei fiktiven Fälle aus der Praxis zeigen, dass das zugrundegelegte Schiedsausschuss-Modell alltäglich zu erwartende Konflikte zu bewältigen vermag. Sie zeigen ferner, dass die besondere Stärke in der von verschiedenen Interessen geleiteten *Diskussion* liegt. Sie ist bei konfliktären Zielen wohl auch fruchtbarer als der traditionelle Ausgleich. So kommt es in zwei der drei Fällen zu einer Meinungsänderung (Werkstattfall) bzw. einer Kompromisslösung (Sparkassenfall). Nur in dem dritten Fall (Solarenergie) erbringt die Diskussion keine einvernehmliche Lösung.

Doch selbst im dritten Fall (Solaranlagen-Förderung), in dem die Kontrahenten bei ihren Meinungen bleiben, bietet das Modell eine Möglichkeit zur Konfliktbeseitigung: den Schiedsspruch. Eine der Seiten mag das Ergebnis als Niederlage empfinden. Aber wie sonst als mit einem Schiedsspruch sollte der Konflikt bewältigt werden? Schiedsverfahren verlangen nun einmal von den Parteien, sich dem Schiedsspruch – auch einem nachteiligen – zu unterwerfen. Und erfordert nicht die Tätigkeit des Schiedsausschusses auch von den Parteien in den beiden anderen Fällen, die eine oder andere „Kröte" zu schlucken, wenn es gilt, sich einer besseren Einsicht zu beugen oder einem Kompromiss zuzustimmen?

Das Modell hat anhand der fiktiven Fälle gezeigt, dass die Konfliktlösung durch die institutionelle Aufspaltung der Interessenvertretung für die beiden Hauptzielsetzungen „Gewinnerzielung" und „Gemeinwohlförderung" sowie die Einrichtung eines Schiedsausschusses gegenüber den herkömmlichen Führungsmodellen nicht einfacher geworden ist. Aber die praktischen Fälle verstärken die Vermutung, dass die Ergebnisse der Konfliktlösungsversuche aufgrund der intensiveren Diskussionen fundierter ausfallen und leichter akzeptiert werden.

Natürlich hat die Vorgehensweise ihren Preis. Er besteht vor allem in einer längeren Dauer und höheren Kosten vieler Entscheidungen. Wenn aber dieser Preis der Tatsache gegenübergestellt wird, dass das Schiedsausschuss-Modell in hohem Maße verspricht, *beiden* grundlegenden Zielen in öffentlichen Unternehmen gerecht zu werden, ist die – objektive - Vorteilhaftigkeit des Modells kaum noch zu bezweifeln.

Eines vermag das Modell allerdings nicht: den im Individuum angelegten Zielkonflikt zu lösen. Er tritt in Fällen kleineren Zuschnitts auf, z.B. wenn ein Sachbearbeiter den Zeitpunkt für den Austausch sämtlicher Leuchtkörper einer Anlage zu bestimmen hat, also vor der Frage steht, ob er dem Gesichtspunkt der Risikovermeidung im Sinne von Gemeinwohlförderung vor dem Interesse an Gewinn den Vorzug geben soll. Mit solchen Fällen werden wohl kaum gleich ganze Gremien befasst werden. Hier gilt es, dem Einzelnen die versicherungsartige Problemstruktur klar zu machen. Der Zielkonflikt des Individuums existiert aber auch in jedem Board- oder Kommissionsmitglied. Für keinen der beiden Konfliktfälle des Individuums ist eine grundsätzliche organisatorische Lösung zu sehen.

V. Realisierungschancen des Schiedsausschuss-Modells

Ähnlich wie über die Tauglichkeit lässt sich auch über die Akzeptanz des Schiedsausschuss-Modells hypothetisch befinden. Dazu muss man als erstes feststellen, dass die Anpassung einer herkömmlichen Organisationsstruktur an das neue Modell lediglich verlangt: Es müssen die neuen Institutionen geschaffen werden, also Grundsatz- und Schiedsausschuss sowie die für die Wahrung des Gemeinwohlinteresses zuständige Organisationseinheit („Stelle"). Dieser Punkt erscheint unproblematisch, handelt es sich doch lediglich um eine Erweiterung der Organisationsstruktur.

Allerdings - organisatorischen Änderungen gegen den Widerstand der Betroffenen „durchzuziehen" hat keinen Sinn. Das zeigt sich im betrieblichen Alltag immer wieder. Deshalb gibt es nur einen Weg, dem o. g. Modell zum Erfolg zu verhelfen: Die von Kompetenzeinbußen bedrohten Führungskräfte müssen frühzeitig davon überzeugt werden, dass die organisatorische Umstrukturierung dazu beitragen kann, das Unternehmen wettbewerbsfest zu machen und zugleich seine Ausrichtung auf das Gemeinwohl beizubehalten – beides Voraussetzungen für sein Fortbestehen als öffentliches Unternehmen.

Es ist durchaus nicht sicher, dass es in jedem Falle gelingt, die Betroffenen von der Sinnhaftigkeit und Notwendigkeit der organisatorischen Änderungen zu überzeugen. Wenn nicht, muss es bei der herkömmlichen Organisationsstruktur bleiben, und die möglicherweise negativen Folgen müssen ausgehalten werden. Das Führungspersonal hat in diesem Punkt eine Schlüsselstellung – und eine erhebliche Verantwortung.

Literaturverzeichnis

Brede u.a. (1997): Helmut Brede, Wolf Gottschalk u. Norbert Liekmeier (Hrsg.), STAAT und PRIVAT. Grenzziehung – Grenzverschiebung? Frankfurt/M. 1997.

Jahn (2009): Joachim Jahn, Aufsichtsräte gefangen im Dickicht von Vorschriften, in: Frankfurter Allgemeine Zeitung vom 18.06.2009, S. 14.

Knight (1988): Kenneth Knight, Matrix-Organisation: ein Überblick, in: Gerhard Reber u. Franz Strehl (Hrsg.), Matrix-Organisation: Klassische Beiträge zu mehrdimensionalen Organisationsstrukturen, Stuttgart 1988, S. 83 ff.

Krüger (2005): Wilfried Krüger, Organisation, in: F[ranz] X[aver] Bea, B[irgit] Friedl u. M[arcell] Schweitzer, Allgemeine Betriebswirtschaftslehre, Band 2, 9. Aufl., Stuttgart 2005, S. 140 ff.

Sayles (1988): Leonard R. Sayles, Matrix-Management: die Struktur mit Zukunft, in: Matrix-Organisation, hrsg. von Gerhard Reber u. Franz Franz Strehl (Hrsg.), Matrix-Organisation: Klassische Beiträge zu mehrdimensionalen Organisationsstrukturen, Stuttgart 1988, S. 43 ff.

Schanz (1982): Günther Schanz, Organisationsgestaltung. Struktur und Verhalten, München 1982.

Schedler/ Finger (2008): Kuno Schedler u. Matthias Finger, 10 Thesen zur Führung öffentlicher Unternehmen – ein Diskussionsansatz (Corporate Governance), in IDT blickpunkte, Nr. 18, Juli 2008, St. Gallen, S. 14 ff.

Schwenn (2010): Kerstin Schwenn, Bahn am Wendepunkt, in: Frankfurter Allgemeine Zeitung vom 19.01.2010, S. 11.

Schwarz/Purtschert/Giroud/Schauer (2005): Peter Schwarz, Peter, Robert Purtschert, Charles Giroud u. Reinbert Schauer, Das Freiburger Management-Modell für Nonprofit-Organisationen (NPO), 5. Aufl., Bern, Stuttgart, Wien 2005.

Stauss (1987a): Bernd Stauss, Grundlagen des Marketing öffentlicher Unternehmen, Baden-Baden 1987.

Stauss (1987b): Bernd Stauss, Ein bedarfswirtschaftliches Marketingkonzept für öffentliche Unternehmen, Baden-Baden 1987.

Thiemeyer (1975): Theo Thiemeyer, Wirtschaftslehre öffentlicher Betriebe, Reinbek b. Hamburg 1975.

Witte/Hauschildt (1966): Eberhard Witte u. Jürgen Hauschildt, Die öffentliche Unternehmung im Interessenkonflikt, Berlin 1966.

Thorsten Beckers, Jan Peter Klatt und Tobias Zimmermann

Interkommunale Zusammenarbeit (IKZ) – Eine (institutionen-)ökonomische Analyse

Gliederung

I. Einleitung

II. Potentielle Kooperationsbereiche und -modelle für IKZ
   1. Bereitstellung von Gütern als potentieller Kooperationsbereich bei IKZ
   2. Leistungserstellung als potentieller Kooperationsbereich bei IKZ
   3. Rückwirkungen von IKZ bei der Leistungserstellung auf die Bereitstellung und Finanzierung
   4. Modelle für die Umsetzung von IKZ bei der Leistungserstellung

III. IKZ im Bereich der Leistungserstellung
   1. Institutionenökonomische Basis der theoriegeleiteten Analyse von IKZ
     a) Grundlagen der Neuen Institutionenökonomik hinsichtlich Make-or-Buy
         aa) Make-or-Buy-Frage bei der Leistungserstellung und potentielle Koordinationsformen
         bb) Analysegegenstand der Neuen Institutionenökonomik
         cc) Transaktionskostentheorie: Annahmen, Implikationen und Erklärungsgehalt
         dd) Beiträge der Prinzipal-Agent-Theorie
     b) Determinanten der Eignung von Koordinationsformen
         aa) Transaktionscharakteristika
         bb) Eigenschaften von Akteuren
   2. Theoriegeleitete Analyse von IKZ
     a) IKZ als Alternative zu Eigenerstellung und Contracting Out
         aa) Make-or-Buy-Frage in idealtypischen Konstellationen und IKZ
         bb) Produktionskosten und das relative Potential zur Realisierung von Skaleneffekten bei IKZ im Vergleich zu Contracting-Out-Lösungen
         cc) Transaktionskosten bei IKZ im Vergleich zu kommunaler Eigenerstellung und Contracting Out durch die öffentliche Hand
         dd) Schlussfolgerungen
     b) Sonderaspekte einer Übertragung der Leistungserstellung an andere Kommunen im Rahmen von IKZ

  c) Einflussfaktoren auf die Eignung und Anwendung von IKZ
    aa) Eigenschaften der zu erbringenden Leistungen
    bb) Eigenschaften der beteiligten Kommunen
    cc) Weitere Aspekte
IV. IKZ im Bereich der Bereitstellung
  1. Gemeinsame Angebotsplanungen und Bereitstellungsentscheidungen
    a) Interdependenzen mit der Leistungserstellung
    b) Abgestimmte Bereitstellungsentscheidungen in Einzelfällen
  2. Weitgehende Kooperation bei Bereitstellungsaufgaben
    a) Allgemeine Verteilungsfragen und damit einhergehende Umsetzungsprobleme
    b) Spezielle Probleme infolge der regelmäßigen Einnahmeerzielung für den kommunalen Haushalt bzw. Querverbund über kommunale öffentliche Unternehmen
V. Fazit
Literaturverzeichnis

I. Einleitung

Wenn Kommunen bei der Erstellung von Leistungen, die sie bereitstellen, kooperieren, bietet dies die Möglichkeit, Synergieeffekte und dabei insbesondere Skaleneffekte zu realisieren, was zu Kostensenkungen führen kann.[1] In diesem Zusammenhang stellen derartige Kooperationen, die auch als interkommunale Zusammenarbeiten (IKZ) bezeichnet werden, eine Alternative zur Realisierung von Skaleneffekten durch die Übertragung von Aufgaben an private Unternehmen dar. Wenn sich IKZ auf die Bereitstellung von Gütern beziehen, dann können dadurch evtl. (positive oder negative) externe Effekte internalisiert werden, was zu aus gesamtwirtschaftlicher Sicht verbesserten (Bereitstellungs-)Entscheidungen beitragen kann.

Eine Alternative zur kommunalen Kooperation bei der Bereitstellung und/oder Erstellung ausgewählter einzelner kommunaler Leistungen stellt der Zusammenschluss von Kommunen dar. Allerdings gehen Zusammenschlüsse mit dem Nachteil einher, dass grundsätzlich sämtliche Bereiche kommunaler Tätigkeit davon erfasst sind und potentiell Nachteile infolge heterogener Präferenzen in den einzelnen Kommunen vorliegen, was mit erhöhten Transak-

---

[1] Für wertvolle inhaltliche Diskussionen und Hinweise bedanken sich die Autoren bei *Love Edquist, Florian Gizzi und Klaus Jäkel.*

tionskosten bei der Fällung von (Bereitstellungs-)Entscheidungen in einer fusionierten Kommune einhergehen dürfte. Im Übrigen können kommunale Fusionen aufgrund der Transaktionskosten bei der Zusammenführung von Kommunen unvorteilhaft sein oder aufgrund von Durchsetzungsproblemen als Alternative zu IKZ ausscheiden.[2]

In Deutschland sind IKZ bereits weit verbreitet, wobei auf verschiedene Umsetzungsmodelle zurückgegriffen wird, wie z.b. Zweckverbände, Stadtwerke als privatrechtliche Gesellschaften in gemeinsamer Eigentümerschaft verschiedener Kommunen und vertragliche Kooperationsvereinbarungen zwischen Kommunen.[3] Dennoch wird häufig Potential für eine deutliche Ausweitung von IKZ-Aktivitäten gesehen und vor diesem Hintergrund wird IKZ – insbesondere im Zusammenhang mit Effizienzsteigerungsmöglichkeiten im öffentlichen Sektor – umfangreich in der Literatur diskutiert.[4] Die rechtliche Umsetzung von IKZ ist im Übrigen vor dem Hintergrund diesbezüglicher Urteile des Europäischen Gerichtshofs (EuGH) in den vergangenen Jahren ein aktuell viel diskutiertes Thema. Dabei hat die EuGH-Rechtsprechung neuerdings Hürden zur Realisierung von IKZ reduziert.[5]

Vor diesem Hintergrund werden in diesem Beitrag die mit IKZ einhergehenden Wirkungen theoriegeleitet aus (institutionen-)ökonomischer Sicht untersucht. Dabei wird zwischen IKZ unterschieden, die sich auf die Leistungserstellung oder die gemeinsame Bereitstellung von kommunalen Leistungen beziehen. Die Analysen erfolgen vornehmlich mit Bezug zu kommunal bereit-

---

2   Eine empirische Studie zu den Kostenwirkungen von kommunalen Fusionen aus der Schweiz weist darauf hin, dass bei den betrachteten Zusammenschlüssen entgegen der Erwartungen keine Kostenreduktionen erreicht werden konnten; vgl. *Lüchinger/Stutzer (2002)*. Dies zeigt, dass nicht stets davon auszugehen ist, dass kommunale Fusionen zu Kostenreduktionen führen. Dies ist auch bei der Bewertung der Kostenwirkungen von kommunalen Kooperationen zu berücksichtigen, worauf in Abschnitt III eingegangen wird.
3   Vgl. diesbezüglich z.B. *Bogumil u.a.(2010)*, S. 47 ff.; *Hesse (2005)*, S. 25 ff. und *Sander (2009)*, S. 12 f.
4   Vgl. hierzu z.B. mit Bezug zu IKZ in Deutschland *Bogumil et al.* (2010; *Frick/Hokkeler (2008)*; *Grossekettler (1985)*; *Hesse (2005)*; *Ludin u.a. (2000)*; *Meister/Cord (2008)* und *Sander (2009)*, mit Bezug zu IKZ in Österreich *Biwald u.a. (2004)*, mit Bezug zu IKZ in der Schweiz *Steiner (2003)* und *Steiner (2006)* sowie mit Bezug zu IKZ im internationalen Kontext *Bel/Fageda (2008)*; *Feiock* (2007; *Gerber/Gibson (2005)*; *Lackey u.a. (2002)*; *Leroux/Carr (2007)*; *Morgan/Hirlinger (1991)*; *Potoski/Brown (2003)*; *Shrestha/Feiock (2007)* und *Tavares/Camoes (2007)*.
5   Vgl. hierzu z.B. *Bogumil et al. (2010)*, S. 47 ff.

gestellten Infrastrukturangeboten, wozu beispielsweise die Wasserversorgung und die Hausmüllentsorgung zählen. Die Untersuchungsergebnisse sind jedoch grundsätzlich auch auf andere kommunale Leistungsbereiche übertragbar. Nicht bzw. nur am Rande wird thematisiert, welche rechtlichen Wege für die Umsetzung von IKZ vorliegen (z.b. im Rahmen der Verwaltung, in öffentlich-rechtlichen Organisationsformen oder in privatrechtlichen Gesellschaften) und mit welchen Implikationen die einzelnen Optionen einhergehen. Ausgeklammert wird die Frage des teilweisen Einbezugs privater Anteilseigner in kommunale Unternehmen bzw. im Rahmen von IKZ tätiger Unternehmen. Nicht betrachtet werden weiterhin Kooperationen zwischen Gebietskörperschaften unterschiedlicher staatlicher Ebenen (z.B. Länder und Kommunen), wobei in diesem Beitrag herausgearbeitete Erkenntnisse weitgehend auch für derartige Kooperationskonstellationen von Relevanz sind.

Ziel der Untersuchungen in diesem Beitrag ist es, einerseits die potentiellen Vorteile von IKZ und andererseits die potentiellen Nachteile und Probleme von IKZ herauszuarbeiten sowie weiterhin aufzuzeigen, in welchen Konstellationen IKZ insbesondere vorteilhaft sein können und wie potentiellen Problemen bei IKZ entgegengewirkt werden kann. Für die theoriegeleiteten Analysen wird auf Erkenntnisse der Neuen Institutionenökonomik, insbesondere der Transaktionskostentheorie, zurückgegriffen. Ferner werden bei den Darstellungen empirische Untersuchungen zu IKZ berücksichtigt.

Der Beitrag ist wie folgt aufgebaut: In Abschnitt II werden zunächst kurz die potentiellen Kooperationsbereiche betrachtet und mögliche Umfänge und Modelle für IKZ dargestellt. In Abschnitt III, dem Hauptteil dieses Beitrags, werden IKZ diskutiert, die sich auf die Leistungserstellung beziehen. In Abschnitt IV werden IKZ thematisiert, die Bereitstellungsaufgaben betreffen. Der Beitrag endet mit einem Fazit in Abschnitt V, in dem ein Bezug zwischen den Ergebnissen der (institutionen-)ökonomischen Analyse und der Entwicklung der EuGH-Rechtsprechung hergestellt wird.

II. Potentielle Kooperationsbereiche und -modelle für IKZ

1. Bereitstellung von Gütern als potentieller Kooperationsbereich bei IKZ

Wenn Kommunen für die Bereitstellung eines Gutes bzw. einer (Dienst-)Leistung verantwortlich sind, geht dies zunächst damit einher, dass sie den Umfang des Angebots des entsprechenden Gutes und dessen Qualität festzulegen haben. Im Infrastrukturbereich steht der mögliche Angebotsumfang im

Regelfall im engen Zusammenhang mit der Auslegung von (Infrastruktur-) Kapazitäten. Wenn kein öffentliches Gut vorliegt und keine Steuerfinanzierung erfolgt, dann ist die Festsetzung von Preisen ebenfalls Bestandteil der Bereitstellungsverantwortung.

Für die Bereitstellung von Gütern im Rahmen von IKZ kann auf weitgehende Kooperationsmodelle zurückgegriffen werden, bei denen die einzelnen Kommunen Kompetenzen bezüglich der Fällung von Kapazitäts- und Qualitäts- sowie Bepreisungsentscheidungen (ganz oder zumindest in erheblichem Umfang) an eine von den beteiligten Kommunen eingerichtete Organisation abgeben.[6] Beispiele hierfür sind ein Zweckverband, der die Wasserversorgung für mehrere Kommunen durchführt, oder ein Stadtwerk, das sich im Eigentum mehrerer Kommunen befindet und in diesen das Strom- und Gasnetz bereitstellt sowie ggf. auch noch Strom und Gas den (End-)Kunden anbietet. Voraussetzung für derartige weitgehende IKZ-Modelle bei der Bereitstellung in Infrastruktursektoren ist grundsätzlich, dass die Finanzierung nicht auf Steuern, sondern auf Zahlungen der Nutzer (Gebühren etc.) basiert, da die Kompetenz zur Erhebung derartiger Einnahmen von den Kommunen an eine im Rahmen einer IKZ eingerichtete Organisation übertragen werden kann, während dies bei Steuern im Regelfall nicht möglich ist.

Allerdings sind auch weniger weitgehende IKZ-Modelle im Bereich der Bereitstellung denkbar, bei denen die Kommunen beispielsweise vornehmlich im Bereich der Angebotsplanung kooperieren, aber bei der Fällung der Bereitstellungsentscheidung umfangreiche eigene Kompetenzen behalten. Diesbezüglich kann beispielsweise auf Zusammenarbeiten von Gebietskörperschaften bei der Angebotsplanung im ÖPNV verwiesen werden, die u.a. im Rahmen von Verkehrsverbünden erfolgen können.

2. Leistungserstellung als potentieller Kooperationsbereich bei IKZ

Wenn einzelne Kommunen für die Bereitstellung von Gütern bzw. Leistungen zuständig sind und diese Verantwortung nicht an eine von mehreren Kommu-

---

6   Eine Organisation stellt einen Zusammenschluss von Akteuren dar, die in bestimmten Bereichen gemeinsame Ziele verfolgen. Der Begriff der Organisation ist abzugrenzen vom Begriff der Institution, wenngleich diese Begriffe häufig unscharf und zuweilen synonym verwendet werden. Institutionen definieren den Regelrahmen, in dem sich Akteure bzw. Organisationen bewegen, und strukturieren bzw. regeln somit die Interaktionen zwischen Akteuren bzw. Organisationen; vgl. *North (1990)*, S. 3 ff.

nen eingerichtete Organisation abtreten können oder wollen, besteht noch die Möglichkeit für eine IKZ im Hinblick auf die Erstellung von entsprechenden Leistungen. Dabei kann sich die IKZ auf viele oder nur einzelne bei der Leistungserstellung vorliegende Bereiche beziehen.

Im Hinblick auf die Bereitstellung des Gutes Wasserversorgung kann die Leistungserstellung in verschiedene (Leistungs-)Bereiche unterteilt werden. Dabei kann zunächst zwischen der Wassergewinnung (z.b. aus Brunnen oder Gewässern) und Wasseraufbereitung, einem etwaigen überregionalen (Fern-) Wassertransport, für den Fernwasserleitungen als Infrastruktur erforderlich sind, und der Wasserverteilung durch lokale Infrastruktur(verteil)netze sowie den Vertriebsaufgaben gegenüber den (End-)Kunden unterschieden werden. Jede einzelne dieser sogenannten Wertschöpfungsstufen setzt sich nun wiederum aus verschiedenen Aufgaben zusammen. Beispielsweise besteht bei der Infrastruktur zunächst die Aufgabe der Entscheidung über die Bereitstellung von (Infrastruktur-)Kapazität und anschließend sind der Bau und die Erhaltung sowie Betriebsführung durchzuführen.

3. Rückwirkungen von IKZ bei der Leistungserstellung auf die Bereitstellung und Finanzierung

Auch wenn sich IKZ ausschließlich auf die Leistungserstellung beziehen, weisen diese Rückwirkungen auf die Fällung von Bereitstellungsentscheidungen in den Kommunen auf. Denn Voraussetzung für eine gemeinsame Leistungserstellung für die beteiligten Kommunen ist, dass diese jeweils die erforderlichen Finanzmittel zur Verfügung stellen. Dies erfordert entsprechende Entscheidungen der kommunalen Haushaltsgesetzgeber bzw. (bei Auslagerungen aus dem Haushalt in einzelnen Kommunen) der für die Bereitstellung und Finanzierung der Güter bzw. (Dienst-)Leistungen zuständigen kommunalen Organisationen (z.B. Konzessionsgesellschaften).

Oftmals setzt die gemeinsame Leistungserstellung für einen bestimmten Zeitraum voraus, dass die an der Kooperation beteiligten Kommunen sich binden, für die entsprechende Zeitspanne bestimmte Finanzmittel zur Verfügung zu stellen. Dies kann im Rahmen einer Finanzierung über das Haushaltssystem, in dem üblicherweise jährlich Finanzmittel bereitgestellt werden, dazu führen, dass längerfristige politische Selbstbindungen zu beschließen sind. Die erforderliche politische Selbstbindung kann in den einzelnen Kommunen alternativ auch durch eine Auslagerung der Finanzierungsverantwortung aus dem Haushalt auf kommunale Organisationen sichergestellt werden, die auf Basis von Nutzerzahlungen – wie z.B. bei Konzessionsgesellschaften – einen eigenen

Finanzierungskreislauf bilden und standardmäßig Bereitstellungs- und Finanzierungsentscheidungen losgelöst von der Jährlichkeit des Haushaltssystems fällen können.

Alternativ zur Fixierung der Finanzmittel durch die an einer Kooperation beteiligten Kommunen für einen bestimmten Zeitraum kann ein Kooperationsmodell flexibel bezüglich der von den einzelnen Kommunen während dieses Zeitraums abgenommenen Leistungen ausgestaltet werden. Ob dies sinnvoll möglich ist, hängt u.a. von den Charakteristika der gemeinsam erstellten Leistung ab.

4. Modelle für die Umsetzung von IKZ bei der Leistungserstellung

Bislang ist (zumindest implizit) davon ausgegangen worden, dass bei einer auf die Leistungserstellung bezogenen IKZ die beteiligten Kommunen gemeinsam eine öffentliche Organisation einrichten, der sie jeweils die entsprechenden Aufgaben übertragen. Alternativ kann eine IKZ im Bereich der Leistungserstellung auch derart ausgestaltet werden, dass eine Kommune die Erbringung einer bestimmten Leistung auf eine andere Kommune überträgt und diese dafür kompensiert. Dieses zweite Modell wird im Folgenden ergänzend in die Betrachtungen einbezogen.

III. IKZ im Bereich der Leistungserstellung

In diesem Abschnitt werden IKZ untersucht, die sich auf die Leistungserstellung beziehen. In Abschnitt 1 werden zunächst noch ohne Bezug zu IKZ Erkenntnisse der Neuen Institutionenökonomik vorgestellt, auf die dann in Abschnitt 2 bei der theoriegeleiteten Analyse von IKZ zurückgegriffen wird.

1. Institutionenökonomische Basis der theoriegeleiteten Analyse von IKZ

Während in Abschnitt a) die zentralen Koordinationsformen anhand der Theorieansätze der Neuen Institutionenökonomik dargestellt werden, geht Abschnitt b) auf deren Eignung im Rahmen der Leistungserstellung in Abhängigkeit von den Transaktionscharakteristika und den Eigenschaften der beteiligten Akteure ein.

a) Grundlagen der Neuen Institutionenökonomik hinsichtlich Make-or-Buy

aa) Make-or-Buy-Frage bei der Leistungserstellung und potentielle Koordinationsformen

Eine für die Bereitstellung eines Gutes verantwortliche Organisation, also z.b. ein privates gewinnorientiertes Unternehmen oder die öffentliche Hand, kann auf verschiedene institutionelle Lösungen für die Leistungserstellung zurückgreifen.[7] In diesem Zusammenhang wird auch von der „Make-or-Buy"-Entscheidung gesprochen, die die Organisation zu treffen hat. Eine idealtypische (Rand-)Lösung ist die Eigenerstellung des Gutes. Die andere idealtypische (Rand-)Lösung ist der marktliche Bezug, d.h. der Kauf des Gutes von einem Unternehmen (oder einer anderen Art von Organisation) auf einem Markt. Weiterhin existieren diverse Zwischenlösungen, die als Hybride bezeichnet werden. Beispielsweise kann eine vertragliche Vereinbarung über die Leistungserstellung mit einem anderen Unternehmen geschlossen werden, was auch als Contracting Out bezeichnet wird, oder ein Joint-Venture mit einem Partner gegründet und dieses dann entsprechend beauftragt werden. Im Übrigen ist auch eine IKZ der Kategorie der Hybride zuzurechnen.

Der Bezug von Leistungen über den Markt geht gegenüber der Eigenerstellung häufig mit geringeren Produktionskosten einher, da ein Produzent, der für mehrere Nachfrager produziert, in der Regel Skalenvorteile realisieren kann.[8] Zudem ist der Markt durch hohe Anreize zu effizientem Handeln gekennzeichnet, da die Produzenten zum einen direkt von Effizienzsteigerungen profitieren und zum anderen in einem intensiven Wettbewerb mit konkurrierenden Anbietern stehen. Einschränkend ist zu sagen, dass ein Bezug über den Markt nur dann möglich ist, wenn die Güter eine gewisse Mindestspezifität nicht überschreiten und in standardisierter Form von mehreren Produzenten auf Märkten angeboten werden. Charakteristisch für die Eigenerstellung, die auch als hierarchische Koordination bezeichnet wird, ist zunächst, dass Weisungsmöglichkeiten innerhalb der Organisation bestehen.[9] Dies führt zu einer hohen Flexibilität bezüglich der Anpassung ursprünglicher Planungen. Weiterhin bestehen ausgeprägte Kontrollmöglichkeiten. Allerdings profitiert die

---

7 Unter Institutionen werden formelle und informelle, organisationsinterne und zwischen Organisationen vereinbarte Regeln sowie Mechanismen zur Durchsetzung dieser Regeln verstanden; vgl. hierzu z.B. *North (1990)*, S. 3 ff. und *Erlei u.a. (2007)*, S. 23 f.
8 Vgl. *Schumann u.a. (2007)*, S. 497.
9 Vgl. *Erlei u.a. (2007)*, S. 177 f.

für die Leistungserstellung zuständige Einheit innerhalb der Organisation nur begrenzt selbst von Profiten und ist einem geringeren Wettbewerbsdruck als eine auf einem wettbewerblichen Markt tätige Organisation ausgesetzt, was die internen Effizienzanreize begrenzt. Ein Contracting Out stellt bei Vorliegen von Spezifität die zentrale Alternative zur Eigenerstellung dar. Diese Koordinationsform geht mit einer Delegation von Aufgaben und Kompetenzen des Prinzipals an den Agenten einher, woraus begrenzte Kontroll- und Weisungsmöglichkeiten des Auftraggebers folgen. Dadurch wird auch die Flexibilität eingeschränkt. Jedoch werden die Anreize zu effizientem Handeln regelmäßig höher sein als bei einer Eigenerstellung. Dies ist insbesondere der Fall, wenn eine feste Vergütung für die Erbringung einer bestimmten Leistung vorgegeben wird, da dann der Auftragnehmer von Einsparungen in vollem Umfang profitiert.

bb) Analysegegenstand der Neuen Institutionenökonomik

Von der sogenannten „Neuen Institutionenökonomik", der theoretische Ansätze, die die Folgen von Opportunismus und Informationsasymmetrien zwischen Wirtschaftssubjekten analysieren, zugerechnet werden, wird die Effizienz verschiedener institutioneller Lösungen für Transaktionen in unterschiedlichen Kontexten untersucht.[10] Dabei beziehen sich Transaktionen zum einen auf den Austausch von Eigentums- und Verfügungsrechten (Property Rights) und zum anderen auf die (formellen oder informellen) vertraglichen Vereinbarungen bezüglich dieses Austauschs.[11] Transaktionen im Bereich der Leistungserstellung beziehen sich insbesondere auf den Austausch von Gütern bzw. (Dienst-) Leistungen.

cc) Transaktionskostentheorie: Annahmen, Implikationen und Erklärungsgehalt

Die der Neuen Institutionenökonomik zuzurechnende Transaktionskostentheorie (TAK-Theorie) verweist darauf, dass neben den Produktionskosten sogenannte Transaktionskosten als Kosten der Anbahnung und Durchführung von Transaktionen wichtige Determinanten für die Eignung unterschiedlicher

---

10 Vgl. für einen Überblick über die Neue Institutionenökonomik *Richter/Furubotn (2003)*, S. 39 ff.
11 Vgl. *Alchian/Woodward (1988)*, S. 66.

Koordinationsformen für Austauschbeziehungen sind.[12] Dabei können Transaktionskosten vor Beginn einer Austauschbeziehung („ex-ante") von denen nach Vertragsschluss („ex-post") unterschieden werden. Zu den Ex-ante-Transaktionskosten gehören insbesondere solche zur Suche nach einem geeigneten Transaktionspartner sowie Kosten zur Verhandlung und zum Abschluss von Verträgen. Als Beispiele für Ex-post-Transaktionskosten können Kosten der Kontrolle der Aktivitäten des Transaktionspartners und Kosten zur Anpassung der ursprünglichen Vereinbarungen genannt werden.

Die TAK-Theorie geht davon aus, dass Akteure ihren Nutzen maximieren wollen, und nimmt vor diesem Hintergrund grundsätzlich an, dass Akteure opportunistisch handeln. Weiterhin werden Entscheidungsträger als nur begrenzt rational angenommen. Es wird berücksichtigt, dass die Entwicklung der Umwelt unsicher ist und Transaktionen eine gewisse Komplexität aufweisen. Aus diesen Annahmen ergeben sich folgende Implikationen: Aufgrund der Umweltunsicherheit, der Komplexität von Transaktionen und der begrenzten Rationalität der Akteure können nicht alle zukünftigen Entwicklungen vorhergesehen und bei der Entscheidungsfindung sowie Ausgestaltung von Vereinbarungen berücksichtigt werden. Daher sind Vereinbarungen unvollständig. Kommt es nun zu Entwicklungen, die nicht über die Vereinbarung geregelt sind, können Spielräume für opportunistisches Verhalten entstehen.[13]

Die Gefahr, dass ein Transaktionspartner von dem anderen Transaktionspartner durch opportunistisches Verhalten ex-post übervorteilt wird und damit ein sogenannter „Hold-up" erfolgt, besteht insbesondere, wenn Abhängigkeiten zwischen den Transaktionspartnern vorliegen. Abhängigkeiten entstehen, wenn einer der Transaktionspartner in Verbindung mit der Transaktion spezifische Investitionen tätigt. Investitionen sind (transaktions-)spezifisch, wenn sie außerhalb des Transaktionszusammenhangs einen deutlich geringeren Wert haben. Die Vertragsparteien werden bei steigender Spezifität ihrer zu tätigenden Investitionen ex-ante höhere Transaktionskosten in Kauf nehmen, um sich vor einem möglichen Hold-up des Transaktionspartners zu schützen. Auch ex-post sind tendenziell höhere Transaktionskosten für die gegenseitige Kontrolle der Einhaltung der Vereinbarung sowie für Anpassungen bei geänderten Umweltbedingungen zu erwarten.

---

12   Vgl. für eine Einführung in die TAK-Theorie *Williamson (1990)* und *Schumann u.a. (2007)*, S. 488 ff.
13   Vgl. *Alchian/Woodward (1988)*, S. 66.

dd) Beiträge der Prinzipal-Agent-Theorie

An der TAK-Theorie wird zum Teil kritisiert, dass sie Erkenntnisse zu den Problemen infolge von Informationsasymmetrien, die im Rahmen der ebenfalls der Neuen Institutionenökonomik zuzurechnenden Prinzipal-Agent-Theorie vertieft betrachtet werden, nicht adäquat berücksichtigt. In diesem Zusammenhang verweisen *Alchian* und *Woodward* darauf, dass die Eignung von Koordinationsformen auch maßgeblich von dem durch Informationsasymmetrien zwischen einem Auftraggeber (Prinzipal) und einem Auftragnehmer (Agent) bedingten sogenannten „Moral-Hazard-Problem" bzw. von den auf dessen Ausmaß Einfluss habenden Eigenschaften von Transaktionen und Charakteristika potentieller Transaktionspartner abhängt.[14] Weiterhin wird im Rahmen der Prinzipal-Agent-Theorie auf die Bedeutung des sogenannten „Adverse-Selection-Problems" bei Vorliegen von Informationsasymmetrien verwiesen. Die Probleme in Verbindung mit Moral Hazard und Adverse Selection gehen – analog zu den durch das Hold-up-Problem bedingten, im Rahmen der TAK-Theorie herausgearbeiteten (Transaktions-)Kosten – mit Kosten einher. Vor diesem Hintergrund werden von der Neuen Institutionenökonomik zuzurechnenden Beiträgen, beispielsweise von *Milgrom* und *Roberts* und *Ostrom u.a.*,[15] im Rahmen qualitativer Analysen sämtliche infolge von Opportunismus und Informationsasymmetrien auftretende Kosten als Transaktionskosten bezeichnet.[16] Diesem Vorgehen wird im Folgenden gefolgt.

b) Determinanten der Eignung von Koordinationsformen

Alternative Koordinationsformen unterscheiden sich hinsichtlich der Zusammensetzung und Höhe ihrer Transaktionskosten. Dabei sind die beim Rückgriff auf die einzelnen Koordinationsformen anfallenden Transaktionskosten abhängig von der Spezifität der in Verbindung mit der Transaktion durchzu-

---

14 Vgl. *Alchian/Woodward (1987)* und *(1988)*. In diesem Zusammenhang verweist die Prinzipal-Agent-Theorie u.a. auf die Risikoeinstellung als eine Eigenschaft von Akteuren, welche für die Eignung und Ausgestaltung von institutionellen Lösungen und diesbezüglich insbesondere für die Risikozuordnung in Verträgen von Bedeutung ist; vgl. hierzu z.B. *Mcafee/Mcmillan (1988)*. Der Aspekt der Risikoeinstellung wird bei den weiteren Analysen in diesem Beitrag jedoch ausgeklammert.
15 Vgl. *Milgrom/Roberts (1992); Ostrom u.a. (1993)*.
16 In diesem Zusammenhang wird auch von Vertretungskosten („Agency Costs") gesprochen; vgl. dazu *Jensen/Meckling (1976)*, S. 308 f.

führenden Investitionen und weiteren Transaktionscharakteristika sowie außerdem auch von den Eigenschaften der an der Transaktion potentiell beteiligten Akteure. Dementsprechend ändert sich die Vorteilhaftigkeit einzelner Koordinationsformen mit den Transaktionscharakteristika sowie Eigenschaften der beteiligten Akteure. Folgend wird zusammenfassend dargestellt, wie die Transaktionscharakteristika sowie die Eigenschaften der Akteure die Vorteilhaftigkeit von Koordinationsformen infolge der jeweils anfallenden Transaktionskosten beeinflussen, wobei wiederum vornehmlich Bezug auf den Vergleich zwischen einer Eigenerstellung und einem Contracting Out genommen wird.[17]

aa) Transaktionscharakteristika

Spezifität

Erfordert eine Transaktion keine spezifischen Investitionen seitens der Transaktionspartner, stellt grundsätzlich der Bezug über den Markt die geeignete Koordinationsform dar.[18] Wird jedoch eine gewisse Mindestspezifität überschritten, ist der Bezug über den Markt grundsätzlich nicht mehr sinnvoll möglich. Dann stellen die Eigenerstellung sowie die Beauftragung eines externen Unternehmens (Contracting Out) die potenziell geeigneten idealtypischen Koordinationsformen für die Leistungserstellung dar. Grundsätzlich gilt: Je höher die Spezifität einer Transaktion ist, desto größer wird die Gefahr eines Hold-ups, womit die relative Vorteilhaftigkeit der Eigenerstellung gegenüber dem Contracting Out zunimmt. Diese Tendenz kann allerdings abgemildert werden, wenn beide Transaktionspartner spezifisch investieren müssen, da die Transaktionspartner dann wechselseitig voneinander abhängig sind und beide der Gefahr eines Hold-ups durch den Transaktionspartner ausgesetzt sind.[19]

Komplexität

Die relative Vorteilhaftigkeit eines Contracting Out bzw. einer Eigenerstellung hängt neben dem Grad der Spezifität auch von der Komplexität der Aufgaben der Leistungserbringung ab. Liegt Komplexität vor, bestehen regelmäßig Kontrahierungsprobleme. Kann hingegen die Aufgabendurchführung gut kon-

---

17 Dabei werden zum Teil Überlegungen von *Mühlenkamp (1995)* aufgegriffen.
18 Vgl. *Milgrom/Roberts (1992)*, S. 30 ff. und *Williamson (1990)*, S. 60 ff.
19 Vgl. *Schumann u.a. (2007)*, S. 494 f.

trahiert werden, kann auch bei hoher Spezifität Contracting Out als Koordinationsform gewählt werden.

Der Grad der Komplexität und die Bedeutung von Kontrahierungsproblemen hängen wesentlich damit zusammen, inwieweit ex-ante eine hinreichende Beschreib- und Messbarkeit des Outputs, den der Agent erbringen soll, möglich ist. Ferner ist der Grad der Umweltunsicherheit bedeutsam für die Komplexität. Eine hohe Umweltunsicherheit im Zusammenhang mit der zu erbringenden Leistung, welche sich in einer entsprechenden Dynamik der Aufgabe niederschlägt, geht häufig mit Leistungsanpassungen einher, was wiederum negative Auswirkungen auf die ex-ante Beschreibbarkeit der Leistung hat. Dementsprechend verlangt eine Output-orientierte (ex-ante) Kontrahierung der Leistung sowohl eine gute Beschreib- und Messbarkeit als auch eine geringe Umweltunsicherheit. Bei einer schlechten Output-orientierten Kontrahierbarkeit gewinnt die Nachvollziehbarkeit des Prozesses der Aufgabendurchführung bzw. Leistungserstellung an Bedeutung. Allerdings kann eine hohe Umweltunsicherheit wiederum negative Auswirkungen auf die Nachvollziehbarkeit haben. Insofern kann eine hohe Umweltunsicherheit generell die Aufgabenübertragung an einen Agenten erschweren, da sie nicht nur die ex-ante Beschreibbarkeit des Outputs, sondern auch die Nachvollziehbarkeit des Prozesses der Aufgabendurchführung reduziert.

Zentralität

Bislang nicht betrachtet worden ist die Transaktionseigenschaft der Zentralität, von der gesprochen wird, wenn eine Transaktion für den Erfolg einer Organisation von hoher Bedeutung ist.[20] Hat beispielsweise die Erstellung eines Vorprodukts große Auswirkungen auf die Qualität eines Endprodukts, so weist die Erstellung dieses (Vor-)Produkts eine hohe Zentralität für das entsprechende Unternehmen auf. Allgemein gilt, dass die Folgen, die sich aus Kontrahierungsproblemen ergeben, bei Transaktionen mit hoher Zentralität schwerwiegender sind als bei Transaktionen mit geringer Zentralität, da sie sich unmittelbar auf den Erfolg von Organisationen auswirken. Insofern wird für Transaktionen mit hoher Zentralität eher die Eigenerstellung gewählt.[21]

---

20 Vgl. *Picot (1991)*, wo die Zentralität allerdings als „strategische Bedeutung der Transaktion" bezeichnet wird.
21 Vgl. *Williamson (1999)*, S. 322 ff.

Häufigkeit und Volumen

Weitere Eigenschaften von Transaktionen, die Einfluss auf die Eignung von Koordinationsformen haben, sind die Häufigkeit und das Volumen von Transaktionen.[22] Dabei ist zunächst davon auszugehen, dass für Transaktionen, die häufig durchgeführt werden oder ein großes Volumen aufweisen, ex-ante höhere Transaktionskosten für das Design von Koordinationsformen bzw. institutionellen Lösungen in Kauf genommen werden als bei Transaktionen, die nur einmalig stattfinden bzw. ein relativ geringes Volumen besitzen. In diesem Zusammenhang ist auch zu berücksichtigen, inwieweit bei den potentiell beteiligten Akteuren Know-how bezüglich bestimmter Koordinationsformen vorliegt. Ein Know-how-Aufbau wird diesbezüglich oftmals nur lohnenswert sein, wenn Transaktionen häufig durchgeführt werden.

bb) Eigenschaften von Akteuren

Ressourcen und Produktionskosten

Die bei unterschiedlichen Akteuren anfallenden Produktionskosten stehen in Verbindung mit den bei ihnen jeweils vorliegenden Ressourcen und den jeweils bestehenden Möglichkeiten zur Realisierung von Synergieeffekten in Verbindung mit der Durchführung von Transaktionen in anderen Kontexten. Diesbezüglich ist auch die Ressource des Know-how bei der Leistungserstellung von Relevanz. Zu beachten ist, dass Interdependenzen zwischen der Transaktionseigenschaft der Spezifität und den potentiell bestehenden Möglichkeiten zur Realisierung von Synergieeffekten vorliegen können.

Reputation

Ansonsten haben Charakteristika der potentiell an einer Transaktion beteiligten Akteure Einfluss auf die bei verschiedenen Koordinationsformen anfallenden Transaktionskosten. Einen wesentlichen Einflussfaktor auf die relative Vorteilhaftigkeit eines Contracting Out von Leistungen stellt aus Sicht eines Prinzipals die Unsicherheit über das opportunistische Verhalten des potentiellen Agenten dar. Diese Verhaltensunsicherheit lässt sich durch eine gute

---

22 Vgl. *Williamson (1990)*, S. 69.

Reputation des potentiellen Partners stark senken.[23] Vor diesem Hintergrund wird Reputation auch als Ressource von Akteuren eingeordnet.[24]

Ausblick: Bedeutung des Zielsystems von Organisationen

Einen Bezug zur Bedeutung der Reputation von Akteuren für die Vorteilhaftigkeit von Koordinationsformen weist das Zielsystem von Akteuren auf. Bislang hat ein idealtypisches Contracting Out im Blickpunkt gestanden, bei dem eine Aufgabe an ein privates, gewinnorientiertes Unternehmen übertragen wird. Allerdings gibt es viele Organisationen, die andere Zielsysteme aufweisen, was beispielsweise bei Not-for-Profit-Gesellschaften der Fall ist. Sofern eine Übertragung von Aufgaben an eine derartige Not-for-Profit-Gesellschaft erfolgt, dürften bei Vorliegen von Spezifität und Kontrahierungsproblemen die Transaktionskosten infolge von Problemen zwischen Auftraggeber und Auftragnehmer im Vergleich zu einem idealtypischen Contracting Out reduziert sein. Allerdings werden regelmäßig innerhalb derartiger Not-for-Profit-Gesellschaften nur in einem relativ begrenzten Ausmaß Anreizsysteme implementiert sein, die die Akteure zu effizientem Handeln anreizen. Insofern gilt auch bezüglich dieses Beispiels, dass die Bedeutung der Stärken und Schwächen von Not-for-Profit-Gesellschaften unter Berücksichtigung einer konkret vorliegenden Transaktion zu beurteilen sind. Ähnlich wie Not-for-Profit-Gesellschaften ist auch die öffentliche Hand im Regelfall nicht auf Erzielung von Profiten bei der Durchführung von Transaktionen ausgerichtet; auf diesen Aspekt wird bei der Anwendung der Erkenntnisse der Neuen Institutionenökonomik auf IKZ im folgenden Abschnitt 2 vertieft eingegangen.

2. Theoriegeleitete Analyse von IKZ

In diesem Abschnitt werden zunächst in Abschnitt a) grundlegende Erkenntnisse der NIÖ auf IKZ angewendet und deren Vorteilhaftigkeit im Vergleich zu einer Eigenerstellung durch einzelne Kommunen und zu einem Contracting Out diskutiert. Während zunächst IKZ betrachtet werden, bei denen die einbezogenen Kommunen die Aufgabe der Leistungserstellung an eine gemeinsame (Kooperations-)Organisation übertragen, werden in Abschnitt b) kurz IKZ thematisiert, bei denen eine Kommune die Leistungserstellung an eine

---

23 Vgl. *Milgrom/Roberts (1992)*, S. 139 f.
24 Vgl. *Nickerson (2005)*, S. 7; *Leiblein (2003)*, S. 947 und *Teece u.a. (1997)*, S. 521.

andere Kommune überträgt. In Abschnitt c) werden dann zentrale Einflussfaktoren für die Eignung von IKZ dargestellt. Die Analysen in diesem Abschnitt erfolgen theoriegeleitet, jedoch werden ergänzend die Ergebnisse empirischer Untersuchungen einbezogen.

a) **IKZ als Alternative zu Eigenerstellung und Contracting Out**

aa) Make-or-Buy-Frage in idealtypischen Konstellationen und IKZ

Auf Basis der Erkenntnisse der NIO können grundsätzlich recht eindeutige Empfehlungen bezüglich der Make-or-Buy-Frage für die folgenden Konstellationen abgeleitet werden, wobei vollkommen unspezifische Transaktionen nicht berücksichtigt werden und damit auch die Option des Rückgriffs auf den Markt ausgeklammert bleibt:

Eine Eigenerstellung ist vorteilhaft, wenn zum einen das Potential zur Erzielung von Skaleneffekten gering ist und zum anderen die durch die Transaktionscharakteristika bedingten und mit entsprechenden Transaktionskosten einhergehenden potentiellen Probleme im Zusammenhang mit Hold-up, Adverse Selection und Moral Hazard groß sind.

Ein Contracting Out ist hingegen empfehlenswert, wenn das Potential zur Erzielung von Skaleneffekten groß ist und die durch die Transaktionscharakteristika bedingten potentiellen Probleme in Verbindung mit Hold-up, Adverse Selection und Moral Hazard gering sind.

Für die weiteren idealtypischen Konstellationen, die sich aus den berücksichtigten Kriterien „Potential zur Erzielung von Skaleneffekten" und „potentielle Probleme im Zusammenhang mit Hold-up, Adverse Selection und Moral Hazard" ergeben, können hingegen keine grundsätzlich derart klaren Handlungsempfehlungen abgeleitet werden. Die Konstellation, in der ein geringes Potential zur Erzielung von Skaleneffekten und geringe potentielle Probleme in Verbindung mit Hold-up, Adverse Selection und Moral Hazard vorliegen, wird im Folgenden nicht untersucht. Vielmehr erfolgt – wie in Abbildung 1 angezeigt – ein Fokus auf die Auswahl einer Koordinationsform für die Leistungserstellung bei einem großen Potential zur Erzielung von Skaleneffekten und großen durch die Transaktionscharakteristika bedingten potentiellen Problemen im Zusammenhang mit Hold-up, Adverse Selection und Moral Hazard. Diesbezüglich stellt sich im öffentlichen Sektor die Frage des Potentials von IKZ. Dieses Potential könnte sich daraus ergeben, bei IKZ die Produktionskostenvorteile aus einem Tätigkeitsfeld, das sich nicht nur auf eine Kommune beschränkt, nutzen zu können und außerdem ähnlich der Eigenerstellung durch eine Orientierung an den Zielen der öffentlichen Hand im Allgemeinen bzw. der beteiligten Gebietskörperschaften im Speziellen (anstelle an einer Gewinnorientierung wie bei privaten Unternehmen) die in Verbindung mit den Problemen infolge von Informationsasymmetrien und Opportunismus anfallenden Transaktionskosten gering halten zu können.

Abbildung 1: Make-or-Buy-Frage in idealtypischen Konstellationen und IKZ

		Mit entsprechenden Transaktionskosten einhergehende durch die Transaktionscharakteristika bedingte potentielle Probleme im Zusammenhang mit Hold-up, Adverse Selection und Moral Hazard	
		groß	klein
Potential zur Realisierung von Skaleneffekten	niedrig	Grundsätzlich Empfehlung für Eigenerstellung.	Keine klare Empfehlung möglich. In diesem Beitrag nicht weiter untersucht.
	hoch	Keine klare Empfehlung möglich. Welches Potential besitzt IKZ im öffentlichen Sektor?	Grundsätzlich Empfehlung für Contracting Out.

bb) Produktionskosten und das relative Potential zur Realisierung von Skaleneffekten bei IKZ im Vergleich zu Contracting-Out-Lösungen

Mit IKZ können – im Vergleich zur Eigenerstellung durch einzelne Kommunen – Potentiale zur Realisierung von Skaleneffekten genutzt und damit Produktionskosten gesenkt werden. Weiterhin können bei IKZ evtl. auch Kostenreduktionen durch die Realisierung von Verbundvorteilen erreicht werden, was jedoch nicht weiter betrachtet wird.

Möglicherweise können jedoch im Rahmen von durch einzelne Kommunen getragenen Contracting-Out-Lösungen private Unternehmen sogar Skaleneffekte in einem größeren Ausmaß realisieren. Einem privaten Unternehmen kann dies möglich sein, wenn es die Ausschreibungen mehrerer einzelner Kommunen gewinnt und damit eine größere Produktionsmenge als bei einer IKZ vorliegt.

Allerdings besteht für ein privates Unternehmen bei der Angebotskalkulation bei den einzelnen Ausschreibungen das Problem, dass es nicht weiß, wie viele weitere Ausschreibungen es gewinnen wird. Sofern es im Hinblick auf die Leistungserstellung spezifische Investitionen zu tätigen hat, die in Verbindung mit der Produktionsmenge stehen, unterliegt es somit einer großen Unsicherheit, was – auch aus Sicht der Kommunen – tendenziell zu höheren Kosten und Geboten führen wird. Dies steht im Zusammenhang mit den in der Auktionstheorie betrachteten Herausforderungen für Bieter bei der Angebotskalkulation bei sequentiellen und simultanen Auktionen.

Kommunen könnten zur Reduktion dieses Problems beitragen, indem sie ihre Ausschreibungen koordiniert durchführen, was eine ebenfalls im Rahmen der Auktionstheorie betrachtete Designfrage darstellt. Wenn ein (von den Kommunen abgestimmtes übergreifendes) Auktionsdesign allerdings in einem besonderen Maße die Realisierung von Skaleneffekten durch ein Unternehmen fördert, kann dies wiederum Rückwirkungen auf die Wettbewerbsintensität bei der Ausschreibung haben und damit die von den einzelnen Kommunen zu leistenden Zahlungen negativ beeinflussen. Weiterhin können das Design und die Durchführung koordinierter Ausschreibungen mit nicht unerheblichen Transaktionskosten einhergehen.

Zusammenfassend kann festgehalten werden, dass bei separaten (und ggf. sogar koordinierten) Ausschreibungen durch einzelne Kommunen zum einen möglicherweise einzelne private Unternehmen nicht in dem Maße Produktionsmengen und damit die Möglichkeit zur Realisierung von Skaleneffekten erreichen, wie dies bei IKZ der Fall sein kann. Weiterhin werden evtl. selbst dann, wenn letztendlich nach dem Gewinn mehrerer zeitlich versetzter Ausschreibungen große Produktionsmengen erreicht werden, einzelne Unternehmen keine auf diese Ausbringungsmengen ausgerichtete Produktionstechnologie einsetzen können, weil zwischenzeitlich spezifische Investitionen bei Unsicherheit über die letztendliche Produktionsmenge zu fällen gewesen sind. Zum anderen kann die Realisierung von Skaleneffekten von einzelnen Unternehmen mit Nachteilen einhergehen, welche in Form einer reduzierten Wettbewerbsintensität oder eines hohen Aufwandes bei der Ausschreibungsgestaltung und -durchführung anfallen können. Diese Probleme stehen im Zusammenhang mit institutionellen Entscheidungen und können daher (bei einer weiten Verwendung des Begriffs) auch als Transaktionskosten eingeordnet werden.

Tendenziell werden die Möglichkeiten zur Realisierung von Skaleneffekten im Rahmen von Contracting-Out-Lösungen relativ groß sein, wenn keinerlei Dichteeffekte vorliegen. Denn dann besitzen bundesweit tätige private Anbieter vielfältige Möglichkeiten zur Realisierung von Skaleneffekten durch die Beteiligung an einer großen Anzahl an Ausschreibungen einzelner Kommunen. Ein Beispiel hierfür kann die Kunden-/Kommunen-angepasste Implementierung standardisierter EDV-Programme sein. Bei bestimmten Leistungen – und auch bei dem aufgeführten Beispiel standardisierter EDV-Programme – kann für von Kommunen beauftragte private Unternehmen außerdem die Möglichkeit bestehen, Synergieeffekte mit der Leistungserbringung auch für private Auftragnehmer zu realisieren. Für im Rahmen einer Eigenerstellung oder im Rahmen von IKZ tätige öffentliche Unternehmen wird diese Möglichkeit oftmals nicht bestehen, da öffentlichen Unternehmen und Behörden vielfältige Beschränkungen bezüglich der Tätigkeit auf wettbewerblichen Märkten auferlegt sind.[25]

Wenn hingegen Netzwerkeffekte bestehen und Dichteeffekte vorliegen, wie beispielsweise bei der Durchführung des Straßenbetriebsdienstes oder der Müllsammlung, werden durch einzelne Kommunen durchgeführte Ausschreibungen tendenziell mit besonders großen Problemen bezüglich der Realisierung von Skaleneffekten einhergehen. Bei einer IKZ hingegen werden diese Probleme nicht vorliegen. Allerdings können auch in derartigen Fällen im Rahmen von Contracting-Out-Lösungen Skaleneffekte erreicht werden; hierfür haben die Kommunen aber eine gemeinsame Ausschreibung durchzuführen, was bedeutet, dass sie bei der Bereitstellung kooperieren, auch wenn sie die Leistungserstellung nicht gemeinsam durchführen (sondern vielmehr gemeinsam fremdvergeben). Ob auf Basis abgestimmter Bereitstellungsentscheidungen aus dem gemeinsamen Blickwinkel der beteiligten Kommunen eine interne Leistungserstellung in Form einer IKZ oder ein Contracting Out bezüglich des abgestimmten Leistungsumfangs erfolgen sollte, wird wiederum maßgeblich durch die bei den Alternativen jeweils anfallenden Transaktionskosten bedingt sein, welche folgend thematisiert werden.

---

25 Derartige Selbstbeschränkungen der öffentlichen Hand werden zwar in vielen Fällen die Realisierung von Synergieeffekten unterbinden und insofern mit Ineffizienzen einhergehen, aber trotzdem eine Rationalität aufweisen, da es Hinweise darauf gibt, dass die Kontrolle und Steuerung der Aktivitäten öffentlicher Unternehmen auf wettbewerblichen Märkten – vor allem aufgrund polit-ökonomisch erklärbarer Probleme – mit größeren Defiziten einhergehen kann.

cc) Transaktionskosten bei IKZ im Vergleich zu kommunaler Eigenerstellung und Contracting Out durch die öffentliche Hand

Für die Beurteilung der im Rahmen von IKZ anfallenden Transaktionskosten werden folgend zunächst die bei einer öffentlichen Eigenerstellung auftretenden institutionell bedingten Probleme betrachtet (Abschnitt i.) und die Besonderheiten eines Contracting Out durch die öffentliche Hand herausgearbeitet (Abschnitt ii.). Darauf aufbauend werden die bei IKZ im Bereich der Leistungserstellung anfallenden Transaktionskosten untersucht (Abschnitt iii.).

i. Besonderheiten einer Eigenerstellung durch die öffentlichen Hand

Bei den im Fokus der Untersuchungen stehenden Konstellationen, in denen große potentielle Probleme im Zusammenhang mit Hold-up, Adverse Selection und/oder Moral Hazard vorliegen, wird eine Eigenerstellung grundsätzlich mit vergleichsweise geringen Transaktionskosten einhergehen. Wenn eine Eigenerstellung durch die öffentliche Hand erfolgt, sind – im Vergleich zur Eigenerstellung durch private Unternehmen – jedoch (ergänzend) spezielle Aspekte zu berücksichtigen.

Es ist zunächst zu beachten, dass sich bei der öffentlichen Eigenerstellung besonders große Probleme im Hinblick auf die effizienzorientierte Erstellung einer bestimmten Leistung ergeben können, was durch die insgesamt relativ schwachen (monetären) Anreizsysteme in der öffentlichen Verwaltung bedingt ist. Weiterhin besteht regelmäßig kein bzw. nur ein geringer indirekter Wettbewerbsdruck, da allenfalls geringer (direkter oder potentieller) Wettbewerb mit anderen Organisationen besteht. Des Weiteren sind oftmals auf Seiten der Kontrolleure die Anreize gering, in das Monitoring zu investieren, also etwa Konflikte einzugehen, da die Erträge des Monitoring nur bedingt zu persönlichen Vorteilen führen. Allerdings gehen die Besonderheiten des öffentlichen Sektors auch damit einher, dass infolge von Selbstselektionseffekten eher intrinsisch motivierte Personen in diesem Bereich arbeiten und damit die negativen Auswirkungen einer schwachen Anreizintensität vergleichsweise gering sind.[26] Speziell bei den hier im Fokus stehenden Konstellationen, die sich durch große institutionell bedingte Probleme infolge von Transaktionscharakteristika wie hoher Spezifität und schlechter Kontrahierbarkeit aus-

---

26 Vgl. *Burgess/Ratto (2003)*, S. 290 f.

zeichnen, kann die relativ geringe Anreizintensität als Besonderheit des öffentlichen Sektors sogar dazu führen, dass die (öffentliche) Eigenerstellung eine besondere Eignung im Hinblick auf die Minimierung von Transaktionskosten aufweist.

Für besonders anspruchsvolle Tätigkeiten liegt das Lohnniveau im öffentlichen Sektor häufig und zum Teil sogar deutlich unter dem des privaten Sektors. Dies kann dazu führen, dass die öffentliche Hand kein qualifiziertes Personal aufbauen bzw. halten kann. Eine Gegenmaßnahme kann die Übertragung der davon betroffenen Aufgaben auf öffentliche Unternehmen sein, die nicht den Regeln der Verwaltung zur Personalentlohnung unterliegen. Im Übrigen können die bereits dargestellten Selbstselektionseffekte das dargestellte Problem reduzieren.

Ferner wird im öffentlichen Sektor das Engagement von Mitarbeitern teilweise durch umfangreiche Verhaltensregeln beschränkt. Allerdings geht dies keinesfalls nur mit Nachteilen im Hinblick auf eine effiziente Leistungserbringung einher, sondern weist auch den diesbezüglichen Vorteil auf, dass es Spielräume für opportunistisches Verhalten reduziert.

Im Übrigen ist bei einer Eigenerstellung im öffentlichen Sektor zwischen einer Behörde und einer privatrechtlichen Gesellschaft im öffentlichen Eigentum (AG oder GmbH) zu differenzieren. Bei einem Vergleich dieser beiden Alternativen wird wiederum der Trade-off zwischen den negativen Auswirkungen von Kontrahierungsproblemen einerseits sowie von Anreizdefiziten und Einschränkungen durch umfangreiche Verhaltensregeln anderseits von Relevanz sein. Bei einer privatrechtlichen öffentlichen Gesellschaft werden weniger verhaltenseinschränkende Regelungen bestehen und es können stärkere Anreizregime implementiert werden, was organisationsinterne Ineffizienzen bezüglich der Erstellung einer bestimmten Leistung reduziert. Allerdings werden bei Vorliegen von Kontrahierungsproblemen tendenziell größere Probleme aufgrund von Fehlanreizen auftreten.

ii. Besonderheiten bei einem Contracting Out durch die öffentliche Hand

Im Gegensatz zur Eigenerstellung wird ein Contracting Out in den hier zu betrachtenden Konstellationen, in denen infolge der Transaktionscharakteristika große institutionell bedingte Probleme vorliegen, grundsätzlich mit vergleichsweise hohen Transaktionskosten einhergehen. Wenn trotz Transaktionscharakteristika wie hoher Spezifität und schlechter Kontrahierbarkeit auf die Koordinationsform des Contracting Out zurückgegriffen wird, wird es

265

regelmäßig vorteilhaft sein, durch die institutionelle (Detail-)Ausgestaltung sich den Eigenschaften einer Eigenerstellung zu nähern. Durch eine tendenziell kostenorientierte Vergütung können Qualitätsprobleme reduziert werden und dem Auftraggeber können umfangreiche Kontroll- und Eingriffsrechte hinsichtlich der Leistungserbringung durch den Auftragnehmer zugestanden werden. Etwaigen Moral-Hazard-Problemen kann speziell bei Transaktionen, die eine gute Nachvollziehbarkeit aufweisen, recht gut entgegengewirkt werden. Von hoher Bedeutung ist, dass der Auftraggeber zunächst die erforderlichen Ressourcen für ein Vertragsmanagement, womit die Maßnahmen zur Kontrolle und Steuerung des Auftragnehmers bezeichnet werden, zur Verfügung stellt und ausreichendes Know-how für die Steuerung des Auftragnehmers besitzt.[27]

Probleme können sich diesbezüglich ergeben, wenn das entsprechende Knowhow beim Auftraggeber lediglich dann aufgebaut bzw. aufrechterhalten werden kann, wenn er (auch) selbst in der Leistungserstellung tätig ist. Im Hinblick auf die Minimierung von Transaktionskosten können in diesem Zusammenhang unter Umständen Lösungen sinnvoll sein, bei denen Unternehmen Leistungen zum Teil selbst erstellen, was zunächst die Verfügbarkeit von (eigenem) Know-how sicherstellt und außerdem Abhängigkeiten von Auftragnehmern reduziert, und zum Teil fremd vergeben, wobei durch das Contracting Out wiederum (indirekter) Wettbewerbsdruck bei den in Eigenerstellung erbrachten Leistungsanteilen etabliert wird.

Bei einem Contracting Out durch die öffentliche Hand können sich Besonderheiten, die die Vorteilhaftigkeit dieser Koordinationsform beeinflussen, daraus ergeben, dass möglicherweise Probleme bezüglich der Verfügbarkeit der für das Vertragsmanagement erforderlichen Ressourcen im Allgemeinen und des notwendigen Know-hows im Speziellen bestehen. Die dauerhafte Verfügbarkeit dieser Ressourcen erfordert politische Selbstbeschränkungen, die damit einhergehen, dass auf kurzfristige Einsparungen verzichtet wird, um den Auftragnehmer im Hinblick auf eine langfristige (Transaktions-)Kostenminimierung steuern zu können. Der Betrachtungszeitraum von Politikern dürfte allerdings aufgrund der Dauer von Legislaturperioden und Prinzipal-Agent-Problemen zwischen Wählern und Politikern oftmals relativ kurz sein.[28] In diesem Zusammenhang können kurzfristige Haushaltsmitteleinsparungen zu Ineffizienzen bei einem Contracting Out führen.

---

27 Vgl. *Greve (2008)*, S. 55 ff.
28 Vgl. *Blankart (2008)*, S. 125 ff.; S. 134 f. sowie S. 531 f.

Eine hohe Bedeutung für eine erfolgreiche Durchführung eines Contracting Out bei hoher Spezifität und schlechter Kontrahierbarkeit und/oder Beurteilungsproblemen des Auftraggebers bezüglich der Eignung potentieller Auftragnehmer weist die Möglichkeit zum Aufbau von Reputation im Rahmen wiederholter Spiele auf. In einer derartigen Konstellation kann es zum Aufbau langfristiger, sogenannter „relationaler" (Vertrags-)Beziehungen kommen, wodurch Transaktionskosten zum Teil deutlich reduziert werden können.[29] In solchen langfristigen Vertragsbeziehungen verbessert sich zum einen der Kenntnisstand des Auftraggebers über Wissen, Erfahrung und Fähigkeiten des Auftragnehmers, so dass die Kosten der Vertragsanbahnung geringer sind. Zum anderen verringert die Aussicht auf eine langfristige (Geschäfts-) Beziehung den Anreiz, sich kurzfristig orientiert opportunistisch zu verhalten. Man kann daher erwarten, dass sowohl die Kosten des Vertragsabschlusses als auch der Vertragsdurchsetzung und -anpassung in solchen relationalen Beziehungen geringer sind. Beide Effekte erhöhen die relative Vorteilhaftigkeit eines Contracting Out und sprechen insofern für einen verstärkten Rückgriff auf diese Alternative.

Im öffentlichen Sektor erschwert allerdings das Vergaberecht den Aufbau langfristiger Beziehungen zwischen öffentlichen Stellen und privaten Unternehmen zum Teil erheblich.[30] So können Ausschreibungspflichten und die nur geringe Möglichkeit, vergangenes Verhalten eines Bieters bei der Vergabeentscheidung zu berücksichtigen, bewirken, dass relationale Beziehungen bestenfalls informell oder nur bei wenig umfangreichen Leistungen (unterhalb der Ausschreibungspflicht) aufgebaut werden können. Diese Regeln sollen hier nicht kritisiert werden, da sie wichtigen Zielen, insbesondere der Diskriminierungs- und Korruptionsvermeidung, dienen.[31] Es kann jedoch festgehalten werden, dass sie im öffentlichen Sektor die Attraktivität der Eigenerstellung im Vergleich zum Contracting Out erhöhen. Durch die strikten (vergabe-) rechtlichen Regelungen wird auch der Wert informeller Kontakte zu anderen öffentlichen Stellen, die im privaten Sektor intensiv genutzt werden, um den Informationsstand über externe Bieter zu verbessern, zumindest teilweise entwertet.

Bei einer Gesamtbetrachtung kann festgehalten werden, dass bei Vorliegen von Transaktionscharakteristika, die zu institutionell bedingten Problemen

---

29 Vgl. z.B. *Richter/Furubotn (2003)*, S. 185 ff.
30 Vgl. z.B. *Corcoran/Mclean (1998)*, S. 42.
31 Vgl. *Leinemann (2007)*, S. 2 ff.

führen, ein Contracting Out zunächst grundsätzlich problematisch ist. Weiterhin treten bei einem Contracting Out durch die öffentliche Hand (zusätzliche) Probleme auf, die tendenziell die bei dieser Koordinationsform anfallenden Transaktionskosten erhöhen werden.

iii. Leistungserstellung im Rahmen von IKZ

Unterscheidung von Transaktionskosten bei der Analyse

Für die Analyse von IKZ und der dabei im Bereich der Leistungserstellung anfallenden Transaktionskosten wird folgend auf die Unterteilung dieser institutionell bedingten Kosten unter Berücksichtigung der diesen zugrundeliegenden Ursachen nach *Ostrom u.a.* in strategische Kosten, Koordinationskosten und Informationskosten zurückgegriffen.[32] Den strategischen Kosten werden demnach sämtliche durch opportunistisches Verhalten bzw. der Vorsorge gegen diese bedingte Kosten zugerechnet. Koordinationskosten ergeben sich aus den Abstimmungskosten, die auch zwischen nicht opportunistischen Akteuren anfallen würden. Informationskosten sind durch Aktivitäten zur Informationserhebung der Akteure bedingt und stehen zum Teil in einem substitutiven Verhältnis zu den strategischen Kosten und den Koordinationskosten. Dies ist zum einen dadurch begründet, dass ein verbesserter Informationsstand der Akteure zu einer Reduktion von strategischen Kosten führen kann, weil die Eigenschaften der vorliegenden Transaktion und des jeweils anderen Akteurs besser verstanden werden sowie infolgedessen die Ausgestaltung der institutionellen Beziehung optimiert werden kann. Zum anderen sinken Koordinationskosten, da die beteiligten Akteure ein klareres Bild über die auf den verschiedenen Seiten vorliegenden Präferenzen und die diesbezüglichen Implikationen möglicher Umweltentwicklungen haben werden.

Weiterhin werden folgend die Transaktionskosten der politischen Durchsetzung von IKZ in den einzelnen Kommunen berücksichtigt, welche in der Systematisierung nach *Ostrom u.a.* (zumindest explizit) nicht berücksichtigt sind.[33]

---

32 Vgl. *Ostrom u.a. (1993)*.
33 Vgl. *Ostrom u. a. (1993)*.

Zielsystem bei IKZ und strategische Kosten

Bei den folgend betrachteten IKZ im Bereich der Leistungserstellung wird von den beteiligten Kommunen eine gemeinsame öffentliche Organisation eingerichtet, der diese jeweils die Aufgabe der Leistungserbringung übertragen. Grundsätzlich ist davon auszugehen, dass die einzelnen Kommunen dabei keine Gewinnerzielungsabsicht aufweisen und dieses Zielsystem der gemeinsam eingerichteten Organisation übertragen, die folgend als „Kooperationsorganisation" bezeichnet wird.

Auch eine Kooperationsorganisation als Agent könnte bei den hier annahmegemäß vorliegenden Kontrahierungsproblemen Informationsasymmetrien gegenüber den Kommunen als ihren Prinzipalen ausnutzen. Wenn die Kooperationsorganisation jedoch durch Vorgaben auf die Verfolgung öffentlicher und auch den Tätigkeiten ihrer Prinzipale zugrundeliegenden Zielen verpflichtet ist und dies durch Steuerungs- und Kontrollmaßnahmen untermauert wird, werden die Probleme infolge opportunistischen Verhaltens geringer sein als bei einem Contracting Out an ein privates, gewinnorientiertes Unternehmen. Außerdem sprechen in diesem Zusammenhang wiederum die besonderen Eigenschaften öffentlicher Organisationen für begrenzte Probleme infolge von Informationsasymmetrien:

- Die vergleichsweise umfangreichen Verhaltensregeln im öffentlichen Sektor schränken Spielräume im Hinblick auf opportunistisches Verhalten ein.
- Im öffentlichen Sektor bestehen für die Mitarbeiter im Allgemeinen lediglich begrenzte Möglichkeiten, sich monetäre Vorteile aus opportunistischem Verhalten selbst anzueignen, was die Gefahr derartigen Verhaltens reduziert.
- Bei den Mitarbeitern kann von einer relativ hohen Identifikation mit den Zielen der öffentlichen Hand ausgegangen werden, was die Gefahr eines opportunistischen Verhaltens im Rahmen einer Beziehung zwischen zwei öffentlichen Organisationseinheiten tendenziell reduzieren wird.

Bei der institutionellen (Detail-)Ausgestaltung der Kooperationsorganisation bezüglich der Anreizintensität besteht im Übrigen der „übliche" Zielkonflikt, so dass bei besonders großen Kontrahierungsproblemen eher eine anreizschwache Behörde und bei geringen derartigen Problemen eine anreizintensivere öffentliche Gesellschaft eingerichtet werden sollte. In diesem Zusammenhang ist auch auf die Besonderheiten infolge einer gemeinsamen Steuerung der Kooperationsorganisation durch die beteiligten Kommunen zu verweisen. Es sollten u.a. Verselbständigungsgefahren berücksichtigt werden, was auf die hohe Bedeutung der adäquaten Ausgestaltung der Kontrolle und Steuerung der Kooperationsorganisation verweist.

Bislang ist mögliches opportunistisches Verhalten auf Seiten der beteiligten Kommunen ausgeblendet worden. Allerdings kann derartiges Verhalten nicht vollkommen ausgeschlossen werden. Beispielsweise könnte eine in erheblicher Finanznot befindliche Kommune versuchen, sich opportunistisch Vorteile im Rahmen einer IKZ anzueignen, was mit einer Schädigung der anderen an einer IKZ beteiligten Kommunen einhergehen würde. Insofern sind Präventivmaßnahmen durchaus angezeigt, die insbesondere in Form der Erstellung und Anpassung entsprechender Verträge zu Transaktionskosten führen werden.

Koordinations- und Informationskosten

Koordinationskosten bei IKZ werden zunächst bei der Vorbereitung der Kooperation zwischen den einzelnen Kommunen anfallen. Diese haben sich über ihre jeweiligen Vorstellungen abzustimmen und die einzelnen Kommunen haben infolgedessen auf die Kooperation ausgerichtete (Bereitstellungs-) Entscheidungen zu treffen. Unter anderem wird in dieser Phase eine Einigung über Kostenübernahmen und Vorteilsaufteilungen zu erzielen sein, wobei die anfallenden Transaktionskosten mit der Notwendigkeit spezifischer Investitionen und dem Umfang von Kontrahierungsproblemen in Verbindung stehen werden. Unter Berücksichtigung des Umfangs bezüglich der Kooperation spezifischer Investitionen sind Regelungen für Vertragsanpassungen bei Umweltveränderungen vorzusehen.

Infolge beziehungsspezifischer Investitionen werden die einzelnen Kommunen Flexibilität einbüßen, was vornehmlich als Nachteil einzuordnen ist. Allerdings können damit einhergehend aus Sicht der einzelnen beteiligten Kommunen auch Vorteile bestehen. Denn politische Selbstbindungen bezüglich Bereitstellungsentscheidungen und der zur Verfügungstellung von Finanzmitteln auf Seiten der einzelnen Kommunen können der Verwaltung die Möglichkeit zu langfristigen Planungen und damit einhergehend auch zu kosteneinsparenden Entscheidungen bei der Leistungserstellung eröffnen, die in keinem Zusammenhang mit der Realisierung von Skaleneffekten stehen. Im Zusammenhang mit überjährigen (Selbst-)Bindungen der Politik bezüglich der Bereitstellungsentscheidungen könnten – bei einer überjährigen Betrachtung – auch die politischen Transaktionskosten reduziert sein, ein Niveau bezüglich Angebotsumfang und -qualität sowie der damit einhergehenden Finanzmittelbereitstellung festzusetzen, das den Nachfragepräferenzen relativ nahe kommt.

Informationskosten werden auf Seiten der einzelnen Kommunen zunächst bezüglich der in die IKZ involvierten Leistungen im Allgemeinen und des zukünftigen Bedarfs im Speziellen entstehen; diese Transaktionskosten werden im Zusammenhang mit der Komplexität der die Kooperation betreffenden Leistungen stehen. Weiterhin werden Informationen über die Kooperationspartner einzuholen sein.

Kosten der politischen Durchsetzung

Die Kosten der politischen Durchsetzung von IKZ in den einzelnen Kommunen können durch eine Vielzahl von Faktoren beeinflusst sein. Neben der aktuellen politischen Konstellation sowie Strategien der Akteure sind in diesem Zusammenhang u.a. Verteilungsfragen von Bedeutung. Interkommunale Verteilungswirkungen bei IKZ im Bereich der Leistungserstellung können z.B. in Form der Zuordnung von Arbeitsplätzen durch die Kooperationsorganisation anfallen, die wiederum Auswirkungen auf die Zustimmungsfähigkeit von IKZ in den einzelnen Kommunen aufweist. In den einzelnen Kommunen stellt sich die Frage, ob durch eine IKZ Arbeitsplätze eingespart oder Leistungen ausgeweitet werden können. Umso weniger Verteilungseffekte in Form von Verlusten bei einzelnen Akteuren anfallen und umso besser etwaige Verlierer kompensiert werden können, desto geringer werden die Transaktionskosten der politischen Durchsetzung von IKZ sein. Die ex-ante Ermittlung von Nachteilen und darauf aufbauend die ex-ante Festlegung von Kompensationsmaßnahmen wird wiederum von den Eigenschaften der betroffenen Leistungen abhängen. Je weniger komplex diese sind, desto einfacher wird es tendenziell sein, zielgerichtet geeignete Kompensationsmaßnahmen zu beschließen. Sofern sich IKZ lediglich auf die Leistungserstellung beziehen, werden die Verteilungswirkungen grundsätzlich relativ gering sein und regelmäßig wird es vergleichsweise einfach sein, Verlierer adäquat zu kompensieren.

Resümee

Bei einer Gesamtbetrachtung ist es nicht möglich, allgemeingültige Aussagen zur Höhe der bei IKZ im Bereich der Leistungserstellung in Konstellationen, in denen große durch die Transaktionscharakteristika bedingte potentielle Probleme in Verbindung mit Hold-up, Adverse Selection und Moral Hazard vorliegen, auftretenden Transaktionskosten zu fällen. Es erscheint jedoch plausibel, dass die Transaktionskosten zum einen höher als bei einer Eigenerstellung durch die einzelnen Kommunen und zum anderen regelmäßig geringer als bei Contracting-Out-Lösungen sein werden. Diesbezüglich ist auch von Bedeutung, dass der Aufbau relationaler Vertragsbeziehungen zwischen öffentlichen Auftraggebern und privaten Auftragnehmern aufgrund des

Vergaberechts, welches aufgrund übergeordneter Aspekte trotz verschiedener Nachteile durchaus eine Rationalität aufweist, relativ schwierig ist. Letztendlich ist die Höhe der Transaktionskosten bei den verschiedenen Koordinationsformen unter Berücksichtigung der im Einzelfall vorliegenden Eigenschaften der Transaktionen und der Akteure zu beurteilen.

dd) Schlussfolgerungen

Zur Eignung von IKZ bei der Leistungserstellung in Konstellationen, in denen ein großes Potential zur Erzielung von Skaleneffekten und große potentielle Probleme im Zusammenhang mit Hold-up, Adverse Selection und Moral Hazard vorliegen, können keine allgemeingültigen Aussagen getroffen werden. Im Vergleich zu einer Eigenerstellung können im Rahmen von IKZ Skaleneffekte realisiert werden. Inwieweit Skaleneffekte bei einer IKZ im Vergleich zu Contracting-Out-Lösungen verwirklicht werden können, ist im Einzelfall zu beurteilen. Wie dargestellt, werden die Transaktionskosten bei IKZ – (politische) Transaktionskosten der Durchsetzung von IKZ hier nicht berücksichtigend – im Regelfall geringer sein als bei einem Contracting Out. Die Transaktionskosten im Vergleich zur Eigenerstellung werden bei IKZ allerdings grundsätzlich höher sein. Keinesfalls sollten beim Vergleich einer Eigenerstellung mit IKZ lediglich die Skaleneffekte betrachtet und Transaktionskostenaspekte ausgeklammert werden.

b) Sonderaspekte einer Übertragung der Leistungserstellung an andere Kommunen im Rahmen von IKZ

Wenn IKZ im Bereich der Leistungserstellung in der Form durchgeführt werden, dass eine oder mehrere Kommunen die Leistungserstellung an eine andere Kommune übertragen, dann liegen verschiedene Sonderaspekte im Vergleich zur Umsetzung einer IKZ vor, bei der die einbezogenen Kommunen die Aufgabe der Leistungserstellung an eine gemeinsame Kooperationsorganisation übergeben. Dies wird folgend mit Bezug zu dem einfachsten Beispiel von nur zwei beteiligten Kommunen betrachtet, von denen die eine für die andere die Aufgabe der Leistungserstellung übernimmt.

Potentielle Vor- und Nachteile dieses IKZ-Modells

Möglicherweise werden die beteiligten Kommunen weniger gleichgerichtet spezifisch investieren als bei der Übertragung der Leistungserstellung an eine Kooperationsorganisation, was tendenziell den Absicherungsaufwand erhöhen dürfte. Bei bestimmten Leistungen werden sprungfixe Kosten anfallen und möglicherweise kann eine große Kommune mit freien Kapazitäten die Leistungserstellung für die kleine Kommune unkompliziert übernehmen, ohne relevante Zusatzinvestitionen vornehmen zu müssen. Dann würde lediglich die kleine Kommune beziehungsspezifisch investieren, wobei die damit einhergehenden Transaktionskosten oftmals relativ einfach begrenzbar sein dürften.

Wenn die beiden Kommunen sehr unterschiedliche Größen haben, könnte bei einer Leistungserstellung durch die große Kommune die erforderliche Absicherung weniger Transaktionskosten verursachen als die erforderliche Koordination bezüglich der Steuerung einer gemeinsamen Kooperationsorganisation. In diesem Zusammenhang ist auch darauf zu verweisen, dass bei dem hier betrachteten Modell die Monitoringanreize bezüglich der mit der Leistungserstellung betrauten Organisation im Regelfall höher sein dürften. Allerdings kann die gemeinsame Steuerung einer Kooperationsorganisation u.U. den Vorteil aufweisen, dass die Regeln zur Steuerung der Organisation expliziter definiert werden und von zwei Parteien Steuerungs-Know-how eingebracht wird. Vor diesem Hintergrund wird es erforderlich sein, im Einzelfall die Vor- und Nachteile der unterschiedlichen IKZ-Modelle abzuwägen. Regelmäßig dürften Pfadabhängigkeiten bezüglich der in der Vergangenheit getätigten Investitionen sowie aktuelle Nachfragekonstellationen eine hohe Bedeutung für die Eignung der hier alternativ betrachteten IKZ-Modelle aufweisen.

Vergütungsniveau und Anreizsystem

Insbesondere wenn eine Kommune bei der Übernahme der Leistungserstellung für eine andere Kommune auf freie Produktionskapazitäten zurückgreifen kann, stellt sich die Frage, wie die Kostenzuordnung durchzuführen ist. Sämtliche Lösungen, die eine Kostenbeteiligung zwischen den inkrementellen und den durchschnittlichen Kosten vorsehen, führen aus Sicht der einzelnen Kommunen zu Pareto-Verbesserungen. Indem standardmäßig eine Orientierung an den Durchschnittskosten stattfindet, können in jedem Fall Transaktionskosten gespart werden und hiervon wird im Folgenden ausgegangen.[34] Wenn die Nachvollziehbarkeit des Leitungserstellungsprozesses hoch ist, werden sowohl Konflikte bezüglich der Kostenermittlung als auch durch Opportunismus bedingte Anreizprobleme gering sein. Andernfalls werden Transaktionskosten zumindest dadurch reduziert, dass im öffentlichen Sektor auch anreizschwache (Vertrags-)Beziehungen verhältnismäßig gut funktionieren. Diesbezüglich wird die Reputation der beteiligten Kommunen von großer Relevanz sein.

Insbesondere bei einer Leistung, deren Erstellung in geeigneter Weise Outputorientiert kontrahiert werden kann, stellt sich die Frage der Risikozuordnung. Einerseits ist der öffentliche Sektor nicht für die Etablierung harter Anreize prädestiniert; andererseits werden Vorteile durch die Etablierung von Anreizen für die mit der Leistungserstellung beauftragte Kommune bestehen. In diesem Kontext sind auch Haftungsfragen zu berücksichtigen. In jedem Fall sollte bei der Etablierung von Anreizen berücksichtigt werden, dass die Vergütung an den erwarteten und nicht an den geplanten Kosten ausgerichtet wird.

c) **Einflussfaktoren auf die Eignung und Anwendung von IKZ**

Folgend werden zentrale Einflussfaktoren auf die Eignung und Anwendung von IKZ vorgestellt. Zunächst werden in Abschnitt aa) Eigenschaften der zu erbringenden Leistungen betrachtet, bevor in Abschnitt bb) Charakteristika der potentiell beteiligten Kommunen thematisiert und in Abschnitt cc) weitere relevante Aspekte vorgestellt werden. Im Mittelpunkt stehen dabei Auswirkungen der verschiedenen Eigenschaften auf die Höhe von Transaktionskosten. Es werden sowohl bei Design und Implementierung sowie Nutzung von IKZ als Koordinationsform anfallende Transaktionskosten, die die Eignung von IKZ determinieren, als auch bei der Durchsetzung von IKZ anfallende (politische) Transaktionskosten berücksichtigt. Die Einflussfaktoren auf die Eignung und Anwendung von IKZ werden auf Basis institutionenökonomischer Erkenntnis herausgearbeitet, wofür u.a. auf verschiedene Literatur-

---

34 Risikokosten, d.h. Kosten für die Übernahme eines Risikos, sollten dabei im öffentlichen Sektor zwar grundsätzlich nicht einkalkuliert werden, jedoch können speziell bei kleinen Kommunen Gründe für die Abweichung von diesem Grundsatz vorliegen; vgl. *Beckers u.a. (2008)*, S. 21 ff.

quellen zu IKZ Bezug genommen wird, die ebenfalls explizit oder implizit auf institutionenökonomischen Überlegungen fußen. Zum Teil kann auch auf empirische Erkenntnisse zurückgegriffen werden.[35]

aa) Eigenschaften der zu erbringenden Leistungen

Wertmäßige Bedeutung

Bei der Etablierung von IKZ, bei denen größere (beziehungs-)spezifische Investitionen zu tätigen sind, werden (ex-ante) Transaktionskosten anfallen, deren Höhe regelmäßig zumindest teilweise unabhängig vom wertmäßigen Volumen der in den einzelnen Kommunen zu erbringenden Leistungen ist. Insofern besteht bei derartigen IKZ, die ein hohes wertmäßiges Volumen umfassen, eine größere Wahrscheinlichkeit, dass die fixen Transaktionskosten der Etablierung der IKZ durch die Reduktion der Produktionskosten aufgrund von Skalenvorteilen überkompensiert werden. Diese These wird von *Leroux/Carr* (2007) in einer empirischen Analyse von IKZ bestätigt.

Spezifität

Beziehungsspezifische Investitionen der beteiligten Kommunen führen zu Abhängigkeiten, Opportunismusgefahr und Flexibilitätsverlust. Der Grad der Spezifität kann bei IKZ erheblich divergieren. Bei IKZ im Bereich der Wassergewinnung und des damit einhergehenden Wassertransports werden Kosten in einem großen Umfang „versenkt", die zu Abhängigkeiten führen, die über mehrere Jahrzehnte oder – aufgrund von Pfadabhängigkeiten – sogar über Jahrhunderte bestehen können. IKZ bei der Müllsammlung hingegen gehen nur mit geringen versunkenen Kosten einher. Flexibilitätsverluste werden oftmals in der Form auftreten, dass die Kommunen für einige Jahre Selbstbindungen bezüglich der bereitzustellenden Finanzmittel bzw. zu erbringenden Leistungen beschließen müssen.

Tendenziell dürften bei zunehmender Spezifität von im Zusammenhang mit IKZ durchzuführenden Investitionen – wie in Abschnitt cc) dargestellt – höhere Transaktionskosten anfallen, was den Rückgriff auf IKZ unattraktiver werden lässt. Bei sehr spezifischen Investitionen nehmen IKZ dennoch häufig

---

35 Empirische Studien treffen in der Regel keine Aussage, ob sich die betrachteten IKZ auf die Leistungserstellung oder die Bereitstellung beziehen. Eine entsprechende eindeutige Abgrenzung der empirischen Erkenntnisse ist daher nicht möglich.

wieder zu; denn derartige Investitionen liegen vor allem bei Kooperationen im Zusammenhang mit der abgestimmten Auslegung von Netzinfrastrukturen vor, durch die oftmals erhebliche Produktionskosteneinsparungen erreicht werden dürften.[36] Außerdem können dadurch auch Kooperationen bei vorgelagerten Wertschöpfungsstufen wie der Wassergewinnung erreicht werden.

Komplexität

Bei einer hohen Komplexität der von der Kooperationsorganisation zu erbringenden Leistungen wird deren Steuerung durch die Kommunen schwieriger, was Transaktionskosten erhöhend wirken wird. Bei einer schlechten Nachvollziehbarkeit des Prozesses der Leistungserstellung sinkt für die beteiligten Kommunen auch die Transparenz bezüglich der Kostenaufteilung zwischen den Kommunen. Dies wird insbesondere von Relevanz sein, wenn (Nach-)Verhandlungen erfolgen, weil einzelne Kommunen die von der IKZ für sie zu erbringenden Leistungen anpassen wollen. Eine hohe Komplexität steht exante abzuschließenden Vereinbarungen zur Vorteilsaufteilung infolge einer IKZ entgegen, was die (politische) Durchsetzung von Kooperationen erschwert.[37]

bb) Eigenschaften der beteiligten Kommunen

Homogenität zwischen den beteiligten Kommunen und interne Homogenität

Eine Homogenität zwischen den potentiell beteiligten Kommunen dürfte das Zustandekommen von IKZ fördern. Dies ist zunächst dadurch bedingt, dass bei homogenen Entwicklungen von Kommunen die Gefahr reduziert ist, dass die Vorstellungen der beteiligten Kommunen auseinanderdriften, was tendenziell mit einem erhöhten Nachverhandlungsbedarf und entsprechenden Transaktionskosten einhergehen würde. Homogenität bezüglich der wirtschaftlichen und sozialen Lage dürfte dementsprechend die Transaktionskosten von IKZ reduzieren. Von *Gerber* und *Gibson* ist empirisch aufgezeigt worden, dass in Regionen mit hoher Einkommenshomogenität die Zahl von IKZ steigt.[38]

Weiterhin werden ähnliche politische Institutionen und Strukturen der Kommunen IKZ begünstigen; wenn bei den verantwortlichen Entscheidungsträgern

---

36 Vgl. *Potoski/Brown (2003)*.
37 Vgl. *Feiock (2007)* sowie *Tavares/Camoes (2007)*.
38 Vgl. *Gerber/Gibson (2005)*.

gemeinsame Normen, Werte und Ziele existieren, dürfte dies den Abschluss und die Umsetzung von Vereinbarungen bezüglich IKZ vereinfachen. Damit einhergehend dürften auch identische oder zumindest ähnliche politische Ausrichtungen der Kommunalregierungen die Durch- und Umsetzung von IKZ erleichtern. Dies ist auch in einer empirischen Analyse von *Tavares* und *Camoes* aufgezeigt worden.[39] Homogene politische Präferenzen dürften auch Widerstände in der Bevölkerung gegen IKZ mindern.

Eine interne Homogenität, die geringe Interessen- und Präferenzdivergenzen innerhalb einer Kommune anzeigt, wird dazu führen, dass Konsens bezüglich einer IKZ relativ einfach zu erzielen sein wird und damit die politischen Transaktionskosten gering sein werden.

Wirtschaftliche Situation und Haushaltslage

In der Literatur wird vielfach darauf verwiesen, dass interne politische Durchsetzungsprobleme in Kommunen reduziert sein dürften, wenn deren wirtschaftliche Situation und insbesondere deren Haushaltslage schlecht sind.[40] In derartigen Konstellationen werden Vorteile in Form von Kosteneinsparungen bei IKZ besonders hoch gewichtet, während Widerständen durch Akteure, denen Nachteile durch IKZ entstehen, eine relativ geringe Beachtung geschenkt wird. Ein derartiger Kostendruck kann – gemäß *Leroux* und *Carr*[41] – im Einzelnen vorliegen, weil eine Kommune finanzielle Missstände bzw. Budgetprobleme hat, ein Nachfrageüberhang der Bürger nach öffentlichen Leistungen besteht, ein niedriges Pro-Kopf-Steueraufkommen vorliegt und/oder die kommunal zu beeinflussenden Steuersätze hoch sind. Weiterhin werden – so *Leroux* und *Carr* – Kommunen mit Einwohnern aus niedrigen Einkommensklassen eher IKZ anstreben, um Kosten zu sparen, da die ärmere Bevölkerung im Vergleich zu reicheren Kommunen auf mehr öffentliche Leistungen angewiesen ist.

Für diese theoriebasiert abgeleiteten Thesen finden sich zum Teil auch empirische Anhaltspunkte. So ist von *Gerber* und *Gibson* beobachtet worden, dass reiche Kommunen mit einem hohen Durchschnittseinkommen pro Haushalt weniger Kooperationsaktivitäten als ärmere Kommunen verzeichnen.[42] Bei

---

39 Vgl. *Tavares/Camoes (2007).*
40 Vgl. *Lackey u.a. (2002)* und *Leroux/Carr (2007).*
41 Vgl. *Leroux/Carr (2007).*
42 Vgl. *Gerber/Gibson (2005).*

Tavares und *Camoes* findet sich ein empirischer Beleg des negativen Zusammenhangs zwischen finanzieller Unabhängigkeit und Kooperationsaktivität der Kommunen.[43]

Allerdings bestätigen auch nicht sämtliche empirischen Erkenntnisse die bisherigen Überlegungen. So ermitteln *Gerber* und *Gibson*, dass Regionen mit geringer Arbeitslosigkeit sich durch höhere Kooperationsaktivitäten auszeichnen.[44] Hierfür gibt es mehrere mögliche Erklärungsansätze. Bei wirtschaftlich gesunden Kommunen mit einer recht hohen finanziellen Unabhängigkeit gibt es evtl. ungenutzte Ressourcen für Kooperationsbestrebungen, was zu einer zunehmenden IKZ-Aktivität führt. Möglicherweise sind reiche Regionen an exklusiven öffentlichen Leistungen interessiert, die sie kooperativ erbringen.[45] Außerdem könnten sehr reiche Kommunen eine hohe IKZ-Aktivität aufweisen, da sie gewillt sind, alternative Beschaffungsmethoden auszuprobieren.[46] Von Relevanz könnte auch sein, dass bei reichen Kommunen der Flexibilitätsverlust durch die Selbstbindung bezüglich der Finanzmittelbereitstellung für die Erbringung bestimmter Leistungen im Rahmen von IKZ nicht mit großen Nachteilen einhergeht, da bei einer Verschlechterung der Haushaltslage immer noch genug Mittel vorhanden sein werden, um die entsprechende Leistung in der vereinbarten Qualität bereitstellen zu können.

Nachfrageentwicklung und insbesondere Nachfragezunahme

Die Nachfrageentwicklung nach bestimmten Leistungen in einer Kommune und insbesondere eine Nachfragezunahme dürften mit erhöhten IKZ-Aktivitäten einhergehen. *Leroux* und *Carr* verweisen darauf, dass Veränderungen (sowohl Zuwächse als auch Rückgänge) der Bevölkerungszahl einer Kommune zu Kostendruck führen und IKZ-Bestrebungen auslösen können.[47]

Bei einer Nachfragezunahme sind oftmals Investitionen erforderlich und dann ergibt sich die Gelegenheit, durch gemeinsame Investitionsplanung und -durchführung im Rahmen von IKZ Kosteneinsparungen zu erreichen.[48] Außerdem werden in derartigen Konstellationen tendenziell Nachteile in einzelnen

---

43 Vgl. *Tavares/Camoes (2007)*.
44 Vgl. *Gerber/Gibson (2005)*.
45 Vgl. *Gerber/Gibson (2005)*; *Leroux/Carr (2007)*; *Tavares/Camoes (2007)*.
46 Vgl. *Leroux/Carr (2007)*.
47 Vgl. *Leroux/Carr (2007)*.
48 Vgl. *Gerber/Gibson (2005)*.

Kommunen in Form von dortigen Arbeitsplatzreduktionen vermieden werden können, was die Durchsetzung von IKZ vereinfachen wird. Diese Überlegungen werden durch empirische Beobachtungen von *Leroux* und *Carr* gestützt, die ermittelt haben, dass Kommunen mit vielen Einwohnern und hohem Wachstum eine höhere Kooperationswahrscheinlichkeit als kleinere und Kommunen mit niedrigem Wachstum haben.[49]

Anzahl an Kommunen, räumliche Lage und Kooperationserfahrungen

Wenn Kommunen eine Vielzahl an möglichen Kooperationspartnern besitzen, wird dies die Wahrscheinlichkeit der Durchführung von IKZ erhöhen. Mit benachbarten Kommunen existieren oftmals Erfahrungen im Rahmen gemeinsamer IKZ-Aktivitäten, da geographische Nähe und Reputationseffekte Informationskosten verringern, die bei der Suche nach einem geeigneten Kooperationspartner anfallen. Geographische Nähe spricht für eine wiederholte Zusammenarbeit in mehreren Bereichen und es entstehen Interdependenzen zwischen den kommunalen Partnern, die die Transaktionskosten der Kooperation reduzieren. Opportunismus oder ein Ausstieg aus der Kooperation ist für die benachbarten kommunalen Kooperationspartner in besonderem Maße mit Nachteilen verbunden, da sie in Zukunft bzw. in anderen Bereichen auch zusammenarbeiten und damit Sanktionen möglich sind.

Wenn bereits Kooperationserfahrung zwischen Kommunen besteht, sinken die Transaktionskosten für zukünftige Zusammenarbeit, weil bereits Kenntnisse über den/die potentiellen Partner vorliegen. *Feiock* verweist darauf, dass sich Kommunen in diesem Zusammenhang in einem „interkommunalen Beziehungsnetzwerk" „wiederfinden" können: Wenn Kommunen mit einem Partner kooperieren, werden sie u.U. automatisch in ein überregionales Netzwerk eingebunden, da jeder Kooperationspartner selbst in der Regel über weitere kooperative Beziehungen verfügt.[50] In diesem indirekten Beziehungsnetzwerk wird Reputation aufgebaut und es lassen sich Informationen über die Kompetenzen und die Zuverlässigkeit potenzieller Kooperationspartner einholen. Interkommunale Beziehungen werden in diesem Netzwerk automatisch erweitert und kurzfristig orientiertes Verhalten der Akteure wird eingedämmt, da sich die individuellen Verhaltensweisen auf zukünftige Partnerschaften

---

49 Vgl. *Leroux/Carr (2007)*.
50 Vgl. *Feiock (2007)*.

auswirken. Damit sind die Informationskosten der Partnersuche im Hinblick auf zukünftige IKZ-Aktivitäten verringert.

cc) Weitere Aspekte

Ressourcen und Mitgliederanzahl einer bestehenden Kooperationsorganisation

In der Literatur wird darauf verwiesen, dass die Ressourcenausstattung (z.B. bezüglich Personal, Know-how und Finanzmitteln) einer bestehenden Kooperationsorganisation Einfluss darauf haben dürfte, inwieweit unter Rückgriff auf diese Organisation neue IKZ-Aktivitäten gestartet werden.[51] Einflussreiche Kooperationsorganisationen werden mit einer erhöhten Anzahl neuer IKZ-Aktivitäten einhergehen, da diese Organisationen – oftmals vermutlich aus Eigeninteresse im Hinblick auf die Ausdehnung des Einflusses und der Ressourcenausstattung – neue Kooperationskonzepte entwickeln und damit die Transaktionskosten des Designs von institutionellen Lösungen reduzieren werden.

Bei bestehenden Kooperationsorganisationen wird weiterhin deren „Schwerfälligkeit" Einfluss auf die Übernahme weiterer IKZ-Aktivitäten haben. Eine Vielzahl an Beteiligten an einer bestehenden IKZ-Organisation wird die Entscheidung über neue Kooperationsaktivitäten verkomplizieren.[52]

Institutioneller Rahmen für IKZ

Die Transaktionskosten der Umsetzung von IKZ können erheblich beeinflusst werden durch den institutionellen Rahmen für derartige Aktivitäten.[53] Wenn auf einer übergeordneten bzw. überregionalen politischen Ebene (z.B. Bundesland oder Bund) Gesetze bestehen, die es den Kommunen vereinfachen, interkommunal zu kooperieren, wirkt sich dies positiv auf die Zusammenarbeit der Kommunen aus. Durch die Bereitstellung von Informationen, Vertragsvorlagen oder Regeln über mögliche Kooperationstypen etc. können übergeordnete staatliche Ebenen oder Zusammenschlüsse von Kommunen ebenfalls die bei IKZ anfallenden Transaktionskosten reduzieren.[54]

---

51 Vgl. *Gerber/Gibson (2005)*.
52 Vgl. *Gerber/Gibson (2005)*.
53 Vgl. *Feiock (2007)* und *Gerber/Gibson (2005)*.
54 Vgl. *Feiock (2007)*.

IV. IKZ im Bereich der Bereitstellung

In diesem Abschnitt werden IKZ betrachtet, die Bereitstellungsaufgaben betreffen. Zunächst werden in Abschnitt 1 Kooperationen bei der der Fällung von Bereitstellungsentscheidungen vorausgehenden Angebotsplanung und punktuelle Abstimmungen bei Angebotsentscheidungen thematisiert. Dann wird in Abschnitt 2 die weitgehende Übertragung von Bereitstellungskompetenzen von einzelnen Kommunen an eine gemeinsame Organisation diskutiert.

1. Gemeinsame Angebotsplanungen und Bereitstellungsentscheidungen

a) Interdependenzen mit der Leistungserstellung

Der Fällung von Angebotsentscheidungen, also Bereitstellungsentscheidungen bezüglich des Angebots von Leistungen, vorgelagert sind entscheidungsvorbereitende Planungstätigkeiten. IKZ bei der Angebotsplanung können Vorteile ergeben, weil nur oder in besonders geeigneter Weise auf diesem Wege Angebotskonzepte identifiziert werden können, mit denen negative externe Effekte begrenzt oder positive externe Effekte, wie z.B. Netzwerkeffekte, realisiert werden. Weiterhin kann für IKZ bei der Angebotsplanung sprechen, dass auf diesem Wege die Kosten für die Wahrnehmung dieser Aufgabe aufgrund von Synergieeffekten reduziert werden können.

Die Durchführung einer kooperativen Angebotsplanung kann zunächst gemeinsam von den beteiligten Kommunen ausgeschrieben und an einen privaten Auftragnehmer übertragen werden (Contracting Out) oder in Eigenerstellung durch eine gemeinsame Kooperationsorganisation oder eine einer der beteiligten Kommunen zuzurechnende Organisation durchgeführt werden. Für die Entscheidung zwischen diesen Optionen sind grundsätzlich die in den Abschnitten III.2.a) und III.2.b) aufgezeigten Aspekte zu berücksichtigen. In diesem Zusammenhang stellt sich auch die Frage der Interdependenzen zwischen der Angebotsplanung und der Leistungserstellung. Möglicherweise kann durch eine Tätigkeit im Bereich der Leistungserstellung Know-how aufgebaut werden, was zu Vorteilen bei der Durchführung der Angebotsplanung führt. Allerdings wird die Verbindung von Angebotsplanung und Leistungserstellung oftmals einem Contracting Out bei der Leistungserstellung entgegenstehen. Beispielsweise ist es bei einer Organisation des ÖPNV nach dem sogenannten „Drei-Ebenen-Modell" problemlos möglich, auf Basis der von einer öffentlichen Organisation auf der zweiten Ebene durchgeführten oder zumindest verantworteten Angebotsplanung eine Ausschreibung der Leistungserstellung auf der dritten Ebene durchzuführen.[55] Beim sogenannten Zwei-Ebenen-Modell, bei dem unterhalb der stets als erster Ebene bezeichneten politischen Entscheidungsfällung die zweite Ebene die Angebotsplanung und Leistungserstellung umfasst, ist ein Contracting Out hingegen problematisch.

b) Abgestimmte Bereitstellungsentscheidungen in Einzelfällen

Sofern die Kompetenz zur Fällung von Angebotsentscheidungen bei den Kommunen liegt bzw. verbleibt, sind zur Realisierung der in gemeinsamen Angebotsplanungen identifizierten intendierten Effekte grundsätzlich abgestimmte Bereitstellungsentscheidungen durch die beteiligten Kommunen erforderlich. Eine Beibehaltung der Entscheidungskompetenz bei den Kommunen und im Einzelfall zu beschließende Kooperationen (anstelle einer nicht nur punktuellen Zusammenarbeit) können dadurch begründet sein, dass die entsprechenden Leistungen aus Haushaltsmittel zu finanzieren sind und damit im Rahmen einer IKZ die Einrichtung einer mit Bereitstellungskompetenzen ausgestatteten Organisation, die eigene Rechte zur Mittelerhebung besitzt, nicht möglich ist. Sofern Bereitstellungsentscheidungen im Allgemeinen und Angebotsentscheidungen im Speziellen mit vielen Verteilungswirkungen einhergehen und ggf. außerdem noch Kontrahierungsprobleme vorliegen, steigt – wie in Abschnitt III.2. aufgezeigt – die Wahrscheinlichkeit, dass die einzelnen Kommunen die entsprechenden Kompetenzen nicht dauerhaft abtreten wollen.

Es gibt allerdings auch Kooperationsbereiche, bei denen zunächst durch gemeinsame Planungen und Vorentscheidungen bezüglich des Angebots Kooperationsvorteile weitgehend realisiert werden können und anschließend einzelne Kommunen unter Berücksichtigung der lokalen Präferenzen und Rahmenbedingungen (wie der jeweiligen Haushaltslage) die endgültigen Entscheidungen fällen. Ein diesbezügliches Beispiel stellt die Netzplanung durch Verkehrsverbünde dar, die die Grundlage dafür bildet, dass die einzelnen Kommunen unter Berücksichtigung der aktuellen Finanzlage über die Taktfrequenzen des ÖPNV auf ihren Gebieten entscheiden. In diesem konkreten Beispiel kann die aufgezeigte kommunale Flexibilität umgesetzt werden, weil zunächst die externen Effekte infolge der endgültigen lokalen Angebotsentscheidungen

---

55 Vgl. zum Zwei- und Drei-Ebenen-Modell des ÖPNV *Van De Velde (1999)*.

oftmals begrenzt sind und außerdem produktionsseitig Entscheidungen bezüglich eines bestimmten Angebotsumfangs – zumindest innerhalb gewisser Schwankungen – eine begrenzte Spezifität aufweisen.

2 Weitgehende Kooperation bei Bereitstellungsaufgaben

a) Allgemeine Verteilungsfragen und damit einhergehende Umsetzungsprobleme

Als weitgehend bezeichnete Kooperationen bei Bereitstellungsaufgaben zeichnen sich dadurch aus, dass die einzelnen Kommunen Kompetenzen bezüglich der Fällung von Angebots- und Qualitäts- sowie Bepreisungsentscheidungen an eine von den beteiligten Kommunen eingerichtete Organisation abgeben, die (eigene) Finanzmittel durch an sie fließende Zahlungen der Nutzer (Gebühren etc.) erhält. Dies ist beispielsweise bei Zweckverbänden im Bereich der Wasserwirtschaft gegeben.

Derartige Kooperationen sind insbesondere in Bereichen sinnvoll, in denen die Präferenzen bezüglich der Bereitstellung von Gütern in den einzelnen Kommunen sehr ähnlich sind. Dies dürfte in vielen Infrastruktursektoren und Bereichen der Daseinsvorsorge oftmals gegeben sein. Allerdings können sich auch bei der Bereitstellung im Infrastrukturbereich die Präferenzen in verschiedenen Kommunen deutlich unterschieden, vor allem bezüglich des Umfangs der Berücksichtigung ökologischer Aspekte (z.B. im Bereich der Energie- oder Abfallwirtschaft), was derartigen IKZ entgegenstehen kann.

Bei IKZ, die weitgehende Kooperationen bei Bereitstellungsaufgaben umfassen, können weiterhin aus Sicht der einzelnen Kommunen bzw. von deren Bürgern erhebliche Verteilungsfragen auftreten. Diesbezüglich ist auf die Aufteilung fixer Kosten zu verweisen, welche sich sowohl aus Investitionen ergeben können, von denen sämtliche beteiligten Kommunen gleichgerichtet profitieren, als auch aus Investitionen, von denen einzelne Kommunen in besonderem Maße Vorteile haben. Bei einem Zusammenschluss bereits bestehender kommunaler Unternehmen können derartige Verteilungsfragen auch im Zusammenhang mit der Zuordnung von Kosten anfallen, die sich aus Abschreibungen und Zinsen für in der Vergangenheit durchgeführte Investitionen ergeben. Die Erzielung einer Einigung über die Vorteilsaufteilung unter Berücksichtigung dessen, dass keine der beteiligten Kommunen Nachteile erleidet, sowie die langfristige Kontrahierung derartiger Aufteilungsvereinbarungen werden bei IKZ regelmäßig problematisch sein. Insofern erscheint das Potential für neue derartige IKZ begrenzt. Aufgrund von Pfadabhängigkeiten werden sich in den klassischen Infrastruktursektoren neue IKZ vielmehr vornehmlich auf einzelne Bereiche der Leistungserstellung sowie die Angebotsplanung und einzelne Abstimmungen bei Bereitstellungsentscheidungen beziehen.

b) **Spezielle Probleme infolge der regelmäßigen Einnahmeerzielung für den kommunalen Haushalt bzw. Querverbund über kommunale öffentliche Unternehmen**

Ein weiteres Problem bei derartigen weitgehenden IKZ ergibt sich daraus, dass Gebühren[56] erhebende öffentliche Unternehmen oftmals mit ihren Gewinnen, die aufgrund von unzureichenden oder vielfältige Spielräume gewährenden Rechnungslegungsvorgaben und Intransparenz zum Teil nur begrenzt für Außenstehende erkennbar sind, in nicht unerheblichem Umfang Finanzmittel für die kommunalen Haushalte generieren bzw. im Rahmen des Querverbundes Aufgaben der Daseinsvorsorge finanzieren. Diese Möglichkeiten stehen in Verbindung damit, dass die kommunale Politik die Gebührengestaltung und damit die Gewinnerzielung „ihrer" Unternehmen – zumindest in gewissen Grenzen – regelmäßig recht gut beeinflussen kann. Wenn einzelne Kommunen nun ihre jeweiligen öffentlichen Unternehmen in einer IKZ aufgehen lassen würden, verlören sie infolgedessen die unmittelbaren Einwirkungsmöglichkeiten auf die Gebührengestaltung und damit die zu erwartenden Gewinnhöhen und Zuflüsse an den Haushalt bzw. in den Querverbund. Dies dürfte ebenfalls der Zustimmung in den einzelnen Kommunen zu den beschriebenen IKZ entgegenstehen.

Eine Einnahmeerzielung des Kommunalhaushalts aus den Gewinnen der öffentlichen Unternehmen bzw. der kommunale Querverbund wird zum Teil aus grundsätzlichen Überlegungen heraus abgelehnt, wobei darauf verwiesen wird, dass die entsprechenden Mittel vielmehr über Steuern erhoben werden sollten. Unter Berücksichtigung der im Rahmen der derzeitigen Kommunalfinanzierung begrenzten Möglichkeiten zur Erzielung von (zusätzlichen) Haushaltseinnahmen aus an die Kommune fließenden und von dieser in ihrer Höhe zu beeinflussenden Steuern, wird die dargestellte Haushaltseinnahmeerzielung über öffentliche Unternehmen aus wohlfahrtsökonomischer Sicht regelmäßig allerdings sinnvoll sein. In diesem Zusammenhang kann dann auch

---

56 In diesem Beitrag erfolgt keine Differenzierung zwischen (öffentlich-rechtlichen) Gebühren und (privatrechtlichen) Entgelten und es wird stets auf Gebühren Bezug genommen.

ein kommunaler Einfluss auf den Umfang der auf diesem Weg erhobenen Einnahmen zu wohlfahrtsökonomischen Vorteilen aus Sicht der Kommunen führen. Zwar berührt die Erzielung von kommunalen Haushaltseinnahmen über den (Um-)Weg der Gebührenerhebung durch öffentliche Unternehmen (anstelle einer kommunalen Steuererhebung) Verteilungsfragen, jedoch liegen erhebliche Überschneidungen zwischen kommunalen Gebühren- und Steuerzahlern vor.

Ein größeres Problem infolge der dargestellten Einnahmeerzielung über kommunale öffentliche Unternehmen ergibt sich daraus, dass die Begrenzung von Opportunismusproblemen und die effizienzorientierte Steuerung der Unternehmen oftmals erschwert werden dürfte, wenn das der Gebührenfestsetzung zugrundeliegende Zielsystem komplexer wird und damit einhergehend zunehmende Gestaltungsspielräume bei der kommunalen Gebührenfestsetzung bestehen. Insofern erscheint es grundsätzlich sinnvoll und geboten, Wege und erforderliche Reformen zu identifizieren, mit denen in Kommunen auf eine aus wohlfahrtsökonomischer Sicht vorteilhafte Weise (zusätzliche) Haushaltseinnahmen (entweder über Gebühren oder über Steuern) erzielt werden können. Als ein diesbezügliches Beispiel können Konzessionsabgaben eingestuft werden, da mit diesen transparent aufgezeigt wird, dass Gebührenbestandteile in den Kommunalhaushalt fließen. In diesem Zusammenhang sind dann Lösungen zu suchen, mit denen kommunale Steuerungsmöglichkeiten bezüglich der Einnahmeerzielung für den jeweiligen (Kommunal-)Haushalt erhalten bleiben und Möglichkeiten zur Umsetzung von IKZ, die weitgehende Bereitstellungsaufgaben umfassen, eröffnet werden. Aber auch wenn derartige Lösungen vorliegen, wird das Potential für neue bezüglich der Bereitstellungsaufgaben weitgehende IKZ begrenzt bleiben.

V. Fazit

IKZ stellen eine alternative Koordinationsform für die Leistungserstellung dar. Eine Alternative zum Rückgriff auf den Markt und zur Eigenerstellung bieten IKZ insbesondere, wenn ein großes Potential zur Erzielung von Skaleneffekten und große durch die Transaktionscharakteristika bedingte potentielle Probleme im Zusammenhang mit Hold-up, Adverse Selection und Moral Hazard vorliegen. Zur Eignung von IKZ in derartigen Konstellationen können allerdings keine allgemeingültigen Aussagen getroffen werden. Im Vergleich zu einer Eigenerstellung können im Rahmen von IKZ Skaleneffekte realisiert werden. Inwieweit Skaleneffekte bei einer IKZ im Vergleich zu Contracting-Out-Lösungen realisiert werden können, ist im Einzelfall zu beurteilen. Die

Transaktionskosten bei IKZ werden – (politische) Transaktionskosten der Durchsetzung von IKZ außer Acht lassend – im Regelfall geringer sein als bei einem Contracting Out. Die Transaktionskosten im Vergleich zur Eigenerstellung werden bei IKZ allerdings grundsätzlich höher sein. Keinesfalls sollten beim Vergleich einer Eigenerstellung mit IKZ lediglich die Skaleneffekte betrachtet und Transaktionskostenaspekte ausgeklammert werden.

Im Bereich der Bereitstellung können IKZ bei der der Fällung von Bereitstellungsentscheidungen vorausgehenden Angebotsplanung und punktuelle Abstimmungen bei Angebotsentscheidungen erfolgen. Damit können die Voraussetzungen für die Internalisierung (Kommunen übergreifender) externer Effekte geschaffen und Planungskosten reduziert werden. Weiterhin kann eine weitgehende Übertragung von Bereitstellungskompetenzen von einzelnen Kommunen an eine gemeinsame Organisation erfolgen, wobei – u.a. aufgrund von Durchsetzungsproblemen – das Potential für derartige IKZ eher gering sein dürfte.

Die Analyseergebnisse weisen darauf hin, dass die jüngsten Entwicklungen in der Rechtsprechung des EuGH aus (institutionen-)ökonomischer Sicht zu begrüßen sind, wonach – verkürzt dargestellt – für Contracting-Out-Lösungen relevante vergaberechtliche Regelungen der Umsetzung von IKZ nicht entgegenzustehen haben.

Literaturverzeichnis

Alchian/Woodward (1987): Armen A. Alchian u. Susan Woodward, Reflections on the Theory of the Firm, in: Journal of Institutional and Theoretical Economics, Jg. 143, H. 1/1987, S. 110-136.

Alchian/Woodward (1988): Armen A. Alchian u. Susan Woodward, The Firm is Dead; Long Live the Firm: A Review of Oliver E. Williamson's The Economic Institutions of Capitalism, in: Journal of Economic Literature, 26. Jg. (1988), H. 1, S. 65-79.

Beckers u.a. (2008): Thorsten Beckers, Andreas Brenck, Jirka Gehrt u. Jan Peter Klatt, Rationalität und Ausgestaltung privater Finanzierung in PPP-Projekten, Studie im Auftrag der Initiative Finanzstandort Deutschland, Berlin 2008.

Bel/Fageda (2008): Germá Bel u. Xavier Fageda, Reforming the Local Public Sector: Economics and Politics in Privatization of Water and Solid Waste, in: Journal of Economic Policy Reform, 11. Jg. (2008), H. 1, S. 45-65.

Biwald u.a. (2004): Peter Biwald, Katarzyna Szczepanska u. Nikola Hochholdinger, Leistungsfähige Gemeinden durch interkommunale Zusammenarbeit, Grundlagenpapier für den Österreichischen Städtetag.

Blankart (2008): Charles B. Blankart, Öffentliche Finanzen in der Demokratie, 7. Aufl., München 2008.

Bogumil u.a. (2010): Jörg Bogumil, Johann-Christian Pielow, Jens Ebbinghaus, Sascha Gerber u. Maren Kohrsmeyer, Die Gestaltung kommunaler Daseinsvorsorge im Europäischen Binnenmarkt – empirische Untersuchung zu den Auswirkungen des europäischen Beihilfe- und Vergaberechts insbesondere im Abwasser- und Krankenhaussektor sowie in der Abfallentsorgung, Studie im Auftrag des Ministers für Bundesangelegenheiten, Europa und Medien des Landes NRW.

Burgees/Ratto (2003): Simon Burgees u. Marisa Ratto, The Role of Incentives in the Public Sector – Issues and Evidence, in: Oxford Review of Economic Policy, 19. Jg. (2003), H. 2, S. 285-300.

Corcoran/McLean (1998): Jan Corcoran u. Fiona McLean, The Selection of Management Consultants, in: International Journal of Public Sector Management, 11. Jg. (1998), H. 1, S. 37-54.

Erlei u.a. (2007): Mathias Erlei, Martin Leschke u. Dirk Sauerland, Neue Institutionenökonomik, 2. Aufl., Stuttgart 2007.

Feiock (2007): Richard C. Feiock, Rational Choice and Regional Governance, in: Journal of Urban Affairs, 29. Jg. (2007), H. 1, S. 47-63.

Frick/Hokkeler (2008): Hans-Jörg Frick u. Michael Hokkeler, Interkommunale Zusammenarbeit – Handreichung für die Kommunalpolitik, Bonn 2008.

Gerber/Gibson (2005): Elisabeth R. Gerber u. Clark C. Gibson, Cooperative Municipal Service Provision: A Political-Economy Framework for Understanding Intergovernmental Cooperation, Working Group on Interlocal Services Cooperation, Paper 11, Wayne State University, Detroit 2005.

Greve (2008): Carsten Greve, Contracting for Public Services, Abingdon 2008.

Grossekettler (1985): Heinz Grossekettler, Ökonomische Analyse der interkommunalen Kooperation, Arbeitspapier des Instituts für Genossenschaftswesen der Westfälischen Wilhelms-Universität Münster.

Hesse (2005): Joachim Jens Hesse, Förderung der interkommunalen Zusammenarbeit in Niedersachsen, Internationales Institut für Staats- und Europawissenschaften, Berlin 2005.

Jensen/Meckling (1976): Michael C. Jensen u. William H. Meckling, Theory of the Firm: Managerial Behavior Agency Costs and Ownership Structure, in: Journal of Financial Economics, 3. Jg. (1976), S. 305-360.

Lackey u.a. (2002): Steven Brent Lackey, David Freshwater u. Anil Rupasingha, Factors Influencing Local Government Cooperation in Rural Areas: Evidence from the Tennessee Valley, in: Economic Development Quarterly, 16. Jg. (2002), H. 2, S. 138-154.

Leiblein (2003): Michael J. Leiblein, The Choice of Organizational Governance Form and Performance – Predictions from Transaction Cost, Resource-based, and Real Options Theories, in: Journal of Management, 29. Jg. (2003), H. 6, S. 937-961.

Leinemann (2007): Ralf Leinemann, Die Vergabe öffentlicher Aufträge, 4. Aufl., Neuwied 2007.

LeRoux/Carr (2007): Kelly LeRoux u. Jered B. Carr, Explaining Local Government Cooperation on Public Works: Evidence from Michigan, in: Public Works Management & Policy, 12. Jg. (2007), H. 1, S. 344-358.

Ludin u.a. (2000): Daniela Ludin, Fritz Rahmeyer u. Daniela Wörner, Nachhaltige Wasserwirtschaft durch Synergie - Mögliche Kooperationen bei der Wasserver- und Entsorgung, Forschungsbericht im Projekt „Kostendeckung innerhalb der kommunalen Umweltpolitik. Abfallwirtschaft und Wasserwirtschaft".

Lüchinger/Stutzer (2002): Simon Lüchinger u. Alois Stutzer, Skalenerträge in der öffentlichen Kernverwaltung – Eine empirische Analyse anhand von Gemeindefusionen, in: Swiss Political Science Review, 8. Jg. (2002), H. 1, S. 27-50.

McAfee/McMillan (1988): R. Preston McAfee u. John McMillan, Incentives in Government Contracting, Toronto (1988).

Meister/Cord (2008): Florian Meister u. Matthias Cord, Erfolgreiche Umsetzung von Kooperationen bei Stadtwerken und Regionalversorgern, in: Energiewirtschaftliche Tagesfragen, 58. Jg. (2008), H. 5, S. 78-83.

Milgrom/Roberts (1992): Paul Milgrom u. John Roberts, Economics, Organization and Management, Englewood Cliffs, NJ (1992).

Morgan/Hirlinger (1991): David R. Morgan u. Michael W. Hirlinger, Intergovernmental Service Contracts: A Multivariate Explanation, in: Urban Affairs Review, 27. Jg. (1991), H. 1, S. 128-144.

Mühlenkamp (1995): Holger Mühlenkamp, Determinanten für die Benutzung der Institutionen „Märkte", „Hybride" und „Hierarchien" – Ein Beitrag zur Theorie der Transaktionskosten; unveröffentlichtes Manuskript.

Nickerson (2005): Jack A. Nickerson, Toward a Positioning-Economizing Theory of Strategy, Working Paper, Washington University, St. Louis 2005.

North (1990): Douglass C. North, Institutions, Institutional Chance and Economic Performance, New York 1990.

Ostrom u.a. (1993): Elinor Ostrom, Larry Schroeder u. Susan Wynne, Institutional Incentives and Sustainable Development, Boulder 1993.

Picot (1991): Arnold Picot, Ökonomische Theorien der Organisation: Ein Überblick über neuere Ansätze und deren betriebswirtschaftliches Anwendungspotential, in: Dieter Ordelheide, Bernd Rudolph u. Elke Büsselmann (Hrsg.), Betriebswirtschaftslehre und Ökonomische Theorie, Stuttgart 1991, S. 143-170.

Potoski/Brown (2003): Matthew Potoski u. Trevor L. Brown, Transaction Costs and Institutional Explanations for Government Service Production Decisions, in: Journal of Public Administration Research and Theory, 13. Jg. (2003), H. 4, S. 441-468.

Richter/Furubotn (2003): Rudolf Richter u. Eirik Grundtvig Furubotn, Neue Institutionenökonomik, 3. Aufl., Tübingen 2003.

Sander (2009): Carsten Sander, Kooperationen kommunaler Energieversorger – eine empirische Bestandsaufnahme, Arbeitspapier des IfG-Münster, Nr. 78.

Schumann u.a. (2007): Jochen Schumann, Ulrich Meyer u. Wolfgang J. Ströbele, Grundzüge der mikroökonomischen Theorie, 8. Aufl., Berlin u. Heidelberg 2007.

Shrestha/Feiock (2007): Manoj Shrestha u. Richard Feiock, Interlocal Cooperation in the Supply of Local Public Goods: A Transaction Cost and Social Exchange Explanation, Working Group on Interlocal Services Cooperation, Paper 29, Wayne State University, Detroit 2007.

Steiner (2003): Reto Steiner, The Causes, Spread and Effects of Intermunicipal Cooperation and Municipal Mergers in Switzerland, in: Public Management Review, 5. Jg. (2003), H. 4, S. 551-571.

Steiner (2006): Reto Steiner, Interkommunale Zusammenarbeit in der Schweiz, in: SIR-Mitteilungen und Berichte, 32. Jg. (2006), S. 53-64.

Tavares/Comoes (2007): Antonio F. Tavares u. Pedro J. Camoes, Understanding Intergovernmental Cooperation in a Context of Devolution: An Empirical Study of Collaboration among Portuguese Municipalities, European Group of Public Administration EGPA Conference, Madrid 2007.

Teece u.a. (1997): David J. Teece, Gary Pisano u. Amy Shuen, Dynamic Capabilities and Strategic Management, in: Strategic Management Journal, 18. Jg. (1997), H. 7, S. 509-533.

Van de Velde (1999): Didier M. Van de Velde, Organizational Forms and Entrepreneurship in Public Transport - Part 1: Classifying Organizational Forms, in: Transport Policy, 6. Jg. (1999), S. 147-157.

Williamson (1990): Oliver E. Williamson, Organization Theory, New York 1990.

Williamson (1999): Oliver E. Williamson, Public and Private Bureaucracies – A Transaction Cost Economics Perspective, in: Journal of Law, Economics, and Organization, 15. Jg. (1999), H. 1, S. 306-342.

Wolf Gottschalk

Rekommunalisierung der Energieversorgung

Gliederung

I. Einige historische Vorbemerkungen zur Entwicklung der kommunalen Versorgungswirtschaft
II. Rahmenbedingungen
III. Entscheidungskriterien
IV. Ausprägungen der Rekommunalisierung
V. Handlungsoptionen, Verfahrensfragen
Literaturverzeichnis

I. Einige historische Vorbemerkungen zur Entwicklung der kommunalen Versorgungswirtschaft

In der weit über hundertjährigen Geschichte der Kommunalwirtschaft hat es zahlreiche Phasen der De- und Rekommunalisierung gegeben. Kommunalwirtschaft begann in Deutschland Mitte des 19. Jahrhunderts zunächst auf weitgehend privatwirtschaftlicher und genossenschaftlicher Basis. Die ersten Elektrizitätswerke und Gasanstalten dienten zunächst vornehmlich der Beleuchtung kommunaler Straßen, Plätze und besonderer Bauten und wurden von Privaten betrieben, die in der Zeit der beginnenden Industrialisierung Vorreiterrollen übernahmen und wohl auch zunächst interessante Gewinnmöglichkeiten nutzten. Bei der Wasserversorgung ergab sich die Entwicklung zur Leitungsgebundenheit aus der Notwendigkeit der Löschwasservorhaltung nach großen Bränden und Einsichten in die Erfordernisse zur Hygiene und Volksgesundheit in größeren Städten. Ähnlich war die Entwicklung im öffentlichen Personennahverkehr. Auch hier waren die ersten Unternehmen der Pferdebahnen und später der „Elektrischen" zunächst private Firmen, die anfangs natürlich nur attraktive Strecken bedienten.

Ende des 19. Jahrhunderts wurden dann die privaten Elektrizitäts-, Gas- und Wasserwerke und Straßenbahnen durch die Kommunen übernommen, die dafür sorgten, dass die Versorgung unter dem Aspekt der Stadtentwicklung und Wirtschaftsförderung und der sozialen, wirtschaftlichen und örtlichen

Belange der gesamten Bevölkerung vorangetrieben werden konnte. Die Privaten neigten zu sehr zu einer Versorgung unter dem Aspekt der stadtteil- und klientelorientierten Gewinnmaximierung. Dies war schon gegen Ende des deutschen Kaiserreichs aus Sicht der Kommunen nicht mehr hinnehmbar, und es kam zu einer Kommunalisierung vorher privat erledigter die Gemeinschaft betreffender Aufgaben.

Die Kriegswirtschaft in der Zeit des ersten Weltkriegs verstärkte diesen Trend noch einmal. Er setzte sich zunächst fort in den 1920er Jahren des letzten Jahrhunderts.[1] Dann aber kamen mehr und mehr überörtlich tätige, häufig privatwirtschaftlich geführte Konzernunternehmen auf und wurden darin auch vom (zentralistisch orientierten) nationalsozialistischen Staat unterstützt, der der dezentral ausgerichteten kommunalen Selbstverwaltung ablehnend gegenüberstand. Die Deutsche Gemeindeordnung von 1935 legte daher für die wirtschaftliche Betätigung der Gemeinden hohe Hürden an: öffentlicher Zweck, Leistungsfähigkeit der Gemeinden, allgemeiner Vorbehalt gegen wirtschaftliche Betätigungen von Gemeinden. Nach Gründung der Bundesrepublik Deutschland wurden diese Einschränkungen im Wesentlichen übernommen, in einigen Bundesländern sogar noch verschärft. Dies mag auch damit zu tun haben, dass die Gemeinden nach der Verfassung Teil des jeweiligen Bundeslandes sind, und die Bundesländer – vielleicht auch aus Gründen der Vorsicht – darauf bedacht sind, diesen ihren Teilen nur in einem bestimmten, vertretbaren Maße wirtschaftlich selbständiges Handeln zuzugestehen. Allerdings ließen die Länder in vielen Fällen eine solche Vorsicht nicht walten bei der Erfüllung öffentlicher Aufgaben der Daseinsvorsorge durch private Unternehmen. In den 1970er Jahren und dann verstärkt um die letzte Jahrhundertwende kam es zu Privatisierungen im Bereich der leitungsgebundenen Energieversorgung, der Abfallentsorgung und auch Teilen des öffentlichen Personennahverkehrs (Busverkehre). Auslöser in der Energieversorgung war die Mitte der 1990er Jahre von der EU ausgehende und anschließend von der Bundesrepublik besonders beflissen umgesetzte Liberalisierung der Energieversorgung, die in vielen Städten die Befürchtung auslöste, mit ihren Stadtwerken dem aufziehenden Wettbewerb in der Energieversorgung nicht gewachsen zu sein. Sie beteiligten private Unternehmen an ihren Stadtwerken, waren aber in den meisten Fällen so klug, diese Beteiligungen unter 50 % zu halten, aber nicht vorausschauend genug, sich ausreichende Rückkaufsrechte zu sichern. Zu spät erkannten viele Gemeinden, dass sie in ihren Infrastrukturunternehmen nicht nur Einflussmöglichkeiten verloren hatten, sondern fortan auch auf laufende finanzielle Erträge verzichten mussten. Dort, wo die kom-

---

1 *Braun/Jacobi (1990)*, S. 17; *Ambrosius (1995)*, S. 28 ff.

munalen Unternehmen gänzlich in private Hände übergegangen waren, konnten die Bürger auch erleben, was es heißt, von einem Zweigbetrieb einer örtlich weiter entfernten Konzernzentrale „versorgt" zu werden. Die betroffenen Gemeinden mussten sich im Rahmen ihrer kommunalen Gesamtentwicklungsplanung mit außergemeindlichen Unternehmen und deren spezifischen Unternehmenszielen und Verhaltensweisen umständlich auseinandersetzen.

Bis zum Ausbruch der Weltwirtschaftskrise im Jahre 2008 änderte sich an dieser Struktur der leitungsgebundenen Energieversorgung nicht viel: Die vier großen deutschen Verbundunternehmen E-on, RWE, EnBW und Vattenfall dominierten zu 80 % die Stromerzeugung und das gesamte Hochspannungsnetz und beteiligten sich direkt oder über Tochtergesellschaften an weiterverteilenden kommunalen Unternehmen, soweit sie nicht unmittelbar in die Endverteilung eingestiegen waren. Die Gaswirtschaft war von einigen wenigen überregionalen und regionalen Ferngasgesellschaften (mit und ohne Direktzugang zu Produktion und Import von Erdgas) und einer Vielzahl von endverteilenden regionalen und kommunalen Gasgesellschaften geprägt.

Mitte dieses Jahrzehnts geriet diese oligopolistisch geprägte Versorgungsstruktur in die öffentliche Kritik und ins Visier der europäischen und deutschen Politik und Aufsichtsbehörden. Auslöser waren Diskussionen über Preishöhen und Preisstrukturen in der Strom- und Gaswirtschaft und Verhaltensweisen einiger Vertreter der Verbundwirtschaft in öffentlichen Diskussionen zu Stromerzeugungstechnologien und erneuerbaren Energien. Das Prinzip einer dezentralisierten, endkundennahen, klima- und umweltorientierten sowie nachhaltigen Energieversorgung gewann immer mehr Anhänger in Öffentlichkeit und Politik. Kommunale Energieversorgung, insbesondere diejenige auf Basis der Kraft-Wärme-Kopplung und dezentraler Nutzung von erneuerbaren Energien, wurde zunehmend auch von Personen und Institutionen anerkannt und gewürdigt, die in großtechnischen Anlagen die bestmöglichen Einrichtungen zur Versorgung der Volkswirtschaft mit Strom gesehen hatten. In den Städten empfand man wieder so etwas wie Stolz und Zufriedenheit über die Existenz der kommunalen Versorgungsbetriebe und Infrastruktureinrichtungen. Nicht mehr der Verkauf, sondern der Rückkauf von Beteiligungen und Neugründungen von Stadtwerken, also eine Rekommunalisierung, wurde in vielen Stadt- und Gemeinderäten diskutiert und erfolgreich praktiziert. Dabei wurden auch Erfahrungen und Erkenntnisse genutzt, die man mit der Rekommunalisierung von der Energie- und Wasserversorgung, der Abwasserbehandlung und der Abfallwirtschaft in den neunziger Jahren in den neuen Bundesländern gesammelt hatte. Dies war bekanntlich die größte Rekommunalisierungsaktion der deutschen Geschichte, deren positive Auswirkungen auf die kommunale Versorgungsstruktur der alten Bundesländer eigentlich erst jetzt deutlich werden.

II. Rahmenbedingungen

Eine Rekommunalisierung von Versorgungsaufgaben ist möglich, wenn die rechtlichen Rahmenbedingungen dafür vorhanden sind oder geschaffen werden können. Die kommunalen Entscheidungsträger müssen sich also fragen, ob eine solche beabsichtigte Maßnahme überhaupt mit dem europäischen und dem nationalen Recht übereinstimmt. Im Bereich der Energiewirtschaft müssen außerdem noch europäische und deutsche sektorspezifische Rahmenbedingungen geprüft werden.[2]

Nach *europäischem* Recht gehören gemeinwohlorientierte Dienstleistungen von allgemeinem Interesse, für die es Märkte gibt, zu der Gruppe von Dienstleistungen von allgemeinem *wirtschaftlichen* Interesse. Unbestritten zählen dazu die Sparten leitungsgebundene Energieversorgung, Telekommunikation, Teile der Abfallentsorgung und der ÖPNV. In anderen Bereichen ist dies nicht so klar geregelt oder muss ggf. in Einzelentscheidungen des Europäischen Gerichtshofs geklärt werden. Die europäischen Vorschriften sind markt- und wettbewerbsorientiert und stehen somit einer unternehmerischen Tätigkeit von Kommunen nicht entgegen, wenn diese sich wie auch private Unternehmen an die daraus sich ergebenden Vorschriften und Regeln halten (Ausschreibung, Vergabe, Transparenz etc.).

Nun müssen die *nationalen* Rahmenbedingungen geprüft werden. Hier sind zunächst die Vorschriften des Gemeindewirtschaftsrechts anzuführen. Die dafür erlassenen Vorschriften sind Ländersache und keineswegs in allen Ländern einheitlich formuliert. Den unternehmerischen Aktivitäten der Kommunen werden hier zum Teil sehr enge Grenzen gesetzt. So muss die versorgungswirtschaftliche Tätigkeit einer Kommune einen öffentlichen Zweck erfüllen, sie darf die wirtschaftliche Leistungsfähigkeit der Gemeinde nicht überfordern, sie muss sich auf die Örtlichkeit der Gemeinde beschränken, und das kommunale Unternehmen muss die Aufgabe ebenso effizient (in manchen Gemeindeordnungen: noch effizienter) wie ein privates konkurrierendes Unternehmen erfüllen (einfaches bzw. strenges Subsidiaritätsprinzip). Die sog. Schrankentrias erweist sich – vor allem in denjenigen Ländern, die sie besonders streng handhaben – als Hemmnis für eine Rekommunalisierung von Stadtwerken. Es zeigt sich hier, welche negativen praktischen Auswirkungen

---

2   *Lattmann (2009)*, S. 3 ff.

sich ergeben, wenn konträre parteipolitische Zielsetzungen verschiedener Verwaltungsebenen in sich widersprechende Gesetze gegossen werden (wettbewerbsorientiertes Wirtschaftsrecht versus Gemeinden bevormundendes Gemeindeordnungsrecht) und dann in die Praxis umgesetzt werden sollen. Es hängt dann sehr vom Wohlwollen der politischen und administrativen Entscheidungsträger in dem jeweiligen Bundesland ab, ob die Rekommunalisierung von Stadtwerken gefördert oder ausgebremst wird. Das gilt vor allem für solche Fälle, in denen ein kommunales Unternehmen über die örtlichen Grenzen einer Gemeinde oder gar eines Bundeslandes hinaus tätig werden möchte.

Schließlich müssen noch die *sektorspezifischen* Rahmenbedingungen geprüft werden. Dazu gehören das Energiewirtschaftsgesetz (2005, geänd. 2004 und 2009) nebst seinen Rechtsverordnungen, insb. der Verordnung zur Anreizregulierung, das Kraft-Wärme-Kopplungs-Gesetz (2002, geänd. 2008), das Erneuerbare-Energien-Gesetz (2000, geänd. 2009) und die Konzessionsabgaben-Verordnung (1992, geänd. 2005). Letztere Verordnung aus dem Jahr 1992 ist deshalb für die vorliegenden Überlegungen zur Rekommunalisierung besonders wichtig, weil damals abgeschlossene Konzessionsverträge, die höchstens 20 Jahre laufen dürfen, nun in den nächsten Jahren ablaufen werden und entweder verlängert oder mit anderen Vertragspartnern, z.b. eigenen oder fremden kommunalen Unternehmen, neu abgeschlossen werden können. Von besonderer Bedeutung in diesem Zusammenhang ist, dass der in den Konzessionsverträgen in den Endschaftsbestimmungen üblicherweise vorgesehene (entgeltliche) Eigentumsübertragungsanspruch auch tatsächlich durchgesetzt werden kann, wie 2009 höchstrichterlich entschieden wurde. (BGH-Entscheidung vom 29.09.2009).

III. Entscheidungskriterien

Es gibt vielfältige Gründe, warum eine Gemeinde sich entscheidet, die kommunale Versorgung mit Strom, Gas, Fernwärme und Trinkwasser, die Entsorgung und den ÖPNV in Teilen oder als Ganzes zu betreiben oder wieder zurück zu übernehmen.[3] Dies ist zunächst Ausdruck des Rechts der Kommunen auf Selbstverwaltung gemäß Artikel 28,2 GG, das übrigens nunmehr auch im Vertrag von Lissabon eine Bestätigung auf europäischer Ebene gefunden hat. In vielen Gemeinden ist man davon überzeugt, dass sich mit eigenen Ver- und Entsorgungsunternehmen wichtige kommunalpolitische und kommunalwirtschaftliche Ziele besser, effizienter und unmittelbarer erreichen lassen als

---

3 *Theobald (2009)*, S. 358 f.

bei einer Ver- und Entsorgung durch fremde, nach privatwirtschaftlichen Zielen handelnde und örtlich entfernte Konzernunternehmen. Zu den in den Gemeinden inzwischen unstrittigen Ziele zählen die des Ressourcen-, Umwelt- und Klimaschutzes, ebenso der Wunsch, direkten Einfluss auf den kommunalen Infrastrukturausbau im Rahmen der kommunalen Gesamtentwicklungsplanung nehmen zu können. Es hat sich im Übrigen auch gezeigt, dass es den Bürgern und der Wirtschaft in einer Gemeinde keineswegs gleichgültig ist, von wem sie versorgt werden oder wer ihren Abfall und ihr Abwasser entsorgt. Darauf deuten neuere Umfragen zur Akzeptanz von kommunalen Querverbundunternehmen hin.[4]

Weitere Entscheidungskriterien für Kommunen können auch der Erhalt oder die Schaffung von Arbeitsplätzen bei dem betreffenden kommunalen Unternehmen sein sowie indirekt in privaten Unternehmen im Ort (z.B. durch – vergaberechtskonforme – Auftragsvergaben), ferner bürgerschaftliche Einflussnahme auf Entscheidungen des Versorgungsunternehmens hinsichtlich seiner Preis- und Tarifgestaltung und der Bezug- und Lieferkonditionen; Einflussnahmen auf Stromerzeugung am Ort, insbesondere durch erneuerbare Energieträger und Kraft-Wärme-Kopplungsanlagen; Aufbau und steuerliche Optimierung eines betrieblichen Querverbunds mit ÖPNV, Bäderbetrieb, Straßenbeleuchtung und anderen Versorgungsbereichen.

Größte Bedeutung für eine kommunale Entscheidung für oder gegen eine Rekommunalisierung haben wirtschaftliche Kriterien. Diese muss sich natürlich wirtschaftlich rechnen. Das schließt auch steuerliche Fragen mit ein. Es ist ferner zu bedenken, dass durch die inzwischen eingeführte Anreizregulierung der Strom- und Gasnetze die im Netzbetrieb zu erlösenden Erträge nach oben begrenzt sind und die Durchführung des Regulierungsverfahrens einen hohen betrieblichen Aufwand mit entsprechendem fachlichem Know-how erfordert. Die kommunalen Unternehmen stehen in einem ständigen und harten Wettbewerb mit professionell und nicht zimperlich handelnden Konkurrenten. Investiert werden muss nicht nur in moderne Anlagen und Einrichtungen, sondern auch in qualifiziertes und entsprechend teures Führungs- und Mitarbeiterpersonal. Auch der kommunale Eigentümer braucht in seinen Reihen entsprechend fachlich vorgebildete politische Entscheidungsträger in den Aufsichtsgremien zur verantwortungsvollen Steuerung gemeindeeigner Wirtschaftsunternehmen. Für kommunale Aufsichtsräte gelten klare gesetzliche Regelungen des Gemeindewirtschafts- und -haushaltsrechts und des Bilanz-

---

4   *TNS emnid (2009).*

und Gesellschaftsrechts. Es werden hohe Anforderungen an die hier tätigen Personen zu stellen sein.

IV. Ausprägungen der Rekommunalisierung

a) Bei der Rekommunalisierung denkt man zunächst an die *Zurückholung* früher einmal mehr oder weniger vollständig an Dritte veräußerter Stadtwerke. Derartige Beteiligungen vor allem überörtlich tätiger Verbund- und Regionalunternehmen mit zumeist privaten Eignern wurden vor allem in den achtziger und neunziger Jahren und Anfang des neuen Jahrhunderts eingegangen, überwiegend mit einer Beteiligungsquote knapp unter 50 % der Stimmrechte für die nichtkommunalen Miteigentümer. Die Beteiligungsgesellschaft Thüga, eine ehemalige Tochter der E-on AG, begnügte sich sogar meist mit einem Anteil von ca. 20 % an ihren ca. 120 kommunalen Beteiligungsunternehmen. In neuerer Zeit nun bemühen sich viele Gemeinden, den Fremdanteil wieder zurückzukaufen. In Fällen, in denen die seinerzeit abgeschlossenen Beteiligungsverträge diesen Rückkauf zuließen, wurde das unter erheblichem finanziellem Aufwand auch so durchgeführt, z.B. in Leipzig. Man kann allerdings beobachten, dass derartige Vertragskonstruktionen nicht häufig anzutreffen sind und in den anderen eher ungünstig gelagerten Fällen noch andere Gegebenheiten dazu kommen müssen, um ein Konzernunternehmen zu bewegen, sich von einer einmal eingegangenen Beteiligung zu trennen. Dies könnten z.B. Auflagen des Kartellamtes sein, sich von bestimmten Anteilen zu trennen, wenn es dafür andere Beteiligungskonstruktionen genehmigen wird. In so einem Falle findet also die Rekommunalisierung auf der Passivseite der Bilanz statt, wenn an die Stelle des Dritten der kommunale Anteilseigner tritt, mit der Folge, dass sich die Einfluss- und Ertragsmöglichkeit der kommunalen Eigner damit wieder in dem Maße erhöht, in dem die kommunalen Anteile wieder zugewachsen sind.

Es ist zu beobachten, dass seit 2008 auch in einigen großen Städten darüber nachgedacht wird, wieder eigene Stadtwerke zu gründen, nachdem man sie vor Jahren an Dritte verkauft hatte, so z.B. in Stuttgart, Hamburg und Berlin. Allen diesen Fällen gemeinsam ist, dass den politisch Verantwortlichen in den Rathäusern ihre Einflusslosigkeit auf die zentralen Funktionen der Versorgung und Infrastrukturentwicklung irgendwann schmerzlich bewusst wurde (etwa bei Entscheidungen über Kraftwerksneubauten, Verbraucherpreise oder bei Unvereinbarkeiten von kommunaler Gesamtentwicklungsplanung und Planungen der im Stadtgebiet tätigen fremden Unternehmen).

b) Eine in der nächsten Zeit wichtiger werdende Form der Rekommunalisierung ist die Übernahme und Eingliederung bestehender Versorgungseinrichtungen nach *Auslaufen von Konzessionsverträgen*. Hier gibt es zahlreiche Gestaltungsmöglichkeiten[5], z.B.:

- Integration des Netzes eines ausgelaufenen Konzessionsvertrags in eine bestehende kommunale Netzstruktur
- Neugründung eines Stadtwerkes unter Übernahme der Netzkonzession
- Neugründung eines Stadtwerkes unter Beteiligung eines Dritten, der das Netz einbringt
- *Pachtweise* Integration eines Netzes in ein bestehendes Stadtwerknetz
- Neugründung eines Stadtwerkes und Pachten des Netzes des früheren Konzessionsinhabers
- Neugründung eines Stadtwerkes als kommunaler Dienstleistungsbetrieb ohne eigene Energie- und Wasserversorgungsnetze in Form einer kommunalen Infrastrukturgesellschaft[6]

Überlegungen, welche Gestaltungsmöglichkeit ausgewählt werden sollte, werden sowohl in den Gremien der Gemeinden als auch in den Stadtwerken und ihren Verbänden diskutiert. Dabei müssen die Folgepflichten und Folgekosten der möglichen Optionen einander gegenübergestellt werden, nachdem vorher die gleiche sorgfältige Prüfung hinsichtlich der Beendigung des Konzessionsvertrags vorgenommen wurde.[7]

c). Die Risikobetrachtung kann ergeben, dass es für eine einzelne Gemeinde allein wirtschaftlich nicht möglich ist, eine der oben aufgezeigten Optionen zu wählen. Dann kann erwogen werden, dies in *Kooperation* mit anderen kommunalen Unternehmen zu tun. Auch dafür gibt es zahlreiche Varianten, die sich zum Teil bereits in der Praxis bewähren:

- Neugründung eines Regionalwerks, in dem Gemeinden oder deren Stadtwerke Gesellschafter sind und dem die Netze und das Personal der Gesellschafter übertragen werden. Beispiel: Regionalwerk Bodensee RWB
- Gemeinsame Gründung eines Stadtwerks durch mehrere andere Stadtwerke als strategische Partner. Beispiel: Stadtwerke Springe
- Neugründung eines Stadtwerks nahe benachbarter Städte. Beispiele: Stadtwerke Müllheim-Staufen, Mainhardt-Wüstenrot

---

5 *Verband kommunaler Unternehmen (2009)*, S. 25 ff.
6 *Jänig (2009)*, S. 55 ff.
7 *Theobald (2009)*, S. 359 f.

- Überlassung von Konzessionen und Einbringung von Netzen gegen Geschäftsanteile in ein regionales Stadtwerk. Beispiel: RheinEnergie Köln
- Konzessionsübernahmen und Betriebsführungen. Beispiel: Stadtwerke Weserbergland
- Kooperationen zum Zwecke des gemeinsamen Baues und Betriebs von besonderen Infrastruktureinrichtungen, z.b. Kraftwerksanlagen. Beispiele dafür sind die Trianel und die SüdwestStrom

Kooperationslösungen sind empfindliche Gebilde, sowohl beim Zustandekommen als auch im Alltag des täglichen Betriebs. Sie gelingen umso besser, je größer der wirtschaftliche Druck von außen ist, je sorgfältiger die Interessen der Partner aufeinander rücksichtsvoll abgestimmt sind und je sensibler der Umgang der beteiligten Personen auf den Ebenen der Eigentümer und der Unternehmen untereinander ist. Alle gelungenen Kooperationen lassen sich auf diese einfachen Faktoren zurückführen, alle misslungenen ebenso. Das ausgefeilteste Kooperationsmodell ist zum Scheitern verurteilt, wenn das Verhalten und der menschliche Umgang beteiligter Personen in kommunalpolitischen Gremien und unternehmerischen Leitungsfunktionen die Umsetzung in die Praxis sabotiert.

d) Eine andere Form der Rekommunalisierung besteht darin, dass sich Kommunen und ihre Stadtwerke gemeinschaftlich an überörtlich tätigen Versorgungsunternehmen und Beteiligungskonzernen beteiligen oder diese vollständig übernehmen.

Ein Beispiel für eine solche kommunale Beteiligung mehrerer kommunaler Unternehmen an einem Gasimport- und Gasversorgungsunternehmen ist die 1991 gegründete kommunale VNG Verwaltungs- und Beteiligungsgesellschaft mit einem Aktienanteil an der VNG AG von zunächst 15 %, heute aufgestockt auf 25 %. Sie bestand bei ihrer Gründung aus 14 ostdeutschen Städten und Stadtwerken, die ihren Anteil von der damaligen Treuhandanstalt käuflich erwarben und damit aktienrechtliche Einflussmöglichkeiten auf die VNG AG bekamen und am Ertrag der Gesellschaft beteiligt wurden. Der kommunale Einfluss in der VNG AG bewirkte u.a., dass diese ostdeutsche Gasimport- und -fernleitungsgesellschaft ein stets kooperatives und angenehmes Geschäftsgebaren gegenüber den ihr als Kunden gegenüberstehenden weiterverteilenden Stadtwerken zeigte.

Größte Beachtung fand im Jahr 2009 der Kauf der Thüga AG durch mehrere kommunale Unternehmen (Kaufpreis 2,9 Mrd. Euro). Die Thüga war eine Tochtergesellschaft der E-on AG und betätigte sich bisher im Wesentlichen als eine Beteiligungsholding an ca. 120 kommunalen Unternehmen in Minderheitspositionen. Ihre starke Stellung in der kommunalen Versorgungswirtschaft erlangte die Thüga dadurch, dass sie durch eine kluge Vertragspolitik wichtige Dienstleistungen für ihre beteiligten Stadtwerke erbrachte und so einen größeren Einfluss erlangte als durch förmliche Mehrheitspositionen. Die Käufer sind zu je 20,75 % drei große Stadtwerke (Enercity Hannover, N-ergie Nürnberg, Mainova Frankfurt a.M.) und die Kooperationsgesellschaft Kom9 (das ist eine Kooperationsgesellschaft aus 46 mittleren und kleineren Stadtwerken). Aus den ersten Erklärungen der neuen kommunalen Eigentümer der Thüga wird deutlich, dass der Erwerb dieser Gesellschaft nicht als Finanzbeteiligung betrachtet wird, sondern als Instrument zur Mitgestaltung der deutschen Energieversorgung und einer ökologischen Energiewende.

V. Handlungsoptionen, Verfahrensfragen

a) Rekommunalisierungen der leitungsgebundenen Energie- und Wasserversorgung, Abwasserbehandlung und der Abfallwirtschaft sind hochrangige, langfristig angelegte, wirtschaftlich und technisch komplexe und kommunalpolitisch schwierige Problemstellungen. Sie sind kapitalintensiv und daher haushaltspolitisch von hoher Relevanz. Sie berühren aktuelle umwelt- und klimapolitische Zielsetzungen der Kommunalpolitik und werden nicht zuletzt aus diesem Grunde in den letzten Jahren wieder in den Rathäusern diskutiert. Man wird sich also der „Instrumentalfunktion der Stadtwerke"[8] wieder bewusst und erkennt die Wichtigkeit der Versorgungs- und Entsorgungsplanung für die strategische Stadtentwicklungsplanung. Darüber hinaus kam Anfang des neuen Jahrhunderts ein allgemeines öffentliches „Unbehagen" über die zunehmende Oligopolisierung in der Strom- und Gasversorgung mit den dabei beobachteten Verhaltensweisen und Preisgebaren der Energiekonzerne. Daraus entwickelte sich der Wunsch nach Dezentralisierung der Stromerzeugung und -verteilung. Parallel dazu kam die Forderung nach höheren Anteilen von regenerativen Energien an der deutschen Stromerzeugung, die ebenfalls dezentrale Strukturen erfordert. Aus mehreren Umfragen wurde deutlich, dass die „gefühlte Sympathie" der Bevölkerung eher bei kleinteilig strukturierten Stadt- und Gemeindewerken liegt als bei zentral gesteuerten Energiekonzernen. Gleichzeitig wurde den Kommunalpolitikern deutlich, dass Stadtwerke ganz offensichtlich wirtschaftlich erfolgreich waren und sich hinsichtlich der Qualität der Führungen und Mitarbeiter nicht (mehr) hinter denen der großen Konzerne verstecken müssen. Interessant war auch die Beobachtung, dass

---

8 *Thiemeyer (1975)*.

Stadtwerke mit einer angemessenen Rendite durchaus gut auskommen, während börsennotierten Dax-Unternehmen der Energiewirtschaft hohe Renditen erwirtschaften müssen, um ihre Börsenbewertungen zu halten und nicht zu Kaufobjekten für andere Konzerne zu werden.

b). Vor diesem Hintergrund überlegen sich viele Gemeinderäte, ob sie nach dem bevorstehenden Auslaufen der Konzessionsverträge die Ver- und ggf. auch die Entsorgung rekommunalisieren oder weitermachen wie bisher. Handlungsbedarf besteht in jedem Fall, nämlich:

– Zwei Jahre vor Ende des Konzessionsvertrags, der 20 Jahre Laufzeit nicht überschreiten darf, ist der Vertragsablauf öffentlich anzuzeigen (Bundesanzeiger bzw. bei mehr als 100 000 Kunden im Amtsblatt der EU).

– Bei vorzeitiger Verlängerung eines Konzessionsvertrags muss das vorzeitige Ende des Vertrags drei Monate vor dem neuen Vertragsabschluss bekanntgegeben werden.

– Wenn sich mehrere Bewerber um die Konzession bemüht haben, ist das Ergebnis der Auswahlentscheidung unter Bekanntgabe der Gründe öffentlich zu machen. Solche Gründe können z.B. sein[9]
  • Stärkung des kommunalen Einflusses auf das konzessionierte Unternehmen
  • Verbesserte Unterstützung der kommunalen Infrastrukturpolitik
  • Erhöhung der Leistungsfähigkeit der Energieversorgung
  • Unterstützung der kommunalen Umwelt- und Klimapolitik durch das konzessionierte Unternehmen
  • Förderung des Einsatzes dezentraler und regenerativer Energien
  • Erhaltung und Schaffung von Arbeitsplätzen am Ort
  • Akzeptanz bei den Bürgern und der örtlichen Wirtschaft

– In vielen Fällen wird es, wenn die eben genannten Voraussetzungen gegeben sind, zu einer Verlängerung des Konzessionsvertrags kommen. Das könnte dort der Fall sein, wo Konzessionsnehmer ein anderes kommunales Unternehmen ist und mit diesem Hintergrund der kommunalen Versorgungswirtschaft verbunden ist. Es ist aber auch nicht ungewöhnlich, dass Gemeinden mit dem bisherigen überörtlich tätigen Konzessionsnehmer sehr zufrieden waren. Dann geht es nur noch um vertragliche Verbesserungen im Detail. Im Übrigen wird die bisherige Versorgungssituation fortgesetzt.

---

9 *Verband kommunaler Unternehmen (2009)*, S. 75.

c) Anders sieht es aus, wenn der Konzessionsvertrag auf Wunsch des Gemeinderats beendet werden soll und die Frage ansteht: Rekommunalisierung in Eigenständigkeit oder mit strategischen Partnern, letztere entweder andere kommunale Unternehmen (horizontale Kooperation) oder überörtlich tätige Konzernunternehmen als Minderheitspartner (vertikale Kooperation).

Entscheidungskriterien für eine der Lösungen sind zunächst wirtschaftlicher Art. Im Falle der Eigenständigkeit heißt das: Alle wirtschaftliche Lasten und absehbare Risiken müssen allein getragen werden, ein Sachverhalt, der auch von der Kommunalaufsicht beim Landesinnenministerium kritisch, d.h. negativ, beurteilt werden könnte. Die Gemeindeordnungen legen übereinstimmend fest, dass ein eigenes kommunales Wirtschaftsunternehmen die Gemeinde im Hinblick auf Kapital, Personal und Know-how nicht überfordern darf und deshalb zu Recht untersagt werden muss, wenn ein solcher Fall vorliegt.

d) Ein Ausweg ist die Einbeziehung strategischer Partner in horizontaler oder vertikaler Kooperation. Im letzteren Falle liegt Rekommunalisierung nur vor, wenn sich dieser Partner in einer Minderheitsposition befindet, was bei Konzernunternehmen häufig abgelehnt wird, da deren Ziel- und Renditevorstellungen und zentral gesteuerte Unternehmensstrukturen der eines kommunalen Unternehmens widersprechen würden. Selbst, wenn das Konzernunternehmen öffentliche Eigner hat, betätigt es sich unter vorrangig privatwirtschaftlichen Bedingungen und Zielen. So läuft eine vertikale-kooperative Rekommunalisierung längerfristig entweder auf eine volle Integration des kommunalen Unternehmens in den Konzern oder auf eine Trennung der Partner hinaus, wenn die partnerschaftlichen Konflikte nicht mehr auszuhalten sind.

Deshalb bietet sich als tendenziell bessere Lösung die horizontale Kooperation mit anderen kommunalen Partnern an. In den Kernzielen stimmen diese Partner überein: Anerkennung des Vorrangs kommunaler Interessen und der Daseinsvorsorge, örtliche Ausrichtung der Unternehmensstrukturen auf die versorgten Gemeinden, Vorrang der Daseinsvorsorge vor Erwirtschaftung kapitalmarktorientierter hoher Renditen, Beachtung kommunalpolitischer Sachverhalte, Zwänge und Regeln.

e) Um zu einem sicheren Urteil über die Auswahl eines geeigneten (horizontalen) Kooperationspartners für eine Rekommunalisierung zu gelangen, müssen die Entscheidungsträger in den betreffenden Gemeinden die möglichen Alternativen und Optionen gründlich untersuchen und bewerten. Schließlich handelt es sich um eine sehr langfristige Zusammenarbeit. Unter Verwendung einer Kriterienliste von Peter Turkowski[10] kann man folgende Bewertungskriterien zur Prüfung von Handlungsoptionen aus der Sicht der Kommunen vorschlagen

- Beurteilung eines finanziellen Erfolgs (Gewinne, Steuern, Konzessionsabgaben) unter Berücksichtigung kapitalmäßiger Anforderungen und haushaltsmäßiger Belastungen
- Unterstützung einer umwelt-, klima- und ressourcenschonenden Entwicklung der Kommunen
- Soziales Engagement und Unterstützung der Gemeinden bei sozialen Aufgaben
- Unterstützung der Gemeinden bei ihren notwendigen wirtschaftlichen Aktivitäten
- Unterstützung bei der Kommunalen Gesamtentwicklung und Standortpolitik, insbesondere im Bereich der Entwicklung der Infrastruktur, des ÖPNV, von Sanierungsvorhaben, gemeindlichen Bauvorhaben und der kommunalen Gebäudewirtschaft
- Einflussmöglichkeiten auf die Produkt-, Preis- und Konditionengestaltung des angestrebten Versorgungsunternehmens
- Möglichkeiten lokaler Auftragsvergaben im Rahmen des Vergaberechts an lokale Anbieter von Produkten der Industrie, des Handwerks, des Handels und der Dienstleister, damit mittelbar Unterstützung von Arbeit und Beschäftigung in den Gemeindegebieten
- Gewährleistung eines betrieblichen und steuerlichen Querverbunds im Rahmen der rechtlichen Möglichkeiten
- Akzeptanz des Unternehmens in der Öffentlichkeit und beim Bürger
- Optimale Sicherstellung der Anforderungen des Energiewirtschaftsrechts

f) Es liegt nahe, dass das vorstehende Prüfungsschema zur ersten vorläufigen Entscheidungsfindung in den Gremien der Gemeinden geeignet ist. Anschließend erwarten die dortigen politischen Entscheidungsträger noch weitere vertiefende Aussagen derjenigen Personen in den kommunalen Unternehmen, die die späteren technischen und wirtschaftlichen Konsequenzen der kooperativen Rekommunalisierung zu tragen und zu verantworten haben. Sie müssen in einem weiteren Schritt die technisch-wirtschaftlichen Erfolgskriterien entwickeln, vorstellen und bewerten. Die Praxis hat unter Einschaltung sachkundiger Berater der Versorgungswirtschaft derartige Erfolgskriterien entwickelt und durch Peter Turkowski im Verband kommunaler Unternehmen vorge-

---

10 *Turkowski (2009)*, S. 77 ff.

stellt[11]. Sie werden als beispielhaft für derartige Prüfungs- und Bewertungsverfahren im Folgenden wiedergegeben.

- Rechtliche Prüfung des Rekommunalisierungsvorhabens (Gemeindewirtschaftsrecht, Energiewirtschaftsrecht, rechtliche Prüfung des auslaufenden Konzessionsvertrags: Endschaftsbestimmungen, personalrechtliche Fragen usw.)
- Einschätzung der demographischen und wirtschaftlichen Entwicklung der Gemeinde im Licht der verfügbaren kommunalstatistischen Daten
- Untersuchung der Siedlungsstruktur der Gemeinde als Grundlage für die Versorgungsstruktur und die Netzkonfigurationen. Grundlagen: Daten der Gemeinden, Kreise, Statistische Landesämter, Planungsinstanzen des Landes
- Untersuchung der Kundenstruktur (Industrie, Haushalte, Gewerbe, öffentliche Einrichtungen, besondere Großkunden) und der vorhandenen Netzstrukturen und deren Auslastung, Berechnung kritischer Auslastungsmengen einzelner Kundengruppen im Hinblick auf die Deckung von Fixkostenblöcken
- Abgleichung der Netzkaufpreise und Einbindungskosten mit den zu erwartenden Erträgen – mittel- und längerfristig
- Prognosen über die Möglichkeiten der schnellen Kundengewinnung, da die Kunden beim Netzkauf nicht „mitgekauft", sondern neu geworben werden müssen. Dabei Berücksichtigung der Widerstände des abgebenden früheren Versorgers (absehbarer Service-, Konditionen- und Preiskampf)
- Untersuchung der betriebswirtschaftlichen Wirkungen eines aufzubauenden betrieblichen und steuerlichen Querverbunds. Abschätzung einer finanzwirtschaftlichen „Überdehnungsgefahr" des neu entstehenden rekommunalisierten Unternehmens
- Reibungslose und kostensparende Einbindung vorhandener Betriebsstrukturen und Personalkapazitäten in das neue Unternehmen. Klärung personalrechtlicher, personalvertretungsrechtlicher Fragen der Einbindung und Überleitung von Personen
- Prüfung des Vorhandenseins und Zustands eines örtlichen Energieversorgungskonzepts und seine Einbindung in die Kommunale Gesamtentwicklungsplanung und damit ggf. verbundene Folgelasten und Folgewirkungen
- Feststellung, wer beim kommunalen Eigentümer mit Kompetenz und Sachverstand die Interessen des rekommunalisierten Unternehmens im Konfliktfall nach innen und außen vertritt.

---

11 *Turkowski (2009)*, S. 79 f.

Literaturverzeichnis

Ambrosius (1995): Gerold Ambrosius, Zur Geschichte des kommunalen Querverbundes, in: Günter Püttner (Hrsg.), Der kommunale Querverbund, Baden-Baden 1995, S. 19 ff.

Braun/Jacobi (1990): Günther E. Braun u. Klaus-Otto Jacobi, Die Geschichte des kommunalen Querverbundes in der kommunalen Versorgungswirtschaft, Köln 1990.

Lattmann (2009): Jens Lattmann, Rekommunalisierung der Energieversorgung – mehr als nur ein Trend? Unveröff. Manuskript ICG-Seminar „Rekommunalisierung – Neugründung von Stadtwerken".

Jänig (2009): Christian Jänig, Stadtwerke als kommunaler Infrastrukturleister, in: VKU (Hrsg.), Stadtwerk der Zukunft IV, Berlin 2009, S. 55 ff.

Theobald (2009): Christian Theobald, Auslaufende Konzessionsverträge Strom und Gas: Was ist seitens der Kommunen zu tun? In: Die Öffentliche Verwaltung, 5/2009, S. 356 ff.

Thiemeyer (1975): Theo Thiemeyer, Wirtschaftslehre öffentlicher Betriebe, Reinbek b. Hamburg 1975.

TNS emnid (2009): Stadtwerke und kommunale Wasserversorger im Spiegelbild der öffentlichen Meinung, Umfrage 8/2009.

Turkowski (2009): Peter Turkowski, Handlungsoptionen bei auslaufendem Konzessionsvertrag, in VKU (Hrsg.), Stadtwerk der Zukunft IV, Berlin 2009, S. 75 ff.

VKU Verband kommunaler Unternehmen (Hrsg.) (2009): Stadtwerk der Zukunft IV: Konzessionsverträge. Handlungsoptionen für Kommunen und Stadtwerke, Berlin 2009.

Dietrich Dickertmann

„Renaissance öffentlicher Wirtschaft" auf dem Prüfstand: Erste Zwischenergebnisse

Gliederung

I. Vorbemerkungen
II. Die Ergebnisse der einzelnen Beiträge
III. Schlussbemerkungen
Literaturverzeichnis

I. Vorbemerkungen

(1) In seiner ursprünglichen Deutung wird der Begriff der „Renaissance" (Wiedergeburt oder Wiederkehr) mit der kulturellen Rückbesinnung auf die griechische und römische Antike im Europa des 14. bis 17. Jahrhunderts gleichgesetzt. Darüber hinaus wird damit zugleich auch eine – zumindest gefühlte – positive Verknüpfung impliziert, denn als eine rückwärtsgewandte Einstellung wird diese Epoche gemeinhin nicht kritisiert: Demgemäß gelangten alte, für wichtig erachtete Werte nach einer Phase des Verfalls von Kunst und Kultur zu einer neuen Blüte.

(2) Heutzutage wird der Begriff der Renaissance jenseits von Kunst und Kultur innerhalb einer so gekennzeichneten Epoche auf andere Bereiche des täglichen Lebens übertragen.[1] Das gilt beispielsweise auch für die Aktivitäten des staatlichen Wirtschaftens, welche nach einer Periode der Minderung der Staatsquote und der Durchführung von Privatisierungsmaßnahmen (nach dem Motto: So viel Markt wie möglich, so wenig Staat wie nötig) nun mit einem erweiterten staatlichen Aufgabenkatalog und den daraus resultierenden Wohl-

---

1 So wurde mit Blick auf die Energieversorgung in Deutschland bis vor kurzem gelegentlich von der „Renaissance der Kernkraft" gesprochen. Seit der dreifachen Katastrophe in Fukushima / Japan (Erdbeben, Tsunami sowie Explosionen und Brände bei den Atomkraftwerken mit radioaktivem Fallout) am 11. März 2011 ist davon jetzt nicht mehr die Rede.

fahrtsgewinnen einhergehen (sollen).² Ob eine solche Betrachtung beispielsweise vor dem aktuellen Hintergrund einer Steuerung der Bankenkrise in Deutschland oder der Schuldenkrise in Europa unter dem jeweiligen Einsatz hoher Milliardenbeträge tatsächlich noch vertretbar erscheint, kann durchaus bezweifelt werden. Von diesen Fehlentwicklungen war allerdings noch nicht die Rede, als die Beratungen und die Arbeiten zur Entwicklung dieses Berichtsbandes im Wissenschaftlichen Beirat des Bundesverbandes Öffentliche Dienstleistungen – Deutsche Sektion des CEEP e. V. (bvöd) begannen. Aus dieser Feststellung ist unter anderem die Erkenntnis abzuleiten, dass mit der Übernahme von Begriffsdeutungen unter Umständen auch Modeerscheinungen transferiert werden. Mit anderen Worten: Die oben erläuterte definitorische Abgrenzung mit ihrer positiv eingeschätzten Untermalung hat innerhalb eines vergleichsweise kurzen Zeitraums eine ursprünglich so nicht gemeinte Weiterung erfahren.

(3) Wie dem auch sei: Eine Ausweitung des staatlichen Sektors mit dessen Wirkungsmechanismen auf das marktliche Geschehen ist mit den staatlichen Maßnahmen zur Bewältigung der aktuellen Krisen allemal verbunden. Wird die Ausweitung des staatlichen Einflusses mit einer positiven Einschätzung in der zuerst umrissenen Interpretation unterlegt und beibehalten, so wird ein bis dahin als zu niedrig eingeschätztes, ja sogar beklagtes vermindertes Engagement des Staates durch ausgeweitete Aktivitäten auf einem höheren Niveau nach Umfang und Struktur im Gegensatz zu den jeweiligen Anteilen des Marktes nunmehr abgelöst. In vereinfachter Betrachtung wird der Entwicklungsprozess vom (liberalen) „Nachtwächterstaat" (des 19. Jahrhunderts) zum (modernen) „Interventionsstaat" (heutiger Ausprägung) mit seinen unterschiedlichen Abstufungen im Zeitablauf nachgezeichnet, wobei unter Bezugnahme auf die Kriterien der Effektivität und der Effizienz wohl eine (offenbar als erwünscht erachtete) Tendenz in Richtung auf den „Interventionsstaat" zu konstatieren ist.³ Bei alledem muss allerdings folgender Grundsachverhalt generell bewusst bleiben: Das Streben nach Effektivitätsvorteilen und Effizienzgewinnen darf nicht mit der Vorstellung einer Renaissance öffentlichen Wirtschaftens gleichgesetzt oder verwechselt werden. Bei diesbezüglich begründe-

---

2 Mit anderen Worten: Eine Wiedergeburt oder eine Wiederkehr des Staates steht nicht auf der Tagesordnung, da sich der Staat ja aus dem Leben seiner Bürger nie gänzlich verabschiedet hat. Bestimmend ist mehr die Vorstellung eines Pendels, das nun in die Richtung von mehr Staat mit einem (vermeintlich) höheren Grad an Effizienz und Effektivität auszuschlagen scheint.

3 Dabei ist zu bedenken, dass dem staatlichen Wirtschaften unter dem letztgenannten Kriterium durchaus auch Wohlstandsverluste zugerechnet werden; vgl. *Boss (2003)*.

ten und glaubwürdig legitimierten Aktivitäten geht es letztlich um die Verwirklichung traditioneller, permanent geltender Normen staatlichen Wirtschaftens, nämlich um die Einhaltung der Haushaltsgrundsätze der Wirtschaftlichkeit und der Sparsamkeit, wie sie im § 6 Abs. 1 Haushaltsgrundsätzegesetz[4] verankert sind.

(4) Eine derartige Sachverhaltsaufnahme ist und bleibt jedoch vage und letztlich inhaltsleer, wenn nicht konkrete Vergleichskriterien benannt und spezifiziert werden, anhand derer die Einschätzung der dem (Steuer-)Bürger bereitgestellten staatlichen Leistungen in Form öffentlicher Güter einerseits und der dem Konsumenten angebotenen marktlichen Leistungen in Form privater Güter andererseits vergleichsweise erfasst, gemessen und bewertet werden.[5] Hinzu kommen in einer Grauzone diejenigen Leistungen, an denen der Staat und der Markt in Form der meritorischen Güter gemeinsam beteiligt sind. Mit Hilfe solcher „Abrechnungen" ist letztlich eine verlässliche Deutung der jeweils vorgefundenen, registrierten Aktivitäten und der davon ausgehenden Wirkungen auf die Wohlfahrt der Menschen und der Gesellschaft im Zeitvergleich möglich. Daraus ist zudem abzuleiten, dass die einmal vorgefundene Aufteilung und Gewichtung für die jeweiligen Bereiche der genannten drei Güterarten nicht für immer festgeschrieben ist, sondern naturgemäß laufenden Veränderungen unterworfen ist oder zumindest doch unterliegen kann.

(5) Dabei ist ergänzend zu bedenken, dass die jeweiligen Umstände einer sachgerechten Abbildung und Bewertung des „Staates" und des „Marktes" von zahlreichen, höchst unterschiedlichen und im Zeitablauf veränderlichen Einflussfaktoren determiniert werden. Beispielgebend sind für eine solche Vergleichsbetrachtung folgende Komponenten von Belang:
- Die gesellschaftlichen und wirtschaftlichen Rahmenbedingungen für den Versorgungsauftrag der (Steuer-)Bürger einerseits und der Konsumenten andererseits unterliegen permanenten, wenngleich unstetigen Veränderungen: Zu denken ist unter anderem an die divergierenden Aspekte des technischen Fortschritts mit seinen jeweiligen Folgeerscheinungen des strukturellen Wandels, an die facettenreichen, übergreifenden Mechanismen der Globalisierung und die langzeitlich angelegten, schwer steuerbaren Regulative der demographischen Entwicklungen.
- Derartige Prozesse nehmen Einfluss auf die gesellschaftspolitischen und wirtschaftspolitischen Zielkataloge nach dem jeweiligen Umfang und nach

---

4 *HHGrG (2010).*
5 Siehe dazu im einzelnen *Gantner (1984)* sowie auch *Essig (2000).*

der jeweiligen Struktur, wenn beispielsweise an die Aufgabenfelder der Friedenssicherung, des Wohlstands, der Gerechtigkeit und der Nachhaltigkeit gedacht wird. Dabei geht es nicht nur um eine Realisierung solcher Zielvorgaben (einschließlich eventuell vordringlicher Änderungen) in der Gegenwart, sondern auch um die Beachtung der Zukunft mit Blick auf nachfolgende Generationen.[6]

- Um solche Zielsetzungen in die Tat umsetzen zu können, sind institutionelle und organisatorische Voraussetzungen zu erfüllen, welche im Rahmen einer marktwirtschaftlichen Ordnung via Markt und / oder via Staat geschaffen, erhalten und verändert werden müssen.[7] Hierbei geht es letztlich um Zuordnungs- und Abstimmungsmechanismen, welche mit Blick auf das Subsidiaritätsprinzip (ein erster Ansatzpunkt) einerseits auf den Markt als erstem Sektor und andererseits auf den Staat als zweitem Sektor zu konzentrieren sind (Verteilung und Wahrnehmung der jeweiligen Aufgaben bei entsprechender Ressourcenzuweisung). Für den staatlichen Bereich ist ergänzend zu konstatieren, dass wiederum mit Blick auf das Subsidiaritätsprinzip (ein zweiter Ansatzpunkt) die bestehende föderale Grundordnung mit den drei Ebenen von Bund, Ländern und Gemeinden arteigene Wirkungsmechanismen entfaltet (Verteilung und Wahrnehmung staatlicher Aufgaben im Spannungsfeld von Zentralisierung und Dezentralisierung).[8] Von der Lösung dieser Ordnungsfragen können zum einen Prozesse in Richtung auf ein zu konstatierendes Marktversagen ausgelöst werden, das gleichsam zwangsläufig auf einen staatlichen Eingriff hinausläuft (Verstaatlichung[9]). Umgekehrt kann zum anderen mit den staatlichen Aktivitäten ein unerwünschtes Staatsversagen einhergehen, was einen Rückgriff auf eine marktliche Leistungserstellung als zweckdienlich erscheinen

---

6 Siehe dazu beispielsweise *Bergheim u.a. (2004)*.
7 Beispielgebend ist auf die zahlreichen Privatisierungsaktivitäten zu verweisen, welche im Anschluss an die Schaffung der deutschen Einheit im Jahre 1989 durch die Treuhandanstalt (Bundesanstalt für vereinigungsbedingte Sonderaufgaben) aus ordnungspolitischen Gründen und zugleich auch aufgrund von fiskalischen Motiven seinerzeit in Gang gesetzt und abgewickelt wurden; siehe dazu ergänzend *Treuhandanstalt (1994)* sowie *Dickertmann / Gelbhaar (1997)*. Die damalige Privatisierungs-Euphorie hat seinerzeit nicht zuletzt auch die zugehörige Politikgestaltung in den „alten" Bundesländern beeinflusst. Siehe beispielsweise *Aufderheide (1990)*.
8 Diese Überlegung müsste um die von der Europäischen Gemeinschaft als eine vierte Ebene ausgehenden Einflussfaktoren erweitert werden; darauf wird hier aber verzichtet.
9 Dabei geht es nicht nur um die Übertragung von privatem Produktivvermögen auf den staatlichen Bereich, sondern gegebenenfalls auch um die Einbindung privater Dienstleistungen in die staatliche Daseinsvorsorge.

lässt (Deregulierung und Privatisierung[10]). Bei solchen ordnungspolitischen Änderungsmaßnahmen handelt es sich nicht notwendig um einen einmaligen Vorgang; die Entscheidung von heute kann unter Umständen zu einem späteren Zeitpunkt wieder in die andere Richtung gedreht werden. Bei alledem darf überdies nicht vernachlässigt werden, dass mit Blick auf den Bereich der gemeinnützig tätigen Einrichtungen (beispielsweise in Form Spenden sammelnder Organisationen oder in Form von Stiftungen) auch der Dritte Sektor in zunehmendem Maße als Leistungsanbieter für den (Steuer-)Bürger und für den Konsumenten gleichermaßen zu berücksichtigen ist. In solchen Non-Profit-Organisationen treffen sich dann gegebenenfalls auch Akteure des Marktes und des Staates zum gemeinsamen Tun. Dabei ist von einer zunehmenden Professionalisierung dieser Leistungsanbieter auszugehen, zugleich aber ist auch mit einem wachsenden Regulierungsbedarf zu rechnen. Insoweit sind die Aspekte der Wirkungsmessung im Dritten Sektor in Form des „Social Return in Investment" (SROI)[11] ebenso von (wechselseitiger) Relevanz wie die gesellschaftliche Verantwortung „Corporate Social Responsibility" (CSR)[12] der jeweiligen Akteure des privaten Sektors.[13]

- Die oben nur knapp aufgezeigten Entwicklungen werden nicht zuletzt von den jeweils generell verfügbaren und konkret einsetzbaren Instrumenten im marktlichen Prozess einerseits und im staatlichen Machtgefüge andererseits determiniert: Dabei geht es um die Auswahl und die Abstimmung zwischen verordnungsintensiven Maßnahmen (beispielsweise in Form von Geboten und Verboten mit unterschiedlichen Freiheitsgraden für die jeweils betroffenen Akteure und mit entsprechenden Bürokratielasten für den privaten Sektor als Folgeerscheinung)[14] zum einen sowie um die Kon-

---

10 Dabei geht es nicht nur um die Übertragung von staatlichem Produktivvermögen auf den privaten Bereich, sondern auch um die Einbindung staatlicher Daseinsvorsorge in die privaten Dienstleistungen.
11 Siehe dazu beispielsweise *Reichelt (2009)* m. w. N.
12 Siehe ergänzend *Schü / Weber (2010)*, S. 18 ff.
13 Siehe beispielgebend dazu *Deutsche Bank AG (2010a)*. Für diesen Bericht wirbt die Bank in gesonderten, ganzseitigen (also aufwändigen) Anzeigen unter dem Titel „Mehr als Geld", wie beispielsweise in: *Deutsche Bank AG (2010b)*. Siehe zudem *Beckmann u. a. (2011)*.
14 In diesem Zusammenhang ist beispielgebend auf die im Jahr 1998 vollzogene Gründung und die Entwicklung der (heutigen) Bundesnetzagentur für Elektrizität, Gas, Telekommunikation, Post und Eisenbahnen als Bundesoberbehörde unter der hauptsächlichen Aufsicht des Bundesministeriums für Wirtschaft und Technologie mit ihren wachsenden Aufgabenbereichen (rund 2.600 Mitarbeiter; Haushaltsansatz für das Jahr 2011: rund 160 Mio. Euro; *Haushaltsgesetz (2010)* – Einzelplan 09, Kapitel 10) zu denken. Siehe

zentration und den Einsatz von budgetintensiven Eingriffen (beispielsweise in Form von Ausgaben, Steuern, Beiträgen, Gebühren, Schulden, Steuervergünstigungen, Darlehen, Zinssubventionen oder Bürgschaften mit differenzierten Ausgestaltungsansätzen und differenzierenden Mitwirkungspflichten der jeweils betroffenen privaten Akteure) zum anderen.[15] Bei alledem ist zu bedenken, dass derartige Interventionen mit ihren jeweiligen Abstufungen nicht nur über die beteiligten öffentlichen Haushalte zum Einsatz gelangen. Vergleichbare Eingriffe kommen zum einen gegebenenfalls auch durch den Einsatz von „Schattenhaushalten" (beispielsweise in Form nicht ausgewiesener Verpflichtungen oder Forderungen sowie in Form von nicht zugerechneten Leistungen aus der Bürokratieüberwälzung auf den privaten Sektor oder in Form von monetären Sanktionen (Strafgeldern), welche im Rahmen von Urteilen seitens der Gerichte ohne eine haushalttechnische Erfassung gemeinnützigen Einrichtungen zugesprochen werden) zustande. Und zum anderen ist dabei an die zahlreichen „Nebenhaushalte"[16] mit ihren jeweiligen arteigenen Gestaltungspotentialen auf allen föderalen Ebenen zu denken. Dies gilt beispielsweise für öffentliche Unternehmen in unterschiedlichen Rechtsformen und mit verschiedenen geschäftspolitischen Ausrichtungen, für öffentliche Stiftungen, für staatliche Sondervermögen[17] und Fonds, für öffentliche Zweckgesellschaften, für staatliche oder halbstaatliche Lotteriegesellschaften mit der zweckgebundenen Verwendung abgezweigter Spielerlöse oder auch für Public-Private-Partnerships. Während mit der Einbindung der staatlichen Leistungen über die öffentlichen Haushalte die Vorgaben des Transparenzgebotes noch einigermaßen gewahrt bleiben, drängt sich bei der Einbeziehung von Schatten- und Nebenhaushalten (mittels derartiger Verschiebebahnhöfe in die „Töpfchenwirtschaft") trotz aller begründeten Rechtfertigungen einer „Ausgliederung" im Einzelfall geradezu der Verdacht auf, dass der Öffentlichkeit zweckdienliche Informationen zum Umfang der staatlichen Aktivitäten und zum Eingriff in das Marktgeschehen gleichsam absichtlich und

---

dazu *BEGTPG (2009)* sowie *Bundesnetzagentur (2010)*.
15 Siehe dazu unter anderem *Dickertmann (1980)*, S. 48 ff.; *Dickertmann / Diller (1986)*.
16 Zu beachten ist, dass zwischen Schatten- und Nebenhaushalten beträchtliche Unterschiede bestehen. Diese beiden Begriffe dürfen also keineswegs – wie in der Öffentlichkeit aber häufig praktiziert – gleichgesetzt werden; siehe dazu auch *Tiepelmann / van der Beek (1992)*; *Kilian (1993)*; *Puhl (1996)*; *Burmeister (1997a)*; *Burmeister (1997b)*; *Tiepelmann / van der Beek (1997)* sowie *Ueberschär (2007)*.
17 Die Kennzeichnung als „Sondervermögen" vermittelt dem außen stehenden Betrachter auf den ersten Blick die Vorstellung, es handele sich dabei um einen werthaltigen Bestandsposten, während bei einem zweiten Blick dann jedoch nicht nur gelegentlich erkennbar wird, dass das fragliche „Vermögen" tatsächlich überschuldet ist.

gezielt vorenthalten werden sollen. Solche Einrichtungen werden mit Blick auf die damit beabsichtigte Erweiterung politischer Gestaltungsräume dem Fokus einer (anstehenden) Haushaltskonsolidierung weitgehend entzogen sowie einer Subventions- und Schuldenkontrolle kaum hinreichend unterworfen.[18] Mit anderen Worten: Vor derartigen Hintergründen muss klar sein, dass die Anwendung von „Haushaltstricks" der unterschiedlichsten Art vordergründig die jeweiligen Zahlenwerke für einen Nachweis über das öffentliche Wirtschaften nicht nur verzerren können, sondern gegebenenfalls gerade deswegen implementiert werden.[19] Für eine adäquate Prüfung der „Renaissance" im Sinne einer Vergleichsrechnung sind die ermittelten Angaben jedoch um solche Manipulationen zu bereinigen, um zu haltbaren Ergebnissen zu gelangen. Zuzugeben ist, dass eine solche Bereinigung im Regelfall methodisch nicht einfach zu bewerkstelligen ist.

(6) Aus den vorstehenden Überlegungen ist abzuleiten, dass die (begrifflich vermeintlich positive belegte) Renaissance öffentlicher Wirtschaft keineswegs anhand der Entwicklung und des zeitlichen Vergleichs einer „einfachen" Kennzahl wie derjenigen der regelmäßig ausgewiesenen Staatsquote (als Anteil der Staatsausgaben am Bruttoinlandsprodukt) ermittelt werden kann.[20] Nach alledem wären die – zumindest implizit angelegten – Behauptungen viel zu einfach gestrickt und deswegen unvertretbar, wonach

- mit einer steigenden Staatsquote (Tendenz: starker Staat?) eine Renaissance des öffentlichen Wirtschaftens verbunden sei und damit folglich erkennbare Wohlstandsgewinne einhergehen,

---

18 Siehe ergänzend *Loeser (1991)*; *Hering (1998)*.
19 Ein solcher Eindruck drängt sich dem Betrachter des finanzwirtschaftlichen Geschehens auf, wenn er die eingesetzten Gestaltungsmodalitäten (zur Sicherung von Handlungsspielräumen) im Vorfeld einer haushaltswirtschaftlichen Umsetzung der „Schuldenbremse" auf der Ebene des Bundes und der Länder in den Fokus seiner Analyse rückt (siehe dazu *Dickertmann / Reichert (2010)*; *Bundesrechnungshof (2010)*, S. 104 ff.; *Kastrop u. a. (2010)*; *Heinemann (2010)*; *Gnädinger / Hilgers (2010)*).
20 Zur Entwicklung der Staatsquote siehe beispielsweise *SVR (2010)*, S. 193. Ergänzend ist schließlich darauf hinzuweisen, dass neben dem Erfassen und dem Messen der staatlichen Aktivitäten im Zähler der Quote auch das Bruttoinlandsprodukt im Nenner der Quote nicht von vornherein ungeprüft eingesetzt werden kann. Dabei ist beispielsweise an eine Veränderung der Anteile der Schattenwirtschaft im Zeitablauf zu denken, wodurch die Quote eine zusätzliche Verzerrung erfährt. Vertiefend dazu müsste noch eruiert werden, in welchem Maße die öffentlichen Aktivitäten (zum Beispiel aufgrund von Maßnahmen der Besteuerung oder aufgrund einer Ausweitung bürokratischer Pflichten) zu einer Veränderung der Schattenwirtschaft verursachend beigetragen haben.

- während demgegenüber bei einer sinkenden Staatsquote (Tendenz: schwacher Staat?) infolge einer Minderung des öffentlichen Wirtschaftens demnach Wohlfahrtsverluste zu konstatieren seien

und

- bei einer gleich bleibenden Staatsquote schließlich eine stagnierende Wohlfahrt zu registrieren sei.

Folgende ergänzende Anmerkungen sind dazu vorzutragen:

- Erstens wären diesbezügliche Aussagen über einen Zeitraum von mehreren Jahren selbst unter der Annahme unhaltbar, dass die zum Vergleich herangezogenen Staatsquoten nach einheitlich geltenden Kriterien sowie nach objektiv und neutral eingesetzten Erhebungsmethoden ermittelt wurden. Dabei werden die zusätzlich wirksam werdenden unterschiedlichen Preiseffekte noch nicht einmal ins Spiel gebracht.
- Zweitens ist eine hohe Staatsquote nicht von vornherein mit einem zielgerecht und wirtschaftlich effizient agierenden Staat gleichzusetzen; ein solcher Staatsanteil kann auch Ausdruck von Mittelverschwendung mit entsprechenden Wirkungsverlusten sein. Umgekehrt kann mit einer niedrigen Staatsquote durchaus ein durchsetzungsstarker Staat einhergehen, wenn dieser einen adäquaten und allgemein akzeptierten Ordnungsrahmen vorgibt.
- Und jenseits dessen ist drittens stets zu prüfen, von welchem Niveau die Feststellung einer wachsenden oder fallenden Staatsquote beim Ausweis einer solchen Veränderungsrate ausgeht und welche Stärken und / oder Schwächen dem staatlichen Sektor in der jeweils vorliegenden Ausgangskonstellation zuzuschreiben sind.

Mit anderen Worten: Der Nachweis einer Renaissance der öffentlichen Wirtschaft bedarf einer sorgfältigen, weit reichenden Betrachtung des jeweiligen Einzelfalls. Dabei sind vielfältige, facettenreiche Leistungsaspekte und Wirkungszusammenhänge, wie beispielsweise der Produktinnovationen und der Verfahrensinnovationen, der Mengen- und der Qualitätsaspekte, des föderalen Wettbewerbs und der Bürgerpräferenzen, der Daseinsvorsorge vor Ort und in der Fläche oder der staatlichen Rechenschaftslegung und Information der Öffentlichkeit, nachzuzeichnen und auf den Prüfstand zu stellen. Zugleich muss dabei bewusst bleiben, dass eine solche Analyse häufig nicht zu berechenbaren Ergebnissen führt, so dass vorgelegte Interpretationen der jeweils aufgezeigten Entwicklung auch interessengeleitet (opportunistisch) angelegt sind oder dergestalt zumindest ausgerichtet sein können. Deswegen ist eine

Renaissance des öffentlichen Wirtschaftens nicht immer und nicht einfach durch eine klare Entscheidung zu sanktionieren.

(7) Vor diesem Hintergrund sind die hier in drei Abschnitten *(Teil A. Öffentliche Wirtschaft: Effizienz – Historie – Wahrnehmung – Präferenzen, Teil B. Kontexte öffentlicher Wirtschaft im Wandel und Teil C. Perspektiven öffentlicher Wirtschaft)* vorgestellten 13 Untersuchungen als pointierte Einzelanalysen zur Kenntnis zu nehmen und zu bewerten. Es geht dabei – wie die Herausgeber einführend schon dargelegt haben – nicht darum, die Renaissance der öffentlichen Wirtschaft in ihrer Gesamtheit zu begründen, zu rechtfertigen und abzubilden. Statt dessen werden erste Ansatzpunkte (ein „erster Grundstein") dafür vorgestellt und erläutert, mit welchen Fragen und mit welchen Maßstäben eine (vermeintliche) Renaissance der öffentlichen Wirtschaft untersucht und beurteilt werden kann. Der Zweck der Darlegungen ist demnach schon dann als erfüllt anzusehen, wenn die Analyseergebnisse des vorliegenden Sammelbandes dazu beitragen, zweifellos erforderliche, weiterführende Erörterungen zur Renaissance der öffentlichen Wirtschaft mit einem „soliden Fundament" zu versehen.[21]

II. Die Ergebnisse der einzelnen Beiträge

(1) In seinem Beitrag *„Zur relativen (In-)Effizienz öffentlicher (und privater) Unternehmen – Unternehmensziele, Effizienzmaßstäbe und empirische Befunde"* (Teil A) geht *Holger Mühlenkamp* von der Frage aus, ob öffentliche Unternehmen in der Lage sind, ein Marktversagen zu therapieren. Nach der konventionellen Meinung der Ökonomik ist Marktversagen als eine notwendige, aber nicht als eine hinreichende Voraussetzung für die Existenz öffentlicher Unternehmen zu unterstellen. Öffentliche Unternehmen dienen nach diesem Paradigma zur Korrektur von Marktversagen und zur Steigerung der Allokationseffizienz. Daneben existiert auch die unter Ökonomen allerdings weniger verbreitete Ansicht, wonach öffentliche Unternehmen eventuell geeignete Instrumente der Wirtschafts- und Sozialpolitik sein könn(t)en. Die Problematik der letztgenannten Auffassung gründet auf der Schwierigkeit, den „sozio-politischen Output" dieser Politiken adäquat zu messen, was Effizienzvergleiche erschwert, wenn nicht gar völlig konterkariert. Der Verweis auf die Herstellung nicht-marktlicher Nebenprodukte (positive externe Effekte), welche von

---

21 Insofern kann dieser Sammelband als eine zweckdienliche Ergänzung zur Dokumentation des *Bundesverbandes öffentlicher Dienstleistungen (2009)* angesehen werden.

privaten Unternehmen gemeinhin nicht angeboten werden, kann dann zur Immunisierung gegen jedwede Kritik im Falle einer ineffizienten Produktion marktgängiger Güter durch die öffentlichen Unternehmen genutzt werden.

Selbst die alleinige allokative Untersuchung öffentlicher Unternehmen bereitet für die empirische Analyse erhebliche Probleme: Das hier zugrunde liegende theoretische Konzept des sozialen Überschusses stellt hohe Anforderungen an das zu erhebende Datenmaterial, welche vielfach nicht zu erfüllen sind. Weniger ambitioniert und deswegen auch leichter sind demgegenüber Vergleiche der Kosten- und Produktionseffizienz zu realisieren. Diese beiden einzelwirtschaftlichen Effizienzmaße sind – gemeinsam mit allokativ effizienten Preisen – notwendige, aber nicht hinreichende Voraussetzungen für den größtmöglichen Wohlstandsgewinn; der soziale Überschuss steigt ceteris paribus mit der einzelwirtschaftlichen Effizienz. Allerdings weisen produktions- und kosteneffiziente Unternehmen nicht zwangsläufig einen höheren sozialen Überschuss als einzelwirtschaftlich weniger effiziente Unternehmen auf, wenn letztere eine wohlfahrtsökonomisch bessere Preispolitik betreiben.

- Wenngleich regelmäßig (mehr oder minder ad hoc) von einer geringeren einzelwirtschaftlichen Effizienz öffentlicher Unternehmen ausgegangen wird, liefern theoretische Modelle zu diesem Thema ambivalente Ergebnisse: Lediglich die ältere Theorie der Verfügungsrechte kommt zu dem eindeutigen Schluss, dass öffentliche Unternehmen infolge vergleichsweise ungünstiger angelegter Strukturen bei den Verfügungsrechten grundsätzlich ineffizienter operieren als private Unternehmen. Jüngere Modellbetrachtungen, die zumeist auf der Prinzipal-Agent-Theorie basieren oder welche sich die Idee unvollständiger Verträge zu eigen machen, liefern regelmäßig sowohl (Parameter-)Konstellationen, in denen private Unternehmen effizienter agieren als öffentliche Unternehmen, als auch (Parameter-)Konstellationen für das gegenteilige Ergebnis.
- Demgegenüber lassen empirische Untersuchungen auf den ersten Blick vielfach einen klaren Effizienzvorteil für private Unternehmen erkennen. Diese Bewertung wird insbesondere von viel zitierten Übersichten wie denjenigen von William L. Megginson und Jeffry M. Netter befördert, worauf sich zunächst auch der Autor bezieht. Auf den zweiten Blick lässt sich mittels einer seriösen und fundierter Betrachtung – bei dem damit verbundenen Verzicht auf für das Marktversagen irrelevanten Studien, mit der Konzentration auf die relevanten Effizienzmaße unter Berücksichtigung von Markt- und Regulierungskonstellationen und unter Rückgriff auf moderne quantitative Methoden – jedoch eine allgemeine Überlegenheit der privaten Unternehmen gegenüber den öffentlichen Unternehmen nicht nachweisen. Demnach wirtschaften – wie es aussieht – öffentliche Unter-

nehmen auf Märkten ohne oder mit lediglich eingeschränktem Preissetzungsspielräumen nach messbaren, einzelwirtschaftlichen Kriterien durchweg nicht ineffizienter als private Unternehmen. Öffentliche Unternehmen könnten aus gesellschaftlicher Sicht den privaten Konkurrenten signifikant überlegen sein, wenn sie allokativ bessere Preise setzen und / oder neben marktlichen Gütern auch noch einen sozio-ökonomischen Output produzieren.

Angesichts der teilweise dubiosen Zusammenstellung und wegen der fraglichen Repräsentativität bisheriger Übersichten empirischer Ergebnisse in der Literatur sind alle Aussagen zur relativen Effizienz öffentlicher und privater Unternehmen jedoch mit Vorsicht aufzunehmen. Um zu tatsächlich tragfähigen Aussagen zu gelangen, dürfte eine sorgfältige systematische Neuzusammenstellung der verfügbaren Primärstudien anhand nachvollziehbarer Kriterien angezeigt sein.

Da insbesondere im Hinblick auf die Wohlstandseffekte bzw. den nicht-marktlichen Output noch deutliche Erkenntnislücken bestehen, wären diesbezügliche Untersuchungen zukünftig durchzuführen und deren Ergebnisse sodann bei entsprechenden Vergleichsberechnungen adäquat zu berücksichtigen.

(2) Wenn öffentliche Unternehmen neben vergleichbaren marktlichen Angeboten noch einen weiteren, nicht-marktlichen Output erwirtschaften, müssten sich die Unternehmen zur grundlegenden Existenzsicherung, zur eigenen Rechtfertigung und zur Aufwertung ihres Ansehens in der Öffentlichkeit veranlasst sehen, solche Zusatzleistungen in ihren jeweiligen Geschäfts- und Rechenschaftsberichten angemessen zu präsentieren. Ausgangspunkt der Überlegungen ist die Feststellung, dass öffentlichen Unternehmen von den Entscheidungsträgern der Politik eine große Bedeutung für die Wahrnehmung von gleichsam öffentlichen Aufgaben zugewiesen wird, welche diese für die Bewahrung und für die Weiterentwicklung des Gemeinwesens als tragend ansehen. Die öffentlichen Unternehmen haben nicht nur für die Daseinsvorsorge und für eine strukturpolitische Handlungsfähigkeit, sondern auch hinsichtlich der Finanzperspektive (fiskalische Ziele) eine beachtliche Relevanz erlangt.

Die oben dargelegten, empirischen Erkenntnislücken könnten so zumindest ansatzweise geschlossen werden. Dafür liefert die Bestandsaufnahme zum *„Status quo der öffentlichen Wirtschaft: Empirische Analyse von Beteiligungsberichten zu Anzahl und Rechtsformen von unmittelbaren Beteiligungen der öffentlichen Hand"* (Teil A) von *Ulf Papenfuß* mittels eines umfassenden Überblicks über die gewachsenen Ausgliederungs- bzw. Beteiligungsstrukturen erste Anhaltspunkte. Denn in der Literatur liegen aktuelle empirischen Studien dazu noch nicht vor, welche auf großen Fallzahlen basieren, Aussagen zur konkreten Anzahl und zu den gewählten Rechtsformen erlauben sowie zudem eine Klassifizierung nach Größenklassen und Bundesländern vornehmen. Das Ziel des Autors ist es deswegen, eine tabellarische Aufbereitung der Ausgliederungs- und Beteiligungsstrukturen im Hinblick auf unmittelbare Beteiligungen zu liefern. Dabei wird unter anderem sichtbar, wie viele Beteiligungen zum einen die Städte und zum anderen die Bundesländer jeweils in welcher Größenklasse halten, wie oft die relevantesten Rechtsformen vertreten sind und welchen prozentualen Anteil einerseits die privatrechtlichen sowie andererseits die öffentlich-rechtlichen Rechtsformen im Vergleich erreichen.

Dazu werden auf der Grundlage einer Internetstudie zunächst alle Städte mit mehr als 30.000 Einwohnern anhand von insgesamt 414 Internetauftritten analysiert und die jeweils aktuell verfügbaren Beteiligungsberichte untersucht: Die Auswertung basiert auf insgesamt 153 Beteiligungsberichten von Städten und auf den 16 Beteiligungsberichten der Bundesländer.

- Die Städte über alle Bundesländer und Stadtstaaten hinweg halten in der Größenklasse[22] (GK) I im Durchschnitt 6,2 unmittelbare Beteiligungen in privatrechtlicher Rechtsform. Mit wachsender Stadtgröße steigt die durchschnittliche Anzahl von 12,1 in der GK II über 15,7 in der GK III und 17,8 in der GK IV bis schließlich 29,5 Beteiligungen in der GK V.
Bei der GK I liegen beispielgebend in Baden-Württemberg und in Nordrhein-Westfalen mit 7,4 und mit 7,6 Beteiligungen im Durchschnitt deutlich mehr unmittelbare Beteiligungen in privatrechtlicher Rechtsform vor als das beispielsweise in Hessen und in Niedersachsen mit durchschnittlich 5,6 und 5,9 Beteiligungen der Fall ist. Bei der GK II fällt vor allem auf, dass in Hessen mit 17,7 und in Niedersachen mit 16,6 Beteiligungen erheblich mehr privatrechtliche Beteiligungen als in anderen Bundesländern wie etwa in Bayern mit 10,6 oder in Nordrhein-Westfalen mit 9,7 Beteiligungen gehalten werden.
- Die durchschnittliche Anzahl von unmittelbaren Beteiligungen in der Rechtsform einer GmbH steigt über die einzelnen Größenklassen kontinuierlich von 4,7 Beteiligungen in der GK I, über 14,4 Beteiligungen in GK III bis auf 24,5 Beteiligungen in GK V. Während der Anstieg in den GK I bis IV noch als vergleichsweise kontinuierlich eingeschätzt werden mag, ist der Sprung von 15,1 Beteiligungen in der GK IV auf 24,5 Beteiligungen in GK V dann doch als bemerkenswert hoch zu registrieren.
- Überdies ist hervorzuheben, dass bezüglich der von den Kommunen gewählten Rechtsform der Gesellschaft mit beschränkter Haftung (GmbH)

---

22 Zur Abgrenzung der fünf Größenklassen siehe im Detail oben S. 55.

zwischen den einzelnen Bundesländern in einer Größenklasse markante Unterschiede erkennbar werden: Während – wiederum bei exemplarischer Betrachtung – die Städte der GK I in Nordrhein-Westfalen und in Baden-Württemberg durchschnittlich 5,4 und 5,1 GmbHs in ihrem Eigentum halten, sind es in Hessen und in Niedersachen nur 4,1 und 4,0 Beteiligungen in dieser Rechtsform. In der GK II nehmen die Städte in Niedersachsen mit durchschnittlich 15,8 GmbHs den ersten Rang ein, gefolgt von Hessen mit 12,7 GmbHs, Baden-Württemberg mit 8,6 GmbHs und Nordrhein-Westfalen mit 7,3 GmbHs. Innerhalb der Bundesländer bleibt die durchschnittliche Anzahl in den GK I bis III in Bayern mit 4, 7 und 7,4 GmbHs vergleichsweise konstant. In Baden-Württemberg mit 5,2 / 8,6 / 12,4 GmbHs und vor allem auch in Niedersachsen mit 4,1 / 15,8 / 14,8 GmbHs steigt die durchschnittliche Anzahl dagegen über die Größenklassen wesentlich stärker an.

Aus den vorstehenden Auswertungen wird ersichtlich, dass es bei der organisatorischen Anlage von Beteiligungen und Ausgliederungen doch erhebliche Unterschiede zwischen den Gemeinden gleicher und divergierender Größenordnungen gibt. Vergleichbare Feststellungen sind auch für die Bundesländer zu treffen. Der außen stehende Betrachter fragt sich, welche Gründe und Motive für derartige Abweichungen maßgeblich sind. Und er fragt sich zudem, ob und in welcher Weise damit voneinander abweichende Ergebnisse bei der Versorgung der Bürger nach der Qualität und nach der Menge der letztlich öffentlichen Leistungen erklärt werden können. Die Diskussion über eine effektive wie effiziente Wahrnehmung der von politischen Akteuren als öffentlich bzw. gesellschaftlich bedeutend eingestuften Aufgaben durch eher marktorientierte und / oder eher staatlich orientierte Organisationsformen wird eine gesellschaftspolitische Aufgabe der nächsten Jahre und Jahrzehnte sein. Vor dem Hintergrund dieser ersten und begrenzten Untersuchung wird eine erweiterte und vertiefte Aufarbeitung der von den Gemeinden und von den Ländern vorgelegten Beteiligungsberichte durch wissenschaftliche Analysen für fundierte Vergleiche zweckdienlich sein, um zu prüfen, wie sich privatrechtliche und öffentlich-rechtliche Beteiligungs- und Ausgliederungsstrukturen im Verhältnis zueinander sowie in Bezug zur jeweiligen Kernverwaltung im Zeitablauf entwickeln und welche Folgen sich für das Versorgungsniveau der Bürger mit marktlichen und nicht-marktlichen Gütern daraus ergeben. Diese Anregungen aufgreifend legen Ulf Papenfuß und Christina Schaefer (Teil C) eine ergänzende Untersuchung zur kommunalen Berichterstattung über die jeweilige Aufgabenerfüllung ihrer Beteiligungsunternehmen in diesem Sammelband vor.

(3) Eine Bereitstellung öffentlicher Güter in marktlicher oder nicht-marktlicher Beschaffenheit – das klang eingangs bereits an – hat es seit jeher gegeben. Von daher ist es überaus reizvoll und für die Beantwortung der Grundfragen dieses Sammelbandes zweifellos hilfreich, die *„Paradigmen öffentlichen Wirtschaftens in historischer Perspektive"* (Teil A) von *Gerold Ambrosius* zur Kenntnis zu nehmen, wie das in dessen Untersuchung vorgetragen wird. Dabei geht der Autor von der Annahme aus, dass unter ‚öffentlichem Wirtschaften' einzelwirtschaftliches Handeln verstanden wird, wie es zuvor auch in dem Beitrag von Ulf Papenfuß (Teil A) zur Sprache gebracht wurde. Institutionell wird damit unterstellt, dass politische Körperschaften mit eigenen Unternehmen insbesondere Dienstleistungen für den Bürger bereitstellen. Funktionell bedeutet es, dass politische Gebietskörperschaften das Angebot von öffentlichen Dienstleistungen sichern. Im ersten Fall produzieren die politischen Gebietskörperschaften das Angebot selbst, während sie es im zweiten Fall lediglich gewährleisten.

Wenn vor diesem Hintergrund der Zeitraum seit dem ausgehenden 19. Jahrhundert betrachtet wird, so können zwei Paradigmen unterschieden werden:[23] das ältere, das bis in die 1970er Jahre gültig war, und das jüngere, das sich seit den 1980er Jahren herausbildete. Darauf nehmen auch die Ausführungen von Wolf Gottschalk (Teil C) mit Blick auf den ausgewählten Bereich der Energieversorgung teilweise Bezug.

– Das ältere Paradigma wird anhand von sechs Dimensionen näher erläutert: Öffentliches Wirtschaften wurde unter dem Kriterium der gesellschaftlichen Dimension (1) seit dem ausgehenden 19. Jahrhundert als Ausdruck einer Gesellschaft mit massenzivilisatorischen, urbanen und industrialisierten Produktions-, Arbeits- und Lebensverhältnissen angesehen. Das wirtschaftliche Marktprinzip stellte nach dieser Auffassung kein ausreichendes gesellschaftliches Organisationsprinzip mehr dar und musste deshalb durch das Solidarprinzip ergänzt werden. Deutschland (Europa) war seit dieser Zeit auf der Suche nach einem gesellschaftlichen Entwicklungsmodell, das jenseits von extremem Liberalismus und radikalem Sozialismus gleichzeitig eigenwirtschaftliche Effizienz und eine gemeinwirtschaftliche Solidarität sichern sollte. Der Erreichung dieses Ziels dienten auch öffentliche Dienstleistungen.

---

23 Ein „Paradigma" ist als ein vorherrschendes, übergreifendes Denk- oder Deutungsmuster in einer bestimmten Zeit zu interpretieren. Es spiegelt insoweit einen allgemein anerkannten Konsens über Annahmen und Vorstellungen hinsichtlich eines bestimmten Sachverhaltes wider.

Öffentliches Wirtschaften wurde am Ende des 19. Jahrhunderts unter dem Kriterium der staatlichen Dimension (2) als ein Teil der sich entwickelnden Leistungsverwaltung angesehen. Es stellte ein wichtiges Instrument staatlicher Politik dar, das anders als hoheitliche Eingriffe marktnah und flexibel eingesetzt werden konnte. Bei (hoheitlichen) Aufgaben wie denjenigen der inneren Sicherheit, der Bildung, der Gesundheit oder der sozialen Sicherung war es selbstverständlich, dass sie in den Kompetenzbereich des Staates gehörten und von diesem auch erledigt wurden. Bei (öffentlichen) Dienstleistungen wie denjenigen des Verkehrs, der Energieversorgung, der Post oder der Telekommunikation war dies nicht selbstverständlich, wurde aber bevorzugt. Öffentliche Wertschöpfung wurde zudem lange Zeit geradezu als ein Synonym für gebietskörperschaftliche Eigenständigkeit angesehen. Öffentliches Wirtschaften wurde insofern auch als eine Stärkung des politischen Mehrebenensystems in Deutschland gedeutet; es war Ausdruck eines „materiellen Föderalismus". Betriebliches Kapital wurde aber nicht nur in dieser Hinsicht als politisches Kapital angesehen. Insbesondere auf der kommunalen Ebene stand öffentliches Wirtschaften für demokratische Selbstbestimmung und Bürgersouveränität; es war Ausdruck einer „materiellen Demokratie".

Seit dem 19. Jahrhundert stand die gemeinwohlbezogene Leistungserbringung unter dem Kriterium der gemeinwirtschaftlichen Dimension (3) im Zentrum des Paradigmas öffentlichen Wirtschaftens. Das Spektrum der diskutierten Instrumentalfunktionen reichte von Aufgaben der Modernisierung durch Beschleunigung des technischen und gesellschaftlichen Fortschritts über Aufgaben der Kontrolle mittels Selbstbeschränkung in Bezug auf Preise oder Konzentration bis hin zu Aufgaben der Ergänzung in Bereichen, in denen andere Akteure (des privaten Sektors) nicht oder nicht in ausreichendem Maße aktiv wurden. In der Hochphase des Keynesianismus nach dem Zweiten Weltkrieg sollten öffentliche Unternehmen in die makroökonomischen Steuerungsversuche eingebaut werden. In jüngster Zeit sollten sie beispielsweise einen besonderen, vorbildlichen Beitrag zum Umweltschutz leisten.

Öffentlich-monopolistisches Wirtschaften wurde mit Blick auf die ordnungspolitische Dimension (4) als konstitutives Element eines dominant privat-wettbewerblich ausgerichteten Systems angesehen. Diese Art des Wirtschaftens war nicht nur nicht ordnungswidrig, sondern ausdrücklich ordnungskonform. Das ältere Paradigma war durch eigentumsrechtlichen Pluralismus gekennzeichnet. Das Verhältnis von privatem und öffentlichem Eigentum wurde dabei recht undogmatisch beurteilt. Auch hinsichtlich der Marktformen war die vorherrschende Meinung pluralistisch ausgerichtet. Allerdings wurden netzgebundene Dienste seit dem ausgehenden 19. Jahrhundert als ‚natürliche Monopole' gekennzeichnet, die durchaus positiv eingeschätzt wurden. Dahinter stand eine generelle Faszination von Planung und Lenkung, von organisatorischer Rationalität, von großtechnischen Systemen, deren Strukturen es nach dieser Auffassung ermöglichten, nicht nur die wirtschaftlichste Form der Erzeugung, sondern zugleich auch die sozialste Form der Verteilung zu erreichen.

Die horizontal und vertikal integrierten Gebietsmonopole, die sich unter dem Kriterium der regulativen Dimension (5) seit dem 19. Jahrhundert auf den Märkten für öffentliche Dienstleistungen ausbreiteten, wurden nicht nur hingenommen, sondern – insbesondere durch die Branchengesetze der 1930er Jahre und durch das Gesetz gegen Wettbewerbsbeschränkung aus dem Jahr 1957 – ausdrücklich bestätigt. Die kombinierte Preis- und Fachaufsicht und später auch die Kartellaufsicht dieses Regulierungsregimes spiegelt diese Vorliebe für gesetzliche und administrative Steuerung wider. Mit den so genannten Pflichten- und Leistungskatalogen wurde zugleich die aktive Verhaltensregulierung in der Tradition der direkten Führung durch den Träger der öffentlichen Unternehmung und der indirekten Führung durch den die Sachziele formulierenden Konzessionsvertrag fortgesetzt. Die Auffassung, dass unmittelbar in die Unternehmenspolitik eingegriffen werden sollte, drückte sich auch darin aus, dass es nicht primär um eine eher indirekte Erlös- und Effizienzregulierung ging, sondern um eine direkte Beeinflussung der Angebotspolitik und der Investitionsentscheidungen. Die öffentlich-rechtliche Branchenregulierung von Dienstleistungsmärkten der Daseinsvorsorge entsprach der Vorstellung vom zentralistischen Interventionsstaat, die sich seit dem Ersten Weltkrieg immer mehr durchsetzte. Durch die Verhaltensregulierung sollte das Gemeinwohl nicht über den Markt mit seinem Preiswettbewerb gesichert werden, sondern über eine Norm setzende Politik.

Der Vorwurf der Unwirtschaftlichkeit und der politischen Abhängigkeit wird unter dem Kriterium der betrieblichen Dimension (6) erhoben, seitdem es öffentliche Unternehmen gibt. Seither wurde versucht, diese Mangellage zu entschärfen. Die formellen Privatisierungen der jüngsten Zeit, die Gründung von Public-Private-Partnerships sowie die neuen effizienz- und leistungsorientierten Steuerungsmodelle für die öffentliche Verwaltung setzen insofern nur eine lang anhaltende Entwicklung fort. Die Tatsache, dass vom Ansatz her seit Beginn des öffentlichen Wirtschaftens unter Einsatz öffentlicher Unternehmen versucht wurde, privatwirtschaftliche Steuerungsformen zu adaptieren, zeigt, dass auch diejenigen Akteure von der relativen Unwirtschaftlichkeit öffentlicher Unternehmen überzeugt

waren, welche die öffentliche Wirtschaftstätigkeit grundsätzlich befürworteten. Allerdings hielten sie diese nicht für systemimmanent, sondern für ein Problem, das gelöst werden konnte.
– Demgegenüber wird das jüngere Paradigma, das seit den 1980er Jahren für die Beurteilung des öffentlichen Wirtschaftens prägend ist und dabei einseitig auf Maßnahmen der Privatisierung, der Liberalisierung, der Deregulierung und der Kommerzialisierung setzt, revidiert werden müssen. Die jüngsten Umfragen zeigen, dass viele Elemente des älteren Paradigmas weiterhin von der Bevölkerung akzeptiert bzw. gewollt sind. Viele Menschen schätzen die Wirtschaft hinsichtlich ihrer Eigentums- und Marktformen als gesellschaftlich konstituiert und verfasst ein; ihrer Meinung nach kommt es weniger auf die Struktur der Einrichtungen und statt dessen mehr auf das Verhalten der Akteure an. Im Hinblick auf die Versorgung mit gemeinwohlbezogenen Dienstleistungen bedeutet dies, dass die Menschen seit jeher öffentlichen Unternehmen ein größeres Vertrauen als privaten Leistungsanbietern entgegen bringen, unabhängig davon, wie wettbewerblich einerseits oder monopolistisch andererseits die Märkte organisiert sind.

(4) Derartige, offenbar „festgeschriebene" Einstellungen des Bürgers und Kunden geben Anlass zu der Frage, wodurch ein solches Verhalten in der Vergangenheit vielleicht geprägt wurde und heute beeinflusst wird. Für einen Teilaspekt dieser Fragestellung liefert der Beitrag über die *„Renaissance öffentlicher Wirtschaft? – Eine Medienanalyse"* (Teil A) von *Ludwig Theuvsen* und *Ulrike Zschache* erste Antworten. Dabei gehen die Autoren aufgrund einer erkennbar gewordenen Häufung von Indizien (zu nennen sind beispielsweise Ergebnisse aus Bürgerbefragungen oder Maßnahmen einer Rekommunalisierung) von der Feststellung aus, dass das öffentliche Wirtschaften seine ursprüngliche Defensivposition, in der sie sich seit rund zwei Jahrzehnten befand, gegenwärtig verlassen hat und statt dessen eine Renaissance öffentlichen Wirtschaftens eingeleitet hat.

Ziel dieses Beitrags ist es deswegen, die Frage zu beantworten, ob tatsächlich eine Renaissance öffentlichen Wirtschaftens schon im Gang ist oder zumindest bevorsteht. Zur Klärung der Sachlage werden im Einzelnen drei Fragen untersucht: (1) Welche Akteure kommen im massenmedialen Diskurs über öffentliches Wirtschaften zu Wort? (2) Wie positionieren sich diese Akteure gegenüber der wirtschaftlichen Betätigung der öffentlichen Hand? (3) Mit welchen Deutungsmustern wird das Thema interpretiert, um die geäußerte Position möglichst überzeugend zu untermauern (so genanntes Framing)?

Die Untersuchung gründet dabei auf der Überzeugung, dass sich in den Massenmedien ausgetragene Diskurse als Indikatoren für das vorherrschende Meinungsbild in einer Gesellschaft verstehen lassen. Jedenfalls ist es kaum zu bezweifeln, dass die Medien in einer Demokratie die Agenda der politischen Themen und die Setzung der politischen Prioritäten maßgeblich beeinflussen. Um diese Aussage zu belegen, führen die Autoren eine Medienanalyse bei zwei Qualitätszeitungen (Frankfurter Allgemeine Zeitung und Süddeutsche Zeitung) durch, welche sich auf den Zeitraum der Jahre 1996 bis 2008 erstreckt. Aus der ermittelten Gesamtzahl von 1.849 relevanten Artikeln werden für die Prüfung der qualitativen Deutungsmuster zunächst stichprobenartig 300 Artikel aus beiden Zeitungen ausgewählt. Aus der Detailbetrachtung werden sodann folgende Erkenntnisse abgeleitet:

- Mit Hilfe der qualitativen Analyse konnten – so ein erstes Ergebnis – 13 verschiedene zentrale Deutungsmuster identifiziert werden, die von den Akteuren in der öffentlichen Auseinandersetzung über den Stellenwert und die Zukunft des öffentlichen Wirtschaftens herangezogen werden.
- Den Fragen nach dem Umgang mit öffentlichen Unternehmen und den Überlegungen zu deren Privatisierung wurde – so ein zweites Ergebnis – im Jahr 1997 eine deutlich erhöhte Aufmerksamkeit in der öffentlichen Debatte gewidmet. In den Folgejahren fand das Thema jedoch zunehmend weniger Beachtung in den Medien. Nach einem ersten Wiederaufflammen der Diskussion seit dem Jahr 2003 lässt sich insbesondere für die beiden Jahre 2006 und 2007 eine intensive öffentliche Auseinandersetzung über das Thema beobachten.

Dabei wird die Debatte in den genannten beiden Zeitungen hauptsächlich von Politikern dominiert (48,8 v. H.). Zudem äußern sich Journalisten der jeweiligen Zeitung mit eigenen Stellungnahmen zum Thema (16,1 v. H.), gefolgt von Repräsentanten aus Unternehmen (14,5 v. H.) und Verbänden (10,2 v. H.). Zivilgesellschaftliche Akteure, beispielsweise Bürgerinitiativen und einzelne Bürger (4 v. H.), Wissenschaftler (2,8 v. H.), Rechtsexperten (2 v. H.) und sonstige Akteure (1,5 v. H.), sind an den Erörterungen kaum beteiligt.

In den einzelnen Beiträgen werden – was naturgemäß nicht verwundert – kontroverse Positionen vertreten. Allerdings zeigt sich, dass sich die Stimmungslage innerhalb des Untersuchungszeitraumes verändert: Während die Forderung nach einer Einschränkung (und deren Umsetzung) staatlichen Wirtschaftens und die Überführung öffentlicher Unternehmen in privates Eigentum am Ende der 1990er Jahre von einer großen Mehrheit der Autoren unterstützt wurde, sind in den Jahren danach zunehmend mehr Meinungsäußerungen zu registrieren, welche sich für eine öffentliche Betätigung im Bereich der sozialen Infrastruktur und der Daseinsvorsorge einsetzen. Auch wenn die Befürworter öffentlichen Wirtschaftens eine Mehrheit im Diskurs nicht erlangen, bildet sich doch eine privatisierungskritische Gegenposition heraus, die ebenso stark vertreten ist wie die Position der Privatisierungsbefürworter. Im Jahr 2008 übersteigt der Anteil der Privatisierungsgegner sogar leicht jenen der Befürworter.

- Die quantitative Analyse lässt – so ein drittes Ergebnis – erkennen, dass unter der genannten Vielzahl der Interpretationsmöglichkeiten einige wenige von herausgehobener Bedeutung für die weiterführende Diskussion sind. Im Diskurs sticht die Vorstellung heraus, dass öffentliche Unternehmen privatisiert werden sollten, um mit den Verkaufserlösen die markant hohen Schulden der öffentlichen Haushalte zu begleichen sowie generell die öffentlichen Hände durch eine Verringerung öffentlicher Aufgaben fiskalisch zu entlasten. Mit einigem Abstand folgen weitere fünf Deutungsmuster, welche von den Diskursteilnehmern in etwa gleich häufig ins Spiel gebracht werden: Dabei stützen die ersten beiden Deutungen den Fortbestand öffentlichen Wirtschaftens, indem sie öffentliche Unternehmen als Instrumente der Politikgestaltung und der politischen Regulierung sowie als Garanten einer sozial gerechten, universellen Daseinsvorsorge und öffentlichen Infrastruktur betonen. Demgegenüber stehen die anderen drei Deutungen einer privatwirtschaftlichen Aufgabenübernahme näher. Dabei wird darauf verwiesen, dass Dienstleistungen (bzw. diesbezügliche Aufgaben der Daseinsvorsorge) in einer marktwirtschaftlich organisierten Gesellschaft auf dem wettbewerblich ausgerichteten Markt durch private Unternehmer erbracht werden sollten. Dieser Ansatz gründet auf der Vorstellung, dass private Unternehmen aufgrund der Wettbewerbssituation effizienter und profitabler arbeiten als öffentliche Unternehmen; private Anbieter seien zudem in der Lage, zugehörige Leistungen qualitativ besser, preiswerter und kundenorientierter bereitzustellen als der öffentliche Sektor.

Vor diesem Hintergrund zeigt die vorliegende Analyse des medialen Diskurses über öffentliches Wirtschaften in den genannten beiden Qualitätszeitungen, dass sich die darin widerspiegelnde öffentliche Meinung zu diesem Thema im Verlauf der vergangenen zehn Jahre deutlich gewandelt hat. Sowohl hinsichtlich der Beurteilung öffentlicher Wirtschaftstätigkeit als auch bezüglich der in dem Diskurs verwendeten Deutungen ist eine offenkundige Tendenz hin zu einer stärkeren Unterstützung öffentlicher Unternehmen erkennbar geworden.

(5) Das vorstehend abgeleitete Untersuchungsergebnis wird durch eine Analyse über „*Institutionelle Präferenzen der Bürger hinsichtlich der Erstellung kommunaler Daseinsvorsorgegüter – Eine tiefenpsychologische Re-Interpretation quantitativer Befragungsstudien*" (Teil A) von *Frank Schulz-Nieswandt* zweckdienlich ergänzt. Eine dabei vom Autor referierte, repräsentative Umfrage verweist auf die dominante Präferenz der Bevölkerung für öffentliche, hier kommunale Unternehmensträgerschaft bei der Bereitstellung der Güter bzw. Dienstleistungen der Daseinsvorsorge. Die Skepsis der befragten Bürger gegenüber privaten Unternehmen liegt in der Erwartung dominanter Gewinnorientierung und einer entsprechenden Vernachlässigung des Gemeinwohls begründet. Die Bürger erwarten von privaten Unternehmen ein wenig nachhaltiges Wirtschaften, befürchten Mängel in der Zuverlässigkeit und bei der Sicherheit der Leistung sowie ein zu geringes regionales Engagement. Skeptischer sind die Bürger demgegenüber bei kommunalen Unternehmen, wenn es um die Kundenorientierung und um die Servicequalität geht.

Vor diesem Hintergrund werden die vorliegenden quantitativen Daten einer qualitativen Re-Interpretation unterworfen. Dabei unterstellt der Autor tiefenpsychologisch eine ausgeprägte Sorgestruktur des menschlichen Denkens und Fühlens: Angesichts der existentialen Sorgestruktur des menschlichen Daseins im lebenslänglichen Alltag benötigen die Menschen eine Entlastung durch das Vertrauen auf die Gewährleistung der öffentlichen Daseinsvorsorge; deren Sicherstellung setzt in der Einschätzung der Bürger überaus deutlich eine kommunale, zumindest aber eine stark regulierte private Wirtschaft voraus.

Methodisch re-interpretiert der Beitrag die empirischen Befunde der quantitativen Studie auf der Grundlage einer in der qualitativen Sozialforschung genutzten Theorie, wonach den „oberflächlichen" Aussagen der Menschen „tiefer liegende", un- oder halbbewusste Deutungsmuster generierend zugrunde liegen. Kulturelle Deutungsmuster sind kollektiv geteilte Orientierungen, die sich auf permanente Risiken oder auf wiederkehrende Krisen in der Sorgearbeit der alltäglichen Daseinsbewältigung im Lebenslauf beziehen.

Dabei überrascht im vorliegenden Beitrag die Feststellung, dass sich diese kollektiv geteilten Deutungsmuster nicht auf spezifische soziale Milieus beschränken: So wäre es beispielsweise intuitiv plausibel, hier sozio-demografische oder sozio-ökonomische Differenzierungen zu vermuten. Tatsächlich sitzt jedoch die Skepsis gegenüber der Privatisierung der kommunalen Daseinsvorsorge tief und ist über alle Milieus hinweg verteilt. Zwar steigt die Skepsis im Ausmaß mit der Bildung an, aber eine überaus deutliche Mehrheitspräferenz für kommunales Wirtschaften findet sich in allen Schichten der Bevölkerung, auch unabhängig vom Alter und vom Geschlecht. Anthropologisch gesehen vermutet der Autor für diesen Befund eine archetypische Sichtweise. Dies wird an der sehr ausgeprägten Präferenz der Bürger für die öffentliche Bereitstellung des Wassers deutlich.

Bei alledem sollten die Auffassungen der Bürger nicht als eine Sichtweise von Laien abqualifiziert werden. Einfache Vermutungen an erzielbaren, ökonomischen Effizienzgewinnen in Verbindung mit Privatisierungspräferenzen übergehen die Sorgen der Bevölkerung. Die Ökonomie entfremdet sich dergestalt von der Lebenswelt der Menschen. Aber auch innerhalb der wissenschaftlichen Debatte erweist sich ein naiver Privatisierungsglauben als problematisch. Immer deutlicher wird der kostenintensive Re-Regulierungsbedarf der Privatisierung und der De-Regulierung. Und letztendlich muss vorab geklärt werden, worauf sich die Effizienz der institutionellen Arrangements der Bereitstellung der Güter und Dienstleistungen bezieht: Und hier fordern die Bürger komplexe, aber letztlich transparente Zielsysteme ein, die im Vergleich zwischen öffentlichen und privaten Anbietern wirksam werden.

(6) Seit Jahrhunderten gehört es zur daseinsvorsorgenden Betätigung des Staates, die äußere und die innere Sicherheit des Gemeinwesens zu gewährleisten. Gegenüber dem traditionellen Sicherheitsdenken ist in den vergangenen Jahrzehnten und Jahren vielfach mehr der Mut zum Risiko beim Bürger gefordert worden: Zum einen sind viele Bürger und Unternehmen diesem Aufruf gefolgt – unter anderem mit dem Ergebnis, dass sie infolge von Finanz- und Wirtschaftskrisen materiell sehr in Mitleidenschaft gezogen worden sind. Zum anderen ist aber auch festzustellen, dass zahlreiche andere Bürger und Unternehmen absehbare oder tatsächlich wirksam gewordene Risiken nur allzu gern dem staatlichen Bereich (und damit letztlich dem Steuerzahler) nach der Leitlinie „Privatisierung der Gewinne und Verstaatlichung der Verluste", beispielsweise mit der Kennzeichnung von „systemischen Risiken", anheimgestellt haben. Aufgrund solcher Umstände gibt es zahlreiche Aspekte und Anlässe, die Frage des Verhältnisses von Risikobereitschaft einerseits und Sicherheitsstreben andererseits zwischen dem staatlichen und dem privaten Sektor neu zu überdenken. Dieser Aufgabe ist die Betrachtung über *„Renaissance öffentlichen Wirtschaftens – Sicherheit versus Mut zum Risiko"* (Teil B) von *Günter Püttner* mit einer ersten, noch vorläufigen Prüfung gewidmet. Der Autor beginnt seine Analyse mit einer Sichtung der rechtswissenschaftlichen Literatur zum Thema Risiko; er konstatiert:

- Seit dem 19. Jahrhundert wurde die Sicherung der Lebensgrundlagen der Bürger in den Einzugsbereich des Staates gerückt. In diesem Kontext hat Ernst Forsthoff im Jahr 1938 die Lehre von der Daseinsvorsorge durch den Staat entwickelt: Die Bürger können sich viele notwendige Güter (beispielsweise zur Wasser- und zur Energieversorgung) oder zweckdienliche Leistungen (beispielsweise zur Arbeits-, zur Gesundheits- und zur Alterssicherung) nicht mehr selbst beschaffen. Deshalb müsse der Staat einspringen und diese Versorgung sichern. Diese Aufgabenstellung gilt bis heute; sie hat eine weite Verbreitung auch in andere Versorgungsbereiche hinein erfahren (umfassender Versorgungsanspruch). Dafür ist beispielsweise der gesamte Interventionsbereich der gesetzlich vorgegebenen Sozialversicherungen (einschließlich der Pflegeversicherung) bis hin zu der gesetzlich vorgeschriebenen Verpflichtung eines Kfz-Halters zum Abschluss einer (privaten) Haftpflichtversicherung anzuführen. Und dazu rechnet letztlich – wie anzumerken ist – auch das längst und weitgehend „vergessene" Stabilitäts- und Wachstumsgesetz aus dem Jahre 1967: Dieses Gesetz führt zwar die Begriffe „Sicherheit" und „Risiko" nicht wortgetreu in seinem Text auf, ist aber von seinem ganzen interventionistischen Konzept her dazu bestimmt, aus dem Konjunkturverlauf erwachsende Risiken für die Akteure des Marktes (private Unternehmen und private Haushalte) zu begrenzen und die Sicherheit für deren wirtschaftliche Dispositionen zu erhöhen.[24]

– Jenseits dessen beschäftigen sich diesbezügliche Beiträge fast ausschließlich mit den Risiken aus dem Bereich der Technik (wie beispielsweise der Atom-[25] oder der Gentechnik[26]). Erst neuerdings weitet sich das Feld; es stehen auch Risiken der Gesetzgebung selbst zur Diskussion, aber kaum oder nur ansatzweise die Risiken von Geldanlagen (beispielsweise in Form des gesetzlich vorgegebenen Einlagenschutzes).

Parallel zu dieser Entwicklung einer Erweiterung der Risikobereiche wird in neuerer Zeit diskutiert, ob der Staat seiner Rolle als Garant für lebenswichtige Güter nur durch Eigenregie oder nicht auch durch die Gewährleistung der von privaten Anbietern bereitgestellten Güter gerecht werden kann. Diese Vorstellung vom „Gewährleistungsstaat" hat einen Auftrieb durch den Umstand erhalten, dass die Gewährleistung des Bahnverkehrs sowie des Post- und Telekommunikationsdienstes durch die Einführung von Artikel 87 e, Abs. 4, und von Artikel 87 f, Abs. 1, in das Grundgesetz aufgenommen wurde. Zu fragen ist allerdings, ob der Staat, wenn er die Mittel zur Leistungsbereitstellung tat-

---

24 Siehe dazu *Stern u.a. (1972)*, *Rürup / Siedenberg (1974)*, S. 1 ff., und *Grünwald (1977)*.
25 Siehe zur Haftung (mit ihrer Komplementärfunktion bzw. mit ihrem Ausgleichs- oder Kompensationselement zwischen Sicherheit und Risiko) in diesem Fall §§ 9a, 13 ff. und vor allem §§ 25 ff. *Atomgesetz (2010)* sowie *Deutscher Bundestag (2010)*; *Bundesrechnungshof (2011)*, S. 28 ff., und *Diekmann (2011)*.
26 Siehe dazu *Deutscher Bundestag (2008)*.

sächlich aus der Hand gegeben hat, die fraglichen Leistungen wirklich nach der Menge und nach der Qualität bei adäquaten Preisen gewährleisten kann. Zumindest müssen die einschlägigen privaten Anbieter hinreichend überwacht werden. So hat der Gewährleistungsstaat ein hohes Maß an neuartigen Regulierungs- und Überwachungstätigkeiten ausgelöst und zu bewältigen.[27]

Mit Blick auf die oben erwähnten Finanzierungskrisen ist im übrigen daran zu erinnern, dass in einer marktwirtschaftlichen Ordnung die Kreditsicherung für dessen Funktionsweise eine überaus wichtige Rolle spielt. Kredit erhält nur, wer Sicherheiten im gebotenen Umfang stellen kann. Sicherheit besitzt also nach wie vor einen hohen Stellenwert im Gemeinwesen. Das wird nicht zuletzt durch das hohe Volumen der staatlichen Übernahme von Bürgschaften, Garantien oder sonstigen Gewährleistungen, den maßgeblichen Instrumenten der Sicherheitspolitik, belegt, wie das für den Bund beispielsweise alljährlich im Haushaltsgesetz auf der Grundlage der zugehörigen Bestimmungen im Artikel 115 Abs. 1 Grundgesetz dokumentiert wird.[28] Angesichts der neueren Krisenerscheinungen muss die schon von Ernst Forsthoff aufgeworfene Frage, wie viel Risiko darf der Staat dem Bürger zumuten, neu gestellt werden: Einerseits ist dem allzu leichten Rückgriff auf das staatliche Gemeinwesen aus verschiedenen Gründen notwendigerweise Einhalt zu gebieten. Andererseits kann sich aber auch zeigen, dass der Staat in manchen Fällen dabei eine (erzwungene) aktive Rolle zu spielen hat. Dies gilt zum einen beispielsweise für die Übernahme von „systemischen" Risiken als Folge der Finanzmarktkrise im Anschluss an die Insolvenz der amerikanischen Investmentbank Lehman Brothers im September 2008 bei der Hypo Real Estate / HRE, München, bei der HSH Nordbank, Hamburg, und bei der Commerzbank AG, Frankfurt / M., und einigen anderen Instituten auf der Grundlage des Finanzmarktstabilisierungsfondsgesetzes und des dadurch geschaffenen Sonderfonds Finanzmarktstabilisierung (SoFFin) im Hause der im Oktober 2008 neu gegründeten Bundesan-

---

27 Zu verweisen ist auf die obigen Anmerkungen zur Bundesnetzagentur; vgl. Fußnote 14.
28 Demnach bedarf „die Übernahme von Bürgschaften, Garantien oder sonstigen Gewährleistungen, die zu Ausgaben in künftigen Rechnungsjahren führen können, einer der Höhe nach bestimmten oder bestimmbaren Ermächtigung durch Bundesgesetz" (*GG (2010)*). Diese Auflage wird sodann durch das alljährliche Haushaltsgesetz (beispielsweise durch das *Haushaltsgesetz (2010)* erfüllt; siehe dazu die umfangreiche Auflistung der zugehörigen Einzelmaßnahmen mit ihren betragsmäßigen Größenordnungen in Höhe von insgesamt rund 445,6 Mrd. Euro im § 3 Abs. 1 *Haushaltsgesetz (2010)* für das Jahr 2011. Dabei sind der gegebenenfalls zulässige, revolvierende Einsatz der Ermächtigungen gemäß § 3 Abs. 5 sowie eine Aufstockung des ursprünglichen Ermächtigungsrahmens bis zur Höhe von 30 Prozent gemäß § 3 Abs. 7 *Haushaltsgesetz (2010)* noch nicht einmal berücksichtigt.

stalt für Finanzmarktstabilisierung (FMSA), Frankfurt / M.[29] Und das gilt zum anderen für die Risikoübernahmen aufgrund der Schuldenkrise in der Europäischen Währungsunion (ausgehend vom Problemfall Griechenland) am Anfang des Jahres 2010 entgegen der ursprünglichen Vorgaben aus dem Stabilitäts- und Wachstumspakt gemäß der no-bail-out-Klausel (mit einem vergleichsweise hohen finanziellen Belastungsrahmen)[30] oder – aufgrund der Terrorismusgefahren – auch für die Beschäftigung von Leibwächtern (bodyguards) zum Schutz führender Politiker und Akteure auf der Ebene des Bundes und der Länder (mit einem vergleichsweise niedrigen finanziellen Belastungsrahmen). Die mit dieser Thematik hier aufgeworfenen Fragestellungen eines staatlichen „Risk Management" bedürfen zweifellos einer weiterführenden Analyse, wobei neben juristischen Prüfungen beispielsweise auch ökonomischen und fiskalischen Bewertungen eine hohe Aufmerksamkeit zu widmen sein wird.[31]

(7) Güter der Daseinsvorsorge, auch von Risiko begrenzender Art, werden nicht nur – wie eingangs bereits dargelegt – über den staatlichen (Zweiten) Sektor angeboten und bereitgestellt; involviert ist darüber hinaus auch der Dritte Sektor in einer Grauzone zwischen Markt und Staat. Der Staat fördert diesen Sektor mittels unterschiedlicher Maßnahmen (als Teil des staatlichen Wirtschaftens) durch die Gewährung von Zuschüssen und durch die Einrichtung von Steuervergünstigungen, weil er dadurch eine überproportionale Entlastung bei seiner Aufgabenerfüllung erfährt. Der private Sektor ist in diesem Bereich engagiert, weil er auf diesem Wege im Vergleich zu einer rein staatlichen Leistungsbereitstellung vermehrt eigene Zielvorstellungen bei der Aufgabenlösung einbringen kann und weil die ansonsten fällige, zusätzliche Belastung durch eine höhere Besteuerung tendenziell gemindert wird (andernfalls infolge staatlicher Förderung und unter Umständen aufgrund vermiedener staatlicher

---

29 Siehe dazu *FMStFG (2010)* und *FMStBG (2010)* sowie ergänzend dazu *SVR (2008)*, S. 116 ff., und *SVR (2009)*, S. 116 ff. Es verwundert den außen stehenden Betrachter der Entwicklung, dass die FSMA – soweit das auf den Web-Seiten des Hauses erkennbar ist – trotz der von ihr bewegten hohen Finanzvolumina einen Jahresbericht über ihre Aktivitäten im Detail der Öffentlichkeit bisher noch nicht vorgelegt hat; siehe stattdessen *SoFFin (2011)*.
30 Siehe dazu Artikel 125 Abs. 1 EUV sowie *SVR (2010)*, S. 76 ff. (mit der Einrichtung des Europäischen Finanzstabilisierungsmechanismus (EFSM) und der auf drei Jahre befristeten Europäischen Finanzstabilisierungsfazilität (EFSF) vom 9. Mai 2010 sowie mit dem ab dem Jahr 2013 auf Dauer angelegten Europäischen Stabilitätsmechanismus (ESM)) vom 22. März 2011; siehe zudem *Deutsche Bundesbank (2011a)*, S. 35 ff. und S. 92 f.; *Europäischer Rat (2011)*, insbesondere Anlage II, S. 21 ff., sowie *Deutsche Bundesbank (2011b)*, S. 53 ff.
31 Siehe dazu ergänzend auch *Münkler (2011)*; *Scharrer u.a. (2011)*.

Ineffizienzen). Kurzum: Mit einem tendenziell wachsenden Dritten Sektor geht bei der Saldierung der beteiligten Leistungsströme insoweit eine Tendenz zur Minderung des staatlichen Wirtschaftens einher. Eine solche Entwicklung läuft jedoch einer Renaissance der öffentlichen Wirtschaft zuwider (erster Fall). Umgekehrt ist davon auszugehen, dass bei einem rückläufigen Dritten Sektor die dann nicht mehr bereitgestellten Leistungsangebote vermehrt durch eine (öffentliche) Daseinsvorsorge substituiert werden müssen, was mit Blick auf die dadurch dann induzierten Leistungsströme und deren Saldierung insoweit eine absehbare Renaissance des öffentlichen Wirtschaftens zur Folge hat (zweiter Fall).[32] Deswegen ist es zweifellos zweckdienlich, dem Beitrag zur Kennzeichnung der Unterschiede, der Bezugspunkte und der Wirkungszusammenhänge zwischen *„Gemeinnützigkeit und öffentliche(r) Wirtschaft"* (Teil B) von *Peter Eichhorn* und *Joachim Merk* eine erhöhte Aufmerksamkeit zu widmen.

Gemeinnützigkeit ist demnach in der Tat nicht mit der öffentlichen Wirtschaft gleichzusetzen, denn viele Bürger, zahlreiche private Vereine, private Verbände und andere private Non-Profit-Einrichtungen sowie auch private Unternehmen handeln ebenfalls gemeinnützig. Umgekehrt existieren zahlreiche öffentliche Unternehmen, die sich nicht oder zumindest nicht vorrangig gemeinnützig, sondern gewerblich betätigen.[33] Kennzeichnend für die öffentliche Wirtschaft im Sinne der Erfüllung von Aufgaben der Daseinsvorsorge ist es, dass sie einerseits stärker marktbezogen (gewerblich) und andererseits marktferner (gemeinnützig) agieren kann.

Es hängt von den politischen Zielsetzungen und daraus resultierenden Regulierungs- und Reglementierungsbedingungen ab, welche Aufgaben wann und

---

32 Nach den vom Dritten Sektor ausgehenden Berichten über dessen Entwicklung im Verlauf der vergangenen Jahre trägt der erstgenannte Fall eine größere Wahrscheinlichkeit als der zweite Fall in sich.

33 Dabei ist aber in der Regel davon auszugehen, dass solche staatlichen Unternehmen, wie zum Beispiel die kommunalen Sparkassen, sich in einem beträchtlichen Umfang gemeinnützig engagieren; beispielgebend ist auf das umfangreiche Stiftungswesen des Sparkassensektors aufmerksam zu machen, das in der Öffentlichkeit kaum hinreichend zur Kenntnis genommen und gewürdigt wird: Die lokalen Sparkassen, die regionalen Sparkassen- und Giroverbände sowie die Unternehmen der Sparkassen-Finanzgruppe haben bundesweit 688 Stiftungen errichtet. Fast jede 20. Stiftung in Deutschland geht damit auf die Initiative der Sparkassen-Finanzgruppe zurück. Zusammen verfügen diese Stiftungen über ein Kapital in Höhe von rund 1,8 Milliarden Euro. Allein im Jahr 2009 haben diese Stiftungen 73,6 Millionen Euro für gemeinnützige Zwecke an markante Bereiche des öffentlichen Lebens ausgeschüttet: Diese betreffen den Denkmalschutz, die Förderung von Wissenschaft und Forschung, der Jugend, der Kunst und Kultur, des Sozialwesens, des Sports und des Umweltschutzes. Siehe dazu *DSGV (2010)*.

wie erfüllt werden. Die Autoren schlagen deshalb vor, statt der früher üblichen Dreiteilung in Markt, Staat und Drittem Sektor beziehungsweise in private, öffentliche und freigemeinnützige Aktivitäten zukünftig eine Differenzierung nach kommerzieller, hoheitlicher und hybrider (daseinsvorsorgender) Betätigung vorzunehmen. Ob jedoch durch eine solche Änderung tatsächlich eine praktikable und demzufolge auch eine transparente Abgrenzung der einzelnen Leistungsbereiche gelingen kann, müsste an anderer Stelle weiterführend diskutiert werden. Jenseits dessen wäre ergänzend dann beispielsweise auch zu prüfen, ob und inwieweit die bestehenden Konzepte der volkswirtschaftlichen Rechnungslegung infolge dessen an Aussagekraft gewinnen.

(8) Im Gegensatz zu dieser wohl typisch deutschen Forschungsfrage und vor dem Hintergrund europapolitisch beeinflusster Handlungsstränge wird anhand eines (zwischenzeitlich allerdings gar nicht mehr so seltenen) Einzelfalls auf der kommunalen Ebene die *„Finanzwissenschaftliche Dimension von Rekommunalisierungen am Beispiel der deutschen Trinkwasserversorgung"* (Teil B) von *Thomas Lenk, Oliver Rottmann* und *Mario Hesse* analysiert. Denn der aus dem Wettbewerbspostulat der Europäischen Union resultierende Trend der vergangenen Jahre hin zu einer stärkeren Dominanz privater Leistungserstellung im Bereich der Daseinsvorsorge scheint in jüngerer Zeit abzunehmen. Ob sich demgegenüber allerdings eine flächendeckende und branchenübergreifende Rekommunalisierungsphase nachhaltig manifestiert, ist fraglich.

Zugehörige Vorhaben einer Rekommunalisierung lassen sich zumeist mit den nicht eingetretenen Hoffnungen von Privatisierungen begründen, welche vordergründig in höherer Effizienz sowie den damit verbundenen Preissenkungen und Qualitätssteigerungen zu erwarten waren. Aber auch die Unterhöhlung der kommunalen Selbstverwaltung, der fehlende Steuerungseinfluss der öffentlichen Hand und die zum Teil hohen Transaktionskosten bei gemischtwirtschaftlichen Unternehmen bilden konträre Elemente gegenüber einer privaten Erbringung von Leistungen der Daseinsvorsorge.

Mit Blick auf mögliche Tendenzen einer Rekommunalisierung wird exemplarisch die deutsche Trinkwasserversorgung, als ein zentrales Element der (öffentlichen) Daseinsvorsorge, in den Fokus der Untersuchung gerückt. Dabei wird im Vergleich mit dem Referenzszenario für das Jahr 2009 als Ergebnis festgestellt, dass – in erster Linie bedingt durch den (einmaligen) „Thüga-Effekt" im Jahr 2010 – ein absoluter Rückgang der privaten Anteile an der Wasserversorgung insgesamt zu konstatieren ist. Dieser Rückgang verteilt sich unterschiedlich auf die einzelnen Klassen der Gesellschafterstrukturen. Wird der „Thüga-Effekt" jedoch aus der Betrachtung herausgerechnet, kann auf der Basis der (vergleichsweise kleinen) Stichprobe weder ein Trend zu einer verstärkten Rekommunalisierung noch zu einem höheren Privatanteil identifiziert werden.

Wird ergänzend dazu die Preisentwicklung in den Kontext der Veränderung der Gesellschafterstrukturen inkludiert, können auf der Basis der vorliegenden Stichprobe weder das häufig vorgebrachte Argument, Gesellschaften mit privater Beteiligungsstruktur lassen aufgrund des höheren Renditedrucks höhere Preise erwarten, noch das gegenteilige Argument, durch private Anteilseigner erhöht sich die Effizienz und der Preis sinkt, validiert werden.

(9) Über die damit neuerlich aufgegriffene Thematik der „Rekommunalisierung" (eine vergleichsweise enge Sicht) und über die weitere Entwicklung der öffentlichen Wirtschaft (eine vergleichsweise weite Sicht) wird in der Tat seit einiger Zeit in Politik und Wissenschaft intensiv diskutiert. Dabei geht es vorrangig um die Frage, welche Fehlentwicklungen bei der Privatisierung von Aufgaben der Daseinsvorsorge, die unter dem Einfluss einer sehr stark neoliberal geprägten Politik forciert wurde, zu konstatieren sind und welche Vorteile mit einem stärkeren Engagement der öffentlichen Hand – insbesondere auf der kommunalen Ebene – verbunden sein können. Gegenwärtig ist noch nicht eindeutig zu entscheiden, ob die öffentliche Wirtschaft wirklich eine Renaissance erlebt oder ob es sich dabei lediglich um einen diskursiven Reflex handelt, der auf eine von Unzufriedenheit und Unsicherheit beeinflusste Situation in der öffentlichen Daseinsvorsorge zurückzuführen ist und welcher einen substantiellen Politikwechsel wahrscheinlich nicht nach sich ziehen wird.

Überraschend ist angesichts dieser Sachlage allerdings die Erkenntnis, dass bei diesbezüglichen Entscheidungsprozessen relativ wenig auf die an der zugehörigen Erörterung und Entwicklung beteiligten Akteure mit ihren jeweiligen Interessen und auf die daraus resultierenden Schlussfolgerungen eingegangen wird. An diesem Punkt des Verfahrens setzt deswegen der Beitrag *„Policy-Netze und Politikarenen in der öffentlichen Wirtschaft"* (Teil B) von *Manfred Röber* an. Der Autor geht der Frage nach, welche Anregungen aus der Policy-Forschung gewonnen werden können, um einen passenden konzeptionellen Bezugsrahmen für die Diskussion über die weitere Entwicklung der öffentlichen Wirtschaft zu kennzeichnen und zu begründen. Nach kurzen definitorischen Erläuterungen zur Klassifikation von Politikinhalten und Politikfeldern werden die für eine Policy-Analyse wichtigen Komponenten des Policy-Netzes und der Politikarena vorgestellt.

- Auf dieser Grundlage werden die Phasen des Policy-Making-Prozesses zunächst für die Entscheidung zugunsten einer stärkeren Privatisierung von öffentlichen Aufgaben dargestellt. Bei diesen Phasen handelt es sich um

die der Politikformulierung, die der Politikdurchführung, die der Reaktion der Adressaten und die der Reaktion des Systems.
- Dieselbe Systematik wird danach der Analyse des Policy-Making-Prozesses zugrunde gelegt, der sich auf eine Rekommunalisierung von Aufgaben der öffentlichen Daseinsvorsorge bezieht.

Mit Hilfe dieses Analyseansatzes wird die bisher sehr stark ökonomisch ausgerichtete Untersuchung von „Privatisierung" und „Rekommunalisierung" um eine politisch-administrative Dimension ergänzt. Diese Dimension ist für die Prüfung auch laufender Planungen und vor allem zukünftiger Verfahren wichtig, weil daraus Anregungen dahingehend abgeleitet werden können, wie der Diskussions- und Entscheidungsprozess über die Weiterentwicklung der öffentlichen Wirtschaft nachfolgend besser gestaltet werden kann als das derzeit der Fall ist. Und das gilt schließlich auch für die Frage, wie einfache Pendelbewegungen, beispielsweise zwischen Privatisierung, Kommunalisierung, Reprivatisierung und Rekommunalisierung, verhindert werden können.

(10) Mit Blick auf die Bemühungen um eine Konsolidierung der öffentlichen Haushalte (Stichwort: Schuldenbremse) und mit Blick auf die Versuche zur Reform der staatlichen Aufgabenerfüllung wird öffentlichen Beteiligungen an Unternehmen in Deutschland ein bedeutsamer Stellenwert sowohl hinsichtlich der Entwicklung der zukünftigen öffentlichen Finanzen als auch hinsichtlich einer Perspektive der Daseinsvorsorge zugedacht. Das klang oben bereits mehrfach an; so auch in dem Beitrag von Ulf Papenfuß (Teil A). Vor diesem Hintergrund ist es das Ziel des Beitrags *„Mehr Transparenz bei der öffentlichen Aufgabenerfüllung – Eine Vollerhebung der Internetseiten aller deutschen Städte über 30.000 Einwohner zur Beteiligungsberichterstattung"* (Teil C) von *Ulf Papenfuß* und *Christina Schaefer*, die durch Veränderungen der institutionellen Arrangements der öffentlichen Aufgabenwahrnehmung geänderten Informationsanforderungen der politischen Entscheidungsträger und der Öffentlichkeit theoriegeleitet aufzuzeigen. Über eine empirische Vollerhebung wird zudem geprüft, ob und inwieweit die Beteiligungsberichterstattung der Kommunen den theoretisch ausgerichteten und den praktisch angelegten Erfordernissen aktuell genügen kann.

- In theoretischer Perspektive haben die anzutreffenden Strukturen in der Berichterstattung zu einem Anstieg der aus Informationsasymmetrien entstehenden Beschränkungen wie „hidden characteristics", „hidden information" und „hidden action" geführt. Ein leistungsfähiges Berichtswesen müsste diese Mangellage alsbald und bestmöglich abbauen, um anfallende Kosten der Informationsbeschaffung als einem wichtigen Bestandteil von Agenturkosten zu minimieren. Erst wenn eine solche Änderung erreicht ist,

kann aus theoretischer Perspektive von der Erzielung hinreichender Transparenz und von einer adäquaten Erfüllung der Anforderungen an die Rechenschaftslegung gesprochen werden.
- In praxisorientierter Sicht und mit Blick auf den politischen Alltag muss dem politischen Akteur und muss dem Bürger die Möglichkeit eingeräumt werden, sich mit geringem Aufwand über die Form (Umfang und Qualität) der öffentlichen Aufgabenwahrnehmung in „seiner Stadt" und über die Leistung der von der Stadt verwalteten, einzelnen Beteiligungen informieren zu können. Das oberste Ziel der Berichterstattung ist die Rechenschaftslegung (Accountability) der öffentlichen Hand. Hierfür sind der Zugang zu den notwendigen Informationen sowie deren hinreichende Qualität und Transparenz zwingend vorauszusetzen.

Breit angelegte empirische Studien bzw. Vollerhebungen zur tatsächlich praktizierten Accountability und Transparenz der Gebietskörperschaften über deren Beteiligungen liegen in Deutschland bislang nicht vor. Die zu dieser Frage bisher publizierte Untersuchungen beruhen auf äußerst kleinen Fallzahlen und sind zudem mehr oder weniger veraltet. Demgegenüber werden hier diesbezügliche Ergebnisse einer deutschlandweit angelegten Bestandsaufnahme als Vollerhebung (mit insgesamt 430 Internetseiten im ersten Aufruf) für alle Städte mit mehr als 30.000 Einwohnern sowie für alle Bundesländer und für den Bund vorgelegt.

Als zentrale Feststellung dieser Analyse ist zu betonen, dass die politischen Akteure und naturgemäß dann auch – als oberster Prinzipal – die Bürger bei knapp 80 v. H. der Fälle daran gehindert werden, sich mit geringem Aufwand im Internet über die Strukturen und die Organisation der öffentlichen Aufgabenwahrnehmung zu informieren: Nur 143 der 414 Städte mit über 30.000 Einwohnern und mit eigenen Beteiligungen halten für den Informationssuchenden zugehörige Beteiligungsberichte im Internet verfügbar, was einem Anteil von 34,5 v. H. entspricht. Von 217 Städten in der Größenklasse von 30.000 bis 50.000 Einwohnern legen nur 38 Gemeinden (Anteil: 17,5 v. H.) der Öffentlichkeit einen Beteiligungsbericht über das Internet vor. Schon aus diesen wenigen Zahlenangaben ist der Befund abzuleiten, dass das Berichtswesen bei den Ausgliederungen bzw. Ausdifferenzierungen im öffentlichen Sektor angesichts der heute eröffneten Möglichkeiten eines Informationszugangs den veränderten Berichtsanforderungen noch längst nicht genügt.

(11) Zur Berichterstattung über die öffentlichen Unternehmen gehören nahezu zwangsläufig auch Darlegungen zu der allgemein interessierenden Frage, wie die jeweils vorgegebene Aufgabenstellung beim Agieren zwischen Staat und Markt im Einzelfall tatsächlich bewältigt worden ist. Diesen Aspekten ist die

Untersuchung zum Thema „*Gewinn und Gemeinwohl im Konflikt – Organisatorische Lösungsmöglichkeiten und Lösungschancen"* (Teil C) von *Helmut Brede* gewidmet. Den Ausgangspunkt der Analyse bilden klare Anmerkungen zu einer für die öffentlichen Unternehmen grundlegend geänderte Lage: Zum einen müssen sich öffentliche Unternehmen häufiger als in früheren Zeiten dem Wettbewerb stellen. Und zum anderen befinden sich Unternehmen mit öffentlichem Versorgungsauftrag öfter in privater Hand; zudem haben öffentliche Unternehmen zum Teil private Kapitaleigner. Das eine, der Wettbewerb, sorgt für Kostendruck und intensive Rationalisierungsbemühungen – was sich nicht unbedingt mit dem Streben nach größtmöglichem Nutzen für das Gemeinwohl verträgt. Das andere, das größere oder große Gewicht privater Kapitaleigner, drängt erst recht das Gemeinwohlziel in den Hintergrund der jeweiligen unternehmerischen Aufgabenerfüllung.

Zudem scheint sich auch die Einstellung der Bevölkerung zur öffentlichen Wirtschaft gewandelt zu haben. Nicht zuletzt dürften missliche Vorkommnisse bei öffentlichen Unternehmen während der vergangenen Jahre dafür verantwortlich sein. Überdies hat sich seit einigen Jahren ins öffentliche Bewusstsein die Kenntnis darüber eingegraben, welche Verbesserungen der marktmäßige Wettbewerb und Methoden des privatwirtschaftlichen Management in vielen öffentlichen Unternehmen für die Leistungsnehmer erbracht haben. So sind heutige Forderungen nur zu verständlich, die da lauten: Beibehaltung des Drucks auf öffentliche Unternehmen – etwa durch Wettbewerb, um deren Effizienz zu bewahren oder – besser noch – zu erhöhen. Zugleich aber ist der maßgebliche Einfluss der öffentlichen Hand auf diese Unternehmen beizubehalten, damit die vorgegebenen Aufgaben in den Bereichen der Daseinsvorsorge erfüllt werden.

Aus derartigen Ansprüchen sind für die Führung öffentlicher Unternehmen veränderte Geschäftsbedingungen gegenüber denjenigen Forderungen abzuleiten, die sich in den vergangenen zwei Jahrzehnten unter der Maxime „Weniger Staat, mehr privat" herausgebildet hatten. Aus dieser neuen Lage ergeben sich dann naturgemäß auch Veränderungen bei der organisatorischen Führungsstruktur der Unternehmen. Insofern ist es berechtigt, von einer erwünschten Renaissance öffentlicher Unternehmen zu sprechen – einer Erneuerung, die sich aus den geänderten Rahmenbedingungen ergibt.

Vor diesem Hintergrund wird eine organisatorische Regelung benötigt, die – bei gewichtigen Problemen – der Ausrichtung des Unternehmens auf das Gemeinwohl einen Vorrang vor dem Gewinnziel verschafft. Es zeigt sich jedoch, dass herkömmliche Möglichkeiten zur Bewältigung dieser Konfliktlage untauglich sind. Deshalb sucht der Autor nach einem neuen Lösungsansatz, wobei er auf

die Matrixorganisation zurückgreift. Dazu werden zwei Modelle vorgestellt und diskutiert:
- Das erste Modell, das Board-Modell, beruht zum einen auf dem Gedanken, dem Gemeinwohlziel eine eigene, unabhängige Vertretung im Unternehmen zu verschaffen, eine personale Stelle, vergleichbar einem Ombudsmann mit Vetorecht. Daneben soll zum anderen bei Konflikten zwischen dem Gewinn- und dem Gemeinwohlziel ein Board eingeschaltet werden, in dem alle am Unternehmen interessierten Beteiligten und Betroffenen vertreten sind, und der neben der unmittelbaren Lösung des Konflikts zugleich auch für die Festlegung sowie für die Definition der Zielnormen zuständig sein soll. Sowohl die (große) Zahl (potentieller) Board-Mitglieder als auch die Vielfalt der streitigen Aufgaben gelten als die wichtigsten Einwände gegen das Board-Modell. Es wäre demnach wenig tauglich.
- Deshalb kommt das Schiedsausschuss-Modell als ein zweiter Lösungsansatz ins Spiel. Bei diesem Modell treten an die Stelle eines Board zwei Ausschüsse: ein Grundsatzausschuss und der (Namen gebende) Schiedsausschuss. Damit ist bereits das wesentliche Merkmal des Modells benannt. Es kommt zu einer Aufteilung derjenigen Funktionen, die im erstgenannten Modell in dem Board vereinigt waren. Jetzt werden die Regeln zur Konfliktlösung nicht mehr von demselben Gremium festgelegt, das auch zur Konfliktlösung selbst berufen ist.

Allerdings ist auch dieses Modell nicht bedenkenlos praktikabel; beispielsweise ist zu fragen: Lassen sich bei allen Mitgliedern des Schiedsausschusses die vorausgesetzte Loyalität zum Unternehmen einerseits und die gebotene Unabhängigkeit andererseits miteinander vereinbaren? Sind die dem Gewinnziel verpflichteten Funktionsträger (beispielsweise mit der Verantwortung für die Leistungserstellung oder für die Finanzierung des Hauses) bereit, den Machtverlust durch Hinzutreten eines Sachwalters des Gemeinwohlinteresses hinzunehmen? Wer sollte das Gemeinwohl in den Gremien vertreten? Wie sind Zielkonflikte, die im Individuum angelegt sind, so zu lösen, dass das Gemeinwohlinteresse gegenüber dem Gewinnziel dominiert?

Auch wenn solche Fragen auf Anhieb nicht beantwortet werden können, darf gleichwohl behauptet werden, dass die Stärke des vorgestellten Konzepts gegenüber älteren Ansätzen im Austausch der introspektiven Konfliktlösung durch die Diskussion zwischen den Vertretern der konfligierenden Zielsetzungen liegt – was sicherlich eine Verbesserung gegenüber der gegenwärtig bestehenden (beschriebenen) Mangellage verkörpert.

(12) Vergleichbare konfligierende Zielsetzungen lassen sich beispielgebend auch durch die Zusammenarbeit von Kommunen im Rahmen von Kooperationen auflösen. Aus den Darlegungen zum Thema *„Interkommunale Zusammenarbeit (IKZ) – Eine (institutionen-)ökonomische Analyse"* (Teil C) von *Thorsten Beckers, Jan Peter Klatt* und *Tobias Zimmermann* ist abzuleiten, dass mit dieser Organisationsform zur Bereitstellung öffentlicher Leistungen grundsätzlich die Möglichkeit eröffnet wird, Synergieeffekte und insbesondere Skaleneffekte zu realisieren, was dann zu Kostensenkungen führen kann. Derartige Kooperationen stellen demnach eine Alternative zur Realisierung von Skaleneffekten durch die Aufgabenübertragung aus dem staatlichen Bereich an private Unternehmen dar. Bezieht sich die IKZ auf die Bereitstellung von Gütern, können gegebenenfalls externe Effekte internalisiert werden, was zu gesamtwirtschaftlich verbesserten (Bereitstellungs-)Entscheidungen beitragen kann.

Der IKZ-Ansatz ist in Deutschland bereits in verschiedenen Ausprägungen weit verbreitet, wobei auf Umsetzungsmodelle, wie zum Beispiel auf Zweckverbände, auf Stadtwerke als privatrechtliche Gesellschaften in gemeinsamer Eigentümerschaft verschiedener Kommunen und auf vertragliche Kooperationsvereinbarungen zwischen Kommunen, zurückgegriffen wird. Jedoch wird generell ein Potential für eine deutliche Ausweitung von IKZ-Aktivitäten konstatiert, welche insbesondere mit Blick auf Effizienzsteigerungen im öffentlichen Sektor umfangreich in der Literatur erörtert werden. Vor diesem Hintergrund ist auch die rechtliche Umsetzung von IKZ ein aktuell viel diskutiertes Thema.

Die Autoren analysieren die mit der IKZ einhergehenden Wirkungen theoriegeleitet aus (institutionen-)ökonomischer Sicht und berücksichtigen zudem empirische Untersuchungen zur IKZ. Dabei liegt der Fokus auf kommunal bereitgestellten Infrastrukturangeboten. Überdies wird zwischen einer solchen IKZ unterschieden, die sich zum einen auf die Leistungserstellung oder zum anderen auf die gemeinsame Bereitstellung dieser Leistungen bezieht. Ziel der Untersuchungen ist es, die potentiellen Vor- und Nachteile von IKZ herauszuarbeiten, diejenigen Konstellationen aufzuzeigen, die IKZ begünstigen, sowie Lösungsansätze für potentielle Problembereiche bei der Implementierung von IKZ darzustellen.

- Die IKZ stellt – wie schon angedeutet – eine alternative Koordinationsform für die Leistungserstellung dar und bietet im Vergleich zum Rückgriff auf den Markt und zur Eigenerstellung insbesondere eine zweckdienliche Alternative, wenn ein großes Potential zur Erzielung von Skaleneffekten besteht. Besonders geeignet ist die IKZ vor allem dann, wenn auch noch große, durch die Transaktionscharakteristika bedingte, absehbare Probleme im

Zusammenhang mit Hold-up, Adverse Selection und Moral Hazard vorliegen, welche sich bei einer Übertragung von Aufgaben an den privaten Sektor im Rahmen eines Contracting Out besonders nachteilig auf das Leistungsgefüge auswirken können. Zur Eignung von IKZ in derartigen Konstellationen sind allerdings allgemeingültige Aussagen nicht ableitbar. Im Vergleich zu einer Eigenerstellung können im Rahmen von IKZ jeweilige Skaleneffekte realisiert werden, deren Umsetzung im Vergleich zu Contracting-Out-Lösungen jedoch im Einzelfall zu beurteilen ist. Während die Transaktionskosten bei der IKZ – (politische) Transaktionskosten der Durchsetzung von IKZ außer Acht lassend – im Regelfall geringer als bei einem Contracting-Out anzusetzen sind, werden sie im Vergleich zur Eigenerstellung grundsätzlich höher ausfallen. Jedoch sollten beim Vergleich einer Eigenerstellung mit der IKZ keinesfalls lediglich die Skaleneffekte betrachtet und die Transaktionskostenaspekte ausgeklammert werden.

- Bei der Bereitstellung von Gütern kann die IKZ im Rahmen der Angebotsplanung und der Abstimmung bei Angebotsentscheidungen erfolgen, die den Bereitstellungsentscheidungen vorausgehen. Damit lassen sich die notwendigen Voraussetzungen für die Internalisierung (Kommunen übergreifender) externer Effekte schaffen und Planungskosten reduzieren. Zudem können Bereitstellungskompetenzen von einzelnen Kommunen an eine gemeinsame Organisation übertragen werden, wobei das Potential für eine derartige IKZ aufgrund von Durchsetzungsproblemen jedoch eher als gering einzuschätzen sein dürfte.

Wie dem auch sei: Mit der Wahl der IKZ als Lösungsansatz für ein Güterangebot im öffentlichen Sektor wird nicht nur adäquates Gestaltungs- und Handlungswissen im kommunalen Einflussbereich gehalten, sondern gegebenenfalls auch noch erweitert.

(13) Derartige Fragen nach dem Verbleib und der Entwicklung von notwendigem Know-how in den Gemeindeverwaltungen gewinnen ganz konkret an Berechtigung, wenn es nach einer Phase von Privatisierungsmaßnahmen während der vergangenen Jahre im kommunalen Bereich nun zu einem entgegengesetzten Pendelausschlag kommt. So wird in dem Beitrag über die *„Rekommunalisierung der Energieversorgung"* (Teil C) von *Wolf Gottschalk* beispielgebend untersucht, was bei einer derartig beabsichtigten Maßnahme seitens der kommunalen Entscheidungsträger zu bedenken ist.

- Dazu werden zunächst einige Vorbemerkungen zur historischen Entwicklung (in Ergänzung zum obigen Beitrag von Gerald Ambrosius, Teil A) der kommunalen Versorgungswirtschaft eingebracht, bei der es mehrere Phasen der De- und der Rekommunalisierung gegeben hat: Der Beginn der kommunalen Energieversorgung im 19. Jahrhundert war häufig ein privatwirtschaftliches Engagement. Ende des 19. Jahrhunderts begann die erste große Welle der Kommunalisierung. Dieser Trend wurde in der Zeit des Ersten Weltkriegs und den folgenden Nachkriegsjahren fortgesetzt. Im Jahr 1935 entstand die Deutsche Gemeindeordnung, welche die wirtschaftliche Betätigung der Gemeinden von der Erfüllung hoher Voraussetzungen abhängig machte. Diese Einschränkungen wurden von der Bundesrepublik Deutschland nach dem Ende des Zweiten Weltkriegs übernommen. In den 70er Jahren des 20. Jahrhundert kam es verstärkt zu gesellschaftsrechtlichen Umgründungen der kommunalen Eigenbetriebe in Gesellschaften mit beschränkter Haftung und in Aktiengesellschaften. Und gegen Ende des Jahrhunderts wurden vermehrt materielle Privatisierungen und zumindest doch Teilprivatisierungen vorgenommen. Seit dem Jahr 2005 ist nunmehr ein deutlicher Trend zur Rekommunalisierung der Energieversorgung zu konstatieren.

- Sodann werden vom Autor die notwendigen Rahmenbedingungen vorgestellt und erläutert, welche für eine Rekommunalisierung erfüllt sein müssen. Dazu zählen die Bestimmungen des Europäischen Rechts (die leitungsgebundene Energieversorgung gehört zur Gruppe der Dienstleistungen von allgemeinem wirtschaftlichen Interesse), die nationalen Normen (in Form der Vorschriften des Gemeindewirtschaftsrechts, der Schrankentrias und des Wettbewerbsrechts) sowie sektorspezifische Vorgaben (in Form des Energiewirtschaftsrechts und des Konzessionsabgabenrechts).

- Die Ausführungen beschäftigen sich zudem mit den Zielsachverhalten und den Entscheidungskriterien der Kommunen, welche für und welche gegen eine Rekommunalisierung ins Feld zu führen sind. Diese Überlegungen werden nicht zuletzt von den jeweiligen Ausprägungen der Rekommunalisierung determiniert, welche ausführlich betrachtet werden: So geht es um die Zurückholung früher an Dritte veräußerter Stadtwerke oder privater Beteiligungen, um die Rekommunalisierung nach dem Ablauf von Konzessionsverträgen, um die Rekommunalisierung durch die Aufnahme interkommunaler Kooperationen sowie um die Beteiligung von Städten und Stadtwerken an privaten überörtlich tätigen Versorgungsunternehmen wie beispielsweise an der VNG-Verbundnetz Gas AG, Leipzig, oder an der Thüga (Thüringer Gas) AG, München.

- Vor diesem Hintergrund werden abschließend noch Handlungsoptionen und Verfahrensfragen der Rekommunalisierung erörtert. Für die einzelne(n) Gemeinde(n) ist es naturgemäß überaus wichtig, zur richtigen Zeit adäquate Entscheidungen nach zuvor durchgeführten Recherchen und überdies vorgenommenen Risikoabschätzungen bei den möglichen, alternativen Lösungsansätzen zu treffen. Dabei muss auch an die Einbeziehung vertrauenswürdiger Berater und an die Einbindung strategischer Partner gedacht werden. Dies muss sodann auf der Basis von Prüfungsschemata geschehen, welche abschließend skizziert werden.

Aus den Darlegungen zu einer derartigen Rekommunalisierung folgt: Die „Renaissance öffentlicher Wirtschaft" ist keineswegs ein Selbstläufer, sondern setzt notwendigerweise einen Konflikt beladenen Entscheidungs- und einen Geduld erfordernden Umsetzungsprozess voraus, wobei die jeweiligen Akteure durchaus auch in Zweifel geraten (können), ob die Ausgangsentscheidung für vorgesehene Änderungsmaßnahme überhaupt zweckmäßig war.

III. Schlussbemerkungen

(1) Die im vorliegenden Sammelband zusammengetragenen 13 Beiträge mit ihren Analysen, mit den darin aufgezeigten Beispielen und Entwicklungslinien sowie mit den daraus abgeleiteten Erkenntnissen und Aussagen zur (gefühlten) „Renaissance öffentlicher Wirtschaft" scheinen im Sinne einer (ersten, folglich nur unvollständigen und vorläufigen) Bestandsaufnahme einen (vagen) Trend anzudeuten: Die öffentlichen Hände des Bundes, der Länder und vor allem der Kommunen holen sich gegenüber dem Markt vermeintlich verloren gegangenes Terrain zurück und stärken vor dem Hintergrund einer sich gegenwärtig verändernden Landschaft der öffentlichen Wirtschaft ihre Einfluss- und Handlungsbereiche. Dieser Eindruck kann aus der Übersicht (auf den nächsten beiden Seiten), welche die oben erarbeiteten Untersuchungsergebnisse zur ersten Orientierung stichwortartig verdichtet, summarisch allerdings nur ansatzweise entnommen werden.

(2) Demzufolge handelt es sich bei diesem Sammelband, wie das die Herausgeber ja eingangs auch betonen, keineswegs um einen Gesamtüberblick zur Thematik, weil diese viel zu facettenreich angelegt ist. Beispielgebend wird das Geschehen um die Verstaatlichung privater Kreditinstitute und die Privatisierung öffentlicher Banken infolge der oben erwähnten Finanzmarktkrise (im Jahr 2008 und in den Jahren danach) hier nicht berücksichtigt.[34]

---

34 Siehe dazu *Kaserer (2010)*.

Übersicht:
Beiträge zur Renaissance öffentlicher Wirtschaft im verkürzten Überblick

Teil A		
Öffentliche Wirtschaft: Effizienz – Historie – Wahrnehmung – Präferenzen		
Verfasser	*Ansatzpunkte der Analyse*	*Verdichtete Darstellung der Ergebnisse*
Mühlenkamp	Effizienzvergleich öffentlicher und privater Unternehmen	Verwertbare Aussagen zur relativen Effizienz erfordern weitere Untersuchungen
Papenfuß	Analyse von Beteiligungsberichten öffentlicher Unternehmen	Verbesserte Aufarbeitung der Berichtstatbestände über die Erfüllung öffentlicher Aufgaben ist geboten
Ambrosius	Öffentliches Wirtschaften: historische Perspektive	Vorrang für eine staatliche Aufgabenerfüllung im Bereich der Daseinsvorsorge liegt im Trend
Theuvsen / Zschache	Öffentliche Wirtschaft: Medienanalyse	Stimmungsumschwung in den Medien zugunsten staatlicher Aufgabenerfüllung ist zu konstatieren
Schulz-Nieswandt	Bürgerpräferenzen und kommunale Daseinsvorsorge	Präferenzen der Bürger sind komplexer angelegt als die ökonomische Theorie unterstellt
Teil B		
Kontexte öffentlicher Wirtschaft im Wandel		
Püttner	Sicherheit und Risiko	Staatliches „Risk-Management" bedarf (noch) einer systematischen und ganzheitlichen Analyse
Eichhorn / Merk	Gemeinnützigkeit und öffentliche Wirtschaft	Differenzierung nach kommerzieller, hoheitlicher und daseinsvorsorgender (hybrider) Betätigung erscheint zweckmäßig
Lenk / Rottmann / Hesse	Rekommunalisierung aus finanzwissenschaftlicher Sicht - Trinkwasserversorgung	Eindeutiger Trend zur Rekommunalisierung bzw. zur Privatisierung ist nicht zu belegen
Röber	Policy-Netze und Politikarenen	Prüfung der Interessenlagen der Akteure im politisch-administrativen Prozess von Privatisierung und Rekommunalisierung ist notwendig und zweckdienlich

Teil C		
Perspektiven öffentlicher Wirtschaft		
Papenfuß / Schaefer	Aufgabentransparenz in Beteiligungsberichten öffentlicher Unternehmen	„Public Accountability" in den Beteiligungsberichten der öffentlichen Hand steckt erst in den Anfängen
Brede	Gewinn und Gemeinwohl	Organisatorische Umstrukturierungen zur Stärkung von Gemeinwohlorientierung und Wettbewerbsfähigkeit öffentlicher Unternehmen sind praktikabel
Beckers / Klatt / Zimmermann	Interkommunale Zusammenarbeit (IKZ)	Entscheidungen zur IKZ, Eigenerstellung oder „Contracting-Out"-Lösung für die Leistungserstellung setzen sorgfältige Analysen der Transaktionskosten voraus
Gottschalk	Rekommunalisierung der Energieversorgung	Wiederaufnahme von kommunalen Angeboten der Daseinsvorsorge sollte auf umfassenden Prüfungen der Handlungsoptionen und der Verfahrensfragen basieren

Darüber hinaus wären, um einige weitere Beispiele zu nennen, auch vergleichbare Darlegungen zum staatlichen Engagement im Bereich der Wohnungsversorgung oder auch in den Bereichen der Krankenhausversorgung, des Messewesens oder der Bereitstellung von Flughäfen zweckdienlich. Tatsächlich handelt es also bei den hier zusammengestellten Beiträgen um Untersuchungen zu ausgewählten Teilelementen und zu verschiedenen Einzelansichten der „Renaissance"-Thematik.[35]

(3) Eine klare politik-ökonomische Empfehlung, dem vermeintlichen Trend einer „Renaissance öffentlicher Wirtschaft" nachhaltig zu folgen, ist aus dem Sammelband zwingend nicht abzuleiten. Eine solche Handlungsanweisung müsste anhand geeignet erscheinender, durchgängig anwendbarer Indikatoren erst noch konstituiert werden. Derartige, übergreifende Indikatoren wären jedoch erst noch zu entwickeln. Darauf aufbauende Ergebnisse müssten sodann nicht nur lokal oder regional, sondern auch noch bundesweit bestätigt werden.

---

35 In diesem Sinne sind weitere Darlegungen dazu einem zusätzlichen Sammelband zum Thema „Stadtwerke. Grundlagen, Rahmenbedingungen, Führung und Betrieb", zu entnehmen, welcher ebenfalls in dieser Schriftenreihe erschienen ist, *Bräunig / Gottschalk (2012)*.

Traditionell könnte der Trend beispielsweise anhand einer Staatsquotenbestimmung bzw. anhand deren Veränderung unter Ausschaltung aller anderen Einflussfaktoren als belastbar belegt werden. Nur: Die Staatsquote allein dürfte, das wurde eingangs schon angemerkt, als Messgröße kaum hinreichend geeignet sein; sie ist dafür viel zu grob. Denn die so erkannte „Verstaatlichung" in vielen kleinen, differenziert angelegten Einzugsbereichen spielt sich in einer kaum überschaubaren Grauzone ab. Die vielfach anzutreffenden Gestaltungskonzepte politischer Entscheidungsträger in Form eines Rückgriffs auf verordnungsintensive Maßnahmen zum einen und in Form einer offensichtlichen Präferenz für budgetexterne Einrichtungen (Flucht aus dem Budget[36]) zum anderen sind ja geradezu darauf ausgerichtet, sich einer Einbindung in die Staatsquotenbestimmung zu entziehen.

(4) Die hier zusammengetragenen Beiträge sollen jedoch einen Impuls dazu vermitteln, der „Renaissance der öffentlichen Wirtschaft" mit ihren einerseits gleich laufenden, andererseits aber auch gegeneinander laufenden Entwicklungen weiter nachzuspüren und tiefer auf den Grund zu gehen. Dabei muss es das Bestreben sein, System- und Wirkungszusammenhänge im Zeitablauf zu erkennen, um daraus Handlungsempfehlungen für die Politikgestaltung abzuleiten – letztlich verbunden mit der Zielsetzung, den Wohlstand des Gemeinwesens insgesamt zu steigern. Bei einer überwiegend positiv besetzten Interpretation des Renaissancebegriffs im hier gewählten thematischen Zusammenhang (im Sinne von Effizienzgewinnen vor dem Hintergrund der Daseinsvorsorge) könnte diese Schwäche beim empirischen Nachweis zwar von vergleichsweise nachrangiger Bedeutung sein. Jedoch ist jenseits der sich dadurch ergebenden Verschiebung von ordnungspolitischen relevanten Gewichten zwischen dem „Markt" (Erster Sektor) und dem „Staat" (Zweiter Sektor) auf den drei föderalen Ebenen von Bund, Ländern und Gemeinden zu fragen, ob und inwieweit die parlamentarischen Instanzen dafür überhaupt hinreichende Personalkapazitäten sowohl nach der Menge als auch nach der Qualität vorhalten und verfügbar haben. Denn beispielsweise ist zum einen eine tendenziell abnehmende Qualität bei der Gesetzgebung[37] und zum anderen eine abneh-

---

36 Beispielgebend wurde dieser Sachstand jüngst vom Landesrechnungshof *Rheinland-Pfalz (2011)*, S. 7 ff., S. 16 ff., S. 42 ff., anhand von drei ausgewählten Fällen heftig kritisiert.

37 Vor einem solchen Hintergrund wurde im Jahr 2006 der Nationale Normenkontrollrat eingerichtet; siehe dazu *Nationaler Normenkontrollrat (2010)* und *NKRG (2011)* sowie *Deutscher Bundestag (2011)*. Der in der letztgenannten Quelle (S. 2) zitierte (durchaus kritische) Bericht des Bundesrechnungshofs vom 25. März 2008 an den Haushaltsausschuss des Deutschen Bundestages zur Inanspruchnahme von externen Beratern (aus Kanzleien, Großunternehmen oder Verbänden) zur Vorformulierung von Gesetzentwür-

mende Wahrnehmung von notwendigen Kontrollaufgaben zu konstatieren.[38] Das nährt die Vermutung, dass die vorhandenen Ressourcen erschöpft bzw. überlastet sind.[39] Überdies ist bei alledem zu bedenken, dass beim politischen und beim verwaltungstechnischen Personal auch Eingriffsreserven vorgehalten werden müssen, um ad hoc entstehende, neue Aufgaben zügig, zielgerecht und effizient lösen zu können. Denn zusätzliches Personal wäre in der Kürze der Zeit nicht sachgerecht einzuarbeiten. Darüber hinaus fehlen dafür mit Blick auf die allseits gebotene Haushaltskonsolidierung und wegen der verbindlichen Vorgaben der Schuldenbremse[40] die notwendigen Finanzmittel. Wenn infolgedessen ein solcher Anspruch nicht hinreichend erfüllt werden kann, wächst aufgrund der dadurch ausgelösten politischen Fehlentwicklungen beim (Steuer-)Bürger die Politikverdrossenheit. Das wiederum mindert die Akzeptanz und folglich die Umsetzungsqualität bei eingeleiteten Maßnahmen, weil diese im Regelfall entsprechende Mitwirkungspflichten in der einen oder anderen Form beim (Steuer-)Bürger voraussetzen. Insofern ist eine „Renaissance der öffentlichen Wirtschaft" nicht nur mit großer Aufmerksamkeit, sondern zugleich auch mit einem gebotenen Maß an Skepsis zu begleiten. Nach alledem ist in der Summe noch ein weiterer, hoher Forschungsbedarf beim Thema „Renaissance öffentlicher Wirtschaft" zu konstatieren, um transparente und vertretbare Politikempfehlungen zur Gestaltung der öffentlichen Handlungsräume in Richtung auf erhöhte staatliche Interventionen (Tendenz: mehr Staat) einerseits oder aber in Richtung auf geminderte staatliche Eingriffe (Tendenz:

---

fen seitens der Bundesverwaltung ist, soweit nach einer Recherche auf den betreffenden Seiten im Web-Netz erkennbar, nicht publiziert worden. Die (interne) Ausschuss-Drucksache 16(8)4311 wurde am 9. April 2008 auf der 66. (nicht-öffentlichen) Sitzung des Ausschusses behandelt. Siehe auch *o.V. (2011)*.

38 Diesbezügliche Schwächen der politischen Entscheidungsträger und der öffentlichen Verwaltung werden „beispielgebend" in den alljährlich vorgelegten Berichten des Bundesrechnungshofs sowie der Landesrechnungshöfe für die Öffentlichkeit dokumentiert; siehe dazu jüngst *Bundesrechnungshof (2010)* und beispielsweise *Landtag Rheinland-Pfalz (2011)*. Die Berichte der kommunalen Rechnungsprüfungsämter und der Kommunalaufsicht durch die Innenministerien der Länder erfahren demgegenüber kaum eine öffentliche Resonanz. Siehe ergänzend zudem auch *Bund der Steuerzahler (2010)*.

39 Entsprechende Qualitätseinbußen sind auf den drei föderalen Ebenen in zunehmendem Maße zu registrieren, wenn beispielsweise an die mangelnde Kontrolle bei riskanten Finanzmarktgeschäften (beispielsweise in Form von Zinsderivaten / CMS Spread Ladder Swaps) bei der Industriekreditbank / IKB (auf der Bundesebene), bei mehreren Landesbanken (auf der Ebene der Länder) oder auch bei zahlreichen Kommunen wie zum Beispiel Hagen, Neuss, Pforzheim oder Würzburg (auf der Ebene der Gemeinden; siehe *Leersch (2011)*) gedacht wird.

40 Siehe dazu oben Fußnote 19.

mehr Markt) abgeben zu können.[41] Dabei muss bewusst bleiben, dass sich die Tendenz „mehr Staat" (mit Staatsversagen sowie mit Privatisierungs- und Deregulierungsbestrebungen im Gefolge) einerseits oder „mehr Markt" (mit Marktversagen sowie mit Verstaatlichungs- und Regulierungsmaßnahmen als Reaktion) andererseits im Zeitablauf nicht auf einer Einbahnstraße befindet, sondern aufgrund sich verändernder gesellschaftlicher, politischer und wirtschaftlicher Umweltbedingungen ähnlich wie ein Pendel mit allerdings voneinander abweichenden Geschwindigkeiten bewegt und überdies zu ungleichen Ausschlägen gelangt.

Literaturverzeichnis

Atomgesetz (2010): Gesetz über die friedliche Verwendung der Kernenergie und den Schutz gegen ihre Gefahren v. 23.12.1959 i.d.F.v. 08.12.2010 (BGBl. I S. 1817).

Aufderheide (1990): Detlef Aufderheide (Hrsg.), Deregulierung und Privatisierung, Stuttgart 1990.

BEGTPG (2009): Gesetz über die Bundesnetzagentur für Elektrizität, Gas, Telekommunikation, Post und Eisenbahnen vom 07.07.2005 i.d.F.v. 05.02.2009 (BGBl. I S. 160).

Beckmann u .a. (2011): Markus Beckmann, Dominik H. Enste, Nils Goldschmidt, Ulrich Hemel, Nick Lin-H u. Alexandra von Winning, Was ist Corporate Social Responsibility (CSR)?, hrsg. v. Roman-Herzog-Institut, München 2011.

Bergheim u.a. (2004): Stefan Bergheim, Marco Neuhaus u. Stefan Schneider, Reformstau – Ursachen und Lösungen, hrsg. v. Deutsche Bank Research, Themen International, Nr. 290, Frankfurt/M. 2004.

Boss (2003): Alfred Boss, Der öffentliche Sektor – eine Wachstumsbremse, hrsg. v. Deutsche Bank Research, Themen international, Nr. 252, Frankfurt/M. 2003.

Bräunig / Gottschalk (2011): Dietmar Bräunig u. Wolf Gottschalk (Hrsg.), Stadtwerke. Grundlagen, Rahmenbedingungen, Führung und Betrieb, Schriftenreihe öffentliche Dienstleistungen, H. 56, Baden-Baden 2012.

Bund der Steuerzahler (2010): Bund der Steuerzahler (Hrsg.), Die öffentliche Verschwendung 2010 – 38. Schwarzbuch, Berlin 2010.

Bundesnetzagentur (2010): Bundesnetzagentur, Jahresbericht 2009, Bonn 2010.

---

41 Bei alledem können die jeweils geltenden rechtlichen Rahmenbedingungen auf der nationalen wie auf der europäischen Ebene naturgemäß (zunächst einmal) nicht ausgeklammert werden; siehe dazu die umfangreiche Bestandsaufnahme von *Krajewski (2011)*.

Bundesrechnungshof (2010): Bundesrechnungshof, Bemerkungen 2010 zur Haushalts- und Wirtschaftsführung des Bundes, Bonn 2010.

Bundesrechnungshof (2011): Bundesrechnungshof, Bemerkungen 2010 zur Haushalts- und Wirtschaftsführung des Bundes – Weitere Prüfungsergebnisse, Bonn 2010.

Bundesverband Öffentliche Dienstleistungen (2009): Bundesverband Öffentliche Dienstleistungen (Hrsg.), Renaissance der Kommunalwirtschaft?, Beiträge zur öffentlichen Wirtschaft, H. 30, Berlin 2009.

Burmeister (1997a): Kerstin Burmeister, Außerbudgetäre Aktivitäten des Bundes – Eine Analyse der Nebenhaushalte des Bundes unter besonderer Berücksichtigung der finanzhistorischen Entwicklung, Frankfurt/M. u.a. 1997.

Burmeister (1997b): Kerstin Burmeister, Schattenhaushalte des Bundes, Frankfurt/M. u.a. 1997.

Deutsche Bank AG (2010a): Deutsche Bank AG, Gesellschaftliche Verantwortung – Bericht 2009, Frankfurt/M. 2010.

Deutsche Bank AG (2010b): Deutsche Bank AG, „Mehr als Geld", beispielsweise in: Frankfurter Allgemeine Sonntagszeitung, Nr. 21 v. 30.05.2010, S. 5.

Deutsche Bundesbank (2011a): Deutsche Bundesbank, Geschäftsbericht 2011, Frankfurt/M. 2011.

Deutsche Bundesbank (2011b): Deutsche Bundesbank, Zu den Beschlüssen des Europäischen Rates zur künftigen Vermeidung und Bewältigung von Staatsschuldenkrisen, in: Monatsbericht April 2011, S. 53 ff.

Deutscher Bundestag (2008): Deutscher Bundestag, Dritter Bericht der Bundesregierung über Erfahrungen mit dem Gentechnikgesetz, BTags-Drucksache 16/8155 v. 18.02.2008.

Deutscher Bundestag (2010): Deutscher Bundestag, Antwort der Bundesregierung auf die Kleine Anfrage der Fraktion BÜNDNIS 90/DIE GRÜNEN, Rückstellungen der Energieversorgungsunternehmen für Stilllegung und Rückbau von Atomkraftwerken, BTags-Drucksache 17/1866 v. 27.05.2010.

Deutscher Bundestag (2011): Deutscher Bundestag, Mehr Transparenz beim Einsatz externer Personen in der Bundesverwaltung – Bericht des Bundesrechnungshofs umsetzen, Antrag der SPD-Fraktion, BTags-Drucksache 17/5230 v. 23.03.2011.

Dickertmann (1980): Dietrich Dickertmann, Öffentliche Finanzierungshilfen – Darlehen, Schuldendiensthilfen und Bürgschaften als Instrumente des finanzwirtschaftlichen Interventionismus, Schriften zur öffentlichen Verwaltung und öffentlichen Wirtschaft, Bd. 47, hrsg. v. Peter Eichhorn u. Peter Friedrich, Baden-Baden 1980.

Dickertmann / Diller (1986): Dietrich Dickertmann u. Klaus-Dieter Diller, Finanzhilfen und Steuervergünstigungen – Ein subventionspolitischer Instrumentenvergleich, in: Zeitschrift für Wirtschaftspolitik, H. 3/1986, S. 273 ff.

Dickertmann / Gelbhaar (1997): Dietrich Dickertmann u. Siegfried Gelbhaar. Die neuen Parafiski als Chancen oder Alternativen gesellschaftlicher Steuerung, in: Politik der Parafiski - Intermediäre im Balanceakt zwischen Staats- und Bürgernähe, hrsg. v. Klaus Tiepelmann, Gregor van der Beek, Hamburg 1997.

Dickertmann / Reichert (2010): Dietrich Dickertmann u. Stephan Reichert, Öffentliche Verschuldung und die Schuldenbremse, in: Das Wirtschaftsstudium, H. 1/ 2010 (Studienblatt).

Dieckmann (2011): Jochen Diekmann, Verstärkte Haftung und Deckungsvorsorge für Schäden nuklearer Unfälle – Notwendige Schritte zur Internalisierung externer Effekte, in: Zeitschrift für Umweltpolitik und Umweltrecht, H. 2/2011, S. 119 ff.

DSGV (2010): Deutscher Sparkassen- und Giroverband: www.sparkassenstiftungen.de (Stand: 01.06.2010).

Essig (2000): Hartmut Essig, Staatsabgrenzung in den Volkswirtschaftlichen Gesamtrechnungen und in der Finanzstatistik, Arbeitspapier Nr. 54 der Schriftenreihe des Schwerpunktes Finanzwissenschaft / Betriebswirtschaftliche Steuerlehre / Wirtschaftsprüfung und Controlling im Fachbereich IV der Universität Trier, hrsg. v. Dietrich Dickertmann, Matthias Lehman, Dieter Rückle, Trier 2000.

Europäischer Rat (2011): Europäischer Rat, Schlussfolgerungen des Europäischen Rats bei der Tagung vom 24./25.03.2011, Brüssel, EUCO 10/11.

EUV (2010): Vertrag über die Europäische Union i.d.F.v. Lissabon (Abl. Nr. C 83 v. 30.03.2010.

FMStBG (2010): Gesetz zur Beschleunigung und Vereinfachung des Erwerbs von Anteilen an sowie Risikooptionen von Unternehmen des Finanzsektors durch den Fonds „Finanzmarktstabilisierungsfonds – FMS" (Finanzmarktstabilisierungsbeschleunigungsgesetz) v. 17.10.2008 i.d.F.v. 09.12.2010 (BGBl. I S. 1900).

FMStFG (2010): Gesetz zur Errichtung eines Finanzmarktstabilisierungsfonds (Finanzmarktstabilisierungsfondsgesetz) v. 17.10.2008 i.d.F.v. 09.12.2010 (BGBl. I S. 1900).

Gantner (1984): Manfred Gantner, Messprobleme öffentlicher Aktivitäten – Staatsquoten, Preissteigerungen, Outputkonzepte, Baden-Baden 1984.

GG (2010): Grundgesetz für die Bundesrepublik Deutschland vom 23.05.1949, i.d.F.v. 21.07.2010 (BGBl. I S. 944).

Gnädinger / Hilgers (2010): Marc Gnädinger u. Dennis Hilgers, Deutsche Schuldenbremse(n) – Etablierte Modelle und ökonomisch begründeter Fortentwicklungsbedarf, in: Zeitschrift für öffentliche und gemeinwirtschaftliche Unternehmen (ZögU), H. 3/2010, S. 181 ff.

Grünwald (1977): Jörg-Günther Grünwald, Erfolgskontrolle finanzpolitischer Stabilisierungspolitik, Berlin.

Haushaltsgesetz (2010): Gesetz über die Feststellung des Bundeshaushaltsplans für das Haushaltsjahr 2011 v. 22.12.2010 (BGBl. I S. 2228).

HHGrG (2010): Gesetz über die Grundsätze des Haushaltsrechts des Bundes und der Länder vom 19.10.1969, i.d.F.v. 27.05.2010 (BGBl. I S. 671).

Heinemann (2010): Friedrich Heinemann, Eine Gabe an St. Nimmerlein? – Zur zeitlichen Dimension der Schuldenbremse, in: Perspektiven der Wirtschaftspolitik, Bd. 11, H. 3/2010, S. 246 ff.

Hering (1998): Achim Hering, Die Kreditfinanzierung des Bundes über Nebenhaushalte, Frankfurt/M 1998.

Kaserer (2010): Christoph Kaserer, Staatliche Hilfen für Banken und ihrer Kosten, in: Texte zur Sozialen Marktwirtschaft, H. 2/2010, hrsg. v. d. Initiative Soziale Marktwirtschaft, Berlin.

Kastrop u. a. (2010): Christian Kastrop, Gisela Meister-Scheufelen u. Margaretha Sudhof (Hrsg:), Die neuen Schuldenregeln im Grundgesetz, Berlin 2010.

Kilian (1993): Michael Kilian, Nebenhaushalte des Bundes, Berlin 1993.

Krajewski (2011): Markus Krajewski, Grundstrukturen des Rechts öffentlicher Dienstleistungen, Berlin 2011.

Landesrechnungshof Rheinland-Pfalz (2011): Jahresbericht 2011 – Teil II, Speyer (www.rechnungshof-rlp.de; Stand: 14.04.2011).

Landtag Rheinland-Pfalz (2011): Landesrechnungshof Rheinland-Pfalz, Unterrichtung durch den Rechnungshof – Jahresbericht 2011, Drucksache 15/5290 v. 10.01.2011.

Leersch (2011): Hans-Jürgen Leersch, Wenn der Kämmerer zum Zocker wird, in: Das Parlament, Nr. 15 v. 11.04.2011, S. 13.

Loeser (1991): Roman Loeser, Das Berichtswesen der öffentlichen Verwaltung – Öffentliche Verwaltung im Rahmen unterschiedlicher Rechtsformen, Baden-Baden 1991.

Münkler (2011): Herfried Münkler, Sicherheit und Risiko – Zu viel? Zu wenig? Und wann scheitert eine Gesellschaft, in: Der Spiegel, H. 13 v. 28.03.2011, S. 134 f.

Nationaler Normenkontrollrat (2010): Nationaler Normenkontrollrat, Qualität durch Transparenz – Mit Bürokratieabbau zu moderner Gesetzgebung, Jahresbericht 2010, Berlin.

NKRG (2011): Gesetz zur Einsetzung eines Nationalen Normenkontrollrats v. 14.08.2006 i.d.F.v. 16.03.2011 (BGBl. I S. 420).

o. V. (2011): o. V., Meldung „Bundesrechnungshof warnt", in: Frankfurter Allgemeine Zeitung, Nr. 75 v. 30.03.2011, S. 12.

Puhl (1996): Thomas Puhl, Budgetflucht und Haushaltsverfassung, Tübingen 1996.

Reichelt (2009): Daniel Reichelt, SROI – Social Return on Investment – Modellversuch zur Berechnung des gesellschaftlichen Mehrwerts, Hamburg 2009.

Rürup / Siedenberg (1974): Bert Rürup u. Axel Siedenberg, Das Stabilitätsgesetz im Spiegel der Kritik, in: Konjunkturpolitik, 20. Jg./1974, S. 1 ff.

Scharrer u. a. (2011): Jörg Scharrer, Marcel Dalibor, Katja Rodi, Katja Fröhlich u. Paul Schächterle (Hrsg.), Risiko im Recht – Recht im Risiko, Baden-Baden 2011.

Schü / Weber (2010): Joachim Schü u. Christan Weber, Mehr als Geld, in: Die Bank, H. 6/2010, S. 18 ff.

SoFFin (2011): SoFFin, Zwischenbilanz der Bundesanstalt für Finanzmarktstabilisierung – Deutsche Bankenrettung im internationalen Vergleich erfolgreich, Pressenotiz vom 28.01.2011, Frankfurt/M.

Stern u. a. (1972): Klaus Stern, Paul Münch u. Karl-Heinrich Hansmeyer, Gesetz zur Förderung der Stabilität und des Wachstums der Wirtschaft, 2. Aufl., Stuttgart u. a. 1972.

SVR (2008): Sachverständigenrat zur Begutachtung der gesamtwirtschaftlichen Entwicklung, Jahresgutachten 2008/2009, BTags-Drucksache 16/10985 v. 18.11.2008.

SVR (2009): Sachverständigenrat zur Begutachtung der gesamtwirtschaftlichen Entwicklung, Jahresgutachten 2009/2010, BTags-Drucksache 17/44 v. 18.11.2009.

SVR (2010): Sachverständigenrat zur Begutachtung der gesamtwirtschaftlichen Entwicklung, Jahresgutachten 2010/2011, BTags-Drucksache 17/3700 v. 17.11.2010.

Tiepelmann / van der Beek (1992): Klaus Tiepelmann u. Gregor van der Beek (Hrsg.), Theorie der Parafiski, Berlin, New York 1992.

Tiepelmann / van der Beek (1997): Klaus Tiepelmann u. Gregor van der Beek (Hrsg.), Politik der Parafiski – Intermediäre im Balanceakt zwischen Staats- und Bürgernähe, Hamburg 1997.

Treuhandanstalt (1994): Treuhandanstalt (Hrsg.), Dokumentation 1990 – 1994, eine umfassende Gesamtdarstellung auf der Grundlage aller wesentlichen Materialien, 15 Bände, Berlin 1994.

Ueberschär (2007): Heiko Ueberschär, Haushalte ohne Kontrolle – Nebenhaushalte in der Finanzverfassung, Marburg 2007.

Autorenverzeichnis

Prof. Dr. *Gerold Ambrosius*, Philosophische Fakultät, Seminar für Geschichte, Universität Siegen

Prof. Dr. *Thorsten Beckers*, Fachgebiet Wirtschafts- und Infrastrukturpolitik (WIP), Technische Universität Berlin

Prof. em. Dr. *Helmut Brede*, Institut für Rechnungs- und Prüfungswesen privater und öffentlicher Betriebe, Universität Göttingen

Prof. em. Dr. *Dietrich Dickertmann*, Lehrstuhl für Volkswirtschaftslehre, insbesondere Finanzwissenschaft, im Fachbereich IV der Universität Trier

Prof. Dr. Dr. h.c. mult. *Peter Eichhorn*, Emeritus der Universität Mannheim, Präsident der SRH Hochschule Berlin

Prof. Dr. *Wolf Gottschalk*, Geschäftsführer a.D. des Verbandes kommunaler Unternehmen e.V. (VKU), Berlin, Honorarprofessor an der Universität Göttingen

Mario Hesse, Wissenschaftlicher Mitarbeiter des Instituts für Öffentliche Finanzen und Public Management, Universität Leipzig

Dr. *Jan Peter Klatt*, Fachgebiet Wirtschafts- und Infrastrukturpolitik (WIP), Technische Universität Berlin

Prof. Dr. *Thomas Lenk*, Professor für Finanzwissenschaft, Direktor des Instituts für Öffentliche Finanzen und Public Management, Universität Leipzig

Prof. Dr. *Joachim Merk*, Professur für Allgemeine Betriebswirtschaftslehre und Health Care Management, SRH Fernhochschule Riedlingen

Prof. Dr. *Holger Mühlenkamp*, Lehrstuhl für Öffentliche Betriebswirtschaftslehre, Deutsche Hochschule für Verwaltungswissenschaften, Speyer

Ulf Papenfuß, Professur für Verwaltungswissenschaft, insbesondere Steuerung öffentlicher Organisationen, Helmut Schmidt Universität, Universität der Bundeswehr Hamburg

Prof. em. Dr. iur. Dr. h.c. *Günter Püttner*, Lehrstuhl für öffentliches Recht, Universität Tübingen

Prof. Dr. *Manfred Röber*, Professor für Verwaltungsmanagement / New Public Management, Universität Leipzig

Dr. *Oliver Rottmann*, Geschäftsführer des Kompetenzzentrums für Öffentliche Wirtschaft und Daseinsvorsorge, Universität Leipzig

Prof. Dr. *Christina Schaefer*, Professur für Verwaltungswissenschaft, insbesondere Steuerung öffentlicher Organisationen, Helmut Schmidt Universität, Universität der Bundeswehr Hamburg

Prof. Dr. *Frank Schulz-Nieswandt*, Seminar für Sozialpolitik und Seminar für Genossenschaftswesen, Universität zu Köln

Prof. Dr. *Ludwig Theuvsen*, Department für Agrarökonomie und Rurale Entwicklung, Professur für Betriebswirtschaftslehre des Agribusiness, Universität Göttingen

Tobias Zimmermann, Fachgebiet Wirtschafts- und Infrastrukturpolitik (WIP), Technische Universität Berlin

Ulrike Zschache, Department für Agrarökonomie und Rurale Entwicklung, Professur für Betriebswirtschaftslehre des Agribusiness, Universität Göttingen